启真馆 出品

启真·人文学术

Nietzsche as Philosopher

作为哲学家的尼采

[美] 阿瑟·丹托 著

郝苑 译

ZHEJIANG UNIVERSITY PRESS
浙江大学出版社

图书在版编目（CIP）数据

作为哲学家的尼采/（美）阿瑟·丹托著；郝苑译
.—杭州：浙江大学出版社，2021.12
书名原文：Nietzsche as Philosopher
ISBN 978-7-308-21909-9

I.①作⋯ Ⅱ.①阿⋯ ②郝⋯ ①尼采（
Nietzsche, Friedrich Wilhelm 1844-1900）－人物研究
Ⅳ.①B516.47

中国版本图书馆 CIP 数据核字（2021）第 225222 号

作为哲学家的尼采

［美］阿瑟·丹托　著　郝苑　译

责任编辑	王志毅
文字编辑	宋　松
责任校对	黄梦瑶
装帧设计	Akunkuta
出版发行	浙江大学出版社
	（杭州天目山路148号　邮政编码310007）
	（网址：http:// www.zjupress.com）
排　　版	北京楠竹文化发展有限公司
印　　刷	河北华商印刷有限公司
开　　本	635mm×965mm　1/16
印　　张	23
字　　数	330千
版 印 次	2021年12月第 1 版　2021年12月第 1 次印刷
书　　号	ISBN 978-7-308-21909-9
定　　价	98.00元

纪念我的父母，

萨缪尔·B.丹托与希尔薇娅·丹托

致　谢

　　《作为哲学家的尼采》产生于一篇论述尼采的长文，我撰写的这篇长文最初是投给由 D. J. 奥康诺（D. J. O'Connor）主编并于1964 年出版的《批评的西方哲学史》（*A Critical History of Western Philosophy*）的稿件。这本书的诸多作者与其说是哲学史家，不如说是哲学家，他们出于某种原因，对过去的人物产生了某种特殊的兴趣。正是在这个时刻，分析哲学家开始不再将我们学科的权威文本当作某种毫无意义的东西，这意味着，逻辑实证主义强硬支持的那种主要意在打破旧传统的哲学观，最终失去了它们的魅力。奥康诺的这个合集所在丛书的总编保罗·爱德华（Paul Edwards）邀请我为之投稿，这多半是由于我的哲学资历符合要求，我恰好又是他知道的唯一符合标准的人，而且我似乎对尼采略知一二。诚然，我知道的并不多——但我在底特律的韦恩大学（Wayne University）读本科时，与玛丽安娜·考恩（Marianne Cowan）一起读过尼采，后者此后出版了《善恶的彼岸》的一个极为精彩的译本。我主要是由于过度自信才接受了这个邀请，并在罗马撰写了这篇论文。我是从法国南部去到那里的，并在那里完成了我的第一部重要作品《分析的历史哲学》（*The Analytical Philosophy of History*）的手稿。最后的结果是，我的这篇关于尼采的论文篇幅太长，但爱德华表示，如果我同意缩短篇幅，他就会为我提供一份合同来出版我研究尼采的著作。于是，《分析的历史哲学》与《作为哲学家的尼采》就在同一年（即 1965 年）出版问世。

　　意大利学者蒂齐纳·安迪尼（Tiziana Andina）的新近研究《尼

采的美国面貌》(*Il volto Americano di Nietzsche*) 提出，美国哲学家在 20 世纪下半叶创作了数量非凡的论述尼采的作品；她推测，尼采的解答符合某种深刻存在于美国人本性之中的东西。我认为，我能够对此索要的功劳是，我这本书让年轻的分析哲学家对尼采产生了兴趣，因为我试图表明，尼采以大胆而又富有想象力的方式论述的那些问题，恰恰就是将分析哲学定义为一种运动的问题——即在科学哲学、语言哲学与逻辑哲学中的诸多问题——尼采并不是某个不值一提的狂人，他并不像我们所理解的那样代表的是某种替代哲学的东西。我的这本书表明，人们是有可能在不丢失自身的哲学可靠性的基础上

x 论及尼采的。在这种情形下，人们至少有可能鱼与熊掌兼得。而这确保了这本书具备持久的智识兴趣，本书仍然是那些不断扩充的尼采研究文献的组成部分，它从一开始就为证实这些文献的有效价值提供了帮助，而且我还通过不时地补充一些论及尼采思想的其他不同方面的论文，持续地对这些文献做出贡献。

当我那位出色的德国出版商阿克塞尔·科滕迪克 (Axel Kortendeick) ——令人遗憾的是，他如今已经去世——提出要出版《作为哲学家的尼采》的德译本时，我建议将它与这些互补性的文章放到一起出版。结果是，相较于更易获取的英文版，《作为哲学家的尼采》的德译本 (*Nietzsche als Philosoph*, Wilhelm Fink Verlag, 1998) 的读者们能够通达一个有关我对尼采之思考的更为宽阔的图景。哥伦比亚大学出版社的哲学编辑温迪·洛克纳 (Wendy Lochner) 建议出版一个包含了这些额外素材的新版本，对此，我无法向她充分表达我的感激之情。我也无法以任何方式重新撰写一个文本来反映当代哲学史在将近四十年前的那个时刻。不过，这本书在那些数量逐渐增加的专注于尼采的课程与研讨班中不断地被阅读与讲授，由于它已经成为其所帮助形成的那段历史的一个组成部分，由于我仍然支持其对自身主题的解释，因此，通过微小的改进来处理人们对这本书自然形成的诸多批评，这种做法获益不多：没有回应，就是它凭借自身的力量而做出的一种回应。另一方面，添加的素材进一步充实了由本书所开启的对尼采作品的解读视角。

XI 我想要在此感谢某些哲学家，他们不仅为安迪尼博士所追溯的

那段历史做出了贡献，而且以某种方式参与了我在本书接下来的部分中对尼采的反思。这些哲学家包括莫德玛丽·克拉克（Maudemarie Clark）、凯瑟琳·希金斯（Kathleen Higgins）、罗伯特·所罗门（Robert Solomon）、亚历山大·内哈马斯（Alexander Nehamas）、伯恩德·马格努斯（Bernd Magnus）与理查德·沙赫特（Richard Schacht）。我发表的有关尼采"艺术家的形而上学"的简短评述，是对汉堡大学的比吉特·雷斯基（Birgit Recki）的一篇精彩报告的回应，雷斯基是在由保罗·盖耶尔（Paul Guyer）组织的一个主题为"伦理学与美学"的会议上提交这篇报告的，该会议由美国美学协会于 2003 年举办。

增订版序言

数年前，科伦拜校园（Columbine）发生了一场谋杀，两个来
自密西西比州珀尔河（Pearl River）的年轻人横冲直撞地实施了残
酷无情的杀戮，而根据他们的指挥者所言，这些罪行受到了弗里德
里希·尼采的哲学的启发与激励。这些攻击者对他们自己的描述不
是"超人"，而是"思想家"，他们不同于那些并不理解他们的"群
畜"——父母、老师以及没有对他们做出充分回应的女孩，他们觉得
自己有权对"群畜"给予一次沉痛的教训。当我追踪《纽约时报》对
这件事的记述时，我思考的是，对于狂暴的心灵来说，尼采——作为
预言超人的尼采，作为批评群畜道德的尼采，作为自诩的敌基督者的
尼采——对他们仍然可能具有如此大的危险性，因为他们在尼采的语
言中发现了这样一个人，他最终理解了他们的价值，洞察了他们的内
心，认识到了他们的痛苦，告诉他们要超越善恶，并许可他们的强力
意志。尽管过去四十年来的知识分子努力将尼采改造为一个温和的人
物——一位解释学家、一个解构主义者、一位文学艺术家、一个女权
主义者——但他的生动形象与煽动性语言仍然能够激起头脑糊涂的
年轻人枪杀鄙视他们的女孩，刺伤他们唠叨的母亲，或通过折磨动
物来展示他们无所畏惧的力量。尼采被普遍承认为一位伟大的哲学
家，这一事实赋予尼采训谕的暴行以及他可怕的许可清单以相当程度
的权威性。

人们或许想要知道，倘若学术共同体自发地做出努力，那么，
通过各种后现代的思想体系来理解尼采的作品，就有可能成为禁锢尼

XIV　采的巧妙措施，就像人们期望将米诺陶洛斯①关入他无法逃脱的迷宫一样。令人遗憾的是，正如珀尔河惨案所表明的，这头米诺陶洛斯虽然会允许人们将他引回研讨班、讨论会、诸多评注与解读之中，在这些地方他总是以某种方式显得安全乃至富有同情心，但在此之前，他不时会撞开一条道路来造就一个充满了血腥与恐怖的夜晚。正如科伦拜校园事件所展示的，在当代文化中，令青少年愤怒的阈值降低的原因，要比尼采能对之承担责任的任何东西都更为深刻与广泛。

　　尽管如此，就像米诺陶洛斯一样，尼采融合的是诸多完全不同的组成部分：一个敏感的哲学批评家，他运用了诸多严格的概念，让许多有才华的思想家花费毕生的时间专注于研究这些概念；一个毫无节制的预言家，他发出的激烈声音延续到了他的哲学探究之中。另一方面，相同的哲学血脉通过不同的组成部分流溢而出，这就难以缓和他发表的那些具有代表性的刺耳论断。倘若那些珀尔河的"思想家"查询过标准的百科全书，他们会发现，他们的想象得到了证实：尼采是"德国的哲学家"，他"狂热地拒斥基督教的'奴隶道德'，转而支持一种崭新的具有英雄气概的道德，后者将肯定生命。领导新社会的是这样一群超人，他们的强力意志让他们有别于具备低劣人性的'群畜'"。这些教诲，在20世纪初淹没了整个欧洲的意识观念，在许多人看来，这似乎就支持了他们在更为狭隘的思考中理解的尼采哲学：哲学是自传，语言是专断的，真理是谎言，逻辑仅仅是特定物种的思维方式，人们曾经感受到的确定性或必然性并不隶属于逻辑。安东·契诃夫乐于幻想他在火车或轮船上与尼采偶然相遇，并在那里整晚讨论他们的共识与分歧。作为一位科学家，契诃夫用多少带些道德关切的风格对在那段时期讨论的进化理论写道："自然用她的力量

---

①　米诺陶洛斯（Minotaur，也译作"弥诺陶洛斯"），古希腊神话中的牛头人身怪，克里特岛国王米诺斯篡夺了克里特岛的王权之后，他向波塞冬拜祈神迹以便让自己的王权合法化，于是波塞冬赐给米诺斯一头巨大的白色公牛，要求他将其祭献给自己。然而，米诺斯贪恋于这头公牛的美丽，私自在祭祀中宰杀了另外一头公牛作为替代。愤怒的波塞冬诅咒了米诺斯的妻子帕西法厄，让她爱上了这头公牛并与之交媾怀孕，由此生下来的半人半牛怪就是米诺陶洛斯。为了遮丑，米诺斯请代达罗斯建造了一座迷宫来困住米诺陶洛斯，每九年从雅典征收七对童男童女作为贡品，献给喜食儿童嫩肉的米诺陶洛斯。希腊英雄忒修斯在知悉此事之后，毅然决定铲除这个祸害。在爱上了忒修斯的米诺斯公主阿里阿德涅的帮助下，忒修斯进入迷宫成功刺杀了米诺陶洛斯。——译注

所做的一切，就是摆脱所有对她无用的软弱生物。"但作为一名医生，契诃夫所担负的责任是为弱者服务，因而要与残酷冷漠的自然修整进行斗争。因此，在他的思想与实践之间肯定能感受到某种不一致，而尼采或许能帮助他解决这种不一致。尼采就达尔文主义对进化与生存的注释进行了一次颠覆性的解读，他大致持有的主张是，道德与激情干预了自然的运作，由此导致的结果是，"弱者"通过宗教联合起来，这让他们获得了幸存。于是，人类仅有的希望在于，彻底改变不合格者"非自然的"生存，尼采将他自己的使命设置为，通过对道德的毁灭性批判来实现这种彻底改变，而该批判又依赖于对科学知识的深刻批判。这就是这个怪物的诸多完全不同的组成部分之间的关联。因此，可以说，人们不可能将这位预言家狂热的夸夸其谈作为尼采体系的附属品而将之抛弃。相反，就像他对达尔文主义的颠倒一样，对科学的尖锐批判，视角主义，对新颖的真理理论的发明，精致的语言分析，对逻辑的心理学化与对数学的琐碎化，这些都可以用来书写这样一个宇宙——强者在其中能够正当地获得支配弱者的地位。

　　因此，并不存在两种不同的尼采哲学—— 一种是粗暴的，另一种是温和的；并不存在两个不同的尼采—— 一个向大学生讲授语义学，另一个则大声召唤一些极度好战者，这些人仅仅根据自己能够阅读尼采就觉得自己是哲学家。但这样的理解会更为迫切地需要我们将**尼采的**思想揭示为一种批判，尼采正是将这种批判作为武器，来反对如此众多的哲学思想——而这是为了用尼采教导我们使用的武器来反对尼采自己。探讨某位伟大的分析性思想家（我将尼采视为这样的思想家）在哲学上之精细敏锐所带来的智识乐趣，由于这种做法所呈现的意义而获得了提高，其中的一个意义是，让在现代流行的一种最危险的道德声音变得无害。这就是我在撰写《作为哲学家的尼采》这本书的过程中所贯彻的精神。

　　我的策略将以两种不同的方式圈出敌人。一种策略是去证明，尼采恰恰是在这样的意义上真正成为哲学家的，即他以具备天才独创性的出色方式，对诸多界定了哲学探究的问题做出了贡献，因此，他的作品并没有将他设定为一个抗衡学院哲学的人——或一个缺乏耐心来支持哲学的哲学家。在广为接受的意义上，尼采是一位哲学家，我们正是在这种意义上钦佩那些专业部门（这些专业部门向有志于成为该方面的专业人士的学生讲授这门学科）的重要人物。我的另一个策略是，将尼采的哲学应用于他自己的哲学，我的期望是以此来卸除那个狂热的尼采的武装，压制那个在一个世纪以来启发了诸多反社会人士的令人恐惧的鲜明形象。无可否认，尼采的作品将继续被这样一些人阅读，他们觉得自己并不需要参阅相关的评注。人们仍然会去做他们可能做的事情。一个哲学家可以诉诸的唯一方法，就是根据尼采自身的哲学来详细阐述一种反尼采的哲学。归根到底，哲学本身就是一个迷宫。倘若人们能够让尼采与犀利而又得体稳重的同事就真理与意义展开永无止境的争辩，这些同事不会想要运用这些破坏性的分析来服务于可怕的目的，难道还有比这更好的方法来阻止尼采进入有害的途径吗？在我的这本书中出现的那个"作为哲学家"的尼采，并不是一个陌生的尼采，他作为贡献者致力于应对分析哲学的核心问题。本书有助于正式将尼采封为哲学家，与此同时，一旦他冷酷无情的想象火花激发了言辞激烈的高谈阔论，本书就会对这种火花加以抑制。在《作为哲学家的尼采》出版之前，人们通常在哲学史之外解读尼采，人们会说，尼采其实并不是一位哲学家——或不是一位"真正的"哲学家——而是一位形而上学家，尼采语言的抒情性挽回了他胡说八道所败坏的声誉。无论本书还完成了其他的什么任务，它至少给予了尼采一种哲学信誉，但我们必须承认，这是一种存在于远比尼采认知的更为狭隘的哲学文化中的，为那些在这门学科中已经变得技术化和逻辑化的职业哲学家所拥有的哲学信誉，在英美的学术世界里，哲学系已经被这样的职业哲学家支配。本书将尼采作为新同事介绍给我的那些可敬的同行们。

　　我承认，当我构想这个策略并撰写这本贯彻该策略的论著时，我无法赏识一种进一步减损尼采力量的方式。这种方式是将尼采的文本当作**文学**。"诗歌，" W. H. 奥登写道，"没有让任何事情发生。"倘若人们可以将这些文本宽泛理解为文学，就会在解读中开启一个空间，让读者放弃按照字面的意思来理解尼采的解释与命令，并敦促他们转而关注尼采表达的诗意。让我产生这种疏忽的部分原因在于以下这个信念，即尼采的论著所拥有的统一性，并不比一堆格言与短文之合集所拥有的统一性更大，而我相信这些论著缺乏统一性的程度，远大于它们的实际情况。我走得如此之远，以至于断定，在尼采的众多著述中，一段给定文字可能位于何处，几乎不是什么重要的问题。我以为，风格蕴含在语言之中，而不是在作品的结构之中，而这些以表象形式结合的段落所拥有的最低限度的结构，或许可以通过尼采患病的境遇来获得解释。我在某一刻突然想到，在短短几周内，梵高切掉了他的耳朵，而尼采则令人吃惊地在都灵的卡尔里诺广场（Piazza Carlino）走向疯狂——让我感到惊讶的是，欧洲最高超的画家与最高超的哲学家几乎在同一段时间内闯入了精神失常的状态。两者都被一种梅毒感染，我想要知道，在他们创造他们作品的方式上，是否有可能存在更深层的症候意义上的平行相似之处。我推测，这样一种相似出于如下事实，即尼采只能以短暂而集中爆发的方式来进行写作，而梵高，特别是在他逐渐转向自我攻击的时期里，在注意力上拥有某种缺陷，这种缺陷在作品中的表现是，梵高不得不快速地完成这些作品，就像他在素描与油画速写中所表现的那样。这种观点倘若是合理的，它就会支持如下论题，即单个的格言或许就是尼采的哲学表述单位。不过，自此之后，我逐渐认识到，尼采的这些论著所拥有的结构，要比诸多只不过是连接起来的段落所拥有的结构更为紧密，它们的文本架构足以让它们具备文学作品的资格。因此，根据这个视角来撰写论述尼采主要文本的论文，这似乎拥有巨大的价值，于是，我在一些论文中重新思考了《关于在道德意义之外的真理与谎言》《人性的，太人性的》《朝霞》，并且以一种更加持久深入的方式重新思考了《论道德的谱系》，这些论文连同《作为哲学家的尼采》的完整文本，在这里首次联合发表。这些论文至少指出了一条通向一部理想作品——《作为诗人的尼采》——的道路，可被当作文学的，并不是尼采用来插入他的论著之中的那些其实相当蹩脚的诗文，而是这些论著本身，亚历山大·内哈马斯就出色地采纳了这条道路。要是我有时间和闲暇，以与这些论文相同的风格来论述《悲剧的诞生》《查拉图斯特拉如是说》《善恶的彼岸》以及尼采简明的杰作《偶像的黄昏》，那该有多么美妙。但这些论文或许足以确立这样的主张，即在承认将它们的论断作为文学之后，构成其基础的仍然是那种在《作为哲学家的

XVII

尼采》中得到描绘的哲学。

因此，这些论文并不完全意味着那种为诸多友善的批评家所一致认同的我已做出的戏剧性的彻底转变。罗伯特·所罗门在新近的尼采研究中声称，我业已宣称放弃了自己的这本早期论著。伯恩德·马格努斯在《尼采事件：哲学之为／与文学》（*Nietzsche's Case: Philosophy as/and Literature*）中比较了我在二十年之前与之后分别撰写的两段陈述。第一段是我多少有些随意做出的论断，即有趣的是，在尼采的诸多论著中，没有任何一本论著"以知悉其他任何论著为先决条件。[因此]几乎可以按照任何顺序来阅读他的作品，这不会对理解他的观念造成巨大的妨碍"。恐怕我现在仍然相信这一点。在我看来，诸如此类的文本发现，并没有充分识破我试图在《作为哲学家的尼采》中确立的观念体系。在庆祝尼采诞辰 150 周年的纪念会上，我做了一次关于尼采的演讲，我将尼采称为语义虚无主义者（semantical nihilist）——这个术语的意思是，这个世界除了我们强加于它的东西之外没有任何结构，它不可能确保我们命题的真实性，因而正如尼采乐于说的，"一切都是虚假的"，听众中一位研究文学的学者注意到，自我的这本书出版以来的二十五年间，我似乎并没有改变过我的任何想法。我到现在仍然没有改变。除了某些额外的东西之外，我根本就没有改变我对作为哲学家的尼采的观点。我仍然觉得，关于尼采哲学的文学讨论与解释学讨论，在所有本质的方面都几乎没有对他的**哲学**的构成方式造成什么影响。这个哲学的系统性让我充分确信，这个系统整体在尼采最早期的作品中就是可见的。

马格努斯辩称，"尼采看到的真理需要某种相对于文本的关联，在这种关联中，尼采多义的隐喻不应当被理解为消遣，而是恰恰应当被认为是思想本身的需求，事实上甚至可以说，它们**就是**思想本身。"从卸除尼采武装的策略视角看，我会热心地赞许这个想法，即把尼采的散文转化为传达思想的隐喻，并让文学解释与哲学分析相结合，以便于至少在尼采的思想与尼采的那些更加容易受其影响的读者之间插入一道防御性的屏障。但我有把握的是，尼采所说的话语在字面上的意思，恰恰就是珀尔河中学的恐怖分子所赞同的意思。尼采不会希望他的思想被相对化为隐喻，并在劝诫下被转化为修辞。尼采以清晰而又尖锐的方式写作，他用辉煌的形象装饰着他的文本，他的首要意图是让心灵在更好的准备中接纳这些犀利而又直率的启示，并将之植入灵魂的血肉之中。当人们展示了这些命题时，它们是凭借自身成立的。这位哲学家曾经从事的是先知的工作。

　　我不会如此天真，以至于相信，这头米诺陶洛斯永远不会再度从这座他亲自向我展示其建造方式的迷宫中逃脱出来——不过，除了让尼采的论证回过头来反对它们自身并弱化他的语言之外，我也无法想出比这更加具备正当性的哲学任务。毕竟，一个按照职责行事的哲学家每隔多久才会真正为拯救生命提供帮助呢？

阿瑟·C.丹托
纽约市，2004

莫宁赛德版序言

> **正牙医生**[①]，名词，一个矫正外来教条的牙齿的人。"小弗里德里希在我们带他去看正牙医生之前，曾经说过一些最为美妙的东西。"——尼采夫人
>
> ——丹尼尔·丹尼特（Daniel Dennett）与卡雷尔·兰伯特（Karel Lambert），《哲学辞典》（*The Philosophical Lexicon*）

尼采被迫从巴塞尔大学退休之后，度过了一段焦躁不安的岁月。 XIX 在这段时间里，尼采辗转于无数**膳宿公寓**之间，他在其中的一间公寓中创作了那些容纳其哲学的惊人文本。正是在这个时期，尼采给他精神上的合作者同时也是恋爱中的对手保罗·雷（Paul Rée）写了这样一封信，他在信中提到，他在公寓的客人中遇到了一位不同寻常的伙伴：他是一本被尼采鉴别为"盎格鲁－撒克逊世界最有声望的哲学期刊"的编辑。在高度兴奋中，尼采告知雷，这个人物对他们的工作表现出了巨大的兴趣，以及他想要出版他们的某些作品的渴望之情。具有喜剧性巧合的是，这位客人是《心灵》的编辑克鲁姆·罗伯逊（Croom Robertson），即便在那个时候，《心灵》也是一本异常严厉并讲求严密的逻辑性的期刊。尼采与《心灵》的编辑！它是对立两极的一次颇具讽刺意味的残酷相遇，而这正是马克斯·比尔博姆[②]在他的

---

① 原文为 arthurdantist，它是根据阿瑟·丹托的姓名（Arthur Danto）整合而成的一个双关语，其发音类似于 orthodontist（正牙医生）。——译注
② 马克斯·比尔博姆（Max Beerbohm，1872—1956），英国散文家、剧评家、漫画家。——译注

有趣发明中以怪诞的方式描绘的那类相遇：比方说，查尔斯·达尔文
与坎特伯雷主教，或者说——为了用更多当代的可能性来强调这种无
法交流的荒诞性——西蒙娜·薇依 ① 与《美食家》的编辑，蒂‐格蕾
丝·阿特金森 ② 与《花花公子》的编辑，切·格瓦拉与《财富》的编
辑；是一种对被诸多会议组织者严肃地称为"对话"的那种东西的讽
刺性漫画化描绘。而我可以描绘的是，可怜的罗伯逊先生严格恪守伊
顿公学礼仪关于共享用餐时间的诸多习俗规范，当他的伙伴透过他怪
异的小胡子，越过土豆汤与烤牛肉，对他大声谈论着超人、永恒复
归、悲剧在狄奥尼索斯的狂欢中的起源、奴隶道德与金毛野兽时，罗
伯逊先生不断插入"多么令人着迷！""不要紧张！"这样的话语。
在不顾一切地对行程做出改变之后，罗伯逊先生欣然离去，此时我或
许可以听到他结结巴巴地对尼采说，"请您务必给我们寄来一些东西，
尼采先生"。

　　在客居罗马的那个春天里，我在通读尼采书信的过程中偶然发
现了这封写给雷的信件，我在那时刚刚完成了《分析的历史哲学》的
撰写工作，并开始思考目前的这本书。对我来说，最优先考虑的计划
是，一旦我回到纽约，我就去调查《心灵》的相关合订本，来看看尼
采的诸多研究文献是否由于惊人的疏忽而忽略了这个特别的条目。当
然，在那些合订本中并没有任何尼采发表的东西，而我没有计划到档
案中去查明尼采是否确实递交了手稿——尽管用正确而又生硬的德语
去草拟一封用于拒绝的虚构书信实在是令人捧腹。在那个时候，尼采
已经几乎不可能按照标准期刊论文的严格规范来铸造他的思想。然
而，除了**风格问题**之外，正如我的"漫画"所暗示的，作为一位哲学
家，尼采的兴趣与罗伯逊先生的那些严肃读者的兴趣并没有以如此令
人捧腹的方式彼此抵牾，我在回顾中觉得，我在本书中的努力，仿佛
是在那个**餐厅**中的第三位客人所做出的努力，他将这两位虽然不相

---

① 西蒙娜·薇依（Simone Weil, 1909—1943），20 世纪法国哲学家、社会活动家、
神秘主义思想大师。薇依极力追求信仰的私人化与个体化，却又对现实世界与政
治生活中的诸多苦难抱有敏锐的关切和同情。薇依晚年在身体极度虚弱的情况
下，仍然执意分担生活在战争状态下的法国同胞的苦难，按照敌占区同胞的食物
配给量领取食物，最终导致健康状况严重恶化而与世长辞。——译注
② 蒂‐格蕾丝·阿特金森（Ti-Grace Atkinson, 1938—　），美国激进的女权主义作
家与哲学家。——译注

称，但却被命运的恶意凑到一起的就餐者之间那些看似不可公度的成见，耐心地翻译成彼此的习惯用语。《心灵》会留有数页篇幅进行这样的讨论，其中我们思考的是今日的分析哲学所采纳的是何种形式，我们进行讨论的根据是分析哲学的核心教义，即无论进行怎样费力的伪装，哲学问题**本质上**是语言问题。但我逐渐相信，尼采自己的观点恰恰就是这一点，即语言的结构决定了语言持有者的实在结构以及世界的深刻秩序，以往的哲学家所寻求的世界的深刻秩序，仅仅是他们语法的深刻秩序的投影。当然，尼采就此继续提出了一个惊人的论断，即在语言发生变化之前，无法期待人类的实在发生变化——正如尼采在《善恶的彼岸》中所说，除非我们摆脱了语法，否则我们就无法摆脱上帝——尼采为了支持这种变化而进行争辩的方式是，让隶属于他的传统的诸多实在，遭受它们曾经遭受过的最具毁灭性的批评。偶像破坏者，道德上的纵火狂，用绝妙的涂鸦来丑化神圣律令的无礼损毁者，这为尼采带来了恶名与狂热——令人遗憾的是，这些声誉来得太晚，以至于无法平息他对承认的渴求。但在所有这一切之下，为之提供观点与基础的是一种语言哲学，这种语言哲学在那个时代如此新颖，以至于尼采的同时代人与尼采本人都没有充分意识到它究竟是什么。我们可以借助当代哲学的独立发展，让尼采的这种语言哲学成为在逻辑上的可见之物。因此，作为哲学家的尼采，就是我试图向克鲁姆·罗伯逊以及那些追随他并按照他那本著名期刊的精神工作的人们做出的关于尼采的解释。

XXI

在这本书出版后不久，我与莱昂内尔·特里林[①]就此进行了一次友好的讨论，这次讨论发生于构成哥伦比亚街头生活魅力的即兴聊天之中，我们两个人将几袋食物从 B&B 超市中搬运出来，在我们刚完成搬运工作时他说道，"你这本书的书名，是我所见过的最不知天高地厚的书名"。他即刻想象出了整套文库的书名，它们让这种不可一世的冗余特征变成了现实：**作为艺术家的毕加索，作为大教堂的巴黎圣母院，作为革命家的列宁，作为评论家的特里林**……当然，他是正

---

① 莱昂内尔·特里林（Lionel Trilling，1905—1975），美国著名社会文化批评家与文学家，"纽约知识分子"群体的重要成员，对 20 世纪美国批评界产生了重要的影响。——译注

确的：这个书名意在（委婉地）表达冒犯。然而，直到那时为止，在许多人看来，尼采被人为地推进哲学史，而这是为了用一种明显另类的空间来安置尼采。不过，尼采在哲学史中的存在是不恰当的，甚至有可能是错误的。"尼采并非真正是一位哲学家"，一位受人尊敬的资深同事曾经向我做过这样的保证。另一些人则倾向于相信，倘若尼采是哲学家，在他之前就不可能有任何人真正是哲学家，因为没有人完全做过尼采所做之事——尼采运用锤子来进行哲学思考，走向疯狂，错误攻击基督教世界中的每个对象，撰写令人震惊的散文。或许除了哲学家之外，尼采几乎可以被视为一切。因此，我想要表明，无论他拥有或不拥有其他的任何身份，他肯定是一位哲学家，恰恰就像每位是其所是的哲学家一样：对于界定了哲学是什么的一系列已有定论的问题，尼采用系统而又深刻的方式逐一进行了思考，并且对它们都给出了严肃的、独创的与融贯的解答。无论尼采的其他身份是什么，他都是一位哲学家。这个书名——当然也包括这个文本——试图为了我自己的学科，将尼采这个人从普林斯顿的所有诗人、政治家、瘾君子与摄影家那里拯救出来。存在着大量的尼采。有些尼采属于哲学史、歌剧、意识形态与解释学，有些尼采属于孤独、疯狂与性欲折磨的年代记事，而我的尼采则是一位哲学家。

　　当然，这是"正牙医生"的一次操练，在矫正之后，某些人或许会觉得疼痛已经离去。我自己的看法是，尼采所说的，要比尼采夫人经过如此众多思考的东西更为有趣（不管怎样，尼采夫人算不上一位哲学家）。它们拥有可能为真的额外魅力，无论如何，成为真实的恰恰就是那种哲学。我已经充分地思考了尼采的理论，以便于我自己在随后的哲学工作中利用这些理论。但在这个序言中进行进一步的告白是不合时宜的，无论如何，恰如尼采在另一封信中所写的（他这次是写给雅各布·布克哈特），**个人的一切其实都让人发笑**（Alles Persönliche ist eigentlich komisch）。

阿瑟·C. 丹托

布鲁克海文与纽约市

1979 年 10 月

初版序言

哲学的词汇并不像门外汉或许认为的那样具有技术性；它的众多语词来自日常的普通词典与一般的言谈。因此，这些术语的哲学用法与它们在日常交流中的通常用法之间的距离，在非哲学研究人士看来或许是无足轻重的，他们期待的可能是一些更加深奥晦涩或异乎寻常的语词。因此，这些非哲学研究人士会考虑将那些以哲学的方式使用某些语词的语句应用于以日常方式使用这些语词的情境中。然而，当这种情况出现时，其间的张力也会相伴而生。在**语词**仅有另一种完全契合之用法的语境中，哲学语句有时会显得是那么地无关痛痒；而在被插入哲学讨论时，日常语句则会显出一种近乎滑稽的风马牛不相及。例如，假设一个人被一截木头压在下面，他抱怨自己无法获得自由。倘若对他的回应是，我们每个人都无法获得自由，因为我们都生活在一个决定论的世界里，这种回应就是荒唐的。同样荒唐的是，当我们纯粹在抱怨牙疼时，一个牙医引导我们去寻求涅槃（让世界的苦难获得普遍的终止）。或者就像一个狡猾的勾引者提醒不情愿的少女，《圣经》命令我们要爱我们的邻人。难以让这两套用法和谐地匹配起来，或许也不可能做到这一点。

尼采的哲学经常用这样的语句来进行表达，当人们将之与日常语言相结合时，它们听起来就显得如此不协调，他的某些最为著名的言谈，就是通过同时在宽泛的语境与狭窄的语境中使用相同的语词所造成的压力与曲解来获得其尖锐性的。在某种程度上，尼采的写作与哲学思考的风格是，先行扩大一个语词的意义，接下来再突然限定这个语词的意义，尽管尼采或许并非始终都能意识到他的这种做法，而且他也不时被自己撰写的那些必然也曾经迷惑过读者的东西误导。尼采会拿来一个具有限定用法的语词，开始给它一个远为宽泛的适用范围，此时尼采将用它来描述那些先前从未被视为可以列入这个术语的意义范围之内的东西。接下来，在极大地扩展了这个语词的范围之后，尼采又会迫使这个语词回到其最初被提取的语境之中。于是，这个语境就承担了它无法承受的超负荷的概念活力。由此产生的效果并非总是恰当的。旧语词以新方式在原先的语境中获得使用，这有时会让谬论或蠢行爆发。但是，这样的语句不时会获得非凡的艺术激情，并在我们的理解结构中引起创造性的扭曲。由于尼采将自身用于戏剧性的自我表现，他在谈论自己时乐于认为，自己是在用锤子进行哲学思考。他的部分目的是，击碎语言用来支配我们的那些控制思想的习惯，让我们意识到，我们的心灵在多大程度上受到诸多概念的支配，鉴于我们的语言所遵循的规则，我们几乎不可能避开这些概念。接下来，在意识到了我们语言的约定本质之后，我们或许会试图创造出新的概念与完全新颖的哲学。"在语言上微妙的不一致"这个强烈的特质形成了这样一种散文，它在最佳状态下是辉煌的与爆炸性的，它是解放人类心灵的一种手段。尼采觉得，必须让人类领悟到，倘若他们从根本上采取行动做出尝试，那么，一切皆有可能，因此，他的哲学就是一种在整体上对概念采取放纵态度的哲学。尼采攻击的概念必然是最基本的概念，可以说，它们就是支柱，它们支撑着人类观念的整个分支网络，这些支柱如此地深植于人类的心理之中，以至于它们几乎没有得到承认。正因如此，尼采才有资格被称为哲学家。

　　尼采不仅仅是一个概念批评家与一个曲解语词的无政府主义者。他试图建构的是一种与惊人的开放性（尼采觉得人类可以获得这种惊人的开放性）相一致的哲学，或至少是一种势必让这样的开放性作为其后果之一的哲学。在尼采逐步阐述的过程中，他触及了哲学家关注的绝大多数问题，他以有趣的乃至深刻的方式讨论了这些问题。倘若有人愿意不辞劳苦地弥补尼采哲学的不足之处，追踪他的语词在不同语境之间来回转换时其含义发生的变化，那么，尼采几乎就能被呈现为一位具有系统性、原创性并且擅长分析的思想家。然而，这项任务并不简单。尼采的思想分散于众多具有松散结构的书籍之中，他的个别陈述似乎过于机敏巧妙与过于具备时事话题的性质，以至于无法承受严肃的哲学考察。尼采似乎是可疑的，他几乎以冠冕堂皇的方式来藐视哲学的严格性，事实上，他经常被这样的人**选定**（de choix）为思想家，这些人发现，相较于他们不拘泥于传统的大胆风格，学院哲学与专业哲学过于谨言慎行或谨小慎微。进而，尼采作为智力发达的恶棍、作为附庸风雅者与叛逆者的精神导师，甚至更为阴暗地作为纳粹主义半正式册封的原初思想理论家的名声，并非完全是不恰当的，这让哲学家更加难以将尼采解读为他们之中的一员。出于这个缘由，我撰写了一本将尼采仅仅作为哲学家来对待的论著，尼采的思想将根据它自身来获得考察，独立于这些思想的作者的古怪人格与特殊的文化环境。只有在似乎需要专门给出历史解释时，我才会偶尔将传记信息或历史信息包括在内。

尼采几乎很少被作为哲学家来对待，而我以为，尽管尼采在某种程度上与当代分析哲学共同享有某些东西，但当代的分析哲学却未曾以这些共享的东西来透视尼采。近年来，哲学家全神贯注于纯粹的与应用的逻辑研究及语言研究，当运用这些术语重构尼采论证的做法，适合于实现让书籍的普通读者也有所收获的目的时，我就会毫不犹豫地这么做。这或许会仓促地造成某些与时代不符的错误。尽管如此，由于我们如今知道了更多的哲学，我相信，根据尼采没有能力明确表述，却又确定无疑地为之摸索的诸多逻辑特征来看待他的分析，是一种别具效用的做法。倘若尼采知道他正在试图说出的是什么，他的语言或许不会那么丰富多彩，而接下来，他也就不会成为他如今所是的那种穿行于一组几乎从未获得描绘的问题之中的原创性思想家。可以说，他的图谱以各种怪物、可怕的象征与自负的制图装饰来阐明，这一点也不足为奇。

人们不可能认为，尼采曾经影响了哲学中的分析运动，除非他是以某种迂回而又隐蔽的方式来做到这一点的。然而，这个运动应当将尼采改造为它的一位先驱。尽管如此，让尼采对分析运动产生影响，这仍不算太晚。我期望，本书不仅澄清了尼采的哲学，而且还有助于将他的论证与观点引入在哲学存活之处所进行的讨论与交流的语境之中。

　　在论述美好风格（他为自己自成一派与精通语言而感到骄傲）的一则劝诫性格言中，尼采警告人们要提防其他作者所做的引用。无视这个警告，我将援引的正是这个警告本身："一段杰出的引文能够抵消整页乃至整本书的内容，因为它似乎在召唤中警告读者'要当心！我是宝石——在我周围的一切都是铅块，没有光泽与毫无价值的铅块'。"不幸的是，我必须充分援引尼采，以此来为我的论证提供文献证明，而非提供修饰。这是不可避免的。尽管我的德语水平仅仅是差强人意，但本书对尼采引文的翻译还是由我自己做出的，虽然我也极大地受益于玛丽安娜·考恩、弗朗西斯·戈尔芬（Francis Golffing）、瓦尔特·考夫曼（Walter Kaufmann）与 R. J. 霍林代尔（R. J. Hollingdale）的高质量翻译，以及 20 世纪早年间在奥斯卡·李维博士（Dr. Oscar Levi）名下制作的那版尼采选集的诸多热忱译者的努力。我用自己的翻译，因为我所援引的作品并没有都被翻译过来，而且重要的是要在文体上让尼采用同一种腔调说话，即便这是我给予尼采的腔调。另外，除了考夫曼教授之外，译者几乎都不是专业的哲学家，经常有必要运用相同的英语词汇来翻译在德语中仅仅是同义的术语，以便于弄清楚它们所涉及的相同观念；或者在译者可用的所有不同译法中使用那些最接近于让人认为具备了所需哲学语调的词汇。最后，即便我可以使用其他人的翻译，我也不得不翻译我所援引的至少三分之一的段落，因为这些引文来自《遗稿》，即那些尚未公开发表的笔记，它们从根本上并没有被确切地翻译成英文。我大量地使用了这些材料，我们在其中可以看到尼采在实验室中进行的分析研究，可以说，他正在对这个或那个观念进行实验，而它们在公开发表的作品中仅仅以隐晦的方式做出回响。倘若尼采保持了他的心智健康，大量这样的观念都相当有可能找到让自己进入尼采书籍的途径。在《遗稿》中存在着某些广为人知的篡改，我将在随后谈论这些篡改。但我觉得，在合情合理的意义上，对《遗稿》的使用是可靠的，因为尼采的编辑在我所能判定的范围内对哲学毫无兴趣，她的首要关切是扭曲传记的细节或强调这样的态度——尽管它们具有某种让人反感的恶名，但仅仅以无关紧要的方式关联于这位作者的主要哲学架构。

　　我必须承认，对尼采思想的介绍仅仅是玛丽安娜·考恩所给予我的恩惠之一，我在韦恩大学由她执教的课堂中首次阅读了这位哲学家。考恩夫人传达的是一种具有感染力的智慧与一种仔细去研究作者本身的意志，而在热衷于尼采的人们当中很少能遇到这样的智慧与意志。尽管我自己的哲学兴趣变得具有越来越多的分析性，但是，自从阅读尼采以来，我始终都感受到了这种最佳的智识活力让一个人的精神轻快振奋的特殊效果；我从未发现尼采是过时的、幼稚的或难以忍受的，反而觉得他是充满热情的与鼓舞人心的。然而，倘若没有保罗·爱德华教授，我永远也不会撰写这样一本书，我连同众多其他的哲学家，都特别受益于他在今日的哲学出版中所发挥的精力充沛而又富于想象力的编辑领导才能。爱德华教授建议我为 D. J. 奥康诺的《批评的西方哲学史》(*A Critical History of Western Philosophy*, 1964) 撰写一篇论述尼采的论文，接下来他又鼓励我承担目前的这个工作。我非常感激他给出的建议与帮助。本书最基本的结构或许可以在那篇论文中发现，尽管我已经彻底地重新加工并利用了这些素材。其中的部分篇幅被我整个挪用过来——主要是我讨论永恒复归的核心论证——并在自由出版社的友好许可下再次在这里发表。这本书是在 1964 年的夏季撰写的，在那段时期，我从哥伦比亚大学的人文学科研究委员会那里获得了一笔补助金，我要对这个团体的慷慨与信任表示感谢。我就某些想法与詹姆斯·古特曼（James Gutmann）、阿诺德·科斯洛（Arnold Koslow）、理查德·库恩斯（Richard Kuhns）与西德尼·摩根贝瑟（Sidney Morgenbesser）进行了讨论，他们每个人都对之做出了改进的建议。

阿瑟·C. 丹托

纽约市

1964 年 9 月

Contents

目　录

语言在重负之下

扭曲，断裂，有时甚至破碎，

在压力之下跌落、溜走、湮灭，

或者因为措辞不当而腐朽，不会在原处停留，

不会停留不动。[①]

——T. S. 艾略特

《烧毁的诺顿》，V。

我走向新的道路，一种新的语言来到我这里；

我就像一切创造者那样，对陈旧的语言感到厌倦。

我的精神不愿再拖着磨破的鞋底走路。

——弗里德里希·尼采

《查拉图斯特拉如是说》，II, i。

[①] From "Burnt Norton" in *Four Quartets*, copyright, 1943, by T. S. Eliot. Reprinted by permission of Harcourt, Brace & World, Inc.

第一章　哲学虚无主义

1

尼采的著作给人这样一种观感，即它们是汇集而成的，而不是组构而成的。它们主要是由短小而又尖锐的格言与篇幅几乎很少超过数页的短文组成的；每卷作品更多地类似于作者挑选的集锦，而不像一本当之无愧的论著。在一卷作品中任何给定的格言或短文，或许都可以轻易地被置于另一卷作品中，而不会对这两卷作品的统一性或结构造成多大影响。除了按照时间前后排列的顺序外，这些论著本身并没有展示出任何特殊的结构。它们之中没有任何一本论著以知悉其他任何论著为先决条件。尽管尼采的思想与风格必定有所发展，但是，几乎可以按照任意顺序来阅读他的作品，这不会对理解他的观念造成巨大的妨碍。他数目繁多、秩序混乱的遗作已经形成多卷作品，并由他的妹妹伊丽莎白·福斯特·尼采——她自封为尼采文学遗产的遗嘱执行人——赋予了书名。然而，即便存在某些证据，也几乎难以找到什么**内在的**证据能够证明，它们是由尼采之外的某个人亲手拼凑到一起的，甚至一个十分熟悉尼采作品的读者也很难说出，在那些由尼采本人付印的作品与那些由尼采的编辑们用片段拼凑而成的作品之间存在何种差异。在《悲剧的诞生》中的情况必定是一个例外，这样的例外或许还包括《查拉图斯特拉如是说》，因为前者展示了一种符合传统的统一性，并展开了一个主题；而后者通过在每个部分提出由查拉图斯特拉发表的说教性言辞获得了某种确定的外在结构。尽管如此,这两本书都没有一种井然有序的发展,没有论证或陈述的方向。人们可以从任何地方开始阅读这两本书。

在这些短文与格言中表达的思想,就像它们的文学表现一样都拥有不连贯的外观。仅就单个段落而言,它们是机智的与敏锐的——"布满了刺痛与隐秘的情趣"[1]——但是,在读过一些这样的短文与格言之后,人们就会觉得,它们易于令人厌倦且彼此重复,尼采将诸多几乎相同的讥讽言辞,反复、再三地投向几乎相同的目标。第一次看见大海的景象,第一次听见海浪拍岸的声音,这些的确能够令精神得到陶醉与振奋,但当这种经验被延长时,这样的感受就消散了;毕竟,波浪在一种显著的程度上彼此相似,它们很快就变得无法辨认,在某种整体的流动与单调的喧嚣中,我们就失去了它们的特性。一个人很快就会对作为作家的尼采感到厌倦,正如人们或许对由诸多钻石构成的景象感到厌倦一样,因为这些钻石最终会让彼此的光芒黯淡。在没有结构来维持与引导读者的思维时,读者一旦开始阅读,他们必然很快就会放下这些书,读者会对这些书产生如此的经验:它们或者是诸多彼此无关的孤立阐述,或者是模糊不清的光亮与噪音。

这些格言首先给读者留下的深刻印象是,它们是一个偏执的、恼怒的、具有破坏性的与不近人情的人对同时代的道德、政治、文化、宗教与文学做出的评论与嘲弄——他是一个聪明的怪人,他拥有某种被滥用了的文学天赋,他有一长串的私人烦恼,他更像是那种不断给编辑写信的人,而不是一位有建设性的思想家。这些格言会让漫不经心的读者觉得,充斥其中的是某种传统的深刻思想与一种业余的与难以捉摸的学识:这些格言提到了哲学家、宗教人物、历史片段、文学作品、音乐作曲,在对这些发表了寥寥数语之后,就迅速改变了主题。人们感到,自己正在打交道的是一个自学成才的怪人,而不是一个大学的教授、一个在德国语文学的严格学科中训练而成的学者,或一个哲学家(就此而言,即便是根据"哲学家"这个术语最敷衍的意义,也无法挽救尼采作为哲学家的声誉)。专业哲学写作的标志是精致而巧妙的区分、周密集结的论证、谨慎而又有保留的推断，而尼采明显缺少这些东西。人们也没有听过这位哲学家装出一种冷静而又严厉的腔调。相反，这位撰写小册子的作者长期不满现状，他发出的是一种尖锐刺耳、吹毛求疵，时而近乎歇斯底里的声音。

　　尼采的作品多半并没有对读者的智力与学识提出苛刻的要求。这些观点显得清晰而又直接，目标重大而又显著，语言即便激烈却也明白易懂。一些读者受引导后欣然相信，哲学是困难的，但由于尼采的易于理解，他们却发现要么是哲学比他们原本设想的更加容易，要么就是他们自己比他们所认为的要更加聪明。或许也是出于同样的理由，哲学家才不情愿将尼采算作他们之中的一员。这些哲学家到处提及的是一些更加阴暗且更加令人困惑的学说：永恒复归的学说、热爱命运（*Amor Fati*）的学说、超人的学说、强力意志、阿波罗艺术与狄奥尼索斯艺术。或许在这里，在多少有点狭隘的意义上，尼采就是作为一位哲学家来进行言说的。但是，这些学说并没有让人感到，它们以任何系统的与融贯的方式共同匹配起来，而且它们无论是在个体上还是在群体上，都无法被轻易归于某些便利而又无可回避的论题——我们就是用这样的论题来分辨诸多哲学观念的。它们似乎也不是那些为我们所承认的哲学问题的解决方案。倘若确实要在这些学说中找到尼采的哲学，那么，这种哲学就呈现为诸多完全不同的教诲的结合体，它仍然是一种汇集，而不是一种组构，它是由诸多未经证实、错误理解的独特思辨组成的，不适宜将之定位于那种让哲学批评家或哲学史家感到轻松自在的哲学分析的语境之中。尼采的文集似乎是正规哲学史上古怪而又不协调的一页，是插入这门学科的标准历史之中的一个**不合理的推论**（non sequitur），而这大抵是因为将其归于其他历史时更不显眼。即便在哲学史中，它也是有待绕开的障碍，而不是从泰勒斯到当下的大量思想或叙事舞台的组成部分。尼采似乎是**在不得已的情况下**（faute de mieux）才归属于哲学。然而，尼采自己却觉得，他已经完全与正规的哲学断绝了关系；假使尼采的确几乎不适合这门被他如此频繁抨击的学科，那么，尼采就会说，这对哲学这门学科而言就更为不妙了。如果此处存在一种反讽，这种反讽就是，尼采自己正是其期望摧毁的哲学史中一个引人瞩目的组成部分。

4　　毫不奇怪，对于尼采的哲学来说，并没有类似观念论、实在论乃至存在主义这样现成的名称。尼采有时在言谈中将他的哲学称为**虚无主义**（Nihilism），鉴于我对尼采的论著、风格与思想所谈及的内容，这个看起来十分合适的称号所暗示的是否定性与空虚。尽管如此，倘若我们多少希望能理解尼采，我们必须让他的虚无主义摆脱这两种暗示，并逐渐将之视为一种积极的并究其根本而言是可敬的哲学教诲。我将把虚无主义理解为尼采哲学的核心概念，通过虚无主义，我将试图表明在这些异乎寻常的学说之间的完全系统性的关联，否则它们就会在周遭的格言与疯狂的附带论述中如此苍白地隐约显现。我甚至将努力表明，这些附带论述既不是尼采必须说出的观点的表面，也不是尼采必须说出的观点的实质，而是诸多例证以及某些普遍原则对特别情况的应用。最后，我希望确定这些普遍原则在主要哲学传统中的位置，并将之作为尼采对于所有时代的哲学家最为关注的一些相同问题所提出的解答。

2

我将提前把尼采的哲学视为一个体系，这个体系并没有出现于尼采作品的某个地方。这部分是由于尼采特别缺乏组织的才能，他不仅无法在他的哲学作品中展示这种才能，而且无法在他的音乐作曲中展示这种才能。尼采在钢琴的即兴创作上有某种天分，他对于自己的作曲家身份有着高度的评价。尼采与卢梭共享的荣誉是，两者在哲学史与音乐创作史中都拥有自身的地位。但是，根据一位批评家的看法，尼采的音乐作品有一个主要的缺陷，即它们展示出了自身"缺乏任何真正和谐的界定，或虽有再现的动机，却缺乏旋律的连贯性"。[①] 他的赋格曲"在华丽的开头之后……很快就蜕化为更加简单的结构，他在没有不可抗拒理由的情况下，多次违背了声部

---

① F. R. Love, *Young Nietzsche and the Wagnerian Experience*（Chapel Hill: University of North Carolina Press, 1963）, p. 20.

写作的原则"。① 甚至在雄心勃勃的晚期作品中,"简短的动机占据了 5
支配的地位,完全缺少更加宽广的旋律或引人入胜的逻辑结构,这
些音乐片段从来也没有获得充分的动力来让自己变得令人信服"。②
这些对尼采音乐的批判性评价,或许也在对尼采的文学产物发出呼
吁。在这些文学产物中,没有任何东西是用非凡的才智进行组织的,
没有任何东西具有知识体系的结构感,例如,它们就不像康德的作
品那样在职责工作的范围之外都展示了这样的结构感。事实上,它
们就像是对于诸多边缘的哲学主题的即兴创作,突然迸发的即兴曲。

　　除了这种无能之外,还可以合情合理地推测,甚至尼采在自己
的意识中也从来没有完全弄清这个体系本身;或者即便尼采对这个
体系有所意识,但在他的创作接近终结时,他正在忙于从事其他的
规划,却不知道他自己可能已经没有时间来清晰地写下这个体系。
尼采晚期有一封写给格奥尔格·勃兰兑斯(Georg Brandes)——他
是第一位开办讲座论述尼采思想的学者——的书信,这封信似乎是在
尼采生命中阳光格外明媚的时期撰写的,尼采在其中说道,整整一周
以来,他每天都能有数个小时享受到精力充沛的感觉,这让他能够

　　　　从头到尾地审视我的整个构想,伴随着它的是诸多巨大而
　　又复杂的问题,它们显著地位于清晰的轮廓之中,可以说,这
　　个构想就在我下方扩展。这需要一种达到最大极限的力量,而
　　我几乎不再期望自己能够拥有这样的力量。多年以来,它一直
　　行进在正确的道路之上,如今它已经全部连贯起来,一个像海
　　狸那样构建他的哲学的人,必然并不了解他自己的哲学。2

在哲学中,几乎没有任何作者是一点一滴地构建他们的体系的,伟
大的作者就更不可能这么做,而尼采的比喻或许正确地暗示了他就
是这么做的。通常而言,一个哲学体系并不是通过堆积来获得成长
的。然而,对于一个哲学思考者来说,他有可能在一段时间之内以

---

① F. R. Love, *Young Nietzsche and the Wagnerian Experience* (Chapel Hill: University of North Carolina Press, 1963), p. 21.
② Ibid., p. 70.

零敲碎打的方式对诸多主题进行分析，却没有意识到这些主题是相关的，而对于他尚不知晓的那些解答，他也没有意识到它们支持彼此甚至有赖于彼此。接下来，他通过艰苦努力得到了一个体系，这个体系并未向他自身公开，除非就像尼采所表明的，这个人被准许在某个时刻综观全局，并在这段时间内揭示了他思想的统一性。于是，他就如同自己行为的旁观者那样，在不同的陈述与陈述之间，发现了一种他自始至终都在接近，此前却从未能够加以辨别的系统必然性。当然，我们并不能从"他没有意识到自己创造了一个体系"这一事实，推断认为尼采以无意识的方式创造了一个体系，就像我们有时会自然而然地想到某些问题，这个体系深植于作家的潜意识之中，隐藏于这个创造性心智的隐秘幽深之处，直到最后才揭示自身。相反，我相信，我们能够通过求助于两个确切的事实来解释这些成就。

第一个事实是哲学自身的系统本质。哲学学科的特点是，并不存在对孤立问题的孤立解答。诸多哲学问题的相互联系达到了如此紧密的程度，以至于在没有含蓄地承诺解决所有问题的情况下，哲学家就不可能去解决或是开始解决它们之中的某一个单独的问题。在一种切实的（genuine）意义上，每个哲学问题都必然是同时得到解决的。只有在他接受（即便仅仅是未曾明言地接受）的那个引导他研究的体系之内，他才有可能对孤立的问题进行零敲碎打的研究工作。尽管如此，倘若他从一开始提供的东西即被证明为哲学中的崭新答案，那么就会将某种扭曲引入其概念架构之中，而这些张力或早或晚必定会被某些敏感的心灵感受到。尼采的作品被诸多哲学问题占据，也难以确定他提出这些问题的次序。而尼采在结构能力上的欠缺，让他难以持久地思考一个问题或在心灵中固定一个问题，直到形成相应的解答。然而，仍然成立的事实是，这种哲学是具备知识体系的，它对它的那个最缺少系统性的践行者强加了一种外在的系统化，因此，哲学家由于他们事业的本质而具备系统性。人们发现这一点在前苏格拉底哲学中得到了反复例示。

熟悉某一作者思想的宏大纲要的读者，或许会转向该作者**少年时代的作品**，并在那里发现令人吃惊的预兆。他将遇到那些预示着其成熟作品中所包含之主题的诸多措辞与观念，倘若作者从未写出成熟的作品，读者就会毫无兴趣地丢弃这些少年时代的作品。事实上，对我们来说，如果没有这些后期文集的存在，我们或许永远都不会发现，那些在后期文件中令我们如此印象深刻地认识到的东西，早已存在于这颗年轻的心灵之中。对尼采来说，也是如此。在他的那些出自 19 世纪 70 年代初期的作品中，我们偶尔会发现与他的整个后期作品发生共鸣的诸多观念，就好像它们早已蕴含其中。事实上，对早期作品产生回响的恰恰就是这些晚期的作品。毫无疑问，在任何作者的思想中都存在着连续性，但这种连续性应当部分地归因于他的读者，他们在头脑中带着晚期作品来回顾早期作品。他们所能看到的晚期作品，却是作者在撰写早期作品时不可能看到的，因为他不可能知道那些他自己尚未撰写的作品。我们无法思考一种并不统一的人生，如果是在这种意义上，一个人的人生就具备了统一性。

这就将我们带向了第二个事实。我们倾向于将实际上属于我们自己的认识归于作者的潜意识，而实际上，作者却无法对此类认识有所意识，因为与此有关的事实是，它们并不处于这位作者心灵的深处，而是处于未来之中。倘若他的晚期作品有所不同，这或许会有力地让我们猛然想到，在我们对我们觉得如此超前的主题留下如此深刻的印象时，事实上我们也无视了一批主题。由于历史理解所强加的那种具有追溯效力的统一性，它们并未获得关注。因此，历史情报工作的统一力量和哲学思想进行系统化的有力行动，在作者的诸多作品（尽管并不包括其文学风格与创作方法）中形成了融贯的结构，这完全无关于他能否向他自己或其他任何人表述这样的结构。

倘若要表明我希望讨论的体系确实是尼采的体系，就会引发某些关乎哲学史之诚实性的复杂问题。尼采并没有和我们一起承认这是他自己的体系，他也不曾（或许是因为他无法做到）将他告知格奥尔格·勃兰兑斯的那个融贯而又内在必然的看法给予我们。然而，尼采本人承认，他肯定没有意识到这个假定为他所有的体系，尽管通过诸多格言的累积，这个体系正在显露出来，因此，在他人生的所有时期内，他都不可能**打算**让他的作品采纳这种形式。我提供的这个体系需要被理解为一种重构，它必须要按照人们理解任何理论都必然会采取的方式来获得理解；也就是说，作为统一与解释某些现象领域的一种手段——在这种情况下，是个人的诸多作品所构成的领域。我将以这些文本作为科学理论家的观察资料——以便于在不同的观点上来确证我的理论。我相当确信，至少在一种宽松的意义上，这个理论拥有某种预测的力量；换句话说，它或多或少会让我们知道尼采将要说些什么。它让我们能够找出我们的道路来穿越这个它意在给出秩序的领域，或至少是我希望如此。当然，始终有可能存在其他理论，它们不相容于这个理论，却完全相容于所有似乎支持我的理论的相同事实。接下来，我的理论将被证明为仅仅是一个可供选择的体系，倘若有人展示了另一个这样的体系，它与我认为我已经发现的体系拥有同样的融贯性，那么，我也会感到十分欣喜。因为这将默认尼采的哲学是系统性的（无论我们将哪个体系归于尼采），由此表明的立场将反对人们将尼采理解为某种更加天真率直与非理性的另类思想家的主张。

当然，还存在一种更进一步的可能性，即有朝一日或许会出现未知的事实（比如，出现了某些迄今为止都未被发现的文本这类情况），它们将证明我的解释完全是无效的。人们不仅必须在创建科学理论的过程中冒这种风险，而且还必须在创建哲学理论的过程中冒这种风险。我们在各处发现，尼采除了提到他的体系之外，还对他的哲学的最终系统陈述做出了诸多概述与规划。根据目前的知识所得出的结论是，它们之中没有任何东西得到实现。尼采在1889年陷入疯狂，自此以后他就没有撰写任何东西；在其肉体之意义上的死亡之前的暮年，他在余下的十一年时间里过的是一种沉默的生活。但是，他死后出版的作品（即《遗稿》）那绝对庞杂的规模，以及除了最为外在的形式之外，他似乎完全没有能力将任何形式施加于他的这部作品之上，这就几乎可以确保，即便尼采仍然心智健全，他也不会对这部作品进行整合性的系统化。《遗稿》的渊博内容以及已出版作品的规模，确保了他不会对其他的某些作品进行整合性的系统化。一旦尼采由于精神错乱而陷入无助的状态，其人、其作品与其声誉就全都交由他的妹妹来照管。她与另一些人擅用编辑的自由来处理尚未出版的作品（乃至某些已经出版的作品），由此他们的编辑工作就丑闻缠身。"尼采的生平与著作遭受了现代文学史与思想史中最严重的伪造。"[1]歪曲、遗漏、欺骗性的添加、虚假的结构让这部文集大为逊色；直到现在，这些文字才通过最为耐心的文献学工作而获得了改善，诸多文本、信件乃至尼采的生平年表才被恢复成它们真实的次序。人们必须承认这是暴行，而根据学术的观点，这些伪造完全是不道德的。不过，我相信，对于我们有可能在尼采当前的论著或被清除谬误后的论著中发现的哲学来说，这些复原工作几乎不会产生什么影响。伊丽莎白·尼采主要是在涉及她与她哥哥的关系的部分做出了带有诱导性的篡改；她想要为自己争取的形象是尼采的知己以及第一个理解了尼采最阴暗思想的人。她随处篡改尼采的文本，以便于按照她理解的方式来拯救她哥哥的美好声誉，而这则会不时地让尼采显得是在倡导他其实颇为蔑视的学说。她篡改的从来都不是哲学的学说；事实上，她对哲学观念仅仅具备孩童般的理解力，而且她也不认识懂得曲解哲学的人。即便她对文本的干预（连同彼得·加斯特［Peter Gast］与其他人的干预）要比我们现在想象的更大，但在我们阐释尼采的哲学时，它们所产生的后果却几乎是可以忽略的。正是在这个方面，这些松散结合的格言、断片和短文至少在这一点上是对尼采有利的。他的主题思想反复出现，以至于根据他作品中随意挑选出来的任何样本，几乎都能重构他的哲学整体。

　　有一种理论认为，我们的记忆贮存于蛋白质的分子之中，在我们每个人的身体中都存在这种蛋白质分子，且数目巨大。这些分子具有引人注目的幂等性（idempotency），即精确复制自身的属性。根据这种理论，相同的信息被贮存于全身的各个位置，所以即便有一个部分被摧毁，我们的记忆仍然可能完整无缺，我们就会继续将之与我们自身相整合。这种蛋白质分子的丰富性与幂等性，几乎可被视为生物恰巧造就的一项避免自我毁灭的保障。尼采那些数量过多，

---

[1]　E. F. Podach, *Friedrich Nietzsches Werke der Zusammenbruchs* (Heidelberg：Wolfgang Rothe Verlag, 1961), p. 430. Podach 讲述了一个有关伪造与编辑渎职的让人难以置信的故事。也可参见 Karl Schlechta, *Der Fall Nietzsche* (Munich：Carl Hanser Verlag, 1959)；Richard Roos, "Les Derniers Ecrits de Nietzsche et leur Publication", *Revue Philosophique* (1956), pp. 262-287；以及 "Elizabeth Förster Nietzsche ou la Soeur Abusive", *Études Germaniques* (1956), pp. 321-341。

却又古怪地进行重复的格言，恰恰就是以相同的方式来处理相同的
问题，在我看来，它们也会产生这个相同的结果。新的作品有可能
被发现，旧的作品有可能被复原，但很难设想它们将为我们提供这
样一种哲学——它在任何本质的方面有别于我们可以通过仔细考察
现有的尼采文本而发现的哲学。

3

　　"虚无主义"意味着否定与空虚；事实上，它意指的是两组思
想，虽然有别于尼采的虚无主义，但仍有着部分的相似性。空虚的
虚无主义在本质上是佛教或印度教的教诲，两者都坚持认为，我们
生活于其中并似乎有所认知的这个世界，并没有任何终极的实在，
我们对它的依恋，是对幻象的依恋。实在本身既没有名称，也没有
形式。那些拥有名称与形式的东西，仅仅是令人痛苦的梦幻，明智
的人一旦知道了逃离这个梦境的途径，知道了他们的依恋是对虚无
的依恋之后，就都会希望逃离这个梦境。生命并没有意义和目的，
存在的是在出生—死亡—出生之间进行的永无休止的交替，恒常转
动的存在之轮永远毫无结果；倘若我们希望获得救赎，这恰恰意味
着将我们从我们必须追求的生活中解救出来。这种东方的悲观主义，
在欧洲是由阿尔图·叔本华的哲学来进行阐述的，它根据的是一组
形而上学的观点，正如我们将要看到的，它们与尼采自己提出的那
些形而上学观点有着难分难解的相似之处。尼采告诉我们，他寻求
的是"对〔欧洲〕悲观主义问题追根究底，并将它从半基督教、半
德意志的狭隘与愚昧中解放出来，而它最终将自身呈现给我们这个
世纪的恰恰就是这种狭隘与愚昧"。[3] 尽管如此，尼采并不像叔本华
与东方哲学家那样得出了相同的结论，尼采补充道，任何分析悲观
主义的人"或许在并非真正自愿的情况下，恰恰因此而睁开了他的
眼睛来注视对立的理想：那种最肯定世界、最热情洋溢、最生气勃
勃的人的理想"。[4] 我们接下来必须澄清的部分是这样一种辩护方式，
尼采能够借此根据那种最不妥协的形而上学的虚无主义来对一种生
活态度给出辩护，就其肯定性而言，这种生活态度与空虚的虚无主

义的任何方面都不一致：它是尼采"通向'肯定'的崭新道路"。[5]

　　否定的虚无主义，正如我给予它的这个名称所表明的，是被恰当地称为虚无主义的运动的一个例证，它兴盛于欧洲19世纪下半叶，特别是19世纪50年代到60年代的俄罗斯，屠格涅夫在他的《父与子》（1861）中对虚无主义做出了最可敬的表述。俄国的虚无主义在本质上对一批道德教诲、政治教诲与宗教教诲持有否定的与破坏性的态度，虚无主义者发现或觉得，这些教诲是狭隘且蒙昧的。与他们的长辈相比，虚无主义者声称他们什么都不相信，尽管这尤其意味着，他们坚持在整体上怀疑他们的长辈的信仰、品位、态度以及那些在当时具备权威性的东西。"在圣彼得堡风格之中的虚无主义——也就是说，对无信仰的信奉达到了为之殉难的程度，这首先表明，始终存在着对信仰的**需求**……"[6]实际上，他们以毫无批判且不加区分的方式相信了唯物主义对科学的粗劣解释。他们基本上以科学的名义公然宣称，他们猛烈抨击的诸多原则都是无效的。但是，他们的科学理解经过了某个版本的唯物主义的渗透，并错误地将这种唯物主义当成了科学本身，倘若他们更加精明老练的话，就会将这种唯物主义当作仅有的可与科学相容、可获得科学辩护的态度，因此不可否认的是，有一部分信念（其实是信仰）渗透到了他们的虚无主义之中，并且让虚无主义成了并非被他们全心全意地信奉的思想。19世纪就以它自己的方式成为一个与12世纪一样的信仰的时代，在今日的我们看来，这个时期的几乎所有欧洲思想家都显得充满幻想，他们致力于某个救赎计划以及某种实现救赎的简单途径。在宗教本身不再能获得信任的时代里，那些想在宗教中寻求满足的需求与期盼似乎仍继续存在，而其他的某些东西——科学、教育、革命、进化、社会主义、商业，或者是近来盛行的性欲——必然会被用以填补宗教信仰遗留下的空缺，并履行宗教信仰现如今因难以维系而失履的职责。虚无主义也想要这么做。它考虑的问题与其说是用科学来驱除信仰，不如说是用一种信仰来取代另一种信仰。在来生得到更好安排的期望，被一种在心理上无法与之区分的期望取代，后者想要在此生中得到更好的安排，因为一旦陈旧的秩序与既定的利益连同诸多保护与支持它们的观念都被一扫而空时，就不可避免地会产生一套以科学为基础的可靠制度。这当然是启蒙运动的理想，但在一个世纪之后，却以某些戏剧与暴力表现出来，这或许部分是由于它在那时已经成为被剥夺了权利的年轻人在反抗他们的父辈时所秉持的意识形态。在屠格涅夫的书中，巴扎洛夫（Bazarov）这个人所表现出的态度中存在着某种令人动容的不成熟。但几乎可以不夸张地说，相较于巴扎洛夫所说的"我并不相信任何东西"，相较于他所说的"一个正派化学家的用处，要比任何诗人都大二十倍"，或者相较于他的那些被一个农民无意间用漫画手法描述的观点（这个感到困惑的农民认为，巴扎洛夫说的是"你和我都是青蛙"），这种虚无主义运动（尽管不包括它的诸多历史后果）几乎没有在巴扎洛夫的基础上向前推进一步。

相较于他的这些同时代的虚无主义者，尼采的否定性只在他们之上，不在他们之下（尽管尼采在任何意义上都不是这个运动的组成部分），尼采因其对这些为虚无主义者所明确否定的众多相同的传统、信仰和制度进行的刻薄谴责而受到了称赞、攻击或喝彩。尽管如此，**他的**虚无主义并不是一种意识形态，而是一种形而上学，尼采有别于这些虚无主义者的最显著之处是他对科学的态度。尼采并没有将科学当作储藏真理的仓库或发现真理的方法，而是将科学当作一组便利的虚构、有用的约定，相较于任何一组所谓的可能与科学相冲突的虚构，科学在实在中所拥有的根据既不比它们更多，也不比它们更少。科学与宗教、道德和艺术一样，都是那种被他称为强力意志的东西的一个实例，强力意志是一种冲动和驱力，它对于那种在本质上是混沌的实在强加一种形式与结构，让它形成一个与人类的理解相一致而又适合人类的智慧寓居于其中的世界。但这是它**仅有的**正当理由，为了这个相同目的而运作的任何被强加的形式，都应当具备这种同等的正当理由，它们的内容都不会比它们的功能更为重要——事实上，它们的内容根本就不重要。在我将在随后的章节中详细阐述的那种真理的意义上，科学并不是真实的。但在科学并不真实的意义上，其他的任何东西也都不是真实的；相对于这种真理理论，即尼采的真理理论，尼采必定会说，他并不相信任何东西，因为在这种形而上的真诚中，他不可能相信任何东西。相应地，尼采的虚无主义是一种深刻的和完全的虚无主义，根据这种观点，俄国的虚无主义者与他们公然宣称的那些意识形态敌人之间的争辩，仅仅是诸多意志之间进行斗争的一个实例，即一种为了力量与形式而展开的斗争，在尼采看来，正是这种斗争刻画了人类在任何地方的生命，在某种意义上，它始终是尼采准备将之归于整个宇宙的单一特征，尼采将它视为在意志与意志之间发生的永恒冲突。

　　这两种不为尼采所持有的虚无主义，恰恰都导源于某些相同的态度。它们都相信，**应当**有某种秩序或外在目的存在于这个世界之中。空虚的虚无主义，即叔本华的虚无主义预设了一种已经变得习以为常的观点，它想要"与从外部确立的目的相一致"。[7]这种虚无主义表现的是由于不存在这样的目的而产生的失望之情，但在此时需要的精神状态其实是，这样的目的应当被克服。随着这样的目的被克服，悲观主义与绝望也就不再拥有恰当的根据。人类将会超越他对善良仙子的吝啬所感受到的懊恼委屈——当他逐渐意识到，既不存在慷慨的善良仙子，又不存在吝啬的善良仙子。另一方面，俄国虚无主义所拥有的典型思想导源于刚刚提到的相同习性，它认为，存在着一种外在的权威，为了确定人生的目的，我们就必须求助于具备这种权威的人或事物："在认识到不要相信一种权威之后，[它]力图寻求另一种权威"[8]——在这种情形下，另一种权威就是科学。不过，人们发现，在没有假定某种具有权威性与重要性的外在根源的情况下，他们就难以在这个世界中行使职责。"倘若不是上帝或科学，就是良知、理性、社会本能或历史"，它们被构想为"人们可能为之屈服的带有固定目的的内在精神"。[9]人类心灵的普遍倾向是在这个世界自身之中想象并试图确认一种为特定目的服务的盔甲与一种支持重要意义的根据，它们是人类或许会服从的某种客观的东西，他们在其中或许会发现一种为了他们自身的意义，在尼采看来，这最终是一种灾难性的倾向。空虚的虚无主义作为一种思考的精神状态与心理条件，它的出现是以下这种领悟或怀疑的直接后果，即实际上根本无法发现这样的东西，我们自身并不是世界秩序整体的组成部分，我们的整个价值也并不以确定的方式导源于与这种世界秩

序的关系。于是，我们或许就像佛教徒那样，把事物整体作为梦境
而将之摒弃，不再试图为那些并不具备实质的东西而操心。或者我
们就像众多的哲学家与梦想家那样，作为补偿，发明了"一个位于
这个世界彼岸的世界，一个真实的世界"[10]，相较于那个世界，**这
个**世界的价值彻底遭到贬低。不过，一旦一个人认识到，那个所谓
的实在的或真实的世界来源于人类，它被创造出来是为了回应某些
无法实现的人类需求，它是一种即便在心理学上可以理解，但在哲
学上没有正当理由的编造，他接下来就会抵达虚无主义的最终形式：
不相信另外的任何世界，不相信任何在形而上的意义上比这个世界
更可取的世界。与此同时，他将这个世界视为仅有的世界，无论这
个世界可能有多么凌乱、多么没有目的、多么没有价值。

> 当一个人领悟到，存在的普遍特征必然不能用"目的""单
> 一性"或"真理"这样的概念来获得理解，他就会获得一种无
> 价值感……这个世界无法在大量的事件中获得任何支配一切的
> 统一性；存在的特征不是真实，而是**虚假**……一个人不再拥有
> 任何根据来让他自己相信一个**真实的**世界……简单地说，我们
> 用"目的""单一性"与"存在"这些范畴来将价值赋予这个世
> 界，如今我们又取消了这些范畴——这个世界如今看起来是没
> 有价值的……[11]

尼采断定这个世界是没有价值的 [wertlos]，这并不是说，它
在诸多价值系统中拥有某种低等价值，它是某种几乎没有什么价值
或没有任何价值的东西，而是说，这个世界是这样一种东西——无
法在逻辑上有意义地说，它的价值微不足道或它具有如此这般的高
等价值。价值并不适用于这个世界，就像重量并不适用于数字一样：
说数字 2 是没有重量的，这并不是说它**非常轻**，而是说，赋予它任
何重量都是完全没有意义的。这或许就是尼采的观点。严格地说，
在这个世界中没有任何东西能被明智地认为具备价值，根据这个事
实，可以推断出，这个世界没有任何价值。既不存在秩序，又不存
在目的；既不存在事物，又不存在事实；不管怎样，不存在任何与

我们的信念相符合的东西。因此，我们所有的信念都是虚假的。这
（我们在后文中必须确定，尼采有什么理由来支持这个惊人的论断）
被尼采视为"虚无主义最极端的形式——它洞察到，每个信念，每
个持以为真 [Für-wahr-halten]，都必然是虚假的：因为根本就没有
真实的世界"。[12] 最终我们将看到，这就是以高度戏剧化的方式拒斥
了真理的符合理论。

　　尼采代表这种极端的虚无主义做出了诸多毫无约束的论断，在
我们能够负责地提出"是否存在任何支持它们的令人信服的理由"
这个问题之前，我们明显需要做出大量的澄清。在第一章中，我仅
仅想要强调，尼采的虚无主义是在哪一方面几乎无关于这个术语的
普通政治内涵，尼采在心中想到的"虚无主义"是一种彻底幻灭的
世界观，它就像尼采所能想象到的那样敌视人类的诸多抱负。这个
世界是敌对的，这并不是因为这个世界或不同于我们的任何东西拥
有它自己的目标，而是因为这个世界对我们的信仰或期望完全无动
于衷。承认与接受这种否定性的事实，不应当将我们导向"一种拒
绝，一种否定，一种追求虚无的意志"。相反，尼采觉得，人们认识
到的一个令人陶醉的事实恰恰是，这个世界缺乏形式与意义，倘若
这个事实助长了任何东西，那也应该是"对这个如其所是的世界的狄
奥尼索斯式的**肯定** [Ja-sagen]，没有例外、没有豁免、没有扣除"。[13]
尼采认为，为了能够接受与肯定这样的观点，就需要大量的勇气，
因为这意味着我们必须从一开始就放弃诸多通过宗教与哲学而让人
感到舒适的希望与期待。对于他觉得自己能够采纳而我们也应当采
纳的态度，尼采提供了热爱命运的准则——热爱一个人的命运，不
辩解或不防备地接受最为彻底的哲学观念批判和科学观念批判的诸
多结果，将它们视为虚构，视为人类安全需求的产物；接下来则努
力在一个对这些需求无动于衷的世界里生存下来，不仅要肯定一个
人自身与普遍的人类在宇宙中是不重要的，而且要肯定作为整体的
生命与自然在宇宙中是不重要的。

　　这种虚无主义（我将在随后的章节中更为详细地阐述它）在永
恒复归这个晦涩的学说中达到了它的顶峰（或许只有尼采才相信是
这样的），永恒复归这一学说所持有的观点是，这个世界以无限而

又精确的方式重复自身，我们如今发现自己身处其中的相同处境已经发生过无数次。这些处境将精确地按照它们总是发生的方式与它们如今正在发生的方式再次发生，永无止境。尼采对于他自己发现了这个学说感到极大的自豪，但这种自豪又并非完全可以轻易得到理解，他认为，这个学说不仅是一个严肃的科学真理，而且更为重要的是（即便这不那么可信），对于那种认为世界拥有或能够拥有目标、目的或最终状态的观点，它是唯一的真正替代者。[14] 倘若世界的每个状态（就此而言，我们可能谈论的任何事物都像尼采对世界所做的论断那样显得没有结构）都无限重复发生，那么就不可能有任何状态是最终的状态，就事物的本质而言，既不可能有进步，也不可能有倒退，而始终是相同的事物在重复。因此，尼采鼓励人们去接受并真正去热爱的命运，由于宇宙**整体**（*in toto*）的这种无目的重复而在很大程度上变得更加困难：

> 让我们通过它最可怕的形式来思考这种想法：尽管存在是不重要的，它没有意义或目标，但存在将不可避免地重复发生，它不会终结于虚无之中，此即永恒复归。这是虚无主义的最极端形式：虚无（"无意义"）永恒！[15]

尼采的哲学所做的一个持久尝试是，弄清支持虚无主义的诸多理由与虚无主义的诸多后果，而我在此已经简要地勾勒了这个学说。我已经做出的论断是，在尼采的某些主要观念之间存在着某种系统性的相互关联：虚无主义伴随着热爱命运，热爱命运伴随着永恒复归，而正如我将以恰当的进程表明的，永恒复归伴随着超人（Übermensch）学说，在某种暂定性的范围内为这个论断做出的辩护，我已经说得够多了，悬而未决的是对这个论断的某些进一步的支持与对诸多陈述的某些改进。尼采对其他哲学的批判，依赖于一个心理学的论题，即每种被人们曾经提出的形而上学体系，最终都是由于人们想要在这个世界中发现秩序与安全的需求，在这个立场上，心灵或许会"让自身有所寄托与有所消遣"。[16] 每个体系都相应地提供了一种在该体系中有可能对诸多事物做出的慰藉性解释。

尼采确信，所有这样的观点都是虚假的。接下来的问题是展示它们的不可行性，确定人们认为它们是切实可行的原因，然后继续追问，在完全承认了每种可能的宗教确信与形而上学确信并不具备可行性之后，人们如何能够继续生存下去。

导源于尼采的心理学 - 哲学分析的图景是，人类不断试图将秩序与结构强加于一个无序而又无意义的宇宙之上，以便于保持他们对于自己的尊严与重要地位的感受。他们的偏见恰恰是，在某些方面与某种程度上，必定有一种理由来支持这个图景的全部内容，而在尼采提出的关于事物的正确（倘若人们在这里可以谈论正确性的话）看法中——他将事物视为"变化、生成、多样、敌对、矛盾与战争"——**不可能**存在任何真实性。[17] 于是，对我们来说，就不存在一个真实的、合理的、有序的、永恒的或友善的宇宙。尼采相信，我们的整个思维模式构基于"存在着这样一个宇宙"这一假设；因此，按照事物如其所是的方式制定一种适合事物虚无性的思维方式，这很难称得上是简单的：这需要在逻辑学、科学、道德与哲学自身之中进行整体性的革命。尼采寻求实现的至少是这种革命的开端，但我将以尼采哲学的诊断性部分作为出发点，这种萌芽在他最早的重要作品中就已经被发现了，在他的《悲剧的诞生》中，它体现为在阿波罗主义与狄奥尼索斯主义之间的著名区分。由于迄今为止，人类的思想都要求拥有形式与结构，因此，它始终是阿波罗式的。但实在（reality）是没有形式的与狄奥尼索斯式的，对尼采而言，问题就是，人们能否成功获取一门可用来表述狄奥尼索斯思想的狄奥尼索斯式的语言。

第二章 艺术与非理性

18　　　尼采在美学理论的历史中占据了一个确定的位置。即便是依据最不开明的哲学探究与哲学思辨领域中的苛刻标准，他论述悲剧诞生的早期著作仍被列为公认的（即便是令人费解的）经典。尼采的狂热拥趸有着鲜明的代表性，他们就像撰写这本书时的尼采那样，主张一种高昂的、有时是激动人心的艺术观。但就尼采自身而言，他适时地减少了附加于艺术上的价值与重要性，这部分是源于某些特定的人生经历，部分则是源于哲学的自然发展。尼采或许从未完全把自己从那种狂热的、被妖魔化的艺术家形象中解放出来，这种形象在他所处的环境中属于一种陈词滥调，而一度与尼采有交往的作曲家理查德·瓦格纳则是这种形象的近乎完美的化身。事实上，恰恰是尼采对作为一个男人以及作为一位艺术家的瓦格纳的幻灭（disillusionment），导致尼采后来对艺术家以及艺术本身采纳了一种紧缩论的（deflationist）态度，因为对尼采来说，将作品与它的创作者的品格分离开来，这从来都不是一件易事。尼采对瓦格纳的最初幻灭，部分是由于尼采持一种瓦格纳完全无法实现的艺术观，或许没有任何人能够实现这样的艺术观；人们能够最好地阐明这一点的说法是，尼采准备根据棘手的事实放弃一个哲学理论。不过，尼采与瓦格纳的决裂在两者的传记中都是一段错综复杂的经历，我们可资利用以理解二者心理状态的相关资料过于粗略，无法解释发生的一切相关事件，甚至无法假定，我们弄清了所有相关的历史事实

19　（因为我们并没有清晰地掌握这些事实）。在我阐述尼采哲学的过程中，我并不打算遵循任何年代的先后顺序，我也无意于按照任何特

殊的途径来将他的哲学关联于他生活中的诸多事件。我关注的是支持他学说的理由，而不是产生他学说的原因。然而，关于尼采艺术理论的任何讨论，都必然被迫限定于真正多产的早期尼采——在那时，尼采是巴塞尔大学的一位年轻教授，他对古代的艺术与哲学进行了沉思，他对瓦格纳的赞同是深刻且纯粹的，并且在某种程度上得到了作曲家本人的回报。甚至在尼采人生的这段最欢快的时期里，在他的成熟思想中占据支配地位的哲学关切也是当下的与持续的，尽管他直接感兴趣的主题是艺术，但是，他诸多观念的逻辑中已经暗含了一种更为宽泛的言外之意。

1

哲学家偶尔会提出一个有关艺术之认知意义的问题。因为哲学家有时的想法或期望是，除了获取这个世界的实证知识的普遍公认的模式——通过感觉经验与科学研究——之外，艺术或许为我们提供了一条特殊的途径来获取特殊种类的真理；据说，这些真理所要求的客观性与其他任何真理所要求的客观性一样大。哲学家认为，艺术除了带来解脱与乐趣之外，还产生了一种等级或许相当高的智识收益，它将我们导向有关事实的深刻见解，（纯粹的）人类认知或许无法以其他方式通达这种深刻见解。由于评估知识论断始终是哲学家的使命与独有权利，就有一种哲学文献专注于这样的问题：为了艺术的利益（及其衍生的艺术家的利益）而强调的诸多认知论断是否无可非议地值得尊重。对于尼采思想的激进特征来说，甚至在它的首次重要表现中，人们就有可能看到如下事实，即尼采实际上准备承认的是，艺术就像感觉或科学一样，能够对客观真理做出论断。但这是因为感觉或科学能够对真理做出的任何论断，并不比艺术对真理做出的论断更为强大。无论是艺术本身，还是那些被人们相信可将我们导向客观世界的真理的通常手段，它们事实上都没有将我们导向它们所承诺的那种真理。可以在艺术与（所谓的）认知之间发现，关于两者的起源与功能，**存有**一种相似之处：两者都存在于幻觉之中，科学与感官的幻觉让生命成为可能，艺术的幻觉让

20

生命成为可以忍受的。

这些结论高度具有怀疑论的色彩，尼采支持它们的诸多理由存在于某些认识论的分析之中，它们相当类似于后来经常为伯特兰·罗素所竭力主张的认识论分析，根据罗素的观点，我们的知觉并不相似于产生它们的原因，因此，我们所运用的语言是在与知觉所有物的关联中习得的，它并不按照世界真实存在的方式来描述世界。相反，语言描述的是——按照尼采的观点，这是就我们可以将语言完全视为描述的范围而言的——被我们**错误地当作**实在的幻觉。在这一点上，尼采所假定的是，在世界中或许存在着一种我们没有能力把握的秩序或结构。然而，鉴于尼采有关我们语言的起源与功能的观念，我们无法说出这个世界实际上有可能像什么，即便我们所处的立场经验到了任何引起我们知觉的原因（**但这是不可能的**）。我们明显不能将**我们的**术语适用于**这些**原因。但我将在后文中思考这些认识论的主题。

艺术存在于诸多鲜活的幻觉之中，而我们用来与艺术相对比的"真理"（正如我们将艺术与自然相对比，将虚构与事实相对比）则存在于陈旧的幻觉之中，这些幻觉在使用中变得如此陈旧，以至于随着时间的推移，它们逐渐被公认为表达了这个宇宙最低层面的事实。在（所谓的）事实与（所谓的）虚构之间的差异几乎就是数量上的差异，当虚构重复的次数足够多时，它就被当作事实。在一篇撰写于 1873 年的超前文章（尽管它在尼采死后才得到出版）中，尼采无所顾忌地提出了一个古老的问题：什么是真理？它将成为一个贯穿于尼采整个哲学生涯的问题，而在尼采看来，他在此处给出的解答，除了它运用的修辞以及他为了支持它而在某种范围内提出的一些理由之外，在任何本质的方面进行修改都是不适合的。

那么，什么是真理？一群活动的隐喻、转喻、拟人论，简而言之，就是诸多被修辞与诗意强化、修饰、转换的人类关系的总和，在经过一个民族的漫长使用之后，它逐渐被认为是固定的、有约束力的与权威性的。真理是我们已经忘却其为幻觉的幻觉，是如今难以唤起感受的破旧不堪的隐喻，是磨光了币面，如今已经被当作金属而非货币的硬币。[1]

我们接触世界的初始模式在本质上是艺术家的模式，它们或多或少无意识地制造了诸多形象与隐喻，它们转换而不是复制我们的经验，它们本身是对它们的原因与客体的转化而非复制。但隐喻通过漫长时间的使用，将被解析为概念，概念被阐释为体系，最终，这些"概念的大厦展示了罗马骨灰安置所的严格规则性"。[2]尼采在这里承认，人们必然会极度钦佩人类的建筑天赋，他们建造了"一座无限复杂的概念教堂 [Begriffsdome]，可以说，这座教堂是在不断移动的地基与流水之上建造而成的"。[3]不过，这种钦佩必须限定于人类集体智慧的构造天赋，而不是它发现任何传统意义上的真理的能力，因为实际上我们的概念是隐喻的残渣，而我们概念结构的建造是"完全拟人化的，它包含的并不是一个与人相分离的，客观的与普遍的，'就其本身而言是真实的'单一特征"。[4]我们居住于我们为自身建造的结构之中，当我们以可辨识的方式将自己置身于"由这些信念构成的监狱围墙之外"[5]时，我们一刻也无法存活。

被普遍认可的**真实**观念仅仅是那些珍藏于概念的骨灰安置所的观念，它是"隐喻的墓地"。虚假的观念是一种尚未被置于神龛之内的"活的"隐喻，一种离经叛道的形象。因此，我们无法将隐喻与用普通方式说出来的言谈进行比较，在隐喻的言谈与非隐喻的言谈之间的差别，仅仅是一个与它们在概念体系中的相对位置有关的问题——而不是在事实与想象之间的差别。但接下来（根据这个分析），我们既不能将诗人与科学家进行对比，也不能将诗人与普通人进行对比。相对于事物存在的方式来说，这些人的陈述完全就像其他人的陈述一样不够恰当，今日的常识与科学的正统观念是昨日的隐喻，可以说，它们在冷却与凝固之后就转变成了事实。尽管如此，需要注意的是，此处谈论的隐喻是对于**经验**的语言表达，而不是对于事物的语言表达，因而就有常规的经验与反常的经验。就这种情况的本质而言，相对于为了容纳常规经验而制定出来的语言图式而言，反常经验的言谈或表述必定或者是隐喻性的，或者是晦涩难懂的。这几乎就确保了反常经验的表达将接近于不可理解的状态。根据这种经验（尼采将这种经验称为**直觉**），"通向具备幽灵般先验图式的抽象领域的固定道路是不存在的"——

> 并不存在适合于这些东西的语词，人类或者在它们面前沉默，或者大声地用被禁止的隐喻或闻所未闻的观念组合来谈论它们，以便于至少通过嘲弄与粉碎陈旧的概念图式，创造性地回应这种在当前有力的直觉。[6]

正是由于这种观念，尼采转向了一个附带触及康德论题的方向，而康德的论题如此明显地渗透于这个青年的努力尝试之中。康德提出（事实上，他自称已经证明），经验理所当然必定符合的明确形式，是被一组固定的概念与范畴强加于经验之上的，这些概念与范畴是理解经验的条件。我们并不是按照事物本身存在的方式来认识事物的，而是按照事物向我们呈现的方式以及经验逻辑的先天支架所形成的方式来认识事物的。在康德解释中的一个难点是，康德是否承认，不仅没有，而且不可能存在任何无法遵循我们的范畴结构的经验，抑或是说，康德仅仅承认，即便存在任何这样的经验，它们也是不融贯的。尼采的解释在若干方面有别于此。不同于康德在表面上做出的论断，尼采并没有主张，某组确定的概念与生俱来地位于人类的心灵之中，它们不会随着人类之间的差异而发生变化。相反，在尼采看来，概念图式因社会与社会之间的差异而有所变化，若假定一个人能在社会之外存活下来，概念图式就有可能因个人与个人之间的差异而有所变化。存在着各种整理经验的方式，我们的方式仅仅是对我们来说行之有效的方式，并没有任何永恒不变的、神圣不可侵犯的或必不可少的东西与它相关。进而，始终存在的一种可能性是，我们的某些经验或许无法符合我们在工作中使用的那个图式。我们无法运用我们的社会让我们可以获取的语言来表达这些经验，因为根据假设，它们是反常的经验。但我们至少能够意味深长地、富有艺术性地运用语言来对这些经验做出回应，其回应的方式就像我们语言的制定者回应经验的方式一样，结果是，它们变成了在我们社会的概念图式下的标准经验。没有理由认为，在这种结构下是反常的经验，就不可能在另一种结构下变成标准经验，因此，在此时此地反常的语言，或许在其他的某时某地是普通的说话方式。

反常的说话方式与反常的经验具有不同的两方面危险。它们对长久以来如此便利与如此舒适地被证明为有效的概念图式（我们用这样的概念图式让自己居住于这个不断变化的世界之中）构成了威胁，就此而言，它们对社会是危险的。它们让个体位于被个体吸收的文化标记为安全的区域之外，就此而言，它们对个体也是危险的。尽管如此，由此敞开的可能性是，一个人固然有可能无法从观念逃离到实在本身之中（因为实在本身永远向我们封闭自身），但他能从一组观念逃到另一组观念。至少始终有可能以一个人的直觉为基础来建造一个世界，无论为了完成这一点而可能经历多大的困难；虽然我们的概念牢狱并没有一般性的出口，但通过艺术或可能成为艺术的直觉而获得短暂的拯救，我们就可以在诸多牢狱之间进行某种选择，由此我们就享有了有限的概念自由。

这些见解首次在《关于在道德意义之外的真理与谎言》（*Concerning Truth and Falsehood in an Extramoral Sense*）中被尼采引入，尼采始终将它们在本质上保留下来。尼采越来越多地将自己视为一个局外人与一位艺术家，因而是对他自己与对社会的一种威胁：在尼采的某个戏剧化的自我表现时刻（它预示了疯狂的意外发生），尼采想到的说法是，我不是一个人，我是炸药。[1] 不过，甚至在此之前，它就给予了尼采一种关于他自己与他的活动的完全欢欣鼓舞的见解，它为尼采创造了一个他自己的形象，即一种大胆无畏的非凡

24

---

[1] 这个说法出自尼采写于 1888 年的书信，这封信是写给他的英译版作品的一位合适译者的。毋庸置疑，这位译者就是译了叔本华的海伦·齐默恩（Helen Zimmern），尼采在锡尔斯玛利亚（Sils Maria）度过的某个夏天结识了这位译者。引自 Ernest Newman，*Life of Richard Wagner*（New York: Knopf, 1946），chap. IV, p. 597. 恰恰在尼采崩溃之前的那段时期，他在留存下来的数量相当多的信件中都使用了类似的措辞。尼采在 1888 年 12 月 7 日写给斯特林堡（Strindberg）的信件中写道，"我足够强大，以至于将人类的历史劈成两半"。之后，他在写给加斯特的信中提到了《瞧，这个人》："可以说，它将人类的历史炸裂为两个部分——最高级别的炸药！"1886 年 9 月，一份瑞士的报纸发表了一篇几乎没有什么同情态度的评论，尼采在其中被称为炸药。当尼采读到新闻记者说"这里就是炸药！"时，他感到极度欣喜，他在这个时期的信件中提到了关于这个评价的笔记。

人物，只要这是在智识意义上的形象，那就是尼采真正所是的那种人（尽管这并不包括他的那种戏剧化的自我表现）。它还给予了尼采一种绝望的感受，即他可能表述的任何一组隐喻都会被他生活于其中的社会误解，而恰恰在最好的情况下，它们也会在任何可能有助于让它们成为可能的新社会里蜕化为陈腐的"真理"。新社会形成的概念有别于被尼采质疑的概念，但即便取得了成功，这些概念的约束力也没有变少，真实性也没有变多。"一种反形而上学的世界观——但它是一种艺术的世界观"，尼采在《遗稿》中就他自己的情况如此写道[8]；但在《善恶的彼岸》最后一节中尼采就他自己的思想悲伤地写道，"你们已经褪去了你们的新鲜感，我担心，你们中有一些已经变成了真理：你们看起来已经如此不朽，如此令人心碎的正派得体，如此乏味！"[9]于是，在尼采看来，这两条道路都让他自己不可避免地导向失败。但他是在很久以后才看到了这一点。

尼采在这篇论述真理的文章[10]中向我们提出，存在两种类型的人，理性人 [der vernunftige Mensch] 与直觉人 [der intuitive Mensch]，前者畏惧直觉，后者嘲笑理性。然而，两者的差异并不是根本的差异，而仅仅相对于某种给定的概念图式。理性是幸存直觉的命运，直觉是获胜理性的根源。尽管如此，艺术的（或直觉的）活动在这里被构想为人类的基本探索活动，在这种活动中，人类做出努力来说出除了用隐喻的方式之外，终究无法用我们现成可用的语言来说出的东西，虽然现成可用的语言所接受与描述的东西最终会赶上隐喻。只有通过直觉，我们的概念图式才有可能被修正乃至被推翻与被取代。正是在这个意义上，尼采在《悲剧的诞生》那恭敬地献给瓦格纳的序言中写道，艺术是一种形而上学的活动，是"人类最高的使命"。在他为随后的版本所写的序言中，尼采限定了这个主张，他退而承认，他的"整个艺术形而上学可被当作任意的、幻想的、空洞的"。[11]正如我们将发现的，在这个序言中有所预示的主张，除了它置于艺术之上的这种重要性之外，非常类似于尼采看待艺术的成熟观点。

2

不难批评这个解释。首先，人们或许轻易就会提出异议，那种认为**每个**语句都是隐喻的论断几乎是没有意义的。称某些语句在一个给定的图式下是反常的，它们相对于在同一个图式下的标准语句是隐喻性的，这是一回事。然而，倘若人们以此界定**隐喻**，倘若每个语句都是隐喻性的，那么，每个语句就都是反常的，而这是荒谬的。进而，我们把某些语句当作直接陈述的言谈，（根据清晰的语义标准和语法规则）与它们相对照，其他的语句则被当作隐喻性的言谈，倘若不这么做，我们就不再能轻易看出，我们究竟能用隐喻意指什么。我认为，尼采或许会沿着如下路线来做出回应：隐喻最起码是那些从来也不是在本义上为真的语句；没有任何语句对于与它相关的东西来说在本义上为真；因此，每个语句在某种程度上都是隐喻性的。在实践中（倘若不是在修辞中），如果我们说，没有任何语句在本义上为真，或正如尼采随后更为彻底地宣称的，每个语句在本义上为假，这两种说法都几乎没有什么差别。问题仅仅是，我们的语言是否允许我们继续生活，倘若它做到了这一点，就几乎不能对它提出更多要求。额外要求语言在本义上为真，这是一种哲学的要求，而不是一种现实的要求或实践的要求。在语句与事实之间的一对一的符合关系，有时被人们接受为在理想的语言与其同构映现的世界之间的理想关系，它超出了人们可以提出要求的范围，或者按照尼采后来提出的说法，它超出了理论的可能性。为了表明这一点，就需要对尼采的哲学做出比我迄今为止所给出的更为细致的分析。但目前值得注意的是，尼采在任何地方都没有特别提出这样的问题，即本义为真的语句会像什么样。他的隐喻概念假定，隐喻是那些与在本义上为真的语句形成对照的语句（而且隐喻并不因为它们是隐喻而必然是虚假的），而在这种程度上的隐喻概念是不明确的。但尼采有可能做出回应说，**我们**自身对于并非隐喻的真理看起来像什么，也没有清晰的概念（诸多有关理想语言、语句**形式**与事实**形式**的问题究竟是什么？），而**我们**用我们的隐喻概念就能相当顺利地生活。设法对真理与隐喻做出清晰的刻画，这是我们必然同时从事的两件事。

　　有人或许会以流行的方式暗示，尼采的普遍性命题都拥有诸多准悖论性的后果。让我们姑且承认尼采的这个想法，即隐喻仅仅是用来替代概念的具体形象，[12] 隐喻的思维是非概念性的思维，我们无论以何种方式都已经让我们自身适应了这样的观念，即语言都是隐喻性的。称所有语句都是隐喻性的，这种说法所蕴含的是，这个论题自身是隐喻性的，因而它并非在本义上为真，因而它**在本义上**是假的。因此，倘若尼采是正确的，他就是错误的。我相信，尼采会承认并强调这种批评。他自觉地在这种信念下写道，语言具有内在的局限性，出于诸多深刻的理由，人们甚至在表面上都从未得到过这种并非隐喻的真理。尼采接下来所能要求的仅仅是让人们尝试运用他的方法，并由此看出，借助他的方法能否让人们在这个世界中继续生存。尼采写道，作为一个艺术家，他在某种程度上就运用了反常的表述与反常的观念；在最好的情况下，他的工作不仅是对艺术活动的讨论，而且还是艺术活动的一个实例。人类的活动，人类根据他们最初对经验形成的融洽的诗意关系而制造出来的概念系统，它们的兴衰是通过艺术来修正的。根据尼采对于赫拉克利特教诲的理解，它们就像宇宙本身一样，是艺术作品，是宙斯的创造："生成与消逝，建造与破坏，没有任何道德的添加物：这个世界是艺术家与孩童在永久的天真无邪中的游戏。"[13] 然而，不考虑这些诗意的想法，人们或许会抓住这样一个问题，即尼采的思想难道不是蕴含了这样的主张，即所有的活动都是艺术的活动，它们都是通过隐喻与类比，影像与幻觉而进行的经验转换？因此，恰当地说，艺术本身是否仅仅为这种引申意义上的艺术的一个实例？我认为，尼采仍会承认这个后果。实际上，恰恰在此处，他或许指明了他最激进见解的迹象。

　　在日常语言中，某些活动被命名为艺术的活动，某些对象被命名为艺术作品。于是，艺术家是有别于其他人的一种人，正如艺术作品是有别于其他对象的一种对象。称每个人都是艺术家，每件事物都是由人类制成的艺术作品，这种说法将这个概念拓展到了最终对之有所贬损的地步。然而，往往正是这种对待概念的方式才形成了哲学。根据这种说法，某一个在传统上有别于其他活动的活动，其实更类似于其他的那些活动，相较于传统思维让我们认为的，它与其他的那些活动具有更多的类似之处。于是，称其他的这些活动恰恰**就是**这个活动，在它们之间具有重要的相似性，这就是以戏剧性的方式来运用语言。倘若有人说，所有的婴儿都是逻辑学家，或所有的女人都是男子汉，这就引入了一种会被我们确认的张力。这种刺眼用法（它是隐喻性的）的目的是拆除界线，强调曾经被忽略的相似之处，更为重要的是，吸引人们关注这个活动或事物的真正本质，它与这个活动或事物在如今的说法中之**所是**形成了独特的对比。尼采频繁地以这种方式来使用语言。它为尼采的作品带来了某种尖锐的锋芒，并且例示了他攻击传统思维结构的一种方法。例如，在他的那个认为所有的语言都是隐喻性的论断中就展示了这种方法。与此同时，这种方法以之为前提的是那个遭到攻击的严格概念，因为尼采用后者指定了与诸多事物相适应的模式。事实上，尼采确实认为，艺术活动所展示的规则，要比"艺术的"这个语词通常允许我们言说的规则更为宽泛；尽管如此，恰恰是那种狭隘意义上的艺术活动，被尼采当作如今所说的艺术活动的整个范围中的**典范**。我们一直都是艺术家，不过——为了绘制这个形象——我们中的某些人是单调乏味的，某些人则是有独创性的，而这就是尼采在理性与冲动之间所做的区分，而至少在这里他最终想到了这种区分。

因此，在尼采的作品中，"艺术"拥有一种宽泛的用法与一种狭隘的用法，宽泛的用法是从狭隘的用法中获得它的意义的。因为我们知道在狭隘意义上的艺术家与众不同的做法是什么，我们就能看出，我们怎样在其他的活动中也是艺术家。由此，尼采意在主张，我们介入经验的最初与最基本的方式是艺术的转化方式，我们自发地用诸多形象与贴切的韵律来试图表达我们感受与感知世界的途径。尼采谈到了一种"**人类想象的根本能力**"[Urvermögen menschlicher Phantasie]，通过这种能力，人类个体本质上就作为"**一种艺术创造主体**"[als kunsterlisch schaffendes Subjekt] 来发挥作用。[14]

尼采并没有深入挖掘这个非常有趣的观念，但或许不难看出，他用我们的**根本能力**来表达的意思可能是什么。首先，似乎并不需要教导一个孩童怎样富有想象力地用诸如棍棒这样的东西进行玩耍，并不需要教导一个孩童说，某根棍棒"是"一匹马。或者可以给一个孩童一批几何图形，并问他哪一个是**他自己**，他总是会给出某些答案，从来也不会将之作为无意义的问题而拒绝回答，无论他有多么确定地意识到，就像他"骑"在上面的棍棒并不是一匹马，他也不"是"那个被他等同于自身的八边形。极其难以理解的是，根据大多数的语言教学理论，究竟以何种方式教导某个人如此使用"**是**"这个词。无疑，它不可能通过实指行为（ostensional acts）来教导，因为据说，实指行为所教导的是语词在它们的直接用法中的意义，而上文提到的**这种**用法不是直接的，而是想象的。

尽管如此，在我看来，严重影响了尼采的整个解释的一个首要困难即在一种明显的意义上，对**是**的想象性使用，在逻辑上预先假定了对这种直接用法的掌握。一个将他的棍棒称为"马"的孩童，却把棍棒架到他的肩上并且大声模拟"砰砰"的枪声，这并不是他拥有过度活跃的想象，而是他对马拥有的一种不充分的认识。我们**或许会**说，在这个孩童的想象中，一匹马是一把枪。但这种说法仅仅认为，这个孩童是错误的，而不是认为，这个孩童是富于想象的；因为对想象的真正运用不会被当作一条通向错误的途径。那么，实际上，一个孩童在他能以想象的方式玩骑马游戏之前，他必定知道了某些与马的真实行为有关的东西，想象只有凭借标准用法与真实知识的强健翅膀才能腾空而起。倘若情况是这样，就难以看出，人们怎么可能在**最初**拥有的是想象的语言。事实上，一个人对一个经验做出自发回应，说出一段声音，这与其说是用音乐的方式对之做出回应，不如说是以某种方式对这个经验给予一个**名称**，因为倘若没有什么被当作平凡的东西，也就没有什么被当作诗意的回应。想象的用法是以日常的用法为前提的，这似乎蕴含了一个社会学的论题，即在一个社会中只有在拥有了清醒的、从事生产的公民之后，才有可能存在艺术家。在社会学的意义上说，倘若不可能存在一个仅仅是由诗人构成的社会，那么，就不可能只存在诗意的语言。接下来，我们或许完全无权将尼采假定的艺术概念与想象概念推进到他的那种更为宽泛的艺术观与艺术活动观之中。人们最先说出来的语句，完全**不**可能是隐喻。那么，尼采或许会做出的回应是，它们也不可能是如实的描述。而这几乎不会有助于尼采去支持他的正面论点：隐喻与直接的用法在概念上是相互依赖的。

3

迄今为止，我们关注的是这样一种艺术学，在这种艺术学的意义上，存在着一种所谓的铸造隐喻的能力，它随后或许会将隐喻打磨为概念，并逐渐将之当作真理。我们进行转化的根本能力（Urvermögen）连同习俗惯例，生成了真理，而我们的世界就是用这些真理塑造而成的。但我先前就已经暗示，尼采并不是根据艺术所提供的真理来审视艺术，而是认为，艺术让我们能够承受我们所赞同的真理。据说，艺术是让生命变得可以忍受的东西。这把我们带向了在狭隘意义上的"艺术"，这是构成尼采所使用的那个错综复杂的艺术概念的另一个组成部分，这有时不仅让他的读者产生了混淆，而且还让尼采自己产生了混淆。（在狭隘意义上的）艺术提供了隐喻，我们对于真实世界的构想就是从这些隐喻中首次涌现的，除此之外，它还在真实世界的旁边为我们创造了另一个世界——我们或许会将之称为艺术世界——我们会不时逃入这个世界，在其中找到了暂时缓解痛苦与生存斗争的休憩之处，即便仅仅是在其中暂停片刻。这正是叔本华对于艺术的看法；叔本华觉得，在对美的沉思中，在自然中，在绘画中，特别是在音乐中，人类用具备疗效的永恒直觉将自身从苦难中解脱出来。

当然，艺术并不是我们可以利用的仅有的解脱机制。这就要提到尼采特别举出的两种其他的解脱机制，即梦与醉。与尼采的那个普遍化了的艺术活动观一致的是，尼采在谈论中将梦与醉作为艺术活动，或至少作为满足某些渴求艺术的强烈欲望的途径。"在梦境中制造美丽幻觉的过程之中，每个人都证明他自己是一位才华横溢的艺术家。"[15]这一几乎可以肯定与做梦有关的事实——在缺乏类似这些意象的任何原因的条件下自发地制造意象——让尼采想到了根本能力，人类原始的艺术性。与此同时，在狭隘意义上的艺术中，

30

有两种主要的艺术，它们对应的是由梦与醉所表明的基本解脱模式：类似于梦的阿波罗艺术与类似于醉的狄奥尼索斯艺术。尼采断言，艺术的进化是由于这两种独特的艺术表现模式之间的相互作用造成的；[16]《悲剧诞生于音乐精神》（1872）试图仅仅用这些术语来书写一部希腊艺术的哲学史。

阿波罗的艺术与狄奥尼索斯的艺术分别在绘画与音乐，"幻象与狂欢"[17]中有着各自的表现。这些是对诸多生命条件的表现，它们在［非艺术的］正常生命中的"预兆仅仅是以更微弱的方式存在于梦与醉之中"。[18]在此处被翻译为"陶醉"的德语词是 Rausch，它拥有迷狂与狂喜的内涵，它并不像我们所用的词那样狭隘地关联于**酒精的**状态。酒醉是将酒精作为其**原因**的醉态，然而，尼采感兴趣的恰恰是醉的状态，而不是醉的原因。我们能够以其他方式被带入这同一种状态之中，例如，通过跳舞、性交以及参与宗教活动。

某个在做梦与绘画之间的类比或许是可以成立的，倘若我们准备把做梦视为对意象的制造与凝视。"在梦中向我们显现的对象"，笛卡儿在"第一个沉思"中写道，"可以说是绘制出来的表象"；倘若我们引入**成像**（imaging）这个词，它的意思仅仅是制造意象，那么，做梦与绘画就是成像的实例。白日梦或幻想又是篡改我们所制造意象的方式，它们以这样的方式进行篡改，以至于在没有做出调整或让步的情况下，或在不承担我们在现实中寻求满足所带来风险的情况下，满足某些情感的要求。众所周知，弗洛伊德按照实现愿望的机制来寻求对梦的现象的解释。类似于这些幻想，借助小说或戏剧，我们在没有必要**做**任何事情的情况下，以间接感受的方式度过了一系列的有趣事件与冒险奇遇——在剧场或书房的安全保障下享受着这些不劳而获的经验。最终，艺术与幻想一样，它们都能像现实本身那样将自身强加于我们之上：逾越了这条界限，就会陷入病态。[19]笛卡儿不敢说他**正在**做梦，因为笛卡儿声称，这种说法是疯狂的。一个人只有在保持着与梦或艺术形成对照的现实感时，才会从梦或艺术处获益。事实上，艺术与梦都会以相似的方式为我们所拥有的现实世界的苛刻、严酷、不安全带来慰藉，并让我们有片刻时间不去理会现实世界，以便于找到某种转瞬即逝的平静。因此，两者都让生命"成为可能并让人们值得活下去"。[20]需要附带解释的是，人们或许会认为，一个完全适应环境的、幸福的人或许既不需要艺术，又不需要幻想，倘若弗洛伊德是正确的，实现了一切愿望的人就永远不会再做梦。倘若希腊人就像传说对他们的描绘那样是健康而又开朗的人，那么，他们就不会需要艺术，至少不会需要阿波罗的艺术。因此，人们必然会推测，希腊人与整个这样的世界并没有达到如此和谐的程度。而这恰恰就是尼采将要论证的。

酒醉 [Rausch] 或许仍会被诊断为一种逃离现实的机制，但在幻想与酒醉之间有一个差别。当一个人让自身沉浸于幻想之中时，他离开了这个世界，进入了与他的感受、需求和希望更为一致的私人空间之中。相较之下，一个醉汉经常试图遗忘的与其说是这个世界，不如说是**他自己**，"释放他自己"，克服而不是强调在他自己与其他事物之间的界线，随着陶醉状态的提升，这些界线逐渐变得模糊，直到狂欢的高潮，它们将彻底被消除。正是在这种时刻，神秘主义者实现了整合，参加庆典者获得了交融，而恋人们则触及了欢乐的高峰。

诸如此类的阿波罗艺术（我们在这里离开了上文提到的那个类比）是用图像思维，即对事物和场景的描述来进行例示的。它同时也是一种外形的与个体化的艺术，它将形式与清晰的轮廓给予它的观众所观审的形象。除非以对立于阿波罗艺术的方式，否则狄奥尼索斯艺术就没有那么容易刻画，它消解轮廓，摧毁形式，**去个体化**。它是在抒情诗与音乐中获得例示的，正如它的对立者是在雕塑与绘画中获得例示的。但是，倘若将这两种艺术形式等同于特定的艺术门类，就会犯下错误，这主要是因为这种区分在每个门类中都会再次出现。因此，（正如我们在今日所知）有一个让狄奥尼索斯式的绘画存在的空间；归根到底，音乐最初的保护神是阿波罗；而且，尼采承认有一种阿波罗式的音乐——"节奏之波拍打着海岸，一种造型的艺术"。[21]尼采甚至将希腊悲剧也刻画为这两种艺术形式的融合——"狄奥尼索斯之直觉与冲动的阿波罗体现"[22]这一融合性仅仅存在于埃斯库罗斯的悲剧之中，但也有可能存在于索福克勒斯的悲剧之中；欧里庇得斯正是因为在其作品中清除了所有的狄奥尼索斯要素，转而用阿波罗的形式与**苏格拉底的**形式的融合体来组构他自己的作品而特别受到尼采的控诉。因此，"阿波罗的"与"狄奥尼索斯的"甚至没有穷尽美学的谓述。

将尼采的一对艺术范畴等同于理性和非理性，未免过于信口开河。毕竟，梦并不比舞蹈这种活动拥有更多的理性，音乐——希腊人自己将音乐立足于数学——也并不比诗歌拥有更少的理性。倘若发疯的逻辑学家少于发疯的诗人，那是因为诗人多于逻辑学家。正如我们将看到的，艺术中的理性对立于尼采的这两种类型。特别要注意，狄奥尼索斯主义不能简单地被等同于自暴自弃、如痴如狂、狂热或疯狂，除非人们指的是艺术能够在它的观众中引起这些状态。首先，这个术语主要适用于**艺术**，而任何无法合成一体，无法遵循某种规则，无法给予空间或声音某种明确形式的东西都不是艺术。①其次，尼采清楚地在**野蛮的**狄奥尼索斯主义与**希腊化的**狄奥尼索斯主义之间做出了区分。

33　　　　　在古代文明的全部范围内……我们发现了狄奥尼索斯节庆的证据……这种节庆的核心关切是彻底的性滥交，它大大超出了所有的家庭纽带及其规则与禁令。自然最狂野的兽性被释放出来，直到实现了残暴与肉欲的可怕混合，在我看来，这种混合始终是真正的魔汤……[23]

希腊人在这方面无异于其他的古代人，而且在尼采看来（这种观点随后在《论道德的谱系》中有所表述），希腊人也无异于其余的人类，他们在受难的场景与痛苦的残忍刑罚中也能领略到一种特殊的

---

① 尼采在他自己的音乐作品中再次忽略了这些考虑要素。尼采将他的《曼弗雷德沉思》（*Manfred Meditation*）寄给汉斯·冯·彪罗（Hans von Bülow），后者是瓦格纳的指挥家与《悲剧的诞生》的热情仰慕者（当然，所有的瓦格纳主义者都会是这本书的热情仰慕者）。这位音乐家并没有对之留下深刻印象。他写道："难道你的意图是持续不断地违反调性关系的每个规则，从最高的句法规则直到最低的拼写规则？……你应当掌握音乐的语言：狂乱的想象，沉湎于对瓦格纳和声的追忆，这并不是可以依靠的基础。"参见彪罗 1872 年 7 月 24 日致尼采的书信。引自 Ernest Newman, *Life of Richard Wagner*, p. 324。彪罗对尼采的建议是，倘若他坚持要进行音乐创作，他或许最好停留于声乐的领域。毕竟，歌词已经给出了结构，而纯粹的声音则无法给出结构。

快乐。

> 作为最具有人性的古代人，希腊人本身就拥有一种残酷的
> 性格特征，一种猛虎般的破坏乐趣……当我们带着温顺的现代
> 人性观，在希腊人的整个历史与神话中与之相遇时，这种特征
> 必然会让我们感到惊骇不已。[24]

当然，希腊艺术经常是一种对战争的颂扬，希腊英雄在战斗本
身与战斗的奖赏中看到了最美好的生活，而"整个希腊世界在《伊
利亚特》的战斗场面中欢欣鼓舞"。[25] 尽管如此，对于荷马（一位出
类拔萃的阿波罗艺术家，因为叙事诗是这种艺术模式的典范），尼
采写道：

> 通过这种非凡的艺术准确性、描绘的宁静与纯洁，我们已
> 经被提升到了这些纯粹素材的统一体之上：凭借一种艺术的幻
> 觉，荷马世界的色彩显得更加明亮、更加柔和、更加温暖，而
> 荷马世界的人物在这种多彩的、和煦的光照下显得更加美好，
> 更加让人产生共鸣。[26]

不过，倘若我们"走回前荷马的世界，[我们就会遇到] 黑夜与恐
惧，一种习惯于荒谬恐怖的幻想的产物"。[27] 因此，荷马的艺术与一
般而言的阿波罗艺术，在某种程度上对于这些追求残酷行为与破坏
性能量的冲动进行了转化；以类似的方式，非希腊世界的狄奥尼索
斯式的无节制被采纳与转化为艺术，因而，狄奥尼索斯主义在希腊
的出现成了"一个美学的事件"。即便如此，狄奥尼索斯的艺术"传
达了一种恐惧的含义"，与它激发的黯淡回忆相关的是"这样一个时
代，在那时，遭受的痛苦被经验为快感，至高的欢欣感引起了发自
内心的痛苦呐喊"。狄奥尼索斯的艺术仍然**是一种艺术**，虽然"阿波
罗意识作为一层薄纱，为希腊人掩盖了这种 [野蛮的] 狄奥尼索斯
世界"。[28]

这些希腊人显然并不像古希腊研究者曾经认为的那样具有宁静

的精神。按照尼采的观点，他们成了这些攻击嗜好的牺牲品，他们对苦难的敏感性达到了极致。这些希腊人的文化中随处表现着一种悲观厌世与恐惧担忧的潜在倾向，即便尼采不是第一个察觉到这一点的人，他肯定也是第一个将之视为问题的人。他想要知道，我们如何能将对这种古代人的光明描述与这些黑暗的迹象协调起来，倘若我们在希腊人的神话与诗歌中进行寻求，我们经常能找到这种迹象的充足例证，它们暗示，生命是痛苦的，这个世界是疏异且可怕的。西勒诺斯（Silenus）低声说道，对于一个人来说，最好是永不出生，其次则是尽快死去。希腊万神殿的整个大厦，众神的**魔山**（Zauberberg）孤高地屹立于生存不断承受的恐怖事物之上，尼采说，这是希腊人对恐惧的投射与慰藉。他们只有通过想象一群高于伴随生命产生的苦难的存在者，"生命才能被这个如此高度敏感，如此情感炽烈，如此独一无二地能感受到痛苦的民族忍受下来"。[29]

于是，希腊的艺术就像希腊的宗教一样，它们被发明出来是为了应对生命并最终接受生命，而不是为了缩减生命或灭绝生命。在此处的观念是尼采的一个相当关键的思想，它适用于所有的文化，而不仅仅是希腊文化。艺术、宗教、哲学、道德，以及任何实际上予经验以形式的东西，它们最终都是对苦难的回应，它们必须被理解为一种让生命成为可能与让生命变得可以忍受的手段，必须被理解为一种克服死亡愿望（倘若我们可以这么称呼它的话）的手段，这种愿望是被苦难的感受释放出来的。[①] 因此，希腊悲剧是对苦难的解决方案，而不是对苦难的颂扬；阿波罗文化被要求用来"推翻一群提坦并诛杀怪物，同时，借助这种有力而又令人快乐的幻觉，跨越他们对这个世界的忧惧这一可怕的深渊，克服他们对于苦难的敏感性"。[30] 尼采在他这本书的结尾处补充道："这些希腊人势必经历过许多苦难，才能造就如是之美！"[31] 当然，作为这个分析基础的心理学假设是复杂而又可疑的，更不用说支持希腊艺术的这种起源的诸多论据的真实性了。我现在要表明的仅仅是，在《悲剧的诞生》中的这些讨论，是一个具有衍生结果的普遍理论对单个例证的惊人

35

---

① 这种转化将十分成功地把死亡转化为相较于最大不幸的次等美好事物。参照阿喀琉斯在地狱的悲叹或萨福的名句："倘若死亡是件好事，众神自己就会去死。"

应用，而这个理论将在后文的阐释过程中出现。

4

　　梦幻的人生与清醒的人生经常被人们用不公平的方式来进行对比，哲学家尤其频繁地以这种方式对比两者，对于他们来说，在这些状态之间的差别，就是幻觉与真实之间的差别。自笛卡儿的时代以来，哲学家就不懈地研究这个问题，即能否以某种方式证明我们当前享有的经验并不是虚幻的，那种对我们显得可靠而又真实的东西，并非没有实质的幻象。但即便是一个普通人，他似乎也能够轻易做出那种让哲学家没有信心来为之辩护的区分，他们将梦当作他们现实生活的中断，在他们的语言中，为了强调特定生活片段的相对非现实性，没有什么比诸如"如梦的"或"噩梦般的"这样的表达更为恰当。生活的真实事务是在诸多梦境的间隔之间进行的。尼采写道，"尽管在生活的两半当中——梦的一半与醒的一半——我们坚持认为后者更加重要、更加享有特权、更有价值，真正活过的仅有那一部分人生，我却或许会以明显悖谬的方式做出相反的主张。"[32] 尼采用这个让人难以捉摸的俏皮陈述来表达的意思是，任何对我们来说可以理解的经验，就其本质而言早已是一种幻觉，它们是被人类给予经验形式的**根本能力**创造出来的，这种形式并不符合在这个世界自身之中的任何东西。"我们被［这种幻觉］包围，并且由［这种幻觉］所构成，我们自己必然会发现这种幻觉是非存在者"；[33] 由于"经验实在"无论如何都没有终极存在，它是我们自身的创造，笛卡儿式的焦虑或多或少是不必要的。关于我们是否经验到了实在或是否经历到了幻觉的问题是没有根据的，这种让我们感到困惑的差别，其实就是在纯粹简单的幻觉（它们是我们的清醒人生）与在幻觉中的幻觉（它们是梦境）之间的差别。倘若前者回应的是某种对幻觉的原始需求，后者则是对这种需求的更高满足，因此，根据我们自己的含蓄标准，人生中的梦幻必然要比人生本身所构成的梦幻更有价值。[34] 不过，这解释了人类置于艺术之上的价值，因为艺术就像梦幻一样，它更加令人满意地满足了这种需求。

尼采说经验是虚幻的，他的意思是，在某种程度上，只有时间、空间与因果概念才适用于经验，换句话说，我们是在空间与时间中感知事物的。[35] 阿波罗艺术坚持个体化原理（principium individuationis），但实际上，我们所有人都以这样的方式在诸多事物之间做出区分。在我们这么做的范围内，我们就是将形式强加于被尼采称为**太一**（Primal Oneness [Ur-einen]）的东西之上，尼采的这个称谓带有一种无法在他后期作品中发现的日耳曼人的傲慢。狄奥尼索斯的标志恰恰是，它力图撕裂那个通过时间与空间的个体化而形成的个体化网状组织，并力图将**太一**恢复为它的**一元性**（Einheit）。狄奥尼索斯的艺术，特别是赞美酒神的音乐，就是所谓的形象与概念的自由，它赞美的是无差别的一元性，而阿波罗的艺术则将色彩与轮廓添加到这种一元性之上："音乐象征的是一个既早于表象又超越表象的领域。"[36] 尽管如此，这种对立于阿波罗的艺术，就像它的对手一样，也以它自己的方式提供了慰藉与安抚：

> 狄奥尼索斯的艺术也会劝说我们相信生存的永恒快乐——只不过，我们不能在表象之中追寻这种快乐，而是必须在表象背后来追寻它。它让我们意识到，无论产生的是什么东西，它都为自身的痛苦解体做好了准备，它迫使我们凝视个体生存的恐怖，但又不让我们由于畏惧而发systematic：一种形而上的慰藉让我们暂时摆脱了改变形式的持久冲动。[37]

正如我已经说过的，尼采在分析中将阿提卡悲剧作为这两种艺术形式的融合，即形象与音乐的一种混合体，它同时进行个体化与去个体化。我必须对这个著名的论题进行分析（即便仅仅是以简略的方式），这与其说是因为它内在固有的趣味，不如说是因为这个论题在尼采后期哲学中所引起的回响。我认为，人们对这个理论的历史真实性存有疑虑，但至少对于尼采来说，他同样关切的是，对于他理解的艺术本质，他的这种说法在心理上是正确的与恰当的——"并非是对自然的模仿，而是对自然的一种形而上的补充，提升到与自然并列是为了克服自然"。[38] 因此，认为**悲剧**艺术模仿真实悲剧的观点恰恰是肤浅的。"人生已经足够悲惨",为什么我们还会需要这种模仿呢?正是凭借悲剧艺术,我们将超越生存本身的悲剧,而不仅仅是以戏剧性的方式来复制这种悲剧。我们必须在这里提醒自己注意,尼采在这个时期赋予艺术的高贵职责。

尼采的这个讨论的出发点,是一个有关悲剧合唱歌队之起源与目的的质疑。他在言谈中强烈地反对了那种认为合唱歌队是"理想观众"的理论:首先,因为一个观众(而且肯定是一个"理想的"观众)应当能够区分艺术与现实,而合唱歌队事实上似乎经常用自身的行动参与到艺术之中;其次,因为合唱歌队先于诸如此类的戏剧,而观众的概念在逻辑上相关于戏剧的概念,那么,在有演出之前,几乎不可能有观众。[39]"悲剧最初仅仅是合唱歌队,而不是戏剧。"[40]尼采自己的解释极其令人费解,但倘若我在这里已经从根本上理解了尼采,那么,它似乎多少相当于这样的说法。恰如梦境与幻想有时被认为能够让我们之中的某些能量以无害的与间接感受的方式来得到释放,可以说,在这种情况下,即便它们被允许在现实生活中自由地释放,它们也不会造成任何破坏性的或可怕的结果,因此,那些在古老的狄奥尼索斯仪式中以令人震惊的方式无节制地爆发出来的冲动或许可以被消除伤害力并被变为无害的东西,倘若它们有可能以某种替代的方式获得类似的释放。悲剧的合唱歌队,古代的萨蒂尔合唱歌队,是对作为梦的狄奥尼索斯仪式的艺术替代,它是对攻击行为的假想替代。一个人能够参与到这种合唱歌队之中,获得一种统一的与个体消散的感受,这种感受是在这个野蛮仪式的高潮中获得的狂喜状态,但它在后果上或手段上都没有任何残酷的东西。正是在这个意义上,希腊人用狄奥尼索斯的节庆制造了一个 **38** 美学的事件。出席合唱歌队的公众展现了一种对野蛮仪式的转化,他们关联于合唱歌队的方式,恰恰就是一个做梦的人与他的梦所成立的关系:这种审美的关系实际上就是一种醒着的梦。

　　观赏阿提卡悲剧的公众在乐队的合唱歌队中找到了自己,以至于在观众与合唱歌队之间并没有根本的区别。相反,一切都是一个出众的合唱歌队,它是由载歌载舞的萨蒂尔与那些允许自己被萨蒂尔代表的人们组成的。正如我们所知，由旁观者组成的观众是不为希腊人所知的。[41]

相应地，在公众与合唱歌队之间存在着一种内在的关联，而这种关联具有疗治性的裨益：

> 希腊的**文化人**（Kulturmensch）觉得自己在萨蒂尔的合唱歌队面前获得了提升……以至于任何让人与人之间发生分离的东西，都在一种势不可挡的、回归自然之心的统一感面前有所弱化……深沉的希腊人，如此独特地敏感于至为深刻与至为细腻的痛苦，他们用这种合唱歌队来安慰自己……希腊人被艺术拯救，而且通过艺术，生命为了自身而拯救了希腊人。[42]

在这个引人注目的艺术变化的最早阶段，并不存在任何戏剧行为；这种合唱歌队仅仅展现了对神祇狄奥尼索斯的赞颂。让这个神祇的存在被感受到，或以戏剧性的方式暗示这个神祇，这就足矣，但在某些时刻（或许是为了回应阿波罗冲动的要求，这种冲动始终刻画了希腊人的表现），再现这个神祇的理念有所进化；因此，这种合唱歌队变成了焦点，"严格意义上的"戏剧就诞生了。随着这种明确的再现，这种合唱歌队的群体感受——积极的与消极的感受，舞蹈者与公众的感受——被引向一种特殊的形象，一种在幻觉中的幻觉，因而再度类似于一场梦。结果就是我们所知的古希腊悲剧，"这种合唱歌队的狄奥尼索斯式的歌词与这种场景的阿波罗式的梦幻世界"。[43]

希腊悲剧的第一个"形象"或许就是狄奥尼索斯自己，由此在自此之前统一的合唱歌队内部引入了一种在神祇与参加庆典者之间的分离。后来的悲剧英雄仅仅是这个神祇的**表面形象**与面具。经过一段时间以后，形象侵占了歌词，对话替代了音乐，合唱歌队变得越来越不必要，它越来越像一种纯粹的舞台惯例，它的继续存在就像是一种在观众与戏剧行为之间的古怪障碍，它令表演程式化与不真实。在欧里庇得斯的戏剧中，它的作用与功能在很久以前就已经被遗忘了，合唱歌队仅仅是残留下来的东西。我们可能会将之称为悲剧形式逐渐增强的阿波罗化，它是希腊艺术进化的自然方向，但尼采实际上觉得，欧里庇得斯杀死了悲剧。这需要我在此做出某种解释。

欧里庇得斯就像尼采对他的描绘那样，本质上是一个理性人，他由衷感到迷惑的是他的前辈在戏剧中的非理性要素。我们也有可能对在当前某些实践中所残留的礼仪感到迷惑，它们的存在时间比孕育它们的环境更为长久。由于人们的惯性或感伤情绪，它们被允许继续存在，但理性地说，它们不再拥有任何正当的理由，它们或许会由于没有正当理由而轻易地被人们清除。欧里庇得斯的倾向恰恰是不喜欢任何"模糊而又隐蔽的"东西，他倾向于将"每种有力的、原始的狄奥尼索斯要素从悲剧中剔除出来，并且在非狄奥尼索斯的艺术、道德与世界观的基础上，重建一种纯净的与崭新的悲剧"。[44]但结果是，这种悲剧并没有建立于阿波罗的基础之上。欧里庇得斯仅仅是一张面具，有一种新力量通过这张面具来表现自身。这就是苏格拉底。自此以后，在希腊艺术中的对抗，就是在狄奥尼索斯的力量与苏格拉底的力量之间进行的。[45]

5

尼采如此频繁地被视为冲动与非理性的信徒，以至于值得仔细反思在狄奥尼索斯主义与苏格拉底主义之间的对立。尼采相当明显地谴责苏格拉底主义的胜利要为大规模的艺术灾难承担责任：倘若我们要用双关语来为他的这本书取一个相反的书名，那就是"悲剧死于理性精神"。这尤其意味着艺术的自然主义理想的显现，他将这种主导原则称为**审美的苏格拉底主义**："为了让某种东西成为美的，它就必须是明智的 [verständig]。"[46]鉴于此，欧里庇得斯必然认为他自己是"那些烂醉的诗人中唯一清醒的诗人"，因为只有他的戏剧摆脱了任何非理性的与无法理解的东西，他完全清楚地解释了在行动中发生的事情，解释了观众的合理好奇心获得满足，能对英雄令人同情的言辞（欧里庇得斯对这种言辞运用了他的抒情诗般的非凡天赋）有所回应的原因。欧里庇得斯对自己感到自豪的是，他知道自己正在做什么。他确信，在没有自我意识的情况下，一个人肯定会误入歧途。在《理想国》中苏格拉底就提出，即便一个人是正确的，但是，倘若他不知道**为什么**他是正确的，那么，他对于任何事情也都不会有什么价值：这个人或许就像盲人一样，出于偶然的原因才发现了正确的道路。将之翻译为**审美的**苏格拉底主义，就变成了这样的观点：“凡要成为美的，就必须是有意识的［有意为之］。”[47]欧里庇得斯的戏剧拥有理性的结构，它理性地取代了阿波罗的形象，恰如在尼采早期知识理论中的概念取代了隐喻一样。欧里庇得斯为了在剧场上强烈地表现情绪而为这些戏剧设置了标准，“狂热的情绪取代了狄奥尼索斯的转化”。诸多悲剧充斥着完全对立的东西，它们成了真正艺术的“赝品”。[48]

　　当然，苏格拉底对诗人的不信任是众所周知的。诗人似乎没有能力为他们的做法给出理由，而这部分构成了苏格拉底对诗人的敌意。让苏格拉底对诗人留下古怪乃至几乎不道德印象的是，这些人以自发的与逊于理性的方式创作他们的作品（正如他们自己所宣称的），他们竟然被当作希腊青年的导师，他们的作品竟然被当作道德教导的手册。苏格拉底大为震惊地发现，艺术家、政治家与其他人“通过本能来追求他们的欲望，却没有真实而又确定的洞识”。[49]在谴责任何仅仅由于本能而出现的东西时，苏格拉底以类似的方式同时要求谴责他那个时代的艺术与伦理：“在他探查的目光所及之处，他看到的是理解的失败与错误意见的力量。他据此推断出了诸多事务的深刻堕落与应受谴责的状态”[50]。他变成了一种特殊艺术形式（即苏格拉底对话）的英雄，而在这种对话中的英雄就是辩证论者。从这些对话中逐步形成的观念是，“在美德与知识之间，恰如在信仰与道德之间，必定存在一种必要的与可论证的关系”；[51]而作为“柏拉图戏剧的辩证英雄，［苏格拉底］与欧里庇得斯的英雄结成了紧密的同盟，后者必然凭借论证与反驳来为他的行动进行辩护”。悲剧的**本质**“只能被理解为狄奥尼索斯状态的一种显示与象征，只能被理解为音乐的一种切实表现，只能被理解为陶醉的梦幻世界”。[52]这个本质由于对合唱歌队的废除与将辩证法插入对行动的解释之中而“被摧毁"。

在尼采看来，苏格拉底不仅造成了希腊悲剧的衰落，而且创造了人类历史的转折点。对苏格拉底成就的这两种描绘是相互关联的。阿提卡的悲剧艺术是对希腊人最初拥有的悲观主义自然观的回应，它让希腊人能够通过转化他们的焦虑来生存下去。但奇怪的是，苏格拉底也打算达到这个相同的目的，或至少对这一目的产生影响。他开创的观点是，这个宇宙是可以被彻底理解的，凭借理性获取的知识，人类"甚至能从对死亡的恐惧中"解脱出来。[53] 于是不再需要悲剧，因为理性科学能够同样好地履行它的功能。尽管苏格拉底主义带来了这种艺术的（或反艺术的）后果，但尼采对它的理性成就表达了一种几乎无保留的赞赏。他问道，假定人类的能量没有涌向对知识的追求，而是涌向"实践的目标，也就是说，个人与民族的利己目标"，那么，可能产生的结果是，

> 通过普遍的毁灭性战争与民族的不断迁徙，人类对生命的强烈欲求很有可能被削弱。自杀就会变得如此常见，以至于那些敏感于最后残留的义务感的个体，就像斐济岛上的居民一样掐死父母与朋友。[54]
>
> 在这个世界上，但凡是艺术没有以某种方式（特别是以宗教或科学的方式）作为抵御野蛮的预防措施出现之处，在那里就会呈现［这种］缺乏同情的大规模杀戮。[55]

在我们思考尼采的哲学时，最好在心中记住这些夸张而又戏剧化的论断。这么做是重要的，因为无论是在此处，还是在任何后期作品中，尼采都不曾对理性或科学表现出敌意，而且他从来也没有将这两者视为对"生命"有害的东西。恰恰相反，人类拥有一种追求生命的本能，但他容易遭受巨大的苦难；后者有可能战胜前者，除非前者得到了支撑与保护，免于遭受那些不利于我们生存的在其他情况下势不可挡的攻击。这种对比始终是在苦难与狂喜、野蛮与文明之间进行的，而科学**不亚于**艺术，它们都是提升生命的手段。尼采也从来没有用狭隘意义上的艺术来对抗宽泛意义上的艺术——

后者将科学也算作它的一种形式。

尼采对苏格拉底的抱怨所针对的仅仅是苏格拉底狭隘地将理性（科学、逻辑）视为解救人类的独一无二的手段。苏格拉底将理性的活动与艺术活动进行对比的方式，类似于我们将真实性与幻觉进行对比的方式。但是，尼采最深刻的信念恰恰是，艺术与科学都是虚幻的，必须根据一种完全不同的基础来对它们进行判断与辨别，与此相关的是它们有助于造福生命的能力，而不是它们的描述能力。在一段多少带有叔本华风格的文字中，尼采写道：

> 这是一个永恒的现象：贪婪的意志始终通过某种遍布于诸多事物的幻觉来寻求手段，让它的造物固定于生命之中并迫使它们继续生存下去。有人被苏格拉底对知识的渴求迷惑，他幻想着，凭借知识，他就能治愈生存的持久伤痕。又有人被在他眼前飘动的艺术的欺骗性美丽面纱诱惑。还有人拥有的是这样一种形而上的慰藉，他认为，生命在表象的旋涡下面以不可破坏的方式进行着永恒的流动……无论我们将文化称为什么，它都是由这些诱骗构成的；而根据混合的比例，我们就得到了一种以**苏格拉底**占据主导地位的文化，或是一种以**艺术**占据主导地位的文化，又或是一种以**悲剧**占据主导地位的文化。[56]

尽管如此，当发挥保护作用的幻觉的诸多模式之一失去控制，并有可能完全被视为事实真相时，人们间或就会产生一些新的恐慌。这种情况甚至能在达到极限的科学之中发生。在《悲剧的诞生》中，尼采对这一点并非特别明确：

> 每个高贵而又有天赋的人……在他抵达科学圆周的边缘时，他就会惊骇地看到，逻辑在此处如何背弃自身并咬住了它的尾巴，它突破障碍形成了一种新形式的经验——**悲剧的经验**——为了能够忍受生命，就需要艺术的庇护与补救。[57]

相应地，艺术"是对理性论述的必要补充"，[58] 虽然"在较低的层次上，对知识的强烈兴趣显得对艺术有害，特别是对狄奥尼索斯的悲剧艺术有害"。[59]

尼采觉得，他已经发现，理性的作用就是为人们提供在可怕的生命海域中航行的装备，进而，他知道理性面临的内在局限性，尽管理性在苏格拉底的精神中为了它无所不在的权力而做出了乐观主义的论断。在尼采撰写这本书的时期里，他已经达成了一种对于我们知识论断的怀疑主义的奇特见解。在他面前已经有了一个我先前勾勒过的虚无主义哲学的主要轮廓，根据这种可与古老的经验主义观念相对比的哲学，这个世界实际上是一个**我们**在其上制造印记的白板。与此同时，让尼采留下深刻印象的是艺术，特别是瓦格纳的艺术对文化产生的诸多可能性。尼采的心灵将这两种要素结合起来，我们或许可以通过改述康德的一个著名陈述来描绘尼采的目的：他发现有必要为了给**艺术**留出地盘而否定知识。尽管如此，尼采对艺术的估价很快就下降了，这部分是由于他不再对瓦格纳与瓦格纳的纲领抱有幻想。但是，几乎可以肯定，尼采对瓦格纳的幻灭是由于这位作曲家没有能力做到尼采在《悲剧的诞生》中对艺术提出的至高要求——讽刺的是，尼采撰写这本书不仅是为了提供一种美学，而且还是为了给瓦格纳的艺术观寻找历史的先例。最终，尼采留下的是他自己的怀疑主义的结论，人们或许会将尼采从此时开始的智识活动确切地描述为这样一种哲学探求，它要填补艺术留下的真空。尽管宗教是自然的候补者，它却不是一个可以接受的候补者。这种哲学在他与瓦格纳的关系走向破裂之后才出现，而他首先做出的反应是转向自然科学的研究。

6

尽管《悲剧的诞生》持续受到大众的欢迎——在尼采的诸多作品中，它始终是最为频繁地得到阅读、翻译与援引的一部作品——但这本书在许多方面都是失败的。当尼采构思与撰写这本书时，他与理查德·瓦格纳和柯西玛·瓦格纳正处于亲密的关系之中。在他任职巴塞尔大学期间，尼采在学校的假期里拜访了瓦格纳靠近卢塞恩的特里布森（Tribschen）的庄园。对尼采而言，瓦格纳是天才的化身，在他的眼中，瓦格纳是这个革新时代与革新文化的艺术家，恰如叔本华是这个革新时代与革新文化的哲学家一样，而他自己则是这个革新时代与革新文化的宣告者与理论家。瓦格纳察觉到了他的这位追随者的巨大才智，瓦格纳真正感到高兴的是在他自己的事业中能赢得这种高品质头脑的支持，由于瓦格纳的那种完全让人消除疑虑的自我中心，瓦格纳从来就没有成功地将他自己的事业与文明本身的事业相区分。在这里无疑存在着诸多紧张关系。尼采幻想他自己是一位作曲家，就像瓦格纳认为**他自己**是一位哲学家，他们对彼此优势的持续篡夺，必然让这两个虚荣到自大的人都感到恼火。肯定还存在着某种性爱方面的紧张关系，因为瓦格纳正在与柯西玛·冯·彪罗①（她的丈夫是瓦格纳的指挥家）婚外同居，尼采则明显被这位"阿里阿德涅"（这是尼采对柯西玛想到的称谓）吸引，而尼采将他自己称为狄奥尼索斯②。但柯西玛刚刚离开她的丈夫与孩子，她成了那个时期的首席瓦格纳崇拜者，也成了她心中那一神明的情人，除了透过瓦格纳的眼光之外，她从未注意过尼采。尽管如此，他们的关系经常是相当欢快的，无论表面之下的情况如何，而直到1876年在拜罗伊特召开的瓦格纳音乐节为止，他们都保持着这样的关系。

　　尼采在拜罗伊特消磨的时间并不多，然而他在此逗留期间的确切情况却极为含混不清，因为伊丽莎白·尼采后来擅自打乱了文件与日期。人们已经证明，她将某些事实援引为尼采对瓦格纳音乐的痛苦表述，但这其实是尼采对他在那个时期所遭受的剧烈头疼的表述。我认为，欧内斯特·纽曼（Ernest Newman）已经明确表明，尼

---

① 柯西玛（Cosima）是李斯特与玛丽·达戈伯爵夫人的第二个私生女，她在年轻时嫁给李斯特的学生冯·彪罗。在彪罗排练瓦格纳的歌剧期间，柯西玛与瓦格纳双双坠入爱河，她随后成为瓦格纳的第二任妻子。瓦格纳死后，柯西玛掌管了拜罗伊特音乐节的总监工作，在她的顽强努力下，终于将拜罗伊特打造成德国的音乐圣地。——译注
② 在古希腊神话中，米诺斯公主阿里阿德涅在帮助忒修斯杀死米诺陶洛斯之后与其私奔，但在航海的途中被忒修斯抛弃。当阿里阿德涅伤心地目睹自己所爱之人远航而去时，在命运女神的安排下，酒神狄奥尼索斯从天而降，满怀激情地与阿里阿德涅成为一对新的情侣。——译注

采实际上在那里听的音乐相当少，他听过的仅仅是一场排演的少许片段。即便如此，尼采主要想到的并不是一种美学事件，而是一种文化事件，他处于一位先知，而不仅仅是一位音乐爱好者的精神构架之中："对于我们"，他在《理查德·瓦格纳在拜罗伊特》（1876）中写道，"拜罗伊特意味着为了人类之中的正义与爱……而进行的斗争的清晨献祭"。[60] 尼采不仅对艺术感兴趣，而且也对观众感兴趣，事实上，衡量这种艺术之价值的一条标准——即悲剧在这个世界中的重生[61]——必然在于观众的行为与态度。不幸的是（即便这是可以预见的），拜罗伊特的观众无法成为一个由载歌载舞的萨蒂尔组成的宏大合唱歌队。他们也没有想到在爱与正义的伟大斗争中通过艺术，为了最高的牺牲而献身。[62] 相反，他们仅仅是出来寻找一段快乐时光的人。任何人花费 900 马克就能入场。这些观众是奢华的，至少有相当高比例的观众是来自邻近的马里昂巴德（Marienbad）的大腹便便的商人，他们的妻子戴着花冠与宝石垂饰，好像这样就拥有了高贵的精神。瓦格纳则兴高采烈，他看起来肯定更像是在指挥一个马戏团，而不是作为主持"狂欢的祭司长，来欢庆人类就一般人性所取得的稳固可靠的和睦与进步"。[63] 简言之，在拜罗伊特音乐节那里是人性的，太人性的，而尼采逃离了拜罗伊特。之后，两人虽碰了面，但他们在思想感情上对彼此的赞同已经无可挽回地一去不返。事实上，当尼采将他的《人性的，太人性的》寄给瓦格纳，并同时收到了瓦格纳寄给他的精美样书《帕西法尔》时，他们两人就已经正式陷入了这种局面。尼采在回忆中谈到，这两本书的交错，就像两柄剑的交锋一样。[64] 在瓦格纳的新基督教与旧反犹主义中，尼采找到了批判他昔日导师的进一步理由。当然，由于成熟的尼采已经不再需要那种对他在特里布森时仍有影响的拘谨言行，瓦格纳在《帕西法尔》中对贞洁的颂扬，就给尼采留下了一种否定生命的印象。无论如何，《悲剧的诞生》并未成功地成为文化—艺术的预言。

它也没有成功地推进尼采那一革新德国的学院语文学的极度理想主义的规划。尼采在写给他昔日的老师里奇尔（Ritschl）的信件中表示，他曾经期望这本书有可能成为一个宣言，通过它，他可以获得年轻一代的德国语文学家的拥护。[65] 里奇尔认为这本书机敏得令人眼花缭乱（geistreich Schwiemelei），因而拒绝接受它，专业学者的反应则相当不友善。尼采的朋友罗德（Rohde）撰写了一篇赞许的评论，但维拉莫维茨 - 默伦多夫（Wilamowitz-Moellendorff）猛烈地攻击这本书，赫尔曼·乌泽纳（Hermann Usener）告诉他在波恩的学生，这本书的作者"在科学研究的意义上已经死亡"。罗德与瓦格纳撰写了为尼采辩护的文章，但这场争论的细节无关于我们在这里的讨论，因为尼采对于希腊人的特殊见解与他们阐述的哲学并不相关。我们在今日已经准备接受尼采的这些见解，但接下来我们通常也就准备接受这个观点，即人类的大多数行为是以非理性的方式被激发出来的。这本书的重要性与影响并不在于它在古文物研究中的正确性，虽然尼采确信，他在这本书中所说的是某种真实的历史。

在经过了一段时间之后，尼采逐渐对《悲剧的诞生》采取了一种多少有点居高临下的傲慢姿态。尼采在 1886 年为这本书添加了一个批判性的序言，其中，他将之称为一本"不可能的书"：

> 笔法拙劣、沉闷、令人不快，其意象狂野而混乱，情绪激动，各处的甜腻达到了女性化的程度，速度不均匀，缺乏追求逻辑清晰性的意志，由于自信而免去了为自身做出证明的义务，甚至让人怀疑证据的**适恰性**……[66]

而且，尼采变得逐渐怀疑这本书的众多核心教诲。不过，尼采在学说中的改变是修正，而不是拒斥。尽管他从未放弃他的狄奥尼索斯主义概念，但他对这个概念的见解在某种范围内有所变化。例如，尼采不再将它与苏格拉底主义或阿波罗主义进行对比，而是将它与基督教进行对比，它对立于后者，其对立关系（在尼采看来）恰如肯定生命的哲学对立于否定生命的哲学。实际上，尼采将他自己等同于狄奥尼索斯（尼采象征性地将自己等同于狄奥尼索斯，而在他开始精神错乱时，他几乎真正将自己等同于狄奥尼索斯），将瓦格纳与叔本华确切地视为他的"对跖者"：

> 每一种艺术，每一种哲学，或许都可以被视为治愈生命的

衰退或帮助生命成长的手段。它们始终以受难者与苦难为前提。不过，存在着两类受难者，一类是苦于生命充溢的受难者，他们期许的是一种狄奥尼索斯的艺术与一种对于生命悲剧性的洞识与展望——另一类是苦于生命贫乏的受难者。**这些受难者**渴求安宁、静止、平滑的水域**抑或**陶醉［Rausch］、痉挛、麻木。 **47**
对生命本身的复仇——此类贫乏者最荒淫的陶醉方式！瓦格纳与叔本华以类似的方式回应了这个双重需求。他们否定生命，斥责生命，因此，他们是我的对跖者。[67]

尼采在《尼采反瓦格纳》中做出的这个后期言论（1888）有一个显著的特征，即狄奥尼索斯主义与**陶醉**相分离，而在他对狄奥尼索斯的首次表述中，它几乎就是狄奥尼索斯主义的标准。事实上，很久以前，在尼采追求这种陶醉的过程中，他就在其中逐渐看到了一个显著的危险。他早在《朝霞》（1881）中就已经试图对**陶醉**提供一种心理分析。达到这种迷狂瞬间的人们通常会将之与他们生命中的那些平凡时期进行对比，他们相当自然地感到，平凡时期是令人失望的人生谷底。但接下来，他们倾向于认为，只有在这些不时打断日常生活的为数甚少的情感激动的时刻里，他们才真正是他们自己；结果是，在他们看来，无论有什么东西强化了日常生活，它都不利于成就他们的真实自我。尼采写道，"人性的许多罪恶应当归咎于这些狂热的陶醉者"，

> 因为他们是贪得无厌的播种者，他们播种的是对他们自己与他们邻人之不满的杂草，蔑视他们的时代与世界的杂草，特别是悲观厌世的杂草……此外，这些人用他们最大的力量狂热地灌输对**陶醉**的信仰，这种信仰将之作为对生命本身的信仰。多么可怕的信仰！随着野蛮人快速地被烈酒败坏，人类也以缓慢而又根本的方式，被由**智识**烈酒引起的陶醉感败坏，被那些活跃地保持着对陶醉感之渴望的人们败坏。或许人类将被它毁灭。[68]

当然，尼采在这里做出了大量的夸张，但对于我们的目的而言，这段文字足以标志着尼采对**陶醉**观念的一个限定。

尼采也开始对他在苏格拉底那里批评过的艺术家表现出一种不信任的态度。"至于追求真理"，他说，"艺术家所拥有的道德要比思想家的道德更为软弱"：

> 他并不希望丧失他对存在做出的那种烁烁生辉的敏锐阐释，他抵制诸多简单而又冷静的结果与方法。他显得是为了人类更高级的神圣性与重要性而进行斗争，但事实上，他仅仅是不希望放弃他的艺术的最有效前提……因此，他坚持认为，让他自己的那种创造性持久存在，要比科学地沉溺于任何形式的真理更为重要。[69]

在《人性的，太人性的》中的这些章节撰写于尼采与瓦格纳决裂之后，它们在整体上攻击与贬损的是那些归属于艺术家类型的人。艺术家仅仅是一个孩子，他"被监禁于艺术冲动首次征服他的地方"，他的任务恰恰是"将人类变得像孩子一样"。[70] 他甚至想要"把人类的生活变得轻松"——但事实上，艺术的"治愈与缓解仅仅是暂时的，它阻碍了人们通过工作来真正改善他们的状况"。[71] 艺术"让生活在表面上是可以忍受的，因为它在生活之上覆盖了一层混浊的思维面纱"。[72] 它让我们向往宗教，而"在这样的时刻，我们的智识真诚受到了考验"。[73] 艺术引起了一种倒退的效果，因为当它控制我们时，我们就被放到了在艺术最为兴盛时普遍流行的心智框架之中："我们精神化自然并憎恶科学。"[74] 它以我们真实的内在状况的无知为前提："艺术并不是为了医生或哲学家而存在的。"[75] 高估艺术家与低估科学家"仅仅是理性的天真"。[76] 至于悲剧本身，"人们仅仅想要得到一点感动并大哭一场"。[77] 而最终，

> 一个人会不无深刻伤痛地认识到，每个时代的艺术家在他们最高亢的奔放状态中所美化的，恰恰就是我们如今已经知道是错误的那些观念。他们是人类的宗教谬误与哲学谬误的颂扬者。[78]

尼采如今能对艺术做出的最佳评述是，它确实让我们在某些时候获得了生存的快乐，并"将人类的生活当作自然的一部分"。事实上，艺术变成了我们的一个组成部分，以至于"即便在艺术消失之后，它在我们之中培养的强烈而又多样的生活乐趣仍在要求获得满足。科学家是艺术家的进一步发展"。[79] 但我们处于一个新的时代，我们已经度过了艺术的"黄昏余晖"[das Abendrot]。艺术服务于它的目的，并且作为一种独立发展的建制而耗尽了自身。[80]

在经历了所有这一切之后，《悲剧的诞生》留下了什么？当一种 49
哲学通过一个人的作品逐渐形成时，它给予了我们一种历史性的与系统性的视野，带着这种视野，尼采逐渐看到，这本书自身提出的问题，并不是它失败了的那些问题。尼采领悟到，它是一篇哲学论文，它仅仅在表面上相关于古希腊和瓦格纳、陶醉和艺术、悲剧的诞生与死亡。恰恰相反，他在 1886 年写道：

> 我在今日应当说，它就是**科学问题**本身——科学第一次被理解为成问题的、可置疑的……这本狂妄之书首先鼓起勇气提出的问题是——**通过艺术的透镜来审视科学，并通过生命的透镜来审视艺术**。[81]①

对于尼采来说，"通过生命的透镜来审视"意味着理解人类的实践在增进与提升生命的过程中所发挥的作用。科学就像艺术一样，结果是，它们都是虚幻的，都是我们自己构造的结构，以至于在将这两者进行彼此对照时，我们仅仅是用一种幻觉来与另一种幻觉进行对比，两者都没有产生真理。但是，"生命全都依赖于表象、艺术、幻觉、光学、谬误与透视的必然性"。[82] 这是在尼采体系中的第二个基本观念。我们用诸多概念的经纬来刻画实在的空白表面，但这些概

---

① 我将 Wissenschaft 这个德语词翻译为"科学"，尽管我们所用的这个词要比 Naturwissenschaft 或"自然科学"拥有更多的含义。虽然 Wissenschaft 一般指称的是任何与学术研究有关的学科，不仅仅是自然科学，但是，若将这个词译为"学术研究"（例如，弗朗西斯·戈尔芬［Francis Golffing］就是这么翻译的），这就过于狭隘地理解了尼采的意图。这会让尼采的观点变得过于褊狭，并会以某种方式将它变得具有过多的恶意，而不是真正让它完全具备哲学的达观。这种对比大体上是在艺术与科学之间进行的，而不仅仅是在艺术与学术研究之间进行的。

念与观念是我们的，它们在事实中没有丝毫的根据。这就是尼采的
视角主义学说。尼采在后来声明，它是这本早期论著的一个核心观
念，不同于这本书包含的其他更为著名的观念，它从来也没有被尼
采批判过。

第三章 视角主义

1

尼采对人类持有一种看法，依照这种看法，无论出于何种缘由，我们进化为这样一种生物，它"如此娇弱、敏感、痛苦，以至于我们需要最高级的治疗手段与慰藉手段"。[1] 当然，他指的不仅仅是现代人，这个诊断同样适用于古希腊人，他们和我们自身一样都是"生活中娇弱的孩子"。尼采会说，人们可以在每个时代与每个文化中都能明显感受到的一种简单而又显著的需求中找到支持这个论断的证据，这种需求所追求的是宗教的慰藉与形而上学的慰藉，是某种确信，即根据某些高级的权威，生命并不是没有意义的，我们并不是毫无价值的。除了它们提供宽慰的力量之外，我们还有其他方式来解释这些非同寻常的信仰体系的顽固吗？然而，甚至在这些信仰体系已经丧失信誉之后，这种需求本身也持续存在着；尽管尼采觉得，我们在智识良知中不再有可能接受宗教的或形而上学的论断：

> 要是我们能将教士的虚假论断替换为……与这些谬误同样有益，同样能带给人康复与镇静的真理，那该有多么令人愉快啊！哲学只能用诸多形而上学的幻觉（实际上它们也不是真理）来反对这些谬误。[2]

艺术或许提供了一种替代性的安慰剂，却无法提供我们自身所需要的避难所；在艺术的最高范例中，艺术甚至能够加剧一个自以为已经把所有这样的慰藉都置于脑后的人对形而上学的渴求：

51
　　　　形而上学的需求有多么强烈，自然让我们离弃这种需求有多么困难，这或许可从以下情形中看到：甚至在已经抛弃了形而上学的自由精神中，最高的艺术效果轻易就能在某根沉默良久的琴弦上奏响音调——即便这根琴弦已经破损。[3]

以这种方式，"艺术让思想家的心灵变得沉重"。这些朝向濒危过去的大倒退，考验着我们智识的真诚，倘若我们要寻求拯救与止歇，那么，我们就必定要从别处寻求，而不是从宗教、艺术或形而上学中寻求。

　　在一段时间里（这有时被认为是尼采的第二个时期或"实证主义"时期），尼采所考虑的是这样一种可能性，即科学或许可以解答这些我们能有意义地提出的问题，如果有什么东西可以做到这一点的话，那就是"科学，它让人们真正接近这个世界的真实本质以及对这个世界的正确认识"。[4]进而，他还认为，科学至少有可能变成宗教的恰当替代物，科学将在智识上取代宗教，并成为艺术的进一步发展：

　　　　科学能否唤起对它造成的诸多后果的信仰？事实上，科学需要争论与怀疑来作为它最亲密的同伴。但最终，所有无懈可击的真理——也就是说，那些在所有怀疑论的风暴中与所有还原性的分析［Zersetzungen］中生存下来的真理——将变得如此伟大……以至于人们或许决定将"永恒的作品"奠基于它们之上。[5]

于是，科学就有可能赋予生命一种意义，我们没有必要由于拒绝承认形而上学与宗教，就放弃了对这些东西毫无疑问地为人们提供的诸多好处的全部希望。形而上学寻求的是确认知识稳固而又不容置疑的基础，探求的是宇宙的终极"材料"以及认知和评价的基础。宗教关切的是灵魂的永恒救赎。科学则更为慎重地通过检验与尝试，仍然有可能使得人们期望某种东西是持久不变的。

　　尼采认为，他自己在这段时期内践行的是一门科学。尼采对他自己与他工作的每一个表述都带有这种自负的特征，他将这门科学称为"科学最伟大的胜利"。[6] 这就是**思想起源的科学**。这门科学提出的一个主张是，宗教、形而上学、道德与艺术依赖于谬误，导源于恐惧。相应地，一个人就没有必要认真地对待它们的倡导者所提出的诸多论断，而是通过展示它们所孕育的诸多问题与解答的发生方式来让它们变得乏味。这就是尼采时常运用的一种方法论策略：

> 　　宗教、艺术与道德的起源在得到了如此直接的描绘之后，一个人就能够对它们做出解释，而不需要在解释的出发点或解释的过程中求助于形而上学的概念，[对形而上学问题的]最强烈的兴趣终止了。[7]

正如尼采看到的，哲学中的首要问题并不是对那些自古以来就让哲学家发生分歧的问题提供解答（对于这些问题的所有主要立场或许都是已知的），而是要表明这些争论有可能是如何兴起的。一旦明确了这一点，按照自身术语来解决这个问题的尝试，似乎就不再是有趣的或重要的。对尼采来说，哲学问题并不是有待解答的问题，而是有待克服的问题；正是通过科学，特别是通过他相信由他自己发展形成的那门科学，才能做到这一点。

　　毫无疑问，这种反对形而上学的、支持科学的、诊治性的哲学观在当代（也就是说，仅仅是在数年前的当代哲学中）获得了回响，尽管尼采自己对这些新近的态度所做的贡献或许并不多。纵观尼采的智识生涯，他始终**将他自己称为**一位科学家——一个由"思想史家"、心理学家乃至思辨物理学家组成的混合体。他将永恒复归这个奇特的概念视为"最为科学的假设"，他相信他已经为之找到了科学的支持。科学探究的精神从未停止给他留下无比良好的深刻印象，这不仅是因为科学探究获取了知识，而且还因为科学探究提供了一种冷静与清晰的氛围，而一个真正具备智识良知的人在这种氛围下才有可能发挥作用：

　　　　有些人以女人的方式（悲哀的是，大多数艺术家也是以此
　　方式）对科学仅仅给予匆匆一瞥，对于这些人来说，科学的诸
　　多学科的严格性，对大小事物的冷酷无情，在权衡、判断与驳
　　斥上的快捷性，将让他们产生晕眩与惊骇的感觉。尤其让他们
　　惊骇的是这个最为困难的命令，即最好在没有得到回报或荣誉
53　　的条件下来达到这种境界，就像在士兵之中……科学的严格性
　　就像最好社会的惯例与礼节一样：它威胁到了那些缺乏知识的
　　人。但是，习惯于此的人们或许就不愿居住在别处，而是在这
　　种明亮的、透彻的、有力的、火爆的空气中，在这种具备**阳刚
　　之气**的空气中才感到安全……在这种清晰而又严格的元素中他
　　才拥有自己的全部力量：他在此就能翱翔！[8]

尼采在数卷作品中都充斥着这样的情绪。"通过严格的方法就能确立
细小而又不显眼的真理，而形而上学的时代与艺术的时代则孕育出
了让人眼花缭乱而又欣喜若狂的谬误，高级文化的标志恰恰就是对
前者的评价高于后者。"[9] 尽管如此，科学并没有免于遭受他分析造
成的侵蚀，他逐渐确信的是，科学就像它在文化上的诸多对手一样，
也依赖于谬误。它接受了虚构的假象（因为它不得不这么做），却将
之当作真理；它接受了隐喻，却将之尊奉为描述。"一个人务必不要
像盲人谈论颜色那样来谈论科学，不要用女人和艺术家的方式来**反
对**科学（'唉! 这个邪恶的科学,'他们的本能与羞耻心叹息道,'它
总是想要看透! '）。"[10] 不过，尼采继续写道，认为科学说出了唯一
真理的信念是幼稚的，认为科学说尽了真理的信念则更为幼稚。事
实上，随着尼采提出了或许可以取代科学的那些替代性的思维模式，
对他来说，这个问题就变为：一个人能否拒绝承认科学的基本命题
并仍然设法存活下来。从本质上说，这就是"通过生命的透镜"来
审视科学的问题。

　　重要的是要回想到，在《悲剧的诞生》中，尼采就已经论及作
为艺术形式的宗教与科学。"形而上学、宗教、道德、科学——所有
这些都是追求艺术、追求谬误、追求逃离真理、追求否定'真理'
的意志的后代。"[11] 当然，这是宽泛意义上的"艺术"。科学，就像

（狭隘意义上的）艺术一样，它是创造或发明，而不是发现——这个论题无论我们会以何种方式去思考它，它都很难具备培根的那个粗劣的科学观所拥有的典型特征，长久以来，培根的科学观却被人们假定为对"科学是什么"或"科学应当是什么"做出了正确的描述。由此并不能认为，我们更多地是以审美的方式来评判科学，而不是根据事实来评判科学。实际上，尼采关心的是，即便是（狭隘意义上的）艺术，也要以这样的方式来做出评判。这个评判的标准始终仅仅是，科学所例示的任何结构是否让生命得到提升，是否让生命获得便利。他觉得，相较于此，一个人无法论断更多的东西，也应当不需要论断更多的东西。一个人若要要求科学是真实的，就让自己暴露于这样一个问题，即"真理"的意义是否不仅仅是助长生命。正如我们将看到的，尼采提出了一种实用主义的真理标准：若 p 有效而 q 无效，则 p 是真的，q 是假的。

54

让我们回到尼采的那个独特的怀疑论，它不仅是尼采思想的核心，而且是尼采发挥思想所达到的诸多极端立场中的一个例外。不过，通过表明我们在事物与事物之间所做的区分（甚至是最简单的区分）在现实中丝毫没有什么基础，我就已经预见到了这些极端立场。诸多事物之间并没有什么分别，因为物性概念本身就已经是一种虚构。那种认为在诸多事物之间不存在区别的观点，被尼采称为一种狄奥尼索斯的洞识。但我们若持有这种见解，就不太可能极其长久地存活下来。要将一种价值附加给生命，也就是要派生性地附加一种无论如何都让生命成为可能的价值。在这里，概念具有某种价值。重要的是要注意到，这是尼采有可能认可的唯一标准；无论任何思想体系，只要它无法满足这种检验，它就必定会被无情地放弃（即便这是令人遗憾的）。尼采认为，健全的做法是，我们应当始终提醒自己，我们的观念是我们武断地对混沌进行的结构化，相关的问题并不是我们的观念是否真实，而是我们是否应当相信这些观念以及我们为什么应当相信这些观念。尼采的解答总是用心理学的术语来进行表述，事实上，对他来说，每一个问题都被还原为心理学的问题。

2

哲学家与普通人都同样倾向于相信，在这个世界中存在着客观的秩序，客观秩序先行于我们对这个世界可能拥有的任何理论；这些理论或者是真的，或者是假的，这严格地根据它们是否对这个秩序做出了正确的表征。那种独立而又客观的世界结构概念，与那种主张真理在于满足语句与事实之间的符合关系的真理概念，正是尼采拒斥的观点。事实上，他对克服这些观点所附加的重要性，远远超过了绝大多数的哲学家——绝大多数的哲学家有可能以其他方式

55 认为，真理的符合论是错误的或不清晰的，或者认为对客观世界秩序的信念是可疑的、无法辩护的或无法通过证据来得到证明——相信这些有争议的问题应当享有的重要性。典型的哲学家无疑会认为这些问题具备最狭隘意义上的哲学重要性。但是，尼采会与他们进行争辩，既在他们对哲学问题与常识问题进行的比较中与他们争辩，又在他们含蓄做出的如下假定中与他们争辩，即对生活的实际行为来说，哲学理论可能并不重要。

所谓的普通人相信的常识世界，是一个由这样的对象构成的世界，这些对象按照它们看似如此的方式存在，它们可被有效地使用与开发，它们的运作符合诸多定律，这些定律如此深刻地嵌入普通人的概念结构之中，以至于普通人几乎没有意识到自己诉诸这些定律，并无法轻易对它们做出明确表述。哲学家或多或少把这种世界观当成理所当然的。他们继续追问的仅仅是，这些对象是否确实存在；相信科学的人能否接受这种日常的观点；是否有可能存在另一个更加真实的世界；如果存在，在这个世界与另一个世界之间可能存在何种关系。通过将这个常识世界作为**既成的事实**，哲学家就已经采纳了一种特殊的立场——"将他们自身置于生活与经验之前……就好像在一幅一劳永逸地展开的画作之前"。但尼采暗示，他们已经忽略了以下这种可能性，忽视了承认这种可能性的重要性：

> 这幅画作——我们称之为人类的生活与经验——是逐渐进化的，事实上它仍然处于进化的过程之中，因此它不应当被认

为是固定的……几千年来，我们带着盲目的嗜好、狂热与恐惧，带着道德的、宗教的或审美的需求来凝视这个世界，如此沉迷于非逻辑思维的恶习，以至于这个世界已经令人吃惊地变得如此色彩斑驳，如此可怕，在灵魂与意义上如此丰富。这个世界获取了诸多色调，但我们是调色师。人类的理智让这个世界的表象得以显现，将它错误的预设前提导入现实之中……[12]

常识世界（某些哲学家怀疑，它仅仅是表象的世界，而另一些哲学家怀疑，它纯粹是幻觉的世界）完全是人类心智的成就，而不是某种所谓的被人类心智发现的东西。"我们现在所称的世界，是诸多谬误与幻想的结果，它们在有机物的整个发展过程中出现并与彼此杂交繁殖，而且还作为整个过去累积的宝库留传给了我们。"[13] 因此，常识是一种**解释**（正如尼采对它们的称谓），而不是解释所比较的某种东西。就像对世界做出的任何解释一样，常识也导源于非理性的冲动、恐惧、期待与愿望，它在某种程度上是难以区分的，在内容上是安全的，并有可能来自任何形而上学的体系。常识其实是由常规造就的形而上学，正如先前的分析提醒我们的，概念是趋于固定的隐喻。

尼采支持的是一种对常识的复杂态度。常识是一整套谬误与虚假的信念，它仅仅是一种解释，却丝毫不符合实在。这听起来非常类似于哲学对感官与习俗世界所做的典型否定，这种否定得到了自巴门尼德与柏拉图以降的诸多思想家的认同。尼采继续说道，相对于任何**其他的**解释，我们被迫宣称，常识是真实的。"真理是这样的一种谬误，没有了它，任何特定种类的生物都无法存活。"[14]

"真理"：按照我的思维方式，这并不必然意味着谬误的对立面，在绝大多数的基本情况下，它仅仅是相对彼此的不同谬误所占据的位置。这种谬误或许比其他谬误更古老与更深奥，从而是不可消除的，因为我们这种有机物在没有它的情况下无法生存。另一方面，其他的谬误并没有作为生命的条件而对我们施行暴政……［而且］它们能够被我们搁置或违背。[15]

任何试图拒斥常识并支持某种据说更为恰当的事物系统的尝试都是无效的。相反，倘若常识是"真实的"，任何这样的系统就是虚假的，它不相容于常识。但接下来，它是"虚假的"，这仅仅是在被尼采刻画的"真理"所决定的意义上说的：它可能仅仅是这样一组谬误，带着这些谬误，我们这种有机生物就无法存活下来，或者是，没有这些谬误，我们就能相对不那么危险地存活下来。为了符合生命与生存的利益，我们就被迫肯定了大量被认为是常识的信念，并拒斥与此相冲突的任何事物。倘若我们按照"表述的情况属实"这个更为传统的意义来理解"真实"，我们便无法以其他任何根据来为常识辩护，肯定也无法根据其真实性来为常识辩护。因为在**那种**意义上，没有什么东西是真实的，一切事物都是虚假的。

尼采屡次宣称，一切事物都是虚假的。他的意思是，在这个世界中，没有任何秩序符合诸多事物；依据真理的符合理论，为了成真而需要在事物与陈述之间满足的关系，**是**不可能成立的。就此而言，常识是虚假的，任何其他的命题集合也是虚假的。不过，倘若其他的命题集合与常识相冲突，那么，相对于我们在漫长时间内为自身制定的生存条件而言，这些命题集合就是虚假的。其他的任何体系对生命与对我们自身都是有害的，必须要用常识来与之斗争。人们错误地认为，真理问题仅仅具有哲学上的重要性。正确获得真理具有一种至为**关键的**重要意义。众多思想体系断定自身对于宇宙的真正本质来说不仅是真实的，而且是唯一真实的。在东方与西方，这些体系经常采纳这样的看法来作为它们论点的组成部分，即我们似乎生活于其中的这个世界仅仅是表象的世界、幻觉的世界、纯粹现象的世界；我们全部信念的根据存在于这个貌似真实的世界之中，单独参照这个世界所产生的信念，在任何更为终极的层面上看都是虚假的。如果我们追寻真理，我们必定会拒斥这个（所谓的）世界，并支持另一个更加真实的世界，它的存在与本质为如今需要我们拥护的思想体系所描述。这另一个世界或许是本体世界、天国、涅槃、梵天、纯粹理念的宇宙，或任何你想要的世界。尼采坚持认为，只要形而上学家要求我们背离这个世界并将之作为支持不同世界的代价，他们就是在要求我们背离生命。即便这个世界是由我们构造的，它肯定不比任何被人们提议的替代世界具备更多的实质性，但是，它恰恰是我们能够生活于其中的世界。为了生活，我们必须攻击这些用甜言蜜语进行哄骗的形而上学。尼采相信，这是一个具备了最直接重要性的问题，这或许有助于解释尼采的预言式与诊治性的激情与论调。就其本身而言，哲学问题是心智的失常，是不可解决的与荒唐愚蠢的。它们的重要性在于它们对生命的威胁；在每个哲学问题的背后，都有一种想要强加其自身秩序的意志。正如在别处一样，在哲学中的斗争是意志反对意志的斗争。尼采的诸多论证在最好的情况下将给出非常善于分析的证明，但倘若将尼采仅仅当作一位分析家，这就会对他与他的哲学观做出不充分的描绘。

58

3

最近在哲学中变得流行的做法是捍卫常识，并拒斥那些针对常识中最根深蒂固信念的哲学质疑。尼采完全不是这种意义上的常识捍卫者。可以表明，针对常识范畴的那些所谓的反对者与蔑视者就他们论断的权威性而言，并不比常识具备更好的根据，而常识自身在实在中也根本没有任何根据，它丝毫没有做出符合真理的论断。它仅仅是对世界做出的诸多可能解释中的一种解释，就像欧氏几何仅仅是无数可能的几何学中的一种几何学（我在此用了一个尼采无法使用的例证①）。这个问题有时会以这样的形式出现：这些几何学中有哪一个正确描述了这个物理世界的几何结构？尼采或许会给出的解答是，它们之中没有一个做到了这一点，因为这个世界并不存在有待描述的几何结构。这也适用于哲学，包括有关常识的哲学。并没有真实的世界结构，这些世界结构中的每一个都是一种解释，相较于我们解释这个世界的诸多模式，并没有这个世界真实存在的方式。存在的**仅仅**是诸多相互竞争的解释："没有事实 [Tatsachen]，只有解释。"[16] 相应地，没有**就其本身而言**脱离任何解释的**世界**——

① 当然，这并不是在年代的意义上来说的。事实上，尼采读过黎曼的作品，并运用无限空间的思想来作为他的永恒复归学说的"科学"基础之一。但是，那些替代欧式几何的几何学的逻辑含义，只有对于某个精通公理系统的结构，特别是精通公理的独立性概念与模型思想的人来说才是清晰的。尼采对这些肯定一无所知。

"就好像在人们除去视角之后，还会留下一个世界似的！"[17]我们甚至不能说，这些解释"歪曲"了现实，因为相对于给定解释所能歪曲的东西，没有什么可以算作一个真实的解释：或者**每个**解释都是一种歪曲，除非对解释来说**没有**可以歪曲的东西。让我们回到有关几何学的类比，倘若我们**判定**欧式几何是"真实的"，这是因为对我们来说，它在漫长的时间里都是一种用于勘测、三角测量和其他测量活动的有效工具。我们对欧式几何无法说出更多的东西："欧式空间只不过是一种特殊动物的癖好，它仅仅是其他众多癖好中的一种癖好。"[18]

这个认为没有事实，只有解释的学说，被称为**视角主义**。诚然，我们谈论的是从不同视角审视相同的事物，我们或许会承认，通过视角来审视事物，就没有任何方式来将事物**保留**下来，最终，没有一个视角拥有相对于其他任何视角的特权。这些或许就是视角概念本身的逻辑特征。在这里存在的仅有困难是根据这些独特的视角来谈论"相同的事物"。除了根据这个视角或那个视角，我们肯定无法表明**它**是什么，我们无法按照它就其自身而言的存在方式来谈论它。"我们无法确立事实**本身**，"尼采在未发表的笔记中写道，"想要这么做的愿望或许是没有意义的［ein Unsinn］。"[19]无论这些视角所透视的是什么东西，我们都无法对它们本身说出任何有意义的话语。我们无法谈论一个真实的视角，而只能谈论占据上风的视角。因为我们无法求助于任何这样的事实，这种事实独立于在它与它意在支持的视角之间形成的关系，除了坚持我们的视角并试图（倘若我们能够做到）将之强加于其他人身上，我们几乎无法做更多的事情。常识构成了众多视角中的一个视角。它正如其他的视角，在任何可能的地方都寻求将自身强加给任何人：它是民众的形而上学，或用尼采的话来说，它是**群畜**的形而上学。

当然，我们无法谈论一个视角，若我们没有将视角联系到它所归属的那个东西的诸多存在条件。"没有被我们还原为我们自身存在的条件、我们自己的逻辑、我们的心理偏见与预设的世界，根本就不会作为世界而存在。"[20]因此，这个世界其实仅仅是一个"关系的世界：它从每一个视点来看都拥有一个不同的面貌，在每个视点上，它的存在都是根本不同的"。然而，人们不能说，这个世界就是这些视角的总和，"因为这些视角在任何情况下都完全是不一致的"[21]。于是，这意味着，我们能够有意义地谈论的世界，仅仅是我们存在于其中的那个世界。因此，我们无法有意义地谈论另一个世界并将之作为一种抽象的可能性保留下来，考虑到我们在这个世界中进化发展的诸多条件，另一个世界肯定不是我们可以理解的世界。

> 确实有可能存在一种形而上学的世界：这种绝对的可能性几乎是难以辩驳的……对这种空洞的可能性，一个人几乎不能做什么，更不必说将幸福、救赎、生命悬挂于如此薄弱的丝线之上。因为对于形而上学的世界你无法说出任何东西，除了它或许是一个不同的世界，但它又是一个不可通达与不可理解的世界。即便这种世界的存在得到了证明，这在所有的知识中仍然是最无关痛痒的知识。[22]

我们的视角是常识，它是随着时间的流逝而发展起来的，它无法轻易地被抛弃，"因为我们的整个人性依赖于它"[23]。通过科学，它也许在此处或彼处得到了精致化，但仅仅是略微得到精致化，有可能发生的情况是，"我们永远也无法打破这些原始的思维习惯的力量"。我们能够做到的仅仅是解释它们可能如何出现，在认识到它们的祖先与谬误时还要继续肯定它们，并意识到"有关生命的谬误对生命是必不可少的"[24]。对这个视角并没有替代者，即便那些替代者或许是有望成功的（必然存在其他可能的视角，谈论"唯一的视角"是没有意义的），但至少对我们来说没有替代者，因为我们是如此构造而成的。我们的视角如果是一种虚构，那也是一种有用的与必要的视角。一个人显然不能仅仅用其他或许不必要乃至有害的虚构来反对它。不过，仍然存在着这样一种可能性（一种危险的可能性），即倘若我们是以不同的方式构造而成的，那么，我们的视角就可能是一种不同的视角。此前背离常识的哲学家在精神上却拥有一种放弃生命的倾向。是否能以生命的**名义**来背离常识与群畜的视角？——这是尼采哲学的一个主要问题。我们一旦看清了所有视角

（包括我们自己可能强加的任何视角）的虚假性，我们还会继续进行
探求吗？

61   在回顾由于感受到生命缺乏意义，世界仅存空虚而造成的**悲剧
性**苦难时，尼采问道：

> 我们的哲学是否接近悲剧？［我们的］真理是否与生命为
> 敌，与改良为敌？一个问题似乎沉重地压在我们的舌头上，我
> 们不希望这个问题被人们听到：一个人能否有意识地留在谎言
> 之中。或者，倘若必须如此，死亡是否为更可取的选择……整
> 个人生都深深地陷于谎言之中。没有为了最深刻的理由而对自
> 己的往昔感到愤怒，没有发觉自己当下的诸如荣誉之类的动机
> 是荒谬的，没有带着轻蔑与鄙视来反对那种奋力朝向未来幸福
> 的态度，个人就不能将生活从这个陷阱中拉出来。难道真的只
> 留下一种向我们开放的思维方式，它导致的个人结果是绝望，
> 它导致的理论结果是哲学的消解？[25]

尼采并不这么想。他认为，有可能在不屈从于空虚的情况下面
对空虚，而他的哲学就试图表明如何实现这一点。试图说出尼采的
整个哲学努力表达的东西，这或许是不成熟的；目前足以看到，尼
采的质疑似乎将他置于一个错综复杂的论辩处境。他不得不在批评
常识（群畜的哲学）的同时，又在反对传统的哲学与宗教的所有批
判的过程中捍卫常识。这就是尼采的哲学难以被漫不经心的读者理
解的一个原因。漫不经心的读者想要知道尼采站在哪个立场上，而
对这个问题，无法给出一个简单的解答。

但其他的东西同样有可能迷惑这样的读者。不知何故，在尼采
对"真理"这个词的使用中，似乎存在着一种基本的前后不一致。
例如，尼采写道："在追求真理与人类的福祉之间，并没有前定和
谐。"[26] 但"真理"已经专门根据对人类福祉有用的东西而获得了定
义。因为尼采将有用的东西与有害的东西，将**用途与滥用**[27]进行对
照，倘若有用的是真实的，虚假的就是有害的。一个人无法以真理
的名义来怀疑常识，但可以用谎言的名义来怀疑常识，除非一个人

在心中想到的是不同意义上的"真理"。尼采其实并没有在对"真实的"或"真理"的用法上发生分裂，因为他自己的真理理论为这些用法具体指定了诸多规则，而这些术语的一种更为普通的意义，让尼采能够从一个在视角之外的立足点来谈论**有关**诸多视角的话题，并宣称它们都是虚假的。尽管尼采发展的是真理的实用论，但他经常在惯用语中以与他试图克服的真理的**符合**论更为一致的方式来谈论真理，而他并非总是意识到乃至从未意识到他在这么做。在尼采思想中的前后不一致，并不像在他语言中的前后不一致那么多。就像许多革新者一样，尼采对他发明的这个理论并不十分确定，他甚至不确定自己是否发明了一种新的理论。因此，读者在他的作品中发现了古怪的不协调，这多少有点像过渡时期的教堂在建筑样式上的不和谐，那里正在摸索风格，但风格还没有出现，建筑师甚至根本不确定他正在摸索一种新的风格。

　　这将我们导向了一个进一步的困难。尼采的哲学是一种虚无主义的哲学，这种哲学坚持认为，这个世界中并不存在秩序，更不用说道德秩序了。然而，他有时想要谈论这个世界是什么样的。这个世界是由诸多视角的原点构成的。他进一步领会到，这些原点被一种积极的力量与意志占据，每一种这样的力量与意志都力图根据它自己的视角来组织这个世界，每一种这样的力量与意志都被封锁在与其他的力量和意志进行的斗争之中。这就是尼采的那个声名狼藉而又完全被误解的强力意志学说的出发点。于是，对于这个世界最终的结构与构成必然是什么，尼采终于也拥有了一个他自己的形而上学理论。倘若虚无主义以任何逻辑的方式依赖于这个观点，那么，虚无主义就是错误的，而倘若虚无主义是真实的，那么，它就必然让它自己的预设前提成为不真实的谎言，它就无法严肃地做出论断。在"作为一个随心所欲的批评家的尼采"与"作为一个形而上学的哲学家的尼采"之间，自始至终都存在一种重要的张力，前者始终准备在攻击形而上学的过程中转换场地，后者追求的是为他抛弃他正在践行的任何这类事业提供根据。视角主义是否会导致视角主义本身也仅仅是一个视角，因此，这个学说的真实性是否意味着它本身就是错误的？这难道不就是尼采在《悲剧的诞生》中所说的逻辑背弃自身并咬住了它自己尾巴的情况吗？我并不相信尼采已经解决了这个问题，尽管我确信他意识到了这个问题。在本研究的结尾，**63** 我将尝试提出消解这个问题的概要——倘若有可能从根本上消解这个问题的话。但在这里我只需提出，存在着双重意义的形而上学，就正如在这里存在着双重意义的真理以及狭隘意义的艺术和宽泛意义的艺术一样。倘若我们认识到他对一个术语的用法的诸多转变，那么尼采许多更加令人恼怒的悖谬式话语都能够得到澄清。当他使用"形而上学"这个术语时，他在头脑中经常想到的仅仅是一种谈论这种实在的哲学，这种实在比我们凭借感觉而在表面上熟悉的实在更高级、更纯洁。他对这些哲学的批判，值得人们进行更为详细的思考。

4

尽管尼采经常被归为反理性主义者，但他其实只有当理性反对生命或任何让生命成为可能的东西时才反对理性。就像休谟一样，尼采认为，理性是或应当是激情的奴隶，虽然理性的结构所发挥的功能之一是对激情进行转化与升华，因为倘若完全放纵激情，激情就会导向野蛮。责令理性生活的哲学家，时常将身体视为我们的那些寻求释放的高级能力的被囚禁之地，将激情视为对高级使命的背离。对身体的贬低激发了对感觉的贬低，而感觉与理性的对立导源于这种不信任。这种理性**理论**，而不是理性本身，才是尼采的反理性攻击的目标。

例如，请考虑埃利亚学派的哲学家或柏拉图对感觉所采纳的藐视态度。埃利亚学派相信，理性告知了我们诸多确定的真理，它们完全对立于感觉经验所表明的东西。而否定**理性的**真理是自相矛盾，对立于理性真理的感觉则必然是不一致的。然而，没有任何理性的人会去肯定不一致的命题。因此，没有任何理性的人能接受以诸多感觉为根据的命题。柏拉图声名狼藉地提出了这样的论题，即诸多感觉最多揭示了实在的次要秩序。它们给予我们的仅仅是支持信念的根据，而永远不是支持知识的根据——因为知识只能是完全真实

的东西。无论诸多感觉多么有力或多么令人满意，它们都持续地将　　**64**
我们囚禁于表象与非现实之中。自古以来的哲学家都默认了这种贬
低。笛卡儿不屑一顾于所有以感觉经验为基础的信念，因为它们的
源头是败坏的，相反，他寻求的是某种凭借直觉知道的命题，它们
可以被清晰明确地理解，并且仅仅由于这种理解方式而被认为是真
实的。虽然经验主义者否认我们已经通达于任何**并非**以感觉经验为
基础的真理，但他们仍然充分地置身于理性主义传统的阴影之中，
他们以悲观怀疑的态度审视着那些仅仅由感觉提供给我们的贫乏而
又不确定的知识。经验命题甚至被经验主义者轻视，因为他们将仅
仅恰当地适用于理性命题的标准适用于经验命题，可经验命题无法
满足这样的标准。

　　尼采对感觉经验的看法与他的经验主义态度，将随着我们的前
进而显现。他肯定从来也不是一位在还原论意义上的经验主义者，
但他确信，理性无法被严肃地接受，倘若它提出的论题对立于感觉
的证据——虽然在我们的信念与感觉经验之间的关联是错综复杂
的。这是他贯穿始末的态度，而不仅仅是他在所谓的实证主义时期
所持有的态度。在他最好的后期作品之一《偶像的黄昏》中，尼采
写道："我们今日所拥有的科学的严格程度，让我们下定决心接受感
觉的证据——在此范围内，我们让它们变得敏锐，装备它们，并学
会了通过它们来进行透彻的思考。"他继续写道："余下的是流产与
'尚且不是的'科学。我指的是形而上学、神学、心理学与知识论。
或许还有：形式科学、符号理论，就像逻辑学和那种应用逻辑、数
学。"[28]

　　这在许多方面都是一段非同寻常的文字。在那些以诊断的方式
来谈论当代文化的人中间有一种陈词滥调，在他们看来，当今世界
中存在着两种占据支配地位的哲学趋势—— 一种是以存在主义为代
表的非理性主义趋势，另一种是以逻辑实证主义及其分支为代表的
理性主义趋势。我自己并不关注这种刻画，无论我对于那些认为这
种刻画说出了某些重要的乃至真实的东西的人们抱有多少同情。我
想要强调的仅仅是，尽管尼采被人们如此自然地视为当代哲学的非　　**65**
理性主义趋势的一位前辈，但是，在他自己的作品中，他对主要的

哲学问题展示了一种几乎完全符合逻辑实证主义精神的态度。首先，贯穿尼采诸多论著的是这样一种动摇哲学论断而不是反驳哲学论断的策略，他所提出的要点是，要反驳一个论断，就经常会接受另一个论断，而必须连根拔除的恰恰是**整个问题**连同它的一系列"解答"。这个激进的态度预示了实证主义的宣言，即哲学家所说的那些既不真又不假的话语仅仅是"胡说"，他们常年从事研究的那些问题仅仅是"伪问题"。关于他自己的步骤与方法，尼采说，他将"搁置"了形而上学的教诲"搁置起来"："不动声色地将错误一个接一个地搁置起来——这种理想并没有遭受反驳，而是冻僵了……"[29]其次，尼采在这里采用的意义标准，与实证主义者随后倡导的众所周知的意义标准相同（尽管不能夸大其词地说，尼采始终与之相同）。实证主义者主张，有意义的命题可分为两种类型：可通过感觉经验证实的命题，以及仅仅凭借它们的意义即可确证为真（或为假）的命题。任何不属于这两种类型的语句都是"没有意义的"，而形而上学的命题就属于最后这类语句。尼采对形而上学也持有这样的看法，至少当形而上学佯称为我们提供了关于这个世界的实证的乃至深奥的知识时他是这么认为的。它在严格的意义上就是胡说："**自在之物**值得人们发出荷马式的大笑，因为它**显得**那么多，简直就是**一切**，但其实它是空虚的——毫无意义。"[30]但至少对尼采来说，表明形而上学是无意义的，不足以让他感到满足：这仅仅是第一步。"从根本上就应当有形而上学存在"这件事需要得到解释。

　　尼采与分析哲学（而不仅仅是实证主义的那个狭隘的意义理论）的相似之处在他对语言的忧虑中表现得最为明显。常识终究是用日常语言来表达的，我们在说这种自幼年起就已经习得的语言的过程中，隐含地规定了审视世界与理解世界的方式："每个词都是一个先入为主的判断。"[31]通过我们的说话方式，我们将一种哲学秩序的诸多谬误保持下来。伯特兰·罗素曾经论及日常语言，他将之作为新石器时代的形而上学的具体表现。他主张，假如我们要寻求一种更恰当的哲学，我们就必须找到一种新的语言，这种语言不会让我们从一开始就忠于我们无意识做出的诸多判断。倘若哲学家如今变得更不愿意仅仅用这些修正主义者的术语来批评日常语言，那么，他们至少准备假设，在我们所采纳的语言中蕴含着一种哲学（甚至是一种正确的哲学）；某些哲学家走得更远，他们说，之所以会出现哲学问题，是因为有人背离了语词在指定语境下的正确用法。当然，人们不应当在曲解下认为，尼采已经预见到那些在最近几年内支配了哲学的讨论，但他是一位无可非议的先行者。我们将看到，尼采通过参照那些被他辨识为令人误解的表达方式（它们恰好就是人们到处使用的表达方式）来对一个又一个的问题进行攻击。他似乎清楚地意识到，人类在其所说语言的语法诱惑下会暗中相信，他们正在描述这个世界，而实际上，他们所构想的世界仅仅是他们语言结构的反映。"语言中隐藏着一个哲学神话，"他写道，"它随时都会爆发，无论一个人可能有多么小心谨慎。"[32] 在"作为一门推论性科学的语言"这一大段文字中，他继续写道：

> 语言对文化发展的重要性在于这一点，即通过语言，人类在真实世界的旁边创建了一个属于他们自己的世界，他们如此牢固地抓住了这个位置，以至于他们希望以此来彻底改造其余的世界，并让自己成为世界的主人……人类确实认为，他在语言中拥有了关于世界的知识。语言的制造者不够谦逊，以至于没有意识到，他仅仅给予了事物诸多名称。他反而相信，他已经通过语词表达了事物的最高知识。[33]
>
> 一般而言，无论原始人在何时创制了一个词，他都相信自己已经做出了一项发现。这与实际情况有着多大的差异！他偶尔触及了一个问题，他认为自己已经解决了这个问题，而实际上他仅仅为解答增添了障碍。如今，人们在拥有了每一项知识之后，就必然会在诸多坚固而又永恒的词语中跌撞前行——人们宁愿折断自己的骨头，也不愿破坏一个词。[34]

尽管尼采觉得，人类正在开始承认（即便仅仅是以模糊的方式），他们在如实对待语言的过程中"就已经传播了一个巨大的谬误"[35]，但他还是以典型的方式做出了暗示，"幸运的是，要颠倒依赖于该谬误的理性的发展，这已经太晚了"。[36] 之所以是幸运的，因为语言已经在人们的生存经济中发挥了这样的作用（我们成为我们自身之所是，是因为我们按照我们所做的那样来思考与言说）："谬误把动物变成了人。"[37]

语言在哲学发展中的特殊作用，或许可以在诸多哲学概念的相互关联性之中看到。他断定，这些哲学概念并不是偶然凭借自身发展形成的，而是

> 在彼此的关系与相互关联中成长起来的，结果是，无论它们以看似多么突然而又任意的方式出现于思想史之中，它们仍然归属于一个系统，就像在地球的一个给定部分的动物区系的［诸多物种］成员那样。人们将在以下这个事实中看到这一点，即绝大多数不同的哲学家都肯定会填充诸种可能哲学的某个明确的基本图式。某种隐藏的东西让他们持续不断地驰骋于这个相同的迷人循环，而不管他们自认为在彼此之间有多么独立……他们的思想与其说是一种发现，不如说是一种**重新**认识与**重新**采集，一种向着遥远而又原始的精神状态的回归，而这些概念最初就是在那样的精神状态中生长出来的……印度、希腊、德国的所有哲学探讨的这个令人惊异的家族相似［**原文为：Familien-Ahnlich-keit**］很容易就能得到解释。恰恰在存在着语言关联性的地方，会不可避免地出现这样的情况，即由于共同的语法哲学——我的意思是，由于相同语法功能的无意识支配和引导——预先就做好了一切准备来让诸多哲学体系拥有一种相似的发展顺序。出于这个相同的原因，通向不同世界解释的可能道路似乎被封闭了。[38]

似乎可以据此直接推断出，任何不同于我们的世界观，都无法在与我们结构相同的语言中表达出来。这对于尼采自己的思想来说，将在哲学上产生某些重要的后果。另一方面，我们或许强调了有关我们语言家族的特定语法的哲学要素，而这些哲学要素给尼采留下的深刻印象是，它们对于思维能力特别有害，无论它们在实践中有多么不可或缺。尼采有时想要知道，那些用与我们没有亲缘关系的语

言来进行言说的人们，会以何种方式理解世界的结构。

在尼采看来，其中的第一个要素是我们的这个几乎不可避免的倾向，即假定实体——依据**物**来进行思考——与将这个世界的特征刻画为"统一性、同一性、持存、实体、原因、物性与存在"。[39]这些概念是传统形而上学行业的支柱，它们应当完全归于我们的语言：

> 初始的语言，归属于一个心理学具备最简陋形态的时代。当我们意识到了语言形而上学（或用简单的话来说，"理性"）的基本前提时，我们就进入了一个粗俗拜物教的领域……我担心，我们无法摆脱上帝，除非我们摆脱了语法。[40]

研究认识论的哲学家经常关注我们都会自发做出的这个假设：有这样一些对象，它们在我们关于它们的诸多知觉之间持续存在，但它们的存在并不依赖于任何人的知觉。在做出这个假设的过程中，常识含蓄地断定了一个最为大胆的哲学命题。只要我们在思考或谈论某个"相同的"东西，我们就会再度自发地赞同古老的实体学说，而不管诸多正在经历的变化。当我们在某个时刻说某物是绿色的，而在某个随后的时刻说它是黄色的，我们并没有假设，我们正在指称的是不同的事物。相反，我们认为，它恰恰就是那个相同的事物，它的存在有时呈现为一种颜色，有时则呈现为另一种颜色，但**它自身**并没有发生变化。我们简直不由自主地要将这个世界理解为一个由持存对象组成的世界，而这些对象却是诸多变化的主体："我们说出来的每个语词与每个语句都在支持这一点。"[41]尼采想表明我们是错误的："事物并不存在：那是我们的虚构。"[42]

无论是在日常生活中，还是在科学中，倘若没有这种虚构，我们都无法轻易获得进展。根据尼采的看法，科学是常识的提炼。"我们使用的是诸多并不存在的事物：线、面、体、可分割的时间与空间。"[43]这些概念是一种**惯例**，但它们并不指称在这个世界中的任何东西；相应地，必不可少地使用了这些概念的语句并不是真实的，因为对于这些概念来说，没有什么**相关**的东西是真实的。因此，当尼采使用"说明"这个术语时，这样的语句没有任何说明的价值；

也就是说，它们是对这个世界的解释，而不是对这个世界的真正描述："或许有五六颗头脑逐渐明白，物理学也仅仅是对这个世界的一种解释与整理（要适合于我们，如果我可以这么说的话！），而不是对这个世界的说明，[尽管] 它被当作一种说明。"[44]① 例如，原子的概念就必不可少地需要人们指称某种并不存在的事物："为了理解这个世界，我们就不得不获取计算的能力；为了能够计算，我们就需要诸多恒定的原因。但由于没有恒定的原因可以在实在中被发现，我们就为我们自己发明了某些这样的东西，举例来说，原子。这就是原子论的开端。"[45]

人们在诱使下会猜测，尼采在这里想到的是如今的科学哲学家所讨论的"理论实体"——它们是被特定术语假定的实体，这些术语在诸多利用它们的理论中发挥了高度系统化的作用，但倘若它们从根本上指称了任何实体，那么，它们指称的就是不可观察的实体。一个具有许多争议性的问题是，是否有可能为了支持纯粹观察词汇而清除掉这些理论术语。这个问题的诸多细节已经超出了本书的范围，但为了找到尼采对这个观点的态度，或许就应当表明，他在心里想到的，要远比那个认为在新近讨论中获得界定的理论实体是虚构的论题更为彻底。更确切地说，**所有的**实体都是在那种意义上的理论实体，而任何对具体殊相的指称都是虚构的：

> 我们为自己编排了一个我们能在其中生活的世界，并接受了诸多体、线、面、因与果、动与静、形式与内容。没有这些信条，如今就没有人能够存活！不过，这几乎没有构成一项证据。生活并不是论据。在诸多生存条件中，谬误或许就是其中之一。[46]

从最具实践性的运用到最具理论性的运用，在日常生活与科学

---

① 这是在以下两方面之间的对立，一方面是**对世界的解释与整理**（eine Welt-Auslegung und -Zurechtslegung），另一方面是**对世界的说明**（eine Welt-Erklärung）。出自《善恶的彼岸》的同一段文字以复杂难懂的方式提到了感官证据，我将在随后涉及这一点。在"解释"与"说明"之间的区别已经相当显著，自始至终，人们都可以通过某种方式在尼采那里发现这个区别。例如，参见《朝霞》，第 428 页。

中，这些"信条"都是我们思想结构的必要组成部分。它们导源于一种原始的心理状态，并被编入了我们语言的语法构造之中，"它们在遗传继承下最终几乎变成了人类这个物种的生存条件"[47]。通过承认"感官依赖性对知识是不可或缺的"这个经验主义的论题，知识就必然会被理解为工具，而我们就无法真正接受经验主义对我们的知识发展方式的简单解释。尼采在《善恶的彼岸》讨论语言的结尾处补充道："对洛克关于我们观念来源的肤浅之见，我的反驳就有这么多。"[48]尽管如此，他并没有完全赞同康德版本的经验主义，后者坚持认为，某些命题并不是可以从经验中推导出来的，但它们是真正的知识，而这些命题——先天综合判断——在人类的心智结构之中是与生俱来的，没有它们，人类的心智就无法以可理解的方式进行运作。尼采承认，鉴于我们的发展方式，除非遵循它们，否则**我们确实无法思考**：

> 现在是时候将"先天综合判断如何可能？"这个问题替换为"为什么对于这种判断的信念是**必要的**？"我们必然会获悉，这种判断必定被信以为真，无论它们在本质上有多么虚假，这仅仅是为了让我们这种存在者得以保存下来……我们对它们并没有［其他的］正当权利：在我们的口中，它们显然是错误的信仰。不过，对其真实性的信念，作为一种最令人瞩目的信念是必要的……它们属于生命的透视光学。[49]

尼采推测："在推理上有别于我们的生命不可胜数，其中有许多已经毁灭了。然而，**他们**或许更加接近真理。"[50]尼采在心里想到的是某种类似于此的见解。请考虑"所有的 A 都是 B"这个概括。除非一个个体在他做出分辨时足够粗略，以至于能够忽视在那些被他接下来当作显然**相同**的事物之间的诸多差异，否则他就永远不能完成这样的概括。这些概括确实需要抽象。尽管如此，他或许以如其所是的方式感知每个事物（假定诸多事物是存在的），因而让他"更加接近真理"。但是，他敏感的程度约束了他的概括力，相对于他的那些更为粗疏的同伴，他存活的可能性更低。随着无视个体差异的能力的提升，**他们**在归纳上获得的成功将成比例地增加。"每个在得出推断时发生的犹豫不决，每个通往怀疑论的倾向，都已经对生命构成了巨大的威胁。"[51]

　　当然，这是一个奇特的论证。理性观点依赖于我们抽象思维的能力，倘若我们实际上将这个世界感知为一种纯粹无法区分的流变，那么，我们确实会降低存活的可能性。我们被迫"发明符号与公式，在它们的帮助下，我们就能将这些在涡流中打转的复杂事物化归为一种目的明确的有用图式"。[52] 然而，这个普遍性的概念图式是一层（必须）被视为真实的"谎言与欺骗"的薄纱。[53] "什么是人类的真理？它们是人类**不可驳倒的**谬误。"[54] 我们所有的最基本概念，都应仅仅被视为人们在为了生命与力量而展开的斗争中侥幸获得的偶然发现：

　　　　通过一段漫长的时间，理智产生的仅仅是诸多谬误。在这些谬误中，有些被证明是有用的，它们有助于人类这个物种的保存。无论何人偶然碰到或继承了这些谬误，他在为他自己和他的后代而展开的斗争中都将获得更大的成功。[55]

5

　　尼采不知疲倦地对理性的不合情理性表明了一种狡黠的观点，通过求助于小中见大原理（the principle of *a minori ad majus*），他并不特别认真地争辩说，宇宙几乎不可能非常理性，假若宇宙的某个部分是由**人类**的理性构成的，那么，它就会像人类的理性那么不合情理。[56] 他更加严肃的哲学观点是，我们将发现宇宙是理性的或逻辑的，但这仅仅是通过我们将它们强加于宇宙才让宇宙变成这样的："这个世界对我们显得是符合逻辑的，因为我们首先对之进行了**逻辑化**。"[57] 至于逻辑本身与数学（尼采在谈论中将之称为应用逻辑），尽管它具备所谓的纯粹性，它们也还是由心理状态产生的，而在事实中没有任何依据。当然，如此谈论逻辑，这几乎不是什么有力的见解，而构成其基础的心理主义在今日无疑会遭受质疑。但尼采意在论证的，与如下观点多少有点类似：倘若事物是不存在的，那就更不用说彼此相等的事物以及与自身同一的事物了。然而，相等关系与自我同一性在详细阐述逻辑系统时是至关重要的。当这些系统被应用于这个世界时，它们实际上都要求，我们将逻辑系统应用于其上的东西应当是诸多实体，每个实体都是与自身同一的，某些实体或许彼此等同。于是，人类就在误导下认为**存在**这样的事物。但这仍然不是一件令人遗憾的事情。倘若人类最初就知道，"不存在精确的直线、没有真正的圆、没有度量"，那么，"数学就永远不会产生"。[58]

不过，哲学家应当更好地认识到：

> 它［哲学］不将逻辑与理性的诸多范畴视为服务于整理世界的目的而为我们自身所使用的手段（因此是"原则上"有用的谎言），而是将它们视为真理的试金石，并且相信真理与实在有关。事实上，真理的标准仅仅是这种"原则上"为谎言的系统的生物效用而已……这种天真幼稚在于将一种以人类为中心的特质作为衡量事物的尺度，作为判断"真实"与"不真实"的指导原则。[59]

然而，这并非尼采反对哲学家的仅有指控。正是哲学以概念的名义从它**反对**的常识世界中折返，但这些概念又是常识世界所预先假定的——哲学接下来则宣称，常识世界是虚幻的。在仅仅将那些具备"统一性、同一性、恒久性等"的东西宣称为真实的之后，哲学拒斥了常识的事物——即"表象的世界"——因为它们无法展现这些特性。但事实上，恰恰是这些被否定的事物，才是那些据说未能得以例示的诸多范畴特性的投射。形而上学根据它自身的角度来拒斥常识世界，其拒斥的方式是，创建一个额外的世界，据说，只有这个世界的概念架构才更优越与更真实。一旦看到了这一点，"真实世界"的概念——作为有别于"表象世界"的概念——就被揭露为一种**无用的**与让自己徒劳无效的虚构。由于它是多余的和无用的，"所以

72

[它是] 一个被驳斥的观念。让我们摆脱它！"[60]

73 一旦摆脱了这个所谓的"真实世界"，我们就没有什么东西来与"表象世界"进行比较；因为只有通过这种欺骗性的对比，后面这个表述才获得了它的重要意义，而它也是一种欺骗性的表述。"连同真实世界，我们也废黜了表象世界。"[61]剩余的问题仅仅是，理解哲学家反对常识的动机，而这会将我们带到我们先前叙述的情况之中。

或许我应当进一步对一种多少有些不同的比较略微补充几句，这种比较有时是在这个世界的所谓的常识图景与所谓的**科学**图景之间做出的。尼采就相当关注这一点。

不仅是形而上学家，许多人都质疑常识所构想的世界。自伽利略以来（倘若不是在更早以前），科学家的发现不时地与普通人（用"未受协助的感官"做出）的发现相冲突，科学家惯于抛弃普通人的这些发现，后者必须要在所谓的更加有根据的观念面前让步。日心说理论、进化理论、精神分析理论、空间弯曲概念、第四维度、物质的电子理论——每个理论似乎都以某种方式在我们眼前消解了诸多曾经被认为不会遭受挑战的特定观念。17世纪的科学家走得如此之远，以至于他们坚持认为，（正如我们会在今日谈论的）科学语言中至关重要的谓词绝对不是观察谓词。相反，它们是用来指称对象的"第一性质"的术语。这些术语不需要说明，即便它们能够根据观察谓词来得到说明（因为据说它们并不能以此方式来得到说明）。相较于世界的第一性质，在观察语言中表达的"第二性质"被诬蔑为"不真实的"。因此，正如尼采所言，"物理学家追随着他们自己的方式来相信一个'真正的世界'"[62]。

依据科学，我们的某些概念应当已经崩溃瓦解了，而这几乎没有让尼采感到焦虑不安：无论如何，它们都是虚假的，它们从根本上都容易遭到以更大效用为根据的挑战。没有什么东西不受这种挑战的影响。与观察语言有关的东西也并非神圣不可侵犯，因为此处的这些术语已经以这样的方式构造而成，以至于人们会在吹嘘炫耀中认为，我们看到了这个世界不得不显示的东西：我们已经学会了

74 以符合我们语言的方式来观看。然而，不可能指望尼采容忍这样的自吹自擂，即在否定常识的意义上，科学已经发现了"真正的"世

界。相反，科学或许开发了某些有用的工具并对它们进行了解读，可以说，科学从中读取的本体论与常识的本体论同样可疑。正是在此处，作为一个超前的科学哲学家，尼采与我们这个时代的实证主义者之间或许有一个最为明显的区别，无论尼采在其他方面对他们的反形而上学的基本态度会抱持多大的同情。科学并不是对感官观察的概括总结，而是对这个世界的创造性条理化，一种以复杂的方式遵循观察的编排。

> 可以证明，波兰人博斯科维奇①连同波兰人哥白尼②，他们都是"视觉假象"［die Augenschein］的最伟大与最成功的反对者。哥白尼已经说服我们相信，与我们所有的感觉相反，地球**并非**处于静止的状态，而博斯科维奇教导我们去否定那种对地球最终"固定不动的"东西（即"实质""物质"以及在地球上凝结的微小残余物原子）的信念。这是在地球上曾经获得的对于感觉的最大胜利。人们必须走得更远，抛弃对原子论的**需求**……[63]

物理学家博斯科维奇并没有让他的哲学跟上他自己的诸多理论与发现。他很可能认为，物质的原子结构即便不是描述世界真实存在方式的**唯一**陈述，也恰恰是这样的陈述之一。它与**我们**没有任何关系，与**我们的**思考方式也没有任何关系。但实际上，设定实体的需求**完全**是一个取决于我们怎么想的问题：

> ［物理学家］所设定的原子，是依照意识知觉的视角主义［Bewusstseins-Perspektivismus］逻辑而推断出来的——因此，它本身是一种主观的虚构。他们所规划设计的这幅世界图景在诸

---

① 鲁杰罗·朱塞佩·博斯科维奇（Ruggero Giuseppe Boscovich, 1711—1787）并非如尼采所认为的那样是波兰人，而是意大利的物理学家、天文学家、数学家、哲学家、外交家、诗人、神学家与耶稣会士，他是欧洲大陆最早接受牛顿万有引力定律的科学家之一，他毕生发表了近 70 篇关于光学、天文学、万有引力、气象学和三角学等方面的论文。他最大的科学贡献在大地测量学领域，被称为"大地测量学的鼻祖"。——译注
② 人们必定会想到，尼采感到自豪的是，他自己也是一个波兰人，因而天生就继承了他杰出同胞的命运。

多基本的方面都完全无法与主观的世界图景相区分。它仅仅是
思维透过感觉构造而成的，而这些感觉仅仅是**我们的**感觉。[64]

物理思维的结构就是我们普通思维的结构。因为我们将**事物**视
为真实的，而不仅仅是便利的"编排"，我们自然也会参照那些不仅
仅是编排的**隐蔽**事物来赋予科学声望。我们认为它们具备真正的说
明功效。"物理学让我们的眼睛与耳朵站在它那一边。"[65] 因此，物
理学家最终有点不诚实地佯称自己已经确立了一种取代常识的结构。
就本质而言，物理学意义上的"真实世界"，或许也是我们的一个带
有不同神话的世界。相较于形而上学的虚构，科学的虚构是有用的。
它们有助于人类的活力，并逐渐让我们成为这个世界的主人——科
学再次不同于形而上学，后者敌视生命与这个世界，并召唤我们前
往另一个更加美好的世界。在这方面，尼采支持科学，只要科学归
功于自身的并不多于它实际取得的成就，例如，发现真理。科学并
没有做到这一点，因为没有任何东西有待人们来发现。

6

上文的论述已经充分表明，尼采视角主义的大致轮廓应当是什
么。尼采并没有用任何严格的或翔实的细节来处理视角主义，但他
通过一些领域的应用而前后一致地思考了视角主义。他留给我们许
多问题（其中的绝大多数是真正的哲学问题），在转而对尼采教诲的
诸多方面进行某种更为周密的讨论之前，我必须将我的注意力导向
尼采留给我们的某些哲学问题。而做到这一点的最佳方式或许是，
讨论尼采对因果性概念的看法，其中，尼采提供了一种非常类似于
休谟的分析。

休谟对因果性的分析所蕴含的是，原因并不存在于自然之中。
相反，自然或我们的自然经验表现为诸多孤立的事件（或更严格地
说，对于事件的诸多孤立感知）；**原因**仅仅是诸多成对事件之间的关
系。"原因"是一个二元谓词，它将诸种事件当作它的谓词项。这些
原因是这样的集合，它们的成员经常被发现关联在一起；所谓的因

果关系的必然性在休谟的分析下，被消解为纯粹导源于心理状态的
必然性，它仅仅表现为一种心灵的习性。尼采的许多讨论依循的就 76
是这些思路。尽管在尼采的作品中，他提及休谟的次数非常少，但
就我所知，尼采的相关看法非常有可能导源于休谟。不过，他们之
间还存在一些差异。

　　休谟觉得，我们不仅不曾，而且不能通达那些真正让这个世界
改变的"隐蔽源泉"，因为可以认为，我们自身经验的不可穿透的屏
障，将我们与这个世界的真实存在分离开来。不难看出，根据休谟
自己的标准，休谟会用什么正当理由来明智地**谈论**客观的原因。就
像尼采一样，他对他意在攻击的那些观点的语言频繁地表达了他的
怀疑态度；进而，他似乎带着某种沮丧的满足感声明，我们永远无
法洞察这个世界的诸多因果关系的真相。尼采相信（休谟应当也是
这么认为的），因果性概念无法适用于我们的经验范围之外，因此，
"客观的原因"这个概念必定完全是无意义的，倘若这个概念暗示的
是某种不同于对这个词的经验分析所显示的意义。然而，正如尼采
在写作时通常会发生的情况，他以一种客观的方式表达了他的见解，
他简单地说，在这个世界中原因是不存在的。

> 　　某个特定的事物在每个时刻里都继之以另一个事物。当
> 我们有所感知并希望为之命名时，我们就称之为原因与结
> 果。我们这帮傻瓜啊！我们看到的仅仅是原因与结果的形
> 象，而这让我们无法看到除了恒常联结之外的更为基本的联系
> ［Verbindung］。[66]

这简直就是正统的休谟学说，但尼采生前未发表的如下笔记则多少
背离了休谟的学说：

> 　　因果性在思想的强制下进入诸多连续的过程之中。借此出
> 现的是某种"理解"——我们已经对这个过程进行了拟人化，
> 让它变得"可以理解"。［但］这种可以理解的东西仅仅是通常
> 的习惯……[67]

　　尼采与休谟在此并没有重大的分歧，除了以下两点：第一，我们的诸多因果关系概念（而不是我们的因果性概念）的逐步构造与其说是一种个人的过程，不如说是一种社会的过程："休谟对习惯的见解是正确的，但它并非仅仅是个人的习惯。"[68] 第二，我们的因果性概念不仅仅是迄今的引文所暗示的，而且还是我们自身形象的投射；换言之，我们倾向于（尼采说）将结果作为原因的**目的**。我随后将在讨论心理学的观点时着手处理尼采的这个论断。现在，它的重要性仅仅在于，它陈述了尼采的如下暗示，即由于我们的因果性概念，我们无可奈何地被封闭于我们自己的视角之中，因为这种因果联系是在**诸多离散的事物**之间，它预先假定了一种普遍化的过程，尼采将之刻画为创造神话的过程：

> 我们将位于我们面前的连续统分离为一对对的片段，其分离的方式恰恰与我们将感知的运动当作诸多孤立点的方式相同，因此，我们并没有恰当地看到运动，而是推断出了运动……在那个仓促的瞬间，我们回避了无数过程的集合。[69]

因此，因果性概念是一种虚构，因为它在逻辑上依赖于诸多虚构。不存在有待关联的分离事物，因而在诸多孤立的事物之间并没有真实的关系。最后，在《善恶的彼岸》中——我们或许总是会将这本书作为尼采最为成熟的哲学的代表——尼采写道：

> 一个人不应当错误地用自然科学家（以及今日与他一样用自然主义来思考的任何人）的方式来对"原因"与"结果"进行客观化［verdinglichen］……一个人应当仅仅将"原因"与"结果"作为纯粹的概念来使用，也就是说，它们是为了指示和交流目的的约定虚构，而**不是**为了说明。在**自在**中，没有什么"因果关系"、"必然性"或"不自由的心理状态"。结果并不跟随着原因。并没有定律在进行约束。恰恰是**我们独自**发明了原因、先后顺序、彼此的目的、诸多关系、约束条件、数、定律、自由、根据、意图。倘若这个符号世界通过思考进入了事物之

中，就好像它们本来就是某种东西，那么，我们自身的表现就再度类似于我们通常的做法：我们是以创造神话的方式进行思考的。[70]

这是一个非常激进的观点。我们相当熟悉的是一系列这样的哲学思想，至少自康德以来，这些哲学思想就用一种颇为类似尼采在此处的方式主张，我们所认为的世界固有的各种结构特征，无非仅仅是我们思考世界的诸多方式，它们并没有客观的驻留之处。不过，尼采沿着这条道路，比绝大多数的哲学家都走得更远。毕竟，康德的主张是，在时间、空间与因果性之外存在着物自体（这或许有损于康德的体系）。但**物自体**恰恰是尼采想要"冻僵"的概念，因为它导致了"表面世界"的贬值。还可以做另一个对比，尼采就像斯宾诺莎一样，他下决心完全拒斥这样的观点，即在这个世界中存在道德秩序，或存在诸多在善与恶、正确与错误、美与丑之间的区别——"秩序、结构、形式、美、智慧，它们都是缺席的；[存在的]完全是永恒的混沌"。但尼采超越了斯宾诺莎，在后者的理解中，自然不仅遵循定律与必然性的强硬逻辑，而且拥有诸多等级与区别、属性与样式。类似**物自体**，斯宾诺莎的**实体**概念被冻结起来，它反复被尼采的批判性指控曝光，尼采将之作为"虚构""发明"，并更加耐人寻味地将之作为语法的**物化**（Verdinglichung），在这里，我们语句的语法主题通过人类原始心智创造神话的活动，被转变为这个世界的实体。[71]

尽管如此，尼采恰恰无法将自己带向观念论者的见解，对于观念论者来说，没有任何世界存在于由心灵结合而成的整体系统之外。尼采也恰恰无法成为一个现象主义者，后者相信，无论最终有意义的是什么东西，它们都能根据我们自己的［感官］经验来进行表达。尼采不可能这么做，因为他并非如此不同于康德或斯宾诺莎，他也觉得，相对于我们所做的区分（或许是相对于所有的区分），依然还有一个混沌无序的世界，它就像大海一样沉闷地翻滚。在某种程度上，尼采被他自己的论证所诱惑。因为他想要说，我们所有的信念都是虚假的，他被迫引入一个世界，所有的信念对于那个世界来说都是**虚假**的；而它**必定**是一个没有诸多区别的世界，一个盲目的、空洞的、没有结构的、存在于彼岸的世界。事实上，尼采从未放弃这个残留的信念，而他最终开始思索的是，关于这个真实的世界，是否终究有某种无法言说的东西。

倘若存在这样的一个世界，那么，归根到底是有可能谈论某些有关于它的东西的。不过，我们可能用来谈论它的语言必然会对理智带来重负。对于语言来说，我们自发地让自己致力于一种有关语言意在描述的世界的形而上学，而这种形而上学必定是虚假的。我们并没有其他的语言。我们最后也无法保证，我们能设计而成的新语言不会让我们致力于另一种形而上学，它与我们希望克服的形而上学同样可疑。尼采从未去探寻一门新的语言，尽管我有时相信，他疯狂运用的诗歌措辞、他故意说出的悖论性言谈、他刻意滥用的术语，这些或许都可以用禅宗**心印**（Zen Koan）的精神来获得理解，即设法打破语言习惯在我们自身与实在之间建立的硬壳，并让我们毫无遮蔽地接触开阔的海洋。日常语言没有能力来表达尼采自身的观点，日常语言将尼采的观点定位于一个（部分的是）他想要**破坏**的含义系统之后，不可能在用这个系统来表述他的某些观点时不歪曲他的思想，或许这就解释了尼采为什么认为自己的哲学难以理解。严格地说，这种哲学应该几乎不可能获得理解。当我们的理解结构本身被我们想要理解的这个理论质疑时，我们又该如何去理解这个理论呢？根据"我们已经完全理解了该理论"这个事实，难道不会紧跟着就推断出我们已经误解了该理论吗？我们的理解所借助的那些概念，难道恰好就是一些错误的概念吗？倘若要求我们以一种新方式来进行理解，那么，我们将怎样来理解这个新的要求？在我们的语言与尼采或许设计过的任何语言之间，不会有什么词典意义上的桥梁。因为倘若有这样的桥梁，我们的语言就可以在保持相同意义与相同真实性的条件下翻译尼采所设计的语言。必须重新学习尼采设计的这门语言，恰如我们学习我们语言的方式。但难以表明的是，我们会以何种方式来学习这门语言。倘若没有任何可区分的东西来让人们指出，实指行为——即指向一个语词所代表的东西——就会被排除在外。最好的情况或（倘若你愿意这么想）最坏的情况是，尼采的世界观接近于一种关于原始的、不可区分的**太一**（Ur-Eine）的不可言喻的神秘幻想，它具有一种狄奥尼索斯式的深度。

不过，即便尼采是一个神秘主义者，必须要说的是，驱使他的动机并非要让他自己与诸多洞察对象相结合，尼采也不像神秘主义者或狄奥尼索斯主义者那样具有消灭自我的渴求。尼采的兴趣与其说是按照世界本身可能存在的方式来对之进行刻画，还不如说是反复地、严厉地、不断地让我们注意到，我们关于这个世界的信念都是错误的，是我们自己编造的网络与网状组织，我们将之投向了一个没有面貌的世界，接下来我们又将之解读为这个世界的面貌。尼采的兴趣不是陈述真实的事物，而是辨别虚假的东西。

但正如我已经暗示的，这就解释了尼采认为自己的教导必定是危险的原因。因为仅仅是让一个人进入理解这一点的立场，就必然会将这个人置于某种险境之中。根据这种立场，我们作为人类就几乎无法生存，因为对于**我们的**生存来说，尼采哲学所否定的那些概念是至关重要的。不过，难道我们就不能以某种非同寻常的方式，在某个其他的形式中生存下来？难道我们必须仅仅以这种"人性的、太人性的"方式继续存在？难道就没有其他的可能性向我们开放？为什么不试图超越人性？为什么不试图创制一系列不同的概念，它们或许可以将我们从我们所在的生存状态中解放出来？我们或许可以变成某种更加优秀的存在者，即便我们的新信念并非更加真实。一组工具终究能够取代另一组工具。

在真理这个术语的古老的符合意义上，我们或许永远也无法获取真理。我们几乎不可能指望自己做到这一点，倘若我们始终需要某种概念体系，倘若任何这样的概念体系都以阿波罗的方式被强加于混沌之上。根据**言说**的本性，我们无法说出真实的东西。但正如我们已经看到的，有一种具备相当独特的解放意义的真理，在这种意义上，我们就始终可以说，某些东西比我们先前所说的更加真实。这些语句能够便利地携带着我们凌驾于混沌之上，即便它们绝对是带有谬误的，凭借它们所获得的成功，它们就是真实的。在这方面，无论迄今为止有效的是什么，它们在这种有效范围内就是真实的。

然而，肯定也有其他有效的事物。在体系与体系之间，仍然有空间来支持人们进行最大胆的实验。尼采会说，让我们接下来用真理做实验，看看我们能否发现一种比我们已经拥有的更加优秀的语言和哲学，一门新的语言与一门新的哲学支持的其实是一种全新的存在者，因为我们**是**我们的语言塑造而成的，我们的语言恰恰充当了它将我们塑造而成的那种生物的生存工具。在**深层**意义上的真理，即在符合实在的意义上的真理，或许并不是非常重要的，甚至有可能根本就没用："真理是最不起作用的知识形式。"[72] 在工具意义上的真理是至关重要的与令人振奋的。深层意义上的真理仅仅具有一种消极的重要意义，它向我们保证，无论我们可能相信什么，我们相信的东西都是虚假的。在工具意义上的真理对生命是重要的，在它的名义下，我们或许就以这样的方式将真理强加于自身，从而令人难以置信地转变为一种更加具有活力的生物。这就是尼采的解放性观点，它让哲学变成了他的一次非凡冒险。必须要说的是，即便在哲学最傲慢的时期里，哲学也几乎没有为它自身主张过比这更加伟大的作用。

第四章　哲学心理学

1

我已经花费了一些时间来展示尼采无休止地在他的众多论著中
详细阐述的一个论题，即在任何时候被认为是知识的东西，仅仅是
由我们自身造就的简化与伪造的产物，借助于知识，我们或许就能
让我们自身栖居于这个空虚而又冷漠的宇宙之中。"我们的认知器官
是一种进行抽象与伪造的机制，"尼采在《遗稿》中写道，"它并不
导向知识，而是导向征服与占有。"[1] 我们设法生存乃至设法享受生
活的乐趣，而为之付出的代价是，持续处于无知的状态之中，不仅
最简单与最普通的思维处于这样的状态，而且作为人类知识最高范
例的科学、数学与形而上学的情况也是如此。我们的科学理论的构
筑形式

迄今为止都仅仅被允许建立在无知 [Unwissenheit] 这个坚
实而又稳靠的基础之上，追求知识的意志所依靠的基础是一种
更为强大的意志——追求无知、追求不精确、追求谎言的意志。
前者并非后者的对立面，而是——作为后者的精致化……我们
理解与嘲笑的这个事实是，最好的科学最想要把我们所有人都
快速地固定于这个彻头彻尾人造的、用思想安排的、虚假筹划
的世界之中。它多么情不自禁地自愿热爱着谬误啊，因为作为
活生生的事物——它热爱生命！[2]

相应地，我们知道的仅仅是那些预先就被算作知识的东西，我们永远被监禁于诸多网状结构之中，就像蜘蛛一样，我们自己创造了这些结构；我们必然仅仅根据那些足够明显，因而不会未受察觉便穿过网络空隙的东西来寻求认知养料。[3]

令人惊奇的是，在尼采的作品中几乎没有什么论证来支持这些如今几乎不可能让读者感到陌生的结论。甚至当尼采提供某种支持性的论证时，它们也经常表现为要诉诸这样的事实，关于这些事实，尼采可能会在论证的语境之外引起更多的怀疑，而他有时也确实引起了这样的怀疑。例如，他或许相当残酷无情地让一个给定的科学理论陷于困境，其方式是诉诸另一个在他看来将完全推翻前者的科学理论——尽管在同一本书中，他或许将科学整体作为虚构的、扭曲的、不相关的而放弃了整个科学。人们由此会产生的感受是，贯穿这些论著的是一种不负责任的转换根据，一种令人恼火的怀疑论把戏，其中，这个玩弄把戏的人就是这片混乱的组成部分，他通过某种非凡的巧妙手段而设法让他自己高高在上。严肃的读者想要抗议的是，一种难以置信的诡计根本就不是诡计，而诸多不负责任的怀疑恰恰由于它们的那种没有组织计划的随心所欲而变得无效。人们想说的是，某些东西必须要保持恒定，某些立足之地必须要被保留，只有那种**没有根据的**怀疑才会怀疑一切。同样可为之辩解的是——因为正当理由已经被排除——一个人或许会**相信**一切，因为在没有根据的信仰与没有根据的怀疑之间不可能有什么区别；称一切都是真实的，就像戏剧化地将一切都渲染为虚假的那样，它们或许都是有意义的。尼采绝不是慎重的认识论研究者，后者在种种命题之间逐步后退，他们后退的每一步都会以免于怀疑的方式让一类命题变得站不住脚，直到最终获得某个坚不可摧的立场与某个能抵制怀疑的避难所。

尼采并不寻求这样的庇护，他将这种对确定性的寻求当作一种衡量我们软弱的尺度：

　　　　有些人仍然需要形而上学。不过，**对确定性的强烈渴求，**同样在时下那些信奉科学的实证主义的群众中表现自身，这种

> 渴求始终想要让某些东西变得固定下来……这仍然是对把柄与支撑的渴求，它是一种**软弱的本能**，即便它没有创造出宗教、形而上学与各种信念，它也维护了这些东西。[4]

或许可以认为，尼采的真理观就是要让认识论对基础的寻求变得不恰当，因为倘若语言**仅仅**按照工具的标准来进行评价，确实性与永恒性的问题就是无关紧要的，因为恰当性的标准位于别处。尼采自己的怀疑论是用敌对阵营的方式陈述出来的，可以说，他运用陈旧的真假概念让他自己的怀疑论更加引人瞩目。毋庸置疑，他正确地料想到，对知识确实性的寻求，紧密地关联于一种对宇宙稳固性的信念。

这些熟悉的终点，肯定无法让尼采感到满足。当逻辑语句被当作描述性的语句时，他就将逻辑语句刻画为空洞的或虚假的，不过他认为，将逻辑理解为描述的做法是荒谬的，因为事实上逻辑是一种对诸多断言进行操作的工具，而不是一组独立的论断。数学的情况也是如此，假若数学被当作描述性的，这就会要求诸多彻底捏造的实体的存在。先天综合判断之所以免于遭受怀疑，这仅仅是因为它们是最不能被我们牺牲的谬误；然而，我们的整个概念图式都是可疑的，就此而言，先天综合判断也是可疑的。众多种类的命题通常会与那些被哲学家发现是"不可怀疑"的命题进行对比，但结果是，这种对比几乎没有什么价值，这种对比的支点在于别处，而不在所谓的不可修正性。诸多约定是被约定支持，而不像人们可能会期望的那样，被并非约定的认识论基石支持。

在那些有时被人们提出的不受怀疑影响的命题候选者之中留下来的，是某些关于我们自身的命题：内省的报道，"原始记录语句"，对直接经验的描述，以及类似的命题。笛卡儿认为，我有可能怀疑，我持有的任何观念是否符合在我自身之外的任何东西；我或许会怀疑，在我自身之外是否存在任何东西，来让这些观念有可能与之相符。然而，我几乎不可能怀疑，我**拥有**这些观念；我发现我自己能够提出的这种怀疑越多，我发现有关我自己的东西就越多；笛卡儿觉得，关于我自己的命题不可能被质疑或不可能被严肃地否定。对

于笛卡儿来说，"**他存在**"与"**他是什么**"似乎是他确实知道的两件
事："**他存在**"与"**他是一个正在思考的存在者**"是最为清晰与确切
地得到理解的情况。无论哲学家对于笛卡儿哲学的诸多观点可能持
何种保留态度，他们往往默认笛卡儿的这个结论，即在我们关于自
身与关于我们意识的直接内容的知识中，我们最终能终止我们的怀
疑态度。尼采不允许自己满足于这样的慰藉。他坚持认为，除了我
们自身之外，没有什么东西能让我们越来越频繁地犯下错误。我们
可以想到尼采要论证的是，以下这个异议或许有某种有效性，即除
非某种东西被接纳为确定的，否则就没有什么可以被严肃地怀疑。
"接纳"其实有倾向性，"窃取"或许才是更为诚实的描述。尽管如
此，我们仍无法保证，我们的窃取行为为我们网罗到了可靠的真理，
"接纳"这个词的紧握暗示①或许应当被保留下来，因为它意味着人
类在他们居住于其中的那种不断变化的混沌中摸索攀爬点的方式。
没有什么东西比美好的虚构是更好的安眠药；没有什么虚构能比我
们仅在制定规则时夺取的不容置疑的真理更为美妙。但这种真理却
被接纳为关于**我们自身**的真实知识！这种知识超越了所有的界限：
没有什么能比它更为隐秘！我们几乎还没有开始确定其表面的位置，
更不用说触及这个表面了。

> 人类的心灵及其诸多界限，人的内在经验迄今为止所触及
> 的辖区，这种经验的高度、深度和广度，心灵整个过去的历史
> 与它仍然未知的诸多可能性——这就是天生的心理学家的猎场
> 与伟大狩猎的指南。不过，他必然经常会绝望地对自己说："独
> 自一人！唉，只是独自一人！与这片伟岸的森林，这块原始的
> 荒野！"[5]

尼采将他自己尊称为一位天生的心理学家——"一位天生的、
必然的心理学家与灵魂的占卜者"[6]——尽管在后弗洛伊德时代里，
我们在有关我们心智装备的迂回起源与用途方面获得了一种相对精

---

① 作者在这里使用的英语单词 take 既有采纳的意思，又有暗示紧抓的"抓住"和
"攫住"的意思。——译注

致的理解，但是，我们仍不时会对尼采确定的诊断性攻击感到震惊。例如，他关于性欲这一得到了最为细致探究的心理学主题所说的某些东西，远远超出了众多思想家所相信的范围。尽管如此，我在这里主要关注的恰恰是尼采对**哲学**心理学的贡献——（按照今日流行的说法）尼采对心灵主义概念的逻辑行为的分析。因为在我们能将这些分析与刚刚讨论过的视角分析进行区分的范围内，这些分析就是对他的视角主义的补充；它们部分地有助于解释尼采的某些道德论题与宗教论题。在尼采的思想中存在着一系列的迂回之处，随着我们向前推进，它们必然表现得更为明显。我们的心理学理论是我们视角的组成部分；但是，我们的视角将参照构成视角的心理现象来获得解释。我们的道德态度对之（部分）负责的是我们试图强加的包括我们的心理在内的诸多视角；而在解释我们确实拥有的道德视角的过程时，我们所求助的就是心理学。尽管如此，心理学是尼采观点的基础，不管它与尼采思想的其他部分如何纠缠在一起，我们都必然要对它本身进行讨论。

2

尼采非常赞赏他的朋友保罗·雷博士（他曾经是尼采追求露·莎乐美的竞争对手，而后在理想计划的**三人共同生活**中他与露、尼采一起构成了三角关系）的心理学研究，尼采有时在谈论他自己的理论时一语双关地将之称为"雷主义"[①]。但在大多数情况下，尼采将心理学当作一种完全被曲解了的探究领域，而这主要是由于道德的偏见与畏惧：

> 道德偏见的精神已经深深地挤进了那个最具有精神性的、看起来最冷漠与最没有成见的领域——而且理所当然地有所损害、掩饰、阻碍与扭曲。一位恰当的生理-心理学家不得不与这位研究者自己心灵中的无意识反抗进行斗争。[7]

---

① 在法语中，Réelism 这个词还有"现实主义"的意思。——译注

正如我们将看到的，笛卡儿几乎没有免于这种压力，或许他甚至没有能力来承认这种压力对他自身所发挥的作用；笛卡儿断定被他发现的那个作为他本质的自我，无非是道德态度所投射的阴影，

87　恰如原子是语法的强制所确定的一种（或许无意为之的）假设。事实上，这两个概念是彼此的映像。因为物质原子据说是一种不可破坏与无法进入的物质份额，它不会改变（而且在逻辑上也不能说它会改变），尽管所有的变化都要根据它来获得解释。自我是什么？它仅仅是一种失去了物质形态的原子。对于自我（或灵魂）的持久性与不可破坏性的信念，仅仅是"灵魂的原子主义——基督教尽最大努力与最长久教导的灾难性的原子主义"。[8] 倘若事物是虚构的，那么，精神实体也是虚构的；倘若对物质实体的信念是误入歧途的，那么，对于精神实体的信念也是错误的。"物质恰恰就像埃利亚学派的神一样，它们都是相同种类的谬误"，[9] 尼采在一处如此写道；而他又在另一处写道，"倘若没有什么东西是物质的，那么也就没有什么东西是非物质的"。[10] 我们将看到，尼采的那个始终多少可被人们预见的观点：在内部与外部、物质与心灵以及诸多可比较的对立极端之间进行的区分最终是无法实现的；并且，由于两者在逻辑上是相关的，任何试图通过以牺牲一个极端为代价来否认另一个极端的尝试都是毫无意义的。一个人必然或者同时接受这两个对立面，或者同时不接受这两个对立面；而尼采始终迫切要求的是拒绝接受这些对立面，他的方法论简直就像在指示，每当发现区别时就要去废除区别。无论他将对他看到的实在最终给予什么描述，这种描述至少中立于我们惯常做出的任何区别。因此，可以认为，不存在作为一种实质的心灵，而心理学的使命并不是去探索这样的心灵。相反，与心理学有关的是我们组织我们生活的方式——倘若我们可以最广泛地使用可能的术语来解释心理学的使命——因此，心理学有良好的声誉来"再次被承认为科学的女主人，所有其他的科学都是为她准备道路并服务于她。心理学再次成为通向基本问题的道路"。[11] 尼采就是如此构想他的使命的。不过，根据他自己的诊断性宣告，为了让这项使命获得成功，他不得不让他自己来矫正道德偏见，迄今为止，这些道德偏见损毁与伤害了心理学探究。因此，他同时在两

条战线上斗争。他希望通过展示道德（或诸多道德）的始终承诺的心理学的悖理之处来攻击道德（或更确切地说，攻击诸多道德），通过攻击心理学预先假定的诸多道德来攻击心理学。对于灵魂或自我的攻击——尼采断言，他在其中找到了现代哲学的实质——同时是"一次试图针对基督教学说的基本前提的刺杀"。[12]

要在我们没有掌握尼采的强力意志学说之前展示尼采心理学的完整阵列，这多少有点困难，但这里并非介绍强力意志学说的便利之处。我将把它保留到最后，因为它可用来整合我们必定会讨论的许多主题。不过，概括性地说，强力意志的一种模式在于，将思维的形式强加于实在，而语言就是一种思维形式。但是，语言是一种伪造的结构，语言的性质不同于它强加于其上的任何东西，尽管它可以为了说话者的目的而被用来组织后者。在编排的意义上，语言解释实在；而解释是显示强力意志的一个实例。一个人在诱惑下始终会说，某个人**做出了**解释，因为对于我们来说，很难想到解释就是一种由它自身来进行的活动——也可以说是没有任何人在做出解释。就我们难以看到这一点而言，我们表明了我们自身多么深入地卷入了我们语言的形而上学之中，用尼采的语言习惯来说话对我们来说是多么困难。它完全是我们视角的问题，按照这种视角，我们觉得被迫要为每种活动寻求一个施动者与行动者，为每个动词寻求一个主体。我们完全被这样一种观点所支配，即无论如何，某种东西必须要为发生的事情负责；而我们错误地被这种观点所支配。"人们不可以提出的问题是'那么是谁在进行解释？'——因为解释作为强力意志的一种形式，它本身就拥有存在（但它并不是一种存在……）。"[13]这暗示了强力意志学说的错综复杂性。无论如何，倘若我们要找到一条穿越尼采相关讨论的道路，我们就需要在很大程度上意识到这一点。我们必须始终牢记，尼采想到的是拥有某种实在的主动的过程或主动的力量，而（根据他的观点）不能由此推断出，存在着表现或运用力量的诸多实体。施动者与主动实体的概念仍然是**被强加的东西**。在我们继续深入这种心理学时，让我们为某些这样的观点提供文献证明。

物的概念已经变成可疑的概念，于是，一种**进行思考**的事物或主体的概念也变成可疑的概念：

> 主体也是这种由想象、思考、感觉与希望所做出的创造，
> 一种类似其他任何东西的"物"：出于分配**力量**的目的而对有所
> 假设、有所发明与有所思考的**力量**进行简化，让它有别于所有
> 的假设行为、发明行为和思考行为。[14]

这在我们的语言中有所反映，或者就是对我们语言的反映，而心理
的主体或语法的主语就是这种反映的一个部分：

> 人们相信灵魂，就像人们相信语法与语法的主语一样。我
> 们惯于说，"我"是条件，"思"是由条件决定的谓词——思考
> 是一种活动，而某个主体**必须**被设想为这种活动的原因。[15]

鉴于尼采哲学的结构，可以充分预料到的是，对于语言的神秘理解
在强化之后，就变成了一种心灵的形而上学；我们最终相信了我们
自己的发明，我们主张，"自我"不仅有别于"它"自己的活动，而
且与"它"自己的活动有着因果关系。由于乌拉尔－阿尔泰语系对
于主语形式的发展并不充分，在运用这些语言的地区长大的任何哲
学家"十有八九会用有别于印度－日耳曼的或阿拉伯的 [思想家]
的方式来展望这个世界，并走上通往不同方向的道路"。[16] 无论如
何，由于我们语句的主谓形式，形而上学迫使**我们**认为，每当有某
些事件发生时，就会存在一种可以分离于发生之事的实体，它产生
的效果就是已经发生的事件。或者更确切地说，发生的是一个施动
者 [Täter] 的一种活动 [Tun]：

> 理性相信自我，相信作为实质的自我，相信作为一种存在者
> 的自我，并将这种对于实质自我的信念投射到了所有事物之上。
> 由此，它首先创造了"物"这个概念……存在者被理解为原因，
> 在思考中进入事物，并被**强行挤入**它们的**下方**："存在者"这个
> 概念是从自我的概念中推断出来的，它导源于自我的概念。[17]

正是以这种方式，我们的物理学与我们的心理学是彼此的映像（这为科学的统一性创造了一种逻辑的空间！），其中，我们的世界概念是拟人化的投射。事实上，用有悖常情的方式说，我们关于人类的概念也是一种拟人化；因为归根到底，我自身、自我与灵魂是推断出来的实体，它们所根据的是我们的如下偏见，即无论发生什么（包括思想在内），在这个发生事件的下面必定有某种作为施动者的东西。于是，物理学与心理学就拥有了共同的病因与类似的神秘结构。

因果必然性"并非事实，而是一种解释"。[18] 现在的结果表明，它根据的是主体与客体的区分，主体作用于客体，无论在客体中发生了什么，它都是主体所产生的**效果**，主体处于与之有关的所谓的因果关系之中。倘若我们放弃了"物"的概念以及主体和客体的概念，那么，我们必然与此同时也放弃了我们关于因果性的概念。接下来敞开的是一种全新的思维方式（它被证明是强力意志的学说）。"倘若承认，主体并非某种'产生效果的'东西，而仅仅是一种虚构，"尼采暗示，"那么，据此将推断出许多东西。"

> 倘若我们不再相信这种产生效果的主体，那么，对于这种产生效果的东西的信仰，连同对于在被我们称为物的诸多现象之间的因果交互活动的信仰也都崩溃了……
>
> 同样崩溃的是**物自体**：因为这基本上就是关于主体本身的设想。一旦我们认识到，主体是一个发明，在**物自体**与表象之间的对立也就站不住脚了——表象的概念也就崩溃了。
>
> 当**主体**被放弃时，它对之起作用的**客体**也将被放弃……倘若我们放弃了对于主体与客体的信念，那么，我们也就放弃了实质的概念——因而放弃了其他的所有这些修饰，举例来说，物质的、"心智的"、诸多假定实体，实质[Stoff]的永恒性与不变性，等等。我们就摆脱了**本质主义**。[19]

由此形成的一个值得注意的发现是，如此浩大的哲学结构其实依赖于如此脆弱的语法结构，或者说，仅仅在语法上做出改变，就有可能在哲学上产生如此巨大的效益。对于这些惊人论断的恰当评价，超出了本书的范围。倘若哲学史研究发现，预见到了如此众多的当代哲学思想的尼采，其实对这些哲学思想有一种直接的影响，人们或许会说，根据今日的哲学心理学的语言学观点而完成的诸多深思熟虑的研究工作，是对这些开创性观念的一种有代表性的持久评价。不管怎样，倘若尼采是正确的，我们就不得不赞同他的如下这个冷嘲热讽的夸张质疑：归根到底，"对于主词与谓词概念的信仰，难道不是一个极大的愚蠢念头？"[20]

91

3

尼采在对实在世界的最终描述中，必然采纳一种中立于精神与物质的通常区分的用语，倘若我的这个断言是正确的，那么，强力意志似乎必然是不一致的。毕竟，意志是一个心灵主义的术语。然而，事实上情况却并非完全如此。对于尼采与叔本华来说，他们不像我们，不会在运用形而上学时将这种普通的心灵主义内涵与"意志"这个术语联系起来。强力意志并不是心灵主义的术语；除非从一开始就强调这一点，否则，尼采对于意志的**心理学**概念的众多消极评论将变得不一致或无法理解。他想要攻击的概念并非仅仅为哲学家所赞同，这种概念认为，存在诸如**意志行为**这样的东西，它是由我们（以及一般的施动者）来实施的，需要参照我们的各种行为（身体行为与心智行为）来对之进行解释。意志行为（它被理解为：意愿）坚持的是一种作为产生诸多结果的原因的行为。因此，当我自愿举起我的手臂时，这就被理解为一个具备因果关系的意志行为的结果。"理性普遍相信，意志是原因……意志**是某种产生结果**的东西，意志是一种力量……今天我们已经知道，它仅仅是一个词。"[21]

休谟在《人类理解研究》的某处提出了这样一种可能性，即归根到底，我们确实可能拥有一种与我们的因果关系概念相符的经验——也就是说，关于我们的意志作用于我们的身体部分或我们思想的经验，休谟随后否定了这种可能性。他的反驳是，我们绝对不知道意志是如何发挥作用的，无论是以严肃的方式，还是以讽刺的方式，他在论及这种关系时都将之作为一种完全神秘莫测与完全隐秘的东西。如果仅仅是出于辩论的目的，休谟就会以这样的假设来前进，即真正存在的是意志的诸多行为；而在这方面，尼采的讨论更为激进。尼采并不认为，在意志与意志作用于其上的事物之间的关系是隐秘的，而是认为，没有额外的事物让我们关联于我们的行为。在其他方面，他的分析类似于休谟的分析，[①]除了他拒绝将对于意愿的信仰作为虚假因果关系谬误的一个实例。"我们相信我们自己是意志行为中的原因：我们认为，至少在此处，我们已经把握到了这种行为中的因果关系。"[22] 不过，人们在这里不仅多少有点自我陶醉地假定了一种虚构的说明概念与一种虚构的实体（意志），而且还假定了这样一种信念（这是笛卡儿式的信念），即我们的心智过程对于我们是直接透明的，我们知道我们是如何思考的，我们知道发生的有哪些心智过程，我们是以直接的方式而不是以推论的方式来知道这些东西的，在这里不可能犯下任何错误。而尼采在这里的解构性分析要包围与"冻僵"的是若干相互关联的观念。我将用我自己的方式，通过一些中间步骤回到意志的主题。

让我们考虑我们相信自身拥有的那种著名的直觉确信，与之相关的是我们在一个给定时刻所经历的心智过程。笛卡儿在他进行怀疑的时刻不可能怀疑他正在怀疑——或至少不可能怀疑他正在思考（怀疑是思考的一种情况），因此在那时有某种东西正在进行思考，即他自己。由此推导出的结果就是他的思想与存在：**我思故我在**

---

① 奇怪的是，尽管尼采的思想具有这种特别类似于休谟的地方，但是，他对于他的这位怀疑论前辈的援引却如此罕见。当然，尼采有可能是通过康德才知道休谟的，不过，尼采很少提及休谟，这暗示了尼采或许是通过二手途径来了解休谟的。索尔特（Salter）在《思想家尼采》（*Nietzsche the Thinker*）中指出，他在尼采的作品中仅仅发现了两处相关的引文。其实存在着更多这样的引文，但是，索尔特这样细心的学者也只发现了两处引文，这个事实表明，这样的引文并不多。人们或许会认为，尼采所关心的是强调他自己的原创性，他可能不让自己去做这样的引证。但是，这种想法应当是荒唐的；尼采算得上是一位优秀的学者，他的学术性比人们所知道的更为优秀。此外，尼采总是会由于发现了自己的一位先驱而感到欣喜。当他首次阅读斯宾诺莎时，他感到万分高兴。1881 年 7 月 30 日，他在致欧文贝克的书信中写道，斯宾诺莎让他觉得自己没有那么孤单，或许还让他觉得自己走在了正确的道路之上。我倾向于认为，尼采并不是直接了解休谟的。尼采时常提到他并非直接了解的作者，如阿贝·伽里阿尼（Abbé Galiani），他仅仅是一个有头脑的人。尼采糟糕的视力让他在结束在学校的学习生活之后无法进行广泛的阅读。

(*cogitabat ergo erat*)。我们必定会在这个著名的论证中看到，它主要例示的是那种将一个施动者指派给任何事件的冲动，在这个实例中，通过语法的帮助，根据正在进行某种思考这个事实，由此推断出的结果是，存在一种正在进行思考的主体。[①]事实上，尼采坚持认为，对于"我思"的正确分析是极度复杂的；笛卡儿带给尼采的是数量如此众多的一组未公开承认的假设，以至于倘若**我思**（*cogito*）是真实的，人们就难以着手弄明白任何必然真实的东西。它不像笛卡儿所佯称的那样是一个如此清晰或如此确切的问题。然而，"甚至今日还有一些无邪的自我观察者，他们相信存在着'直接确定性'，如'我思'"。[23]对于普通人来说，他相信直接的确信——或完全的确信——这或许是正确的，但是，

> 哲学家必须对他自己说：当我分析"我思"这个语句所表达的过程时，我获得的是一组鲁莽的判断，对这些判断的确立是困难的，甚至是不可能的——例如，**我**是正在思考的东西；思是一种活动与作用，就此而言，思被当作存在者的原因；存在着一种自我；它已经确定了人们用"思"来指称的东西——我知道思**是**什么。因为倘若我没有已经对此做出决断，我又怎么能够表明，所发生的不可能是意愿乃至感觉呢？[②]够了！每个"我思"所预先假定的前提是，我将自己的瞬间状况与我所辨认的其他状况进行比较，以便于让我来确定这个状况是什么；由此导致的结果是，回过头来参照其他的"知识"，对我来说，这种状况并没有"直接的确定性"。[24]

事实上，这样的陈述中假定了如此之多的困难的形而上学问题的答案。尼采发现，很难看出，何以有人胆敢假定，这些答案能够

---

① "'它得到了思考，因此就有一个思考者。'这种思路导源于笛卡儿的论证。但是，这意味着，我们对于实质概念的信仰已经被当作'先天为真'。当思考发生时，必然存在着某种**进行思考**的东西，这仅仅是我们语法习惯的表述方式，它假定，对于每个**行动**来说，都有一个**施动者**。"[25]

② 公正地说，笛卡儿认为，这些东西就像怀疑一样，它们都是思的诸多实例。笛卡儿的主张是留有余地的，他可能错误地判断自己正在进行怀疑，但他不可能错误地判断自己正在进行思考。他有可能在这些实例中犯错误，但他不可能在这种情况下犯错误。

仅仅源于"对知识直觉的诉求"；这应当受到老练哲学家的"一声嗤
笑与两个问号"。[26] 最终，尚且不是那么清晰之处在于，"我"——
假定这指示的是某种东西——究竟做了什么事情："一种思想的出现
是在它意愿之时，而不是在'我'意愿之时。"[27]

　　根据叔本华与其他哲学家的观点，"我"具备一种所谓的对于
"我意愿"的直接直觉，这种直接直觉恰恰正如**我思**的情况。[28]"哲
学家倾向于这样谈论意志，就好像它是这个世界上最为众所周知的
事物：叔本华甚至让我们以为，唯有意志才是被我们真正地、彻底
地与不多不少地认识了的东西。"[29] 事实上，情况并非如此。并不存
在被称为意志行为的、可被直接直觉到的、简单而又可以分别加以
辨认的心智运作："不存在意志：这仅仅是一种关于理解的简化概
念。"[30] 相反，被我们当作意志行为的是某种"尤其复杂难懂的东西，
只有在它作为一个词语时，它才具有统一性"。[31]"永远不够谨慎的
哲学家"受这个语词的统一性支配，他们据此推断出了这种现象的
统一性，但是，这种现象学是极度复杂的，倘若我们决定暂时"不
那么哲学化"（正如尼采以讽刺的方式提出的说法），我们就会发现
某种类似于此的东西：

　　　　在每个意志中首先是感觉的多样性：对于我们**离开**某处的
　　状况的感受，对于我们**前往**某处的状况的感受，对于这种"离
　　开"与"前往"本身的感受。接下来与之伴随的还有一种肌肉
　　的感觉，即便我们并没有让我们的胳膊与双腿置于运动之中，
　　这种肌肉的感觉也会在我们"意愿"的瞬间通过一种习惯而开
　　始发挥作用。

接下来与之共存的是一种不间断的思想：

　　　　存在的是一种发号施令的思想——一个人最好不要认为，
　　他能够从"意志"中扣除思想，并在此后让意志本身被保留下
　　来！

最后，

> 意志并非仅仅是感觉与思想的复合体，它首先是一种激情
> ［ein Affekte］——一种发布命令的激情……一个有所意愿的人，
> 是对他自身之中的某个服从于自己，或他相信会服从于自己的
> 东西下命令。［不过］我们同时是命令者与被命令者；而作为被
> 命令者，我们察觉到了在意志行为之后直接开始的强制、推进、
> 压迫、抵抗与运动的感受。[32]

95

正是由于所有这一切都是混合而成的，它们由单个综合性的名称命
名，并被分配了人称代词，以至于"在那里出现的是整个一系列的
错误推断，以及由此造成的对意志的虚假评估"。[33]主要的误解或许
是人们相信，"只要有充分的意志，就足以行动"。

人们或许不赞成这种现象分析的准确性。我认为，尼采在这里
确认的那种东西，极少是命令与服从的感受，它们至少无关于所谓
的自愿行动。他的描述听起来更加适合某些需要努力的行为片段，
例如，一个人在倦怠时起床，他在内心呼喊着激励的话语，并威胁
这个人的那个正在做出抵抗的自我。当一个人在做某种"不情愿"
的事情时，这个人或许会假设，这件事是通过运用意志完成的，接
下来根据这种不情愿的行为例证，将有关"意志力"与抵抗的机制
转化为标准的情况，但事实上在标准情况下，一个人自身内并不存
在任何这样的抵抗。或许，这个不情愿的起床者是所谓的意志功效
的一个范例，而尼采仅仅是在讨论这个范例。无论如何，当这个被
睡眠麻痹的人进行这种丢脸的内在斗争时，他最后得出的结论或许
是，他最终由于意志强制才让他不情愿的大腿迅速站起来，并凭借
一种意志行为而撑起了他那个昏昏欲睡的庞大身躯。这可能是我们
编造的神话。

尼采最想强调的是，所谓的意志行为被视为完成比如说一次
身体运动或一项思考的充分条件，这仅仅是因为后者**被认为**是由这
样的个体来负责的，这个个体把行动归功于他自己。我们由此得知
（我猜想，尼采会将我们获知的方法视为一种归纳的方法），我们的

身体在标准的环境下是如何行动的。我们并不认为，意志在我们出其不意地做出未曾预料到的身体运动时会发挥作用。或者，倘若我们的身体在正常的功能之外，以意想不到的方式开始做出非同寻常的举动之时，我们也不会认为，这些是**我的**行动。事实上，尼采倾向于相信，恰如一种思想的出现是在它意愿之时，而不是在我意愿之时，我身体做出运动也是在它意愿之时，而不是在我意愿之时。因为我们按照可以合情合理地做出预测的方式来行动，并形成了进行预期的习惯，我们在提到我们的身体行为时将我们自己作为主体 [**活动的施动者**]，我们主张我们自身因为某些行动而值得受到称赞：**朕即效果** （L'effet c'est moi）。于是，我们的因果概念要求每个事件都拥有一个原因，在此范围内，意志就被引入对我们行为的解释之中。成功的预测给了我们一种"成功地让一切产生"的权力感。尼采暗示，在此发生的事情，同样也在任何共同体之中发生：统治阶级将它自身等同于这个共同体。

　　这是一个非凡的分析，对它的详细阐释需要更多的空间与敏锐性，而这已经超出了这样一本尼采研究论著原本应该达到的程度。我认为，可以公正地说，在哲学心理学的先前文献中，几乎没有什么研究的洞察力与精细程度可以比得上这个分析。仅仅是在维特根斯坦划时代的研究工作之后，哲学家才终于用可与尼采相比拟的精致策略接近了对心智概念的分析。无论我们对于尼采所勾勒的那幅图景的细节可能有什么想法，我们都能足够清晰地看到，尼采觉得"既不应当相信意志是存在的，又不应当相信意志有其力量"这个结论具备正当理由的原因是什么。"内在世界充满了这种虚假的图景与幽灵，而意志就是其中之一。意志 [充其量] 仅仅伴随着发生的事情，它甚至有可能缺席。"[34]

　　倘若不存在意志，那么也就不存在自由意志（也不存在不自由的意志）。[35] 这是一个过于仓促的推论：自由意志学说根本不依赖于一种将意志作为心智现象的心理学理论；"自由"适用于行动，而不适用于意志。尽管如此，人们有时会提供这样的观点来支持我们拥有自由意志的论断，即我们拥有自由的直接论据。但是，尼采认为，事实上，这种论据仅仅存在于一个人在自己的身体以完整有效的方式行动时所体验到的快感之中。倘若我们不能时刻都预料到我们将怎样采取行动，我们就不会有任何自由的感觉；倘若我们的身体是按照随机与偶发的方式行动的，我们就不会预料到任何东西。正是通过逐步建立习惯与预期，我们才获得了我们是自由的感受；于是，

97 这依赖于那种或许会被人们称为"身体的具备定律特征的行为"的东西。人们或许会期待，尼采的这些说法相当于当前的这个论题，即自由意志与决定论是协调一致的，没有决定论，自由意志就是不可思议的。尼采可能会承认这种立场的吸引力，但是，对尼采来说，这两个传统的对立概念在逻辑上的相互依赖性，会成为删除整个问题的一个主要理由。事实上，这两个立场或者共同成立，或者共同被推翻，尼采觉得，这非常类似于有关真实世界与表面世界的对立命题；相应的，自由意志的争辩就有可能被"暂时搁置"。事实上，这是尼采在大多数情况下应用的策略。尼采断言，自由意志概念应当被归因于一种"逻辑的强暴"。不过，他补充说：

> 假定有人已经用某种方法识破了"自由意志"这个著名概念的农夫式的单纯，并将它从他的头脑中驱逐出去。那么，我要请求他的"启蒙"继续向前推进一步，将那个相反的否定概念［Unbegriff］也从他的头脑中驱逐出去：我指的是"不自由的意志"，它导源于对原因和结果的滥用。[36]

当然，尼采在很久以前就把原因和结果作为一对虚构的概念而将之放弃，它们是便利的约定却没有指称对象。因此，尼采极力主张，让我们抛弃"两个流行的概念，必然性与定律：第一个概念将虚假的强制强加于这个世界之上，第二个概念将虚假的自由强加于这个世界之上"。[37]最后，就自主的行为或自因的行为而言，这是"人类曾经想出来的最矛盾的概念"。[38]它试图将两个无论如何都是伪造的对立面融合为一个不可能的综合。正确的出路并不是像这种观念试图去做的那样**肯定**在这个争论中的两个立场，而是通过表明它们怎样完全依赖于一种假冒的物理学与一种错误的心理学来否定这两个立场。

于是，留下来的仅仅是解释人们有兴趣在这个古老的争执中采纳这个立场或那个立场的原因。尼采的解答通常都是心理学的解答。有一群人不管付出多少代价都希望避免放弃自己的人格与对人格本身的信仰。另一派则希望"不管付出多少代价都要摆脱他们自身的重负"。[39] 在这种支配了西方长达数个世纪之争论的哲学争辩中，我们发现，倘若我可以做出推论，这些话语就在暗示，尽管这些面具似乎是新颖的，但在它们背后的仍然是自古以来就形成对比的阿波罗人格与狄奥尼索斯人格的对抗：个体化原理与原始的统一性原理既彼此对立又相互关联！

98

4

内在世界与外在世界是彼此的映像，在这两个世界中的任何一个世界，都是另一个世界的投射与反映，而世界的实在既没有被我们的心智科学把握，也没有被我们的物理科学把握。后者所强加的视角，仅仅是有关我们自身的虚假观念的输出品。然而，我们尚未抵达尼采心理学的核心，我们或许会错误地认为，尼采仅仅是通过与哲学家的争辩来解决所有问题的。在某种程度上，尼采努力要打破的是这样一种偏见的控制，我们几乎没有意识到它已经支配了我们——这种偏见认为，我们对于我们是什么的认识，要超过我们对于这个世界的任何事物的认识。我们每个人都确信，无论其他人有可能对我们的感觉与真诚犯下什么错误，我们自己不可能对它们犯错，至少在这个领域中，我们将行使一种无可置疑的权威。这种偏见为以下这个常见的哲学教导提供了承诺，即我们直接通达于我们自己心灵的运作方式。然而，这种意识或关于我们自身的意识（此后它将被称为"自我意识"）很少被提交给任何精致的哲学分析。或许恰恰是因为我宣称的在自我意识中关于我自己的知识，被当作是直接的与凭直觉获知的，对于分析来说，这种现象才被认为过于简单。因为在分析所能产生的事物中，还有什么会比它们更加简单与更加容易理解呢？在我们能够认识的事物中，还有什么能超过我们对于我们认识自身方式的了解？因为在我们仔细考察的范围内，没有什么能比意识自身更加恒定不变。尽管情况可能是这样，尼采却提供了一个引人瞩目的与（就我所知）完全原创的意识理论，我现在将试图描述这个意识理论。我期望，这有助于将大量松散的线条关联起来，并将我们导向尼采的心理分析的核心。

　　　让我们首先区分意识与**自我**意识。当然，两者之间存在关联，但并不是每个拥有意识的东西都具备自我意识。一条狗或许意识到，某个人正在召唤它，但它并不需要意识到它自己是有意识的；它的意识大概并不是某种它会意识到的东西。在这里，我们关注的是与"单纯的知道"形成对照的"知道我们知道"。某些哲学家辩称，这两者并没有差别，"知道"与"知道自己知道"是同一回事。无论情况是否如此，人们通常承认，根据哲学的内省传统的著名观点，（至少）人类拥有关于他们自身的反思性知识。尼采想要知道，情况**为什么**应当是这样：为什么我们是有自我意识的？

　　　"当我们开始领悟到，意识在何种程度上是可有可无的时，对我们而言，意识竟第一次成了一个问题。"[40] 因为事实是，"我们可以思考、感受、意愿、记忆；同样地，我们可以按照'行动'这个词的每种意义来做出行动；然而，这一切都不需要（用隐喻的方式来表述就是）'进入意识'"。[41] 尼采说得相当清楚：我们的大量行为是自动的，对于我所做的许多事情来说，我在做事的时候并没有"意识到"它们，或者我只有在我做出了特别的努力来自我观察时，我才变得能够对之有所意识。例如，在我打字时，为了知道或意识到手指在触及键盘时恰好触碰到哪些按键，我就不得不仔细地直接关注我的手指。我在打字时大体上并不会去看这些按键，当这些按键位于它们所在的地方时，我也不会意识到它们的位置。于是可以肯定，我的心灵的大量活动是在我没有对之有所意识的情况下发生的。例如，记忆就几乎不是某种我有意识去做的事情，尽管我必然一直都在做这件事。同样地，一种极为罕见的，只有在得病时才会发生的情况是，"诸多身体功能的相互影响**不断地**进入意识"。[42] 请想象，倘若我们不得不意识到脂肪的分解，或者倘若消化是某种必须由**我们**来做的事情，情况会成为什么样？就此而言，意识并没有伴随许多在身体中最为有效运作的事物；问题在于，为什么无论在何处都需要有意识？尼采承认这种现象，他认为，幸运的是，意识只在人类这个物种进化的晚期才有所发展。

> 无数错误源自意识，导致动物或人在达到不可避免的处境 **100**
> 之前就遭受了毁灭……倘若本能的保存纽带不是如此强劲有力，
> ［意识］就不会发挥调节器的作用：由于它的错误判断与公开做
> 梦，由于它的浅薄与轻信，简言之，由于意识，人类本来在很
> 久以前就有可能遭受毁灭。[43]

意识是并且始终是"对有机体的一种威胁"。在心灵与身体（用通俗的话来说）机械地进行运作之处，存在着一种机械的效率。但是，在意识随附性地发生之处，就遽然为笨拙与谬误留出了空间。这听起来就像尼采的真正教诲，倘若脱离语境断章取义，这或许会让多疑的读者确信，尼采早在纳粹之前就提出了"用鲜血来思考！"这个可怕的命令，或较为无害地，他在那些小说家与自封的社会批评家之前就提出了他们倡导的那个当下时髦的与怀旧的告诫，即我们应当回归本能的生活，这种生活在文明中遭受了如此重挫，它通过攻击性行为或性行为来寻求自我实现。对于这种返祖现象，尼采缺乏同情，他陈述的仅仅是一个困难的哲学观念的出发点。无可否认，在我们的绝大多数至关重要的功能中，我们在没有意识的运作下就能继续执行这些功能；对于我们的众多更为高级的活动来说，情况也大致相同。而且，重要的是要承认，意识或许确实对它的占有者构成威胁。但尼采极力主张，这是因为意识仅仅是在我们构造中的一种没有得到充分发展的"器官"。由于意识是在进化的晚期才开始存在的，它的视野与功能并不清晰，它的力量尚未达到最佳状态。除非意识获得进一步的发展，否则我们就需要我们的那种发挥保护作用的本能无意识，释放我们的注意力去关注其他的事物。在批判意识之前，我们最好确定它的功能。因为（在这后面隐含的方法论原则是显而易见的）"意识只有在它是有用的地方才会存在"。[44]尽管如此，由于"整个人生（打个比方说）在它未从镜中看到自身时也有可能存在；［而且还由于］人生的绝大部分即便没

101 有这种镜式反映也能在现实中暴露缺点——甚至思想、感受与意愿的生活也是如此，不管这种说法会让年长的哲学家听起来有多么不快"[45]——问题必然是，意识释放的额外功能是什么。我们不可能假定意识完全是多余的，因为意识的存在从根本上说具有很强的可能性。

尼采对这个问题的解答最初听起来肯定是古怪的，他的解答是，意识与个体自身几乎没有什么关系，事实上，意识或许是以本能的与自动的方式来持续运作的。更确切地说，意识与之相关的是诸多个体之间的关系。尼采提供的解答被他称为"一个挥霍的假说"。"基本的错误"是将意识视为一种个体的属性与个体生存的最高形式，而不是"将它理解为一种在集体生活中的工具"。[46]意识"仅仅是一种交流的手段；它是在[社会]交往中发展形成的，与意识相关的是诸多社会利益"。[47]"[意识的]力量和敏锐，与人类（或动物）交流的能力成正比；交流的能力转而又与交流的需求成正比。"[48]这是一个挥霍的假说，但它在哲学上是一种有吸引力的假说，需要对它进行谨慎的阐释。

首先，这一构想暗示，倘若一个人是最精通交流的人，他最需要的便是交流，因此，他就最为需要社会，但这并不是这个构想打算要说的。这个构想也没有打算要说，只有当我们拥有交流的需要时，我们才是有意识的。相反，恰恰是在社会生活中，经过了漫长的时期，为了保存群体与作为群体成员的个体，才存在一种对于"快速而又敏感的交流"的持久需求；被称为意识的东西"通常仅仅在交流需求的压力下才有所发展"。[49]当然，并不能由此推断出，人们或许会将**当前的**意识行为始终作为对这种需求的回应，能推断出的仅仅是，"作为一种器官"的意识是由于这种需求而发展形成的。因此，我们自身就能以琐碎的方式来运用为了回应这种需求而发展形成的意识，正如虽然可以假定，语言本身是在对交流需求的回应中出现的，但不能由此推断出，语言一旦发展形成之后，就不会以

102 包括纯粹的胡言乱语在内的众多方式来被人们使用。尼采理论中有一个紧密地关联于他的语言理论的关键要点，这个关键要点是，"意识仅仅是一种将人与人关联起来的网络"，它"仅仅与它的功效成比

例地发展"。[50] 反思经常被哲学家当作在本质上是**私人的**表现，但它在其根源处是**社会性的**；它是在对社会需求的应答中出现的，或者你愿意的话，也可以说，它是在对个体的社会需求的应答中出现的："作为一种受到了极大威胁的动物，人类需要帮助与保护。"[51]

倘若人们就像"那种类似野兽的人"那样，是以相对孤立的方式发展的，那么，他们就不会变得对自身有意识，因为他们之间就不会存在任何有待交流的东西。这种人假定能够生存下来，他们就会在纯粹本能的基础上生活。但事实上，人类不太可能以这样的方式存活下来：脱离社会的人更多的是一种思想实验（Gedanken Experiment），而不是一种现实的可能性。人类在婴幼儿时期几乎完全依赖于其他人的照料。他必须要让他的需求为人所知，"为此，他获得了意识：他不得不知道他缺少什么，不得不知道他的感觉是什么，不得不知道他的想法是什么"。[52] 他不得不精确地表达他的需求，否则他就会死亡；相应地，"语言的发展与意识的发展息息相关"。恰恰"因为人类仅仅是一种社会动物，他才变得对自己有所意识"。[53]

诸如此类的想法没有必要是有意识的。在"无意识的思想"这个概念中并没有任何矛盾。"人类就像一切有生命的生物一样，他们在不知道自己做了什么的情况下连续不断地进行思考：成为**有意识的**思想是它的一个最小组成部分，按照我们的观点，它们也是最肤浅与最糟糕的组成部分。"但接下来，"仅仅是有意识的东西才进入语言，也就是说，进入交流的符号，意识在这里揭示了自身的根源"。[54] 足够悖谬的是，根据我们共同的与**公共的**语言的基础与根源部分，就将推断出所谓的私人话语——指称我们自己的内在状态的话语。根据尼采的分析，我们内在世界的结构与内容恰如外在世界的结构与内容，它们是由被我们发现为有用的区分组成的。这些区分反过来在我们的语言中也有所反映。在这种关系中，人们不由自主地会想到 J. L. 奥斯汀的观点——他是一位远离尼采的哲学家，他们之间的距离看起来就像在某个可能成为哲学家的人与某个一直是哲学家的人之间的距离一样遥远。奥斯汀写道："我们共同储存的话语所体现的区分与关系，是在众多世代终其一生的时间里，被人类发现的所有值得做出的区分与所有值得标记的关系。"① 对于尼采来说，在意识中的任何东西，在本质上都是公共的；我们用来描述我们的内在生活的话语，恰恰就是我们用来表达这样一些需求的话语，倘若我们想要继续生存，就必须要满足这些需求，而倘若这些需求要获得关注，这些话语就必须被其他人理解：

> 我的提议是，意识并不隶属于人的个体生存，而是隶属于共同体本性或群畜本性……因此，尽管我们每个人在这个世界中的最佳意愿是，将他自己尽可能地理解为个体，尽可能地"认识他自己"，但是，非个体的东西与庸常的东西将始终被带入意识之中……我们的思想总是在转译中退回群畜的视角。55

相应地，意识表现的是"这个物种的天赋"，"虽然我们的行为实际上在无可比拟的程度上是个人的、独特的、绝对个别的"，但情况仍然是，"一旦我们通过转译让它们进入意识，它们就不再显得是这样了"。

在尼采的所有论题中，这个论题或许与当代观点有着最为紧密的融洽关系。哲学的传统暗示，在有望描述世界的尝试中，我做的只不过是描述我自己的经验，我没有根据知道，其他任何人的经验是否在最低限度上类似于我自己的经验，甚至不知道其他人究竟是否拥有任何经验。倘若他们拥有经验，他们必然始终根据他们的经验来理解我，因此，我们永远不会理解完全相同的事物，或至少我们不可能知道我们做到了这一点。这在逻辑上几乎无异于维特根斯坦在《哲学研究》中对私人语言的可能性所给出的解释，而这种解释已经成为如此众多的当代讨论的基础。它明显类似于 P. F. 斯特劳森所得出的结论，为了表明这一点，我必定会从斯特劳森的一本讨论描述性形而上学的书中援引如下段落：

> 不可能将一个人自己的意识状态或经验状态归于任何东西，

104

---

① J. L. Austin, "A Plea for Excuses", in *Philosophical Papers* (Oxford: Oxford University Press, 1962), p. 130.

除非这个人将意识状态或经验状态同样归于，或准备归于与能够归于这样一些其他的东西，它们与这个人将他自己的意识状态所归属的东西具有相同的逻辑类型。一个人将自己判断为这种谓词的主体的条件是，这个人应当也将其他人判断为这种谓词的主体……倘若**仅仅**是我的，那就根本**不是**我的。①

正如尼采所言，恰恰是"我们与外部世界的关系发展出了我们的意识"。哲学假惺惺地对外部世界提出了质疑，它根据的是意识，我们所声称的我们与我们自己的心智状态的亲密关系，以及我们在认识论的意义上可优先通达于我们自己的心智状态。然而，尼采从这个分析中得出了一些结果，它们让后来的哲学家十有八九都会与这个分析进行争辩。

5

尼采几乎不可能支持语言哲学家有时会坚持的那种用多少有点神圣不可侵犯的方式对待日常语言的态度。日常语言被称为正确的语言，对日常语言与支配日常语言的诸多运用规则的背离，将我们导向了反复无常与胡说八道，而正如维特根斯坦所暗示的，它们还将我们导向了哲学。尼采则告诉我们，哲学与其说是背离了日常用法，不如说是将日常语言的语法结构投射到了实在的中立屏幕之上。哲学与其说是语言的独立使用者，不如说是日常说话方式的陈旧范畴的懒散接受者，它讨好而不是纠正或净化人类心灵迄今为止所犯下的根深蒂固的错误。"一切都变成了意识"，因而在日常语言中成功表述的一切"由此就变为浅薄、渺小、相对愚蠢、普通的符号——**群畜的**符号"。[56] 假定尼采对于语言与意识的起源分析是正确的，恰恰就日常语言的本质而言，"它基本体验到的仅仅是最普通与最**常见**的经验，在所有塑造过人类的力量中，这些经验必然是最有力的"。[57] 正如具备比我们更为精致的感受力的人，有可能以不同的

---

① P. F. Strawson, *Individuals: An Essay in Descriptive Metaphysics* (London: Methuen, 1959), pp. 104, 109.

（与更加精确的）方式来进行推理，并由于他们的出类拔萃而招致毁灭，因此在这里，"不突出的普通人将始终占据优势。而不同寻常的、敏感的、不可思议的与难以理解的人轻易就会持续处于孤独之中，或者由于他们的离群索居而遭遇不幸，罕得繁衍"。[58]

于是，我们每个人都会遭受非同寻常的压力，来让我们的思考类似于其他所有人的方式，并符合常见的模式。那么，我们应当如何着手描述或表达任何**不同种类**的经验呢？我们能够或应当使用的是什么语言？是否可以假设某个人属于一种没有由通常模式塑造的例外者？"话语有所削弱并乏味无聊；话语使之失去个性；话语让不寻常者变得普通。"[59]人们尚且不具备一种用来表达其独特性与思想的个人特征的语言。不夸张地说，倘若一个人在最低限度内脱离了日常语言，这个人就无法**说出**他的想法或感受。于是，由于他的立场的逻辑，尼采必然觉得自己被迫去发展新的术语，被迫将古怪的与经过了特别扭曲的意义给予旧的术语，被迫歪曲通常的说法或制定一种全新的语言。任何试图将之翻译成本土习语或普通人语言的尝试，都有可能让他的那些异乎寻常的观念变得廉价与平庸。因此，尼采觉得，他的同时代人必然会以糟糕的方式来理解他，或根本无法理解他，他是在为不一样的新一代人而写作，甚至或许是在为一种迄今尚未通过进化形成的新人种而写作，他们也许会完全明白尼采所给出的信息。在尼采之前与尼采之后，可能没有任何哲学家会觉得如此受到语言的阻碍，乃至由于语言而陷入瘫痪的状态。尼采让查拉图斯特拉如此吟唱道："我走向新的道路，一种新的语言来到我这里；我就像一切创造者那样，对陈旧的语言感到厌倦。我的精神不愿再拖着磨破的鞋底走路。"[60]尼采觉得他有某种可怕的与不熟悉的东西要说，但是，它们的可怕之处在一定程度上是由于它们是不熟悉的与几乎不可表达的。然而，尼采想要知道，如果我们不将我们自身暴露于不熟悉的东西之前，我们能以何种方式来拓展我们自身？如果我们无法挣脱使我们在其中渐渐变得陈腐的语言，我们又将如何拓展自身？尼采在青年时期提出的成熟理论中，艺术用隐喻挣脱语言，并且或许能激起召唤哲学重建的概念张力，该理论后来就在刚刚讨论的这个独特的观念中产生了回响。

　　然而，我们所谈到的我们的知识拓展，并没有公正地对待尼采的观点，因为我们倾向于按照在我们的语言中使用的那种敬重的方式来理解"知识"，通过将知识归于一个人，就让我们在逻辑上承诺于这样的说法，即这个人所知道的东西**在事实上**情况属实。根据"a知道 p"通常就可以得出"p 是真的"；倘若 p 是假的，那么，a 就并非真正知道 p。相较之下，对于尼采来说，知识（das Bekannte）仅仅是"我们习以为常，因而不再感到惊异的东西：老生常谈，已经被固定下来的任何种类的规则，我们感到熟悉的任何东西"。[61] 知识与效用具有密切的关系，就像在尼采的新颖理论中，真理与效用也具有密切的关系。然而，恰恰是根据这个术语的日常用法的逻辑特征，尼采会说，知识是**虚假的**，这种熟悉的东西是由某些根深蒂固的与渗透到深处的谬误组成的，而他则试图辨认出这些谬误。这些谬误如此接近于我们，如此被当作理所当然的，以至于确实难以意识到它们是什么。"已知的东西 [das Bekannte] 是熟悉的东西，熟悉的东西最难'认识'，也就是说，它们最难被视为问题，最难被视为陌生的，最难被视为'在我们之外'。"[62] 因此，尼采的使命是**怀疑**知识，将我们的视角置于视角之中，并且追问是否有其他更好的可能性向我们开放。但接下来，这恰恰将我们暴露于我们的概念图式保护我们免受其害的混沌之中，并且再度唤起了这个没有条理的、漠不关心的宇宙在我们心中激发的畏惧感受。因此，尼采认为，他的哲学即便是令人解放的，也是令人畏惧的。而这种哲学是令人畏惧的，恰恰由于它是令人解放的。

6

　　对于我们来说，我们自身是最熟悉的，因而它最能成为知识的范例。但是，我们通过意志所追溯的分析已经表明，倘若这个分析拥有任何说服力或价值，那么，我们对于我们自身的理解是对事实的一种伪造，我们知道我们自己根本就不是我们之所是，而我们之所是或许已经超出了思想与言语的力量所能把握的范围。

当我们仅仅观察内在的现象时，我们就会将自己比作那些失去听力的哑巴，他们并非通过听觉，而是根据嘴唇的运动猜到了所说的话语。我们根据我们的内在感觉的表象推断出了其他难以察觉的现象，倘若我们的观察手段更加充分，我们或许就能感知到这些现象。

对于这种内在的世界，我们都缺乏更为精致的器官，以至于我们在体验中将**成千倍的复杂性**仍然作为一个统一体；并且在运动与改变的根基仍然对于我们是不可见的东西中虚构地插入因果性。彼此连续发生的思想与感觉，仅仅是已经变得对意识可见的某些特定过程。但是，完全不值得相信，这些按照顺序发生的事件会相关于任何［真正的］因果关系。意识向我们呈现的仅仅是对于原因和结果的阐释。[63]

让我们在这种关系中进一步思考尼采心理学的一个片段，即他对梦的分析。他经常在他的智识生涯中反思这个主题——我们在他最早的作品中就遇到了这个主题——它或许比其他任何东西都更有助于阐明他的"幻想的原因"概念。他认为，在睡觉期间，"我们的神经系统出于多种内在的原因而处于兴奋状态之中……因此，这种或那种兴奋会让理智产生一百个理由来感到惊讶，并试图寻求这些兴奋状态的原因。梦就是对每个被激发的感觉的原因，也即表面原因的**寻求**与**表现**"。[64] 梦是"对我们的神经在睡眠时所接受的刺激的解释，它对于血液与肠道的运动、来自手臂或床上用品的压力、钟楼的声音、风向标的声音、夜间飞行者的声音等等做出了非

常自由、相当武断的解释"。[65] 让我们借用尼采自己提出的一个例证，请思考一个人的两条腿在他睡觉时被捆绑起来。由于这个刺激，他梦到了蛇缠绕住了他的脚踝。蛇是对此的精神意象，与此同时做出的解释是"这些蛇必然是我这个睡眠者拥有这些感觉的原因"。[66]

它是我们每个人都知道的一种相当普通的经验，它将某些外在的刺激——比如说，闹铃声——编织入一个人梦境的构造。可以说，我们创造了一个意象来解释这些噪音——例如，一个人在梦中将他听到的尖锐刺耳的声音当作炮声，而该声音最终被证明是闹铃

声。这意味着这位做梦者实际上"在事后对梦境做出了解释，以至于他认为，他首先经验到了造成这种噪音的条件，接下来才听到了这种噪音"。[67]这完全对事物进行了颠倒：恰恰是这种噪音引起了这个意象，而这个意象接下来被用于解释这种噪音。"我坚持认为，"尼采说，"正如人们在梦中仍然进行推理，人们在清醒时也在进行推理，而这在数千年以来都是如此。他们在解释某种需要解释的东西时，首先进入他们心灵的原因就已经让他们感到满足，并被当作真理。"[68]尼采随后在一段文字中做出了更加有力的论断，他认为，在这方面，做梦与清醒并没有什么差别，或许我们整个有意识的人生"是对于一个未知的，或许是不可知而仅仅感受到的文本所做的或多或少想象出来的注释"。[69]

　　这个分析一直是尼采哲学中的一个不变的组成部分。在其后期作品《偶像的黄昏》中，尼采在"幻想的原因的谬误"这个标题下再次继续这个分析。这是"四大谬误"①之一。**幻想的**原因是对顺序的错误颠倒："某个状态**造成**的表象，被当作这个状态的原因。"[71]梦的现象有助于阐明的恰恰是这一点，但事实上，这不仅仅适用于梦，而且有着更广泛的适用范围。我们的整个被过分吹嘘的反省力量其实就例示了这一点，这种力量并没有让我们通达于我们的心灵内容的成因，而仅仅是让我们有可能将这些内容彼此关联起来。"在如此巨大的范围内，我们关于观念、意志与感受的想法是完全肤浅的！甚至'内在世界'也是'表象'。"[72]

　　最终，我们形成的关于我们内部存在的构想，是由同样协调一

① 其他三大谬误是："混淆因果的谬误"、"虚假原因的谬误"与"自由意志的谬误"。瓦尔特·考夫曼教授在对他翻译的《偶像的黄昏》的介绍性评述（参见 *The Portable Nietzsche*，New York：Viking，1954，pp. 463-464）中提出了一个非常重要的观点，即在这本书的标题中的"偶像"一词，应当按照培根所使用的意义来进行理解，在这里，"偶像"仅仅是有害的信仰习惯，它们将人类紧紧地置于谬误的控制之中。尼采的"四大谬误"除了数量与哲学的重要性之外，并没有对应于培根的"四大偶像"。值得注意的是，这本书的副标题——怎样用锤子从事哲学——当我们意识到，锤子是按照反对圣像崇拜者的精神来攻击那些雕刻出来的形象时，它听起来就远远没有那么令人生畏。尼采用多少有些幽默的方式写道，"永恒的偶像在这里被音叉触动——总的来说，并没有比它们更为古老、更令人信服、更言过其实的偶像——作为一种被人们听到的解答，没有什么能比……这种著名的空洞之音更为空洞，它们被证明在其内部就是膨胀的"，[70]此时，这个副标题听起来就更不令人生畏了。当然，根据尼采的分析，所有的知识都是一个与习惯有关的问题。因此，谬误是致命的习惯。诸如此类的习惯既不是好的，也不是坏的，但存在着好习惯与坏习惯。没有某种习惯，我们可能无法生存。

致的片断经验与虚假解释（或被当作解释的"编排"）构成的，它们刻画了我们关于外部世界的构想。我们对于我们自身的认识，无异于我们关于其他事物的认识，前者并不比后者更好，在仔细审视下，这两种知识的区别就被瓦解了：

> 我也坚持主张**内在**世界的现象性：我们变得对之**有意识**的一切，彻头彻尾都仅仅是编排［zurechtgemacht］、简化、图式化和解释。在内在知觉背后的真实情况，在诸多思想、感觉、欲望以及在主体与客体之间的具有因果关系的结合体，都完全向我们隐瞒了自身，它们或许是纯粹的幻想。操控这种"在表面上的内在世界"的，恰恰就是操控"外部世界"的那些相同的形式与过程。我们从未发现"事实"。[73]

毫不奇怪，这应当如此。倘若尼采的分析是正确的，情况就只能如此。因为外部世界的结构仅仅是我们心灵结构的投射，无论是在这种情况下，还是在另一种情况下，我们与之打交道的都是虚构与虚构的对应物。

110

> 如下的这些在我们意识中接踵而至的思想、感受与观念，并不意味着它们就是具有因果关系的序列。它们仅仅在表象中是这样的。我们根据这种表象建造了我们有关心灵、理性、逻辑等的概念整体（它们之中没有任何东西是存在的：它们都是合成体与统一体），接下来，这些概念通过投射回到了事物之中与事物的**背后**。[74]

因此，内在与外在完全是相关的。正如尼采在《朝霞》中以多少有些晦涩的方式所说的，"事物只不过是人的边界"[75]。现在我们或许就能看出这个类似神谕的言论的意思是什么。尼采的心理学与他的视角主义是内在关联的。

7

除了我们给予这个世界的结构之外，这个世界并没有理性的结构，我们用哲学的左手重新捕获了我们心理学的右手所给出的东西。但我们并不是理性的存在者，就像这个世界也不是一个理性的地方一样。这并不意味着我们是非理性的，而仅仅意味着在理性与非理性之间的区分是无法适用的。我们再次遇到了几乎没有什么话语可以用来表达我们自身的情况。尼采经常背离他的批判性洞识，运用已经（或应当）被他的哲学成功废弃的术语。称"真实的东西是虚假的"，"知识即无知"以及诸如此类的说法，完全是戏剧化的表述，完全是任性的文字。这些是令人生厌的哲学笑话，只有在我们准备完成尼采的分析时，我们才能理解它们。当尼采谈论理性的非理性或声称我们归根到底并非真正是理性的时，情况也是如此。尼采的意思仅仅是，理性适用于事物、我们自身与实在的表面，理性的最高典范仅仅是一座不结实与不稳固的奇幻大厦，它出自人类发挥塑形作用的想象力。这并不意味着我们要放弃这些幻想的结构，因为我们并没有其他的结构，而我们需要某种庇护所；无论如何，我们都不可能找到任何我们并非为了我们自身而制造的结构。不过，我们将如其所是地承认所有这一切，从而让我们同时既谦虚地承认我们的局限性，又大胆地承认存在的诸多成就仅仅是我们的成就。或许难以认为，我们原本就已经筹划了我们完成的诸多事物。经常发生的情况是，仅仅是由于无比的幸运，我们才得以造就了这些难以用言语表达的宝贵谬误。

对于自我知识的阐述就到此为止。我们在此处就像我们在任何地方一样无知：

> 在某些思想家眼中，星辰按照圆周的轨道运行，这些思想家不是最深刻的思想家。任何窥视他自己内心的人，就像在窥视广袤的太空，在他自己的内心中包含诸多星系，**他**知道所有的星系是多么没有规律。它们将他导向存在的迷宫与混沌。[76]

正如我们所知，天体按照圆周轨道运行是古代人的一个道德偏见，它一直延续到现代的科学天文学的开端。圆周运动是一种"优越的"运动，仅有的恰当状况是，行星作为高贵的天体之火，它们应当按照最高贵的方式运动。尽管如此，更高贵的状况是根本不运动，而开普勒这位**伟大的**科学家所相信的恰当状况是，在所有天体中最高贵的天体——我们的太阳——应当永远固定不动地位于这个不断旋转的世界的中心。我们在思考这样的观念时或许会发出笑声。而尼采会告诉我们，我们没有意识到的是，我们审视宇宙的方式仍然**彻头彻尾地**（durch und durch）与道德偏见的诸多有所伪装的组成部分交织在一起，或许，它们如此接近于我们，以至于我们没有看出它们究竟是什么。尼采最想要让我们意识到的是我们的道德态度将我们牢牢固定下来的控制力。在尼采的作品中，反对道德的主题占据了如此大量的篇幅，在这个主题下，尼采试图强行祛除我们对于写作的盲目尊崇，摆脱这些具有支配性的判断和思考习惯，并让我们从外部来审视这些态度，去领悟（按照尼采的说法）"作为一个问题的道德"。一旦自此解脱出来，我们或许就能造就一种崭新的哲学与一种崭新的生活。由此，我将转向尼采的道德批判。

第五章　道德

1

当尼采说，我们所持有的关于这个世界的所有信念都是虚假的 112
时，他批评的并不是这些信念。当尼采批判性地思考这些信念时，
他反对这些信念的理由，并不是"它们是虚假的"这个事实。"正
是在这里，我们的新语言听起来或许最为陌生。"[1]他关注的是一种
关于这些信念的信念，一种二阶信念，依照这种信念，我们所持有
的那些信念**应当**是真实的，它们**应当**如其所是地符合事实。正如我
们如今或许会说的，并不是我们的语言，而是我们的元语言误入歧
途，元语言对我们的语言提出了要求，但这些要求既无法对我们有
用，也不需要对我们有用。相对于那个（符合论的）真理理论，我
们的信念就是虚假的，依照这个事实，我们对我们信念真实性的要
求，就完全无关于我们是否应当持有这些信念。由于符合实在而为
真的命题，其实有可能对我们几乎没有什么好处，因为我们没法说
出任何有关实在的东西（或关于实在，我们可以说出的仅仅是**这一
点**）；而尼采说我们的信念是虚假的，这种说法本身并不是建议我们
去抛弃这些信念。尼采要求我们的仅仅是，放弃我们从一开始就对
这些信念抱有的不明智期望。"真正的问题是，"尼采继续说道，"一
个信念在何种程度上助长与支持了生命，保存与培养了物种。"[2]仅
仅因为我们的信念（在绝对的意义上）是虚假的而放弃它们，这实
际上就有可能放弃了生命，因为这些信念是生命的条件，而"最

113 虚假的信念——先天综合判断就属于这样的信念——是最不可或缺的"。³ 因此，尼采攻击的就不是普通人的普通信念，而是哲学家对这些信念所进行的哲学辩护，哲学家起初或许是诸多思想体系的批评者，但最终却成了他们如此拼命地假装要让其遭受他们精致的怀疑哲学批判的思想体系的辩护士。尼采的论战所针对的就是这样的哲学家。

　　哲学家经常将自己的事业公然宣称为，根据有望不变的永恒基础来重构人类的知识。批评与建构通常息息相关：一个人做出拒斥，仅仅是为了有所替代，他丢弃的仅仅是（他认为）没有意义的或在可辩护范围之外的东西。就普通人的情况而言，他们"必然把绝大部分有意识的思考当作本能的活动"。⁴ 相较之下，哲学家是谨慎的与自觉的，他控制自己的思想，而不是被自己的思想裹挟，对于那些没有给他留下清晰确切印象的东西，或并非可自我确证的东西，或并未满足其他某种严格的可接受标准的东西，他都会将之清除。但尼采似乎觉得，先前的哲学家其实有所懈怠：对于在人类心智的黎明之前就已经确定了的深刻谎言与反复使用的虚构，哲学家从未真正成功地对它们表示怀疑，甚至从未真正成功地承认它们是虚假的与虚构的。结果是，哲学家将他们的根基筑于已经存在于此的基础之上，可以说，他们的宏大建筑物遵照的是原始心智所制定的概念布局，甚至在当下，这种布局也由于其对哲学家们而言是如此的熟悉以至于没有被他们发现。"一个哲学家最为自觉的思想被他隐藏的本能引导，并被迫进入预定的道路之上。"⁵ 无论他们用那种据称是批判性的调查最终从深处带来了什么，他们都将之展示为基本的真理，但它们"实际上是先入为主的教条、幻想、灵感，或在最好的情况下是变得抽象与精致的心愿，只不过在事后才用理性寻找根据来为之辩护"。⁶ 事实上，"迄今一切伟大的哲学都是……其始创者的自我告白，一种无心为之且未被察觉的**回忆录**"。⁷

　　尼采认为，没有任何领域能比道德哲学更加符合这种情况，其中盛行的野心与在认识论或形而上学中的野心别无二致；仅就道德
114 哲学的情况而言，这种野心要将我们的**道德**信念置于不可动摇的支柱之上并形成一门道德的**科学**。然而，每一种这样的哲学**实际上**都

是一段代表道德视角的特别抗辩，而这种道德视角则被某些哲学家误认为是世界秩序内在固有的。对于这些哲学家来说，他们不太可能轻易去相信其他的情况。因为难以将道德论断与事实论断相隔离，难以将在我们视角中的道德要素与其他要素相区分。我们的感官知觉恰恰"完全被评价渗透（它们是有用的或有害的，因而是可接受的或不可接受的）"：

> 甚至个别颜色也向我们表达了一种价值（尽管我们很少承认，或仅仅在长久地无法使用这些颜色之后才承认这一点，就像那些被禁锢于谬误或监狱之中的人）。甚至昆虫也对不同的颜色做出不同的反应，一种昆虫更偏好这个颜色，另一种昆虫则更偏好那个颜色……[8]

我们在分析知觉时或在哲学讨论知识论断时所运用的这些精确术语，渗透着规范性的态度与道德的偏好。在《遗稿》讨论"知识理论自身中的道德价值"的一段引人注目的文字中，尼采罗列了一些例证：

> 对理性的信任——为什么不怀疑理性？
>
> "真正的世界"必定是美好的世界——为什么？
>
> 表象、改变、矛盾与冲突在道德上遭到了贬值。［这是］在欲求一个没有这些东西的世界。
>
> 发明"超验的世界"，于是就为"道德主义的自由"保留了一个位置（康德）。
>
> 作为通向美德道路的辩证法（柏拉图与苏格拉底：显然是因为诡辩术被他们判断为通向不朽的路径）。
>
> 理想的时间与空间：结果是事物本质的"统一性"，因而没有"原罪"、没有罪恶、没有瑕疵——一种对上帝的辩护。
>
> 伊壁鸠鲁否认知识的存在：为了将道德的价值（特别是快乐主义的价值）保持为最高的价值。奥古斯丁同样如此，后世的帕斯卡（"堕落的理性"）代表的是基督教的价值。

笛卡儿对一切可变事物的蔑视；斯宾诺莎也怀有类似的蔑视。[9]

115　《善恶的彼岸》不同寻常的第一部分就专注于这个主题。尼采明晰而又机智地辨别与揭穿了那些大哲学家用来将他们自身的道德偏好强加于我们的道德诡辩。当然，这不可能轻易地就给人们带来帮助。哲学"总是按照它自己的形象来创造世界"，[10] 因为强加道德是强力意志的一种形式，而"哲学就是这种实施暴政的驱力本身，就是实现最大精神化的强力意志"。[11] 然而，这仍然仅仅是关于哲学家所持有的那些被尼采指责的信念的信念。哲学家或许会承认，他们正在进行游说，而不是正在进行汇报。

做出选择并持有偏好，这几乎是人类（或任何生物）不可避免会做的事情。因为生命本身仅仅意味着"评价与偏好"：[12]

> 在评价中呈现的是［一个人的］保存与成长的诸多条件。我们所有的感觉器官与我们所有的感觉都仅仅是在与这些条件的关系中发展形成的。对理性及其范畴的信任，对辩证法的信任，以及据此对逻辑**评价**的信任，仅仅证明的是，经验已经表明这些东西是有用的，但并没有证明它们是真实的。[13]

评价的规划与图表、偏好与等级的安排，是我们概念结构的要素，诸如此类的要素内在地关联于我们的语言。恰如那些错误地相信他们自身已经发现了有关世界的事实的哲学家，而这些事实仅仅是有关他们语言的事实，他们的**道德**发现也没有涉及这个世界本身的任何东西，而仅仅涉及他们自己。所谓的对道德事实的描述，仅仅是对道德态度的表达。但这些道德态度牵扯到了我们的生存条款。"不存在道德现象，"尼采说（而且是频繁地这么说），"存在的仅仅是对诸多现象的道德主义解释。"[14] "完全不存在道德的事实。"[15] 这是作为尼采的以下这个普遍论题的专门化而被推断出来的，即在这个世界上没有事实、没有秩序，因而没有**道德**秩序。不过，他的整个哲学似乎在总体上就是为这种应用所做的准备。

尼采并没有要求我们放弃我们持有的道德信念，至少没有要求

我们仅仅由于这种分析而放弃这些信念。尼采要求我们放弃的仅仅
是我们的元伦理信念（用当代的术语来说），即对于为我们所具备的
道德信念进行辩护的可能性的信念。恰如当我们被告知科学理论都
是约定时，我们并没有被要求抛弃某一具体的科学的信念（而仅仅
被要求抛弃一种关于科学这一整体的信念），我们在此同样有可能倡
导这些道德规范，并教育我们的子女接受这些道德规范，即便这些
道德规范仅仅依赖于我们，它们本身既不真也不假。尼采并没有强
制我们放弃这些信念。但不易判断的是，我们的元伦理信念的改变
是否会导致我们的道德态度发生变化；传统的想法是，道德观念倘
若要被接受，就必须获得某种外在的权威或某种在整个宇宙中占据
统治地位的道德秩序的支持，一旦我们摆脱了这样的想法，我们就
打开了这样的可能性，即**一种**完全不同的辩护就会允许我们在远比
我们曾经想象到的更为广阔的范围内对诸多道德进行选择。我们或
许会看到那种最适合我们，最为有效地有助于我们战胜诸多阻碍的
道德观。我们现在赞成的道德观很有可能在这方面做得最好。然而，
倘若我们赞成的道德观如今是招致人们不满或被裁定为禁止的行为，
或无论如何我们都感到它对我们自身是有害的，我们就必须做出选
择，并（倘若需要的话）为了修正或取代它而进行斗争。因此，尼采
在他的多产时期里承担的对诸多道德体系的批判，**并没有**不相容于他
的那个激烈而又好斗地要推翻一种道德并接受另一种道德的主张。

　　尼采经常在同一则格言中既扮演道德批评家的角色，又扮演道
德主义者的角色，他以一种普遍的方式批评了道德概念的逻辑，但
又马上命令进行一种特定的道德变革。当他谈论他自己时，他通常
把自己作为一个**非道德主义者**，他有时简单地暗示，他在发言时将
自己作为一个针对普遍性道德体系的哲学批评家，他关注的是作为
一个问题的道德，而不是对任何特定的道德体系进行支持或谴责。
尽管如此，他有时表达的意思是，他正在采取的是一种反对他自己
所处的地区、时代与传统所具备的道德态度的特殊立场，并代表着
另一种更具解放性的方式大声疾呼。然而，当他规劝哲学家们追随
他的引导，"站在善恶的彼岸，[并且]将善恶置于道德判断错觉的
根基之上"[16]时，他要求的是，这些哲学家与他一起来理解这个世

界的道德中立性以及一切道德判断的主观色调。有些时候，他当然
试图将这些哲学家招募到一种道德事业之中，此时，他就站在一种
特殊道德体系的对立面，在这种道德体系中，"善"与"恶"这两个
术语形成了鲜明对比，他认为，这种道德准则可能会导致无可挽回
的人为损害，即使它尚未导致这种损害。

　　必须不断地区分尼采对于道德所扮演的这两个角色，因为人们
总是仅仅根据这两种身份中的一种来理解、讨论与谴责尼采。当然，
鉴于尼采尖锐的指控、煽动性的语言以及对基督教道德的显然不加
克制的痛斥，也就不难理解他会遭受这样的谴责。我们必须根据尼
采扮演的角色来评价他的这个写作时期，但他意在让这两个角色保
持分离，他主要想要成为一个道德哲学家，而不是一个传教士或福
音传道者：

> 　　道德主义者现在必须接受"他们将被视为不道德的"这个
> 事实，因为他们解剖了道德……人们将道德主义者与道德的传
> 教士混淆起来。年长的道德主义者所做的剖析太少，所做的说
> 教太多，这就是造成这种混淆的基础，它为今日的道德主义者
> 带来了令人不快的后果。[17]

几乎无法怀疑这个评论的恰当性，虽然尼采后来变得含混不清，但
即便对于他自己来说，他也实现了对在道德之外的立场与反对道德
的立场的同时占据。这种在道德之外的立场最为有趣，但影响较小，
而我现在将力图辨别尼采在道德哲学中的某些独特的理论。

2

　　休谟有一个颇具影响力的著名论证，其大意是，我们无法在逻
辑上根据"是"推导出"应当"，因此，无论关于**事实的**情况的知识
数量有多少，它们都无法导出关于**应当的**情况的单一结论。除非在
陈述句所表达的事实信息之外，我们的前提包含了某些能被陈述为
律令的价值表达，否则，就没有什么价值表达与律令可以从中正当

地推断出来。对于那些为他们的道德观点寻求事实的或客观的基础
的哲学家，必须公正地说，他们并非总是休谟所确认的逻辑谬误的
牺牲品。他们并不认为，他们是将道德判断奠基于与道德**无关**的事
实之上，而是认为，他们是将道德判断奠基于**道德的**事实之上，因
为他们从未想到去怀疑——或许不存在任何这样的道德事实。休谟
的攻击仅仅在这样的情况下才是有效的，即攻击针对的目标确实在
这两种判断之间做出了区分，接下来却在它们之间寻求逻辑的联系。
尽管如此，倘若没有做出这样的区分，或道德事实被视为这个世界
所包含的某个部分，那么，它就是一个无端的攻击。尼采的攻击所
反对的恰恰是这样的观点。他坚持认为，人们实际上并没有对它们
做出区分，但这不是因为不存在道德的事实，而是因为根本就不存
在事实，存在的仅仅是解释。倘若休谟说，至少在事实的解释与道
德的解释之间存在一个逻辑的缺口，尼采就会通过一个质疑来表明，
这种区分是如何形成的，因为正如我们已经看到的，他辩称，我们
的事实论断与道德论断是融合混杂在一起的，这种区分（以现在的
惯用语来说，最多）是一种元语言的区分。

　　尽管如此，却留下了这样一个问题，即我们将如何说明道德解
释的现象。考虑到尼采的方法论，我们必须假设，倘若这些解释从
根本上得到了实施，那么，它们就拥有一种用途并符合一种需求。
如果我们发现情况就是这样，那么，这并非根据**是**导出**应当**，而是
说明了道德解释的非道德发源地[18]以及它在生命中发挥的功能。正
如尼采所提出的"价值的价值是什么？"[19]这个问题。人们要在一个
立场上来提出这个问题，就是要让自己纯粹定位于"善恶的彼岸"[20]。
尼采提出的这个问题在今日或许会被我们称为社会心理学。在某种
程度上，他的解答实际上并不陌生；有时它们几乎就是社会科学的
陈词滥调。这些解答可用来澄清它们阐明的某些哲学要点，我将仅
仅在此范围内提及这些解答。

　　我们起初或许会说，道德仅仅在于对习俗的服从，无论这些习
俗可能是什么。[21]习俗是对传统的实践，在任何地方，只要没有传
统的方式，就没有道德，因为在那里没有任何可以遵守的东西。这
丝毫不需要这些习俗在本质上服务于任何用途。无数习俗的效用显

119　　然是可疑的。然而，在不依赖于内容的情况下**成为**一种习俗，这恰恰表明，它已经具备了某些特定的效用。一个人遵循的习俗或许并没有什么道理，但对习俗的遵循本身则有某种道理。"任何规则都要好过没有规则，[这] 是在文明之初就成立的原则。"[22] 正是在这方面，尼采力图说明的是被世界各地的社会遵守的诸多传统在表面上的非理性与武断性，它们不时用最可怕的制裁来惩罚摈弃它们的人。因此，这个问题就与在通常情况下对习俗的遵循有关，倘若要让任何社会存在，无论这些社会在人类学上可能拥有怎样特殊的内容，习俗显然都是不可缺少的。而背离一组习俗，相对于这组习俗来说就是不道德的，这些习俗让某个社会成为可能，在此范围内，对这些习俗的背离，就是对这个社会的挑战。

　　道德不仅仅存在于一组习俗之中。它经常有代表性地为"为什么**这些**是需要遵循的规则"这个问题提供某些理由。在现实的实践中，按照尼采对这件事的看法，强加习俗无非是将集体的或"群畜的"强力意志强加于个体之上。但是，道德几乎不会被承认是由集体表现出来的赤裸裸的权力实践，集体仅仅是为了它自身的持久性与好处，却不管遵循道德的个体因此付出了怎样的代价。道德要求这样的牺牲。这意味着，除了个体付出其他的牺牲以外，个体可能拥有的任何数量的冲动都必须被无情地压制，倘若这些冲动或其表现以任何方式与集体的权威发生冲突。集体实际上想要得到的自然结果是，每个人都彼此类似，所有人都以相似的方式思考、感受、交谈。最终这也就意味着对离经叛道的或独特的个体（其个体性在一定程度上恰恰就是那些被禁止的冲动想要实现的目的）不间断地进行修剪。我们在论述意识与语言的关系时就已经触及了这个思想，我将再次着手讨论它。我在这里关注的是集体为了支持它所维护的传统而给出的诸多理由与辩护。

　　这些理由当然强化了它们认可的那些做法，但它们基本上仍然是一种"被人们信奉为道德基础"的"幻想的因果关系"。[23] 习俗被

120　　归因于"某种得到错误解释的偶然事件"。[24] 正是出于这个原因，科学，特别是科学对道德的考察，被认为是非道德的，因为科学经常不需要符合我们的道德规范所依赖的那种非理性的**幻想的因果关系**

(phantastischer Kausalitäten)，因此，科学的任何智识挑战都对那些据说受到科学支持的生活方式构成了威胁。于是，道德服务于作为一个整体的集体利益（或仅仅是看似服务于这样的利益），它就会为了保护它的实际需求而维持它的诸多信念的隔离状态。因此，道德让人麻木："它的运作反对我们获取新的经验并相应地修正道德，这意味着道德的运作反对更好、更新的道德。"[25] 无论道德对于保存集体的生命来说多么有用，任何道德都能通过强化态度与信念而让集体的诸多成员无法彼此区分，并最终变成禁止道德进一步成长的硬壳。它非但没有成为支持生命的成功行为的手段，反而变成了不利于助长生命与实现活力的制动阀。这位道德批评家再次揭露了为了保护道德而得出的诸多信念的不合理性，这位批评家别无选择，只能被视为这些信念的敌人。尼采着力想要断定的是

> 道德判断与宗教判断都有这样一个共同点，它们都相信一种并不存在的现实。道德仅仅是一种解释，或更确切地说，一种对于特定现象的误解……它们属于这样一个无知的阶段，在这个阶段中，缺乏现实的概念以及在幻想与现实之间的任何区分。[26]

在这样的评述中，人们感受到了尼采思想中的某种张力。**他究竟能以何种方式将现实从幻想中区分出来**？除了否定的与没有明确说明的意义以外，他还能将什么意义给予"现实"这个概念？但除了这种一般性的保留意见，难以将尼采的观点关联为一个融贯的解释，这部分是因为尼采反复逡巡于社会学与心理学的考虑要素，而它们应当不时地保持区分，尤其是因为两者之间的关联并非总是清晰可辨的。在社会学的意义上，诸多社会强迫实施了某些规则，它们需要根除那些有可能通过违背规则而破坏这些规则所界定之秩序的冲动与行为。任何离经叛道的冲动都具有潜在的危险性。结果是，这套相同的精神在这个集体的每个地方都得到了强化，而这些由诸多感受、冲动与类似之物组成的东西就几乎变成了本能："道德变成了个体中的群畜本能。"[27] 一旦发生了这种内化——它在今日有时被

称为超我——就不仅几乎没有什么空间来支持独立的思考与评价，而且"成为你自己"这个想法就会变成可怕的思想，而不是具有解放性的思想。"所有的恐惧与不幸都被关联于孤独的存在状态。"[28]到目前为止，在社会学的论题与心理学的论题之间有一种合情合理的关联。现在假设有一个人开始感受到要以一种不同于社会中的其他人的方式来进行行动或思考的冲动。他自然会觉得受到了这些冲动的威胁，他会为这些冲动的出现寻求一个解释。人们可能对此给出的某些典型的解释是：这个人拥有原罪，或许他对某些事情负有罪责，或许他的祖先负有罪责，他正在偿还祖先们亏欠的债务。这些当然都是虚构的理由，但不需要花费太长时间，就能让这些虚构的理由固化为神话并将神话固化为信念的体系，接下来这些信念就强化了这个人实施那些被接受的行为方式。我们的道德规范令人费解地被我们自己的病状与我们寻求虚构理由的倾向加强。一个人无论出于什么理由，感觉到他的生命中存在着某种衰退，这个人或许会根据他的罪过来寻求对这种衰退的解释，恰恰相反，正是他的这种罪恶感，才需要根据生命力的衰退来进行解释。因此，道德信念，或那些将我们监禁于习俗铸就的命运之中的信念，"整体地或部分地属于谬误的心理学。在任何单个的情况下，我们发现原因与结果都发生了互换"。[29]

这似乎就是尼采的解释。它的要点足够清晰。支持我们实践的那些公然宣告的原因，从来也不是正确的原因，而仅仅是虚构的原因。这些东西无法被严肃地当作解释，不过，对人们有利的做法是，将它们当作"症候与符号语言"。[30]接下来，人们或许就会对原始心智状态的内在活动形成某种非凡的洞识。依循类似的方式，人们就可能几乎无法支持那种参照灵魂的影响来对行为做出的解释。不过，人们也许会使用这样的参照来作为指标，表明那些相信灵魂的影响是有价值的空谈家的工作方式。尼采在道德心理学中的纲领是：

> 道德判断从未按照本义来获得理解。作为这样的判断，它包含的仅仅是胡说。但道德判断作为符号学的价值依然是无可估量的。至少对于知识渊博者来说，它们展示了诸多文化的最

有价值的现实……这些文化的认知不够充分，以至于无法认识它们自身。道德仅仅是符号语言，纯粹的症候学。为了在最低限度上利用道德，一个人必须首先知晓道德与什么有关。[31]

人们将从道德哲学走向道德哲学家的传记，就正如人们必须从道德规范走向有关实施这些道德规范的文化的社会心理学。尽管如此，所有这一切都不会被我们完全弄清楚，除非我们已经完全理解了强力意志的学说。

3

尼采的成熟哲学与他在《悲剧的诞生》时期所表达的观点的差别，在他讨论集体与个体成员的关系时表现得最为明显。在他的这部早期论著中，人们会感受到，他花费了大量篇幅来着手处理协同性的问题。他希望在艺术中，特别是在悲剧艺术的瓦格纳式的化身中发现一种手段，通过这种手段，个体或许能融入某种共同体（即便这肯定需要一段时间），他们的诸多差异将在那段时间内被有效地消除。当然，他相信，这就是古老的狄奥尼索斯仪式的力量。在悲剧的理想呈现中，正如在狄奥尼索斯仪式的疯狂叫喊中，诸多差异与边界被冲刷而去；可以说，每个人都分享了一个共同的梦想或幻象。简单地说，尼采关注的这种问题，就是马克思通过将之关联于阶级意识来进行追问的那类问题（我认为，马克思要比尼采现实得多），或者是多年之后的工团主义者乔治·索雷尔 ① 在社会的神话中寻求解决方案的那类问题。在尼采的后期哲学中，他几乎没有论及这个观点。倒不如说，尼采逐渐感觉到，生命中的协同性是充足的，而个体性**并不够**——这种强调让他的作品对那些具有无政府主义倾向的人特别有吸引力。

然而，尼采在哲学上更为有趣的一点是，他暗示个体性这个概

---

① 乔治·索雷尔（Georges Sorel, 1847—1922），法国哲学家，工团主义革命派理论家。索雷尔的哲学结合了柏格森和尼采的思想，提出了神话和暴力在历史过程中发挥的创造性作用。——译注

念（其实是**诸如此类**的个体性概念）是一个新近的概念，这种暗示在霍布斯或洛克的推测性的人类学中发现了其争论背景。人们总是在诱惑下认为（《理想国》中的格劳孔就是这么认为的），人类最初作为个体而存在，于是，或许就像混合物是由诸多元素组成的，或更确切地说，就像分子是由诸多原子构成的，社会也是由这些个体组构而成的。正如混合物与分子都能被分解为它们在原子层面的组成部分，诸多社会也能被消解为它们的个体组成成分。接下来，社会关系就纯粹是外在的，或用霍布斯的术语来说，社会关系是"人为的"：无论我们源自何处，我们始终拥有选择权来回到作为我们根源的那个自然状态，恢复我们原初的个体性。在社会哲学中可能会有一个与认识论有关的类比，即诸多观念或者是简单的，或者是复合的，后者建立于前者之上。这意味着一个拥有他所需要的全部感觉并且没有受到任何外在帮助的个体，或许终究合成了他应当需要的所有复合的观念。就这个观点而言，问题恰恰是，既然我们所有的简单观念在本质上都是我们自己的观念，我们究竟应当如何进行交流。在（经验论的）社会哲学中，或许与此类似的一个问题是，诸多个体如何能够彼此相互关联，既然每个人都拥有足够的禀赋来独立生存，除了获取保护之外，他对其他人并没有任何真实的需求。

　　我们已经看到，尼采拒斥了这样的理论。他的观点是，意识由于语言而拥有社会的根源与功能，以至于诸多个体只有通过与其他所有人所共同享有的观念才能获取意识。正如一个个体在没有社会的情况下几乎不可能生存下来，他也几乎不可能获取他自己作为一个独立单位的意义。因此，只有在事物进化的稍后阶段，诸多个体才有可能开始以这样的方式来思考自身（无论这是以何种方式发生的），某些个体作为哲学家，甚至想要知道，其他人究竟是否拥有感受与心灵。在这个阶段，对唯我论的辩护甚至变得在逻辑上站得住脚，而唯我论在先前几乎从来也没有获得如此众多的表述。

124　　不管怎么样，在尼采看来，个体从群畜中显现的方式，似乎类似于个体化的、阿波罗式的英雄从古代悲剧的具备相同性质的合唱中显现的方式。根据他的那个悲剧进化理论，在一个持续很久的时期内，存在的仅仅是合唱，正如根据他的人类学，在一段漫长的时期里，存在的**仅仅**是群畜。群畜有可能是由诸多个体构成的，但他们或许不曾意识到自己是这样的群畜，由于他们没有能力来表达他们的需求，对规范的背离已经完全消失，就像异物一样被驱逐出去。在每个畜群中，或许存在着一种深厚的与几乎不可抵抗的力量来造就同质性。事实上，解释与辩护或许只有在这种持久的密切关系开始失去控制并不得不管束人们的时候才会出现。无论如何，在诸多**畜群**之间有可能存在差别，因为每个畜群都会根据让自身存续的条件来制定它的语言；随着这些条件发生变化，诸多畜群也会发生变化。接下来，我们得到的就是畜群中的道德同质性与诸多畜群**之间**的道德异质性。尼采强调道德的相对性，他这么做的最重要的原因是，道德的相对性提供了支持其他道德的可能性的清晰证据，而这种可能性又意味着，从实际的意义来说，一个人自己所属的畜群的道德视角并没有包含任何普遍令人信服的东西。尼采在《查拉图斯特拉如是说》中特别讨论了这一点：

> 任何不进行评价的民族都无法生存；但倘若它要维系自己的生存，它就要敢于不按照邻族的方式来做出评价。
>
> 有许多事物，这个民族称之为"善"，另一个民族却称之为"羞愧"和"耻辱"。这就是我发现的。我发现有许多事物，它们在此处被称为恶，在他处却被饰以帝王般的荣耀……
>
> 在每个民族的头上都悬挂着一张价值表。[32]

这些神谕般的诗篇提取了尼采在他散乱的文集中对这个（显著的）主题所说的精华。查拉图斯特拉谈到，他发现各种各样的善与恶以及各种各样的评价权力（"在地球上无法发现比它们更大的权力"）遍及这个世界。人类，或更确切地说，诸多社会群体"将善与恶给予他们自身"。他们并没有在本质上发现善与恶，因为善与恶的本质并不是在那里被发现的。他们也不是通过天启获得善与恶（无论他们在解释他们的法规与戒律时有可能提供什么）。人类"为了维系自身，将价值置入事物之中"，他们在创造了这个世界的同时，也以这样的方式创造了他们自身。因此，"评价就是创造"[Schätzen ist

Schaffen]。[33] 这些教诲并不陌生。与我们的主题更为相关的是查拉图斯特拉的这个论断，即"最初创造的是民族，仅仅在其后才是个体。事实上，个体就其本身而言，只不过是最近的创造产物"，而且"在群畜中的快乐要比在自我中的快乐更为古老，只要'群畜'被称为好意识，那么，'我'就被称为坏意识 ①"。那个在具备群畜特征的原始统一性中如此大量地思考自己的人，就像某个与众不同的人为了他的与众不同而有罪恶感一样。这样的人甚至毫不期待与群体重新结合。正如尼采所暗示的，在孤独中存有恐惧，只要个体的孤单是**参照**类似原罪这样的概念来进行解释的，这些离经叛道者在外部与内部都易于感受到诸多惩罚，而不是诸多机会。作为一位变革者的尼采想要说的是，**那就是**一种原罪。

必定会让我们感到困扰的一个问题是：个体如何能够获得一种确定他自己是独特的意识？因为根据尼采的分析，无论他意识到了什么，都会将其直接转译成共同的习语。在任何地方都找不到尼采对这个问题的确定解答，就像柏拉图无法确定地告诉我们，某人如何摆脱那条捆绑他在洞穴中的其余同伴的锁链。尽管如此，柏拉图的那个摆脱了束缚的哲学家能够返回洞穴并解放那些仍然束缚于阴影之中的人们。不过，对于人们之所以会认为一个如此孤立的人不可能获得理解，尼采给出了一个解释：这些如此孤立的人的那些属于群畜的同伴，必然会将他们视为令人困惑的与不可理解的。尼采确实认为（必须承认，这并不令人振奋），我们或许危险地削弱了让群体团结一致的纽带，其削弱的方式是通过"观念起源的科学"所提供的技术，冷静地剖析支持群体道德的诸多信念的愚昧。这在最好的情况下也是一项进展缓慢的工作，语言与传统的重负必然沉重地压迫着自由精神进行摆脱束缚的斗争。事实上，这需要近乎超人的能力与"巨大的反作用力"来"阻碍这种自然的、太自然的**相同者之演进** [progressus in simile]，阻碍这种让人类朝向相似者、平均

① gutes Gewissen 和 schlechtes Gewissen 通常分别译为"好良心"与"坏良心"，但在丹托看来，坏良心与内疚的联系过于紧密，而内疚仅仅是坏的诸多形态之一。丹托认为，schlechtes Gewissen 这个概念的关键在于，我们自身持有错误的道德信念让我们产生了自己是坏的意识，进而加剧了生命的各种苦难，因此，他坚持用"坏意识"（bad consciousness）来翻译这个概念，相应地，本书统一以"好意识"与"坏意识"来翻译这两个概念。亦见本书第 265 页内容。——译注

者、平常者、类似群畜者——朝向庸常者——的继续成形！"[34]

当然，缓解习俗压力的一种方式是，用科学的可靠知识来取代传统这个古老的怪物，这是有启发的，而且也几乎无法被否定。必须要反复告诉神经症患者，他特别喜爱的那些解释是虚假的，他的强迫观念或强迫行为的真实理由要到别处去寻求，倘若他要超越精神错乱的想象力的支配，就必须要对真实的理由进行谨慎的甄别与阐明。除了仅仅追加科学研究之外，尼采还提供了另一个或许不那么显而易见的处方。为了便于阐述，让我们假设，他的不合情理的观念是，我们自出生以来就处于一个立即就可以评价与描述的概念图式之中，我们通过简单地学习我们的语言就自发地吸收了一种道德与一种形而上学。让我们跟着他（以更可疑的方式）假设，我们对我们自己的理解是且仅仅是我们的语言允许我们认识的东西，我们意识到的也仅仅是语词允许我们言说的东西。语言与道德以两种方式发挥了压制性的功能，即拒绝让任何与群畜中的其他人的差异达到危险程度的人继续存活，在一个给定的个体中限制任何可能无法以乏味单调的方式进入群体习语的感受、思想或观念。现在让我们假设，在我们作为模型的共同体之中诞生了某些个体，他们比其他人更加敏感，或对范围更大的经验开放自身，或服从于某种不同的激情等级，这些人不太可能持久生存或获得理解，至少他们的离经叛道不太可能获得理解。然而，人们或许会极力主张，恰恰只有通过这种个体的存在，诸多新观念才有可能逐步更新并修改这个群体的概念资源库，因为对于诸多观念与概念来说，或许并不存在另类的自然资源。所有这一切无论是正确的还是不正确的，至少可以轻易地被确认为尼采所相信的某种东西。但是，让我们从所有这一切中提取出某些（宽松的）推断。第一个推断是，在我们每个人之中，至少有可能存在着这样一些经常发生的事情，而我们从来也没有对它们有所意识，相应地，我们从来没有去谈论它们。因为诸多群体有所差别，这种内在过程在一个群体中是无意识的与难以言喻的，在另一个群体中却仍然可能是可清晰表述的与有意识的。这或许在很大程度上取决于这些群体分别发现的令自身可能存活的不同条件之间的差异。于是，在这些内在条件的整个集合中，某些条件在一个群体中是有意识的，而在另一个群体中是无意识的；反过来，这或许有助于解释群体与群体之间的视角与道德的差异。但这最终意味着，我们所有人在自身之中都拥有那种可以着手更改概念结构的东西。我们所有人都拥有那种被尼采称为**情感**或**激情**的东西："作为生命条件的情感。"[Lebensbedingende Affekte] 在这些情感中，有一些（但并非必然是全部）在意识中有所表现；有一些（但并非全部）被社会压力抑制；有一些（但并非全部）则被允许进行表达。存在着这样一种可能性，即由于压力在形式上与程度上的差异，诸多不同的情感进入了意识；通过释放某些这样的情感，道德体系自身或许就会有所变化。这是一个奇怪而又迂回的理论，但尼采持有的似乎就是这个理论的某种形式，他告诉我们，就这些激情或情感而言，它们"必须得到进一步的发展，倘若生命要得到进一步的发展"。[35]

　　在此没有必要去质疑这个理论的真假，而只需要去评估它在尼采的系统结构中的重要性。它是重要的，因为尼采的观点恰恰是，群畜与群畜的道德所压制的就是那些必然在本质上反对社会的激情。"所有古老的道德主义怪物在这一点上都意见一致，"尼采在一篇名为"作为反自然的道德"的短文（它被收录于《偶像的黄昏》）中写道，"一个人必须扼杀激情 [il faut tuer les passions]。"[36] 尽管如此，恰恰是在这一点上，尼采发生了严重的动摇。鉴于他的理论，我认为他有资格说，无论对立于群体利益的激情是什么，它们都必定是反社会的。这几乎就是一个定义。接下来，作为一个道德的修正主义者，尼采就成了反社会激情的倡导者，而这些反社会的激情也得到了他的许可。不管怎样，尼采发现自己特别支持这样一组激情与激昂的行动，它们**明确地**被识别为在**我们的**道德中是反社会的。但难以据此推断出，每个反社会的（这仅仅意味着"出离常规与不可容忍"）冲动都将孕育出新生的道德视野。不过，尼采发现他自己所书写的东西，似乎就是在对各种淫欲、残忍、暴力、敌意与野蛮进行赤裸裸的辩护与激励。因此，对于他恶劣的名声，尼采除了他自己以外，无法责备任何人。在完全附和这种谴责之前，我们仍然必须做出一些论述的是，相较于尼采在表述其信念时陷入其中的东西

（我将之称为**修辞**），尼采的信念究竟是什么。必须承认，他的修辞是煽动性的，他的信念也必然是煽动性。但是，在它们之间有一个相当大的区别。

4

当尼采谈论反自然的道德时，他在心中想到的是道德对于那些或许被我们视为欲望、需求与嗜好的放纵表现的抑制方式。这个表现是"自然的"，这种自然的方式或许就像灌木在没有园丁用剪刀给予它们任何外在造型的情况下的随意生长。接下来我们可能会认为，一个"自然的"人，就是一个简单地满足其诸多需求并自由地追求平息其诸多欲望的人，他没有忧虑、没有担心、没有愧疚，并且肯定没有屈服于任何外在与内在的管辖统治。他的行动或许像未成年人，或许像动物，更精确地说，或许就像罗马晚期的皇帝。显然，一个个体的社会化，部分表现为他在规训下达到这样的程度，他内化了他所在群体的禁忌，并将之适用于他自身。当这种情况发生时，正如我们根据最为私人的经验就能认识到的，经常会存在诸多的冲突。自柏拉图以来的哲学家对欲望与"理性"之间的冲突印象深刻，那些漫不经心地浏览尼采的读者几乎肯定会发现他在这个传统中的独特性，尼采公然倡导（或看似如此）在人类心智次于理性的层面上运作的欲望与冲动的首要地位。尼采既因此受到某些人的钦佩，又因此遭到某些人的谴责，但事实上，我们将发现他远比他的语言或他的恶名所暗示的更为传统。

尼采猛烈抨击那些公开反对激情的敌人，他在一段文字中写道："所有的激情都拥有这样一个阶段，它们在其中仅仅是致命的，用其愚昧的重负将它们的牺牲品拖倒。"[37]让我们再次回顾在野蛮的狄奥尼索斯主义与希腊化的狄奥尼索斯主义之间的那个经常被人们忽视的关键区别，我们会回想到，尼采主要倡导的是后者。他从来也不是一个对于彻底**放任自流**的道德或情感的狂热支持者。尼采承认，"每一种道德都对立于**放任自流**，它们是对'自然'乃至'理性'的些许暴政"，他继续评论道，"但是，这并不是反对它的理由"。[38]

事实上，这些价值体系的价值最终恰恰就是它们所强加的"持久约束"。诸多道德体系是相对的与武断的，但必须反复强调的是，服从规则——按照尼采的表述，无论服从的是什么规则，都要优于无所服从[39]——是文明的开端，这种服从让生命有意义并值得活下去：

> 这个引人注目的事实是，在这个世界上当下存在或曾经存在的与自由、敏锐、胆量、舞蹈与大师般坚定相关的事物，无论在思考中还是在裁定中，在演讲中还是在游说中，在艺术中还是在道德行为中，它们之所以成为可能，从根本上都是由于这种"武断法则的暴政"。事实上，在最严肃的意义上说，不无可能的是，恰恰这才是"自然"和"自然的"——而不是任何**放任自流**。[40]

这种教导自始至终贯穿于他的诸多作品之中。在《漫游者与他的影子》中，尼采写道："克服了自身激情的人，就占有了最肥沃的领地，就像那些成为林地与沼泽主人的殖民者。"[41] 而这个观点再度出现于《善恶的彼岸》之中：

> "在天空与大地上"至为重要之事是，长久而又持续地服从于一个特定的方向。人们总是按照这样的方式，最终产生了某些事物，某些壮丽的、精致的、神圣的或疯狂的事物，由于这些事物，人们在这个世界上的生活才获得了回报——美德、艺术、音乐、舞蹈、理性或灵性。[42]

人们不能说，尼采支持的是情感能量的"自然"释放与对情感克制的坚决反弹。他支持的东西其实相当简单，即便这或许没有那么让人振奋。正如通常的情况，他所运用的语言的力量如此没有节制，超过了他想要提出的观点，以至于它驱使尼采越过了他想表达的要旨，进入了概念领域的交界地区。然而，他似乎已经感觉到，除非他运用没有节制的语言，否则他就根本无法触及他的要点。他极力主张要限定我们对于人类的情感与激情方面的态度。他

攻击的是那种在他看来要**根除**激情，而不是精神化激情或培养激情
的倾向。尼采觉得，哲学家畏惧激情，而这些激情确实拥有危险的
面貌。但就像自然中的任何力量，它们的危险将被它们的绝对必要
性抵消，这个问题从根本上来说，就是如何将形式与目的给予激
情。尼采将这个问题视为他的一个具体明确的任务，即"剥夺激情
的可怕名声，[与此同时] 阻止它们变成左右命运的激流，将激情
[Leidenschaften] 转化为欢乐 [Freudenschaften]"。[43]①

　　至少存在两种与激情有关的愚昧。愚昧的人类假定，他们即便
没有首先成为他们自己的欲望、憎恶和怨恨的主人，也能成为其他
任何事物的主人。[44]愚昧的信仰则认为，**诸如此类的**激情是可怕的，
必须要以美德的名义与期望来彻底消灭激情。然而，"彻底消灭激情
与欲望，仅仅是为了预先阻止它们的蠢行以及它们蠢行的诸多令人
不快的后果……而这种做法本身只不过是蠢行的一种严重形式"。[45]
这就是尼采所确定的基督教的态度，需要迈进几步（但我敢说，仅
仅需要迈进几步）来解释尼采对基督教会说出的那些刻薄的、持久
的与著名的谩骂。"教会用各种意义上的切除术来攻击激情"，[46]他在
《偶像的黄昏》中写道。然而，在同一段文字中，他**还**指出，教会不
仅仅是激情的敌人，它更是**理智**的敌人，在任何与理智相关的地方，
它始终都对之抱持敌对与怀疑的态度，它偏袒"精神的贫困"，并期
待从天真幼稚的人的嘴里获得启示。因为教会本身必须对之言说的
那个共同体并不特别乐意接受说服或分析，它运用的是残忍的方法，
而不是理智的方法，可以将之称为阉割，而不是以某种较不激进的
方式来处理问题。早期教会的道德主义者并没有提出"如何让激情
获得精神化、美化与神圣化"这个合情合理的问题，而是强调要摘
除这个令人不快的器官："但是，在根基处攻击激情，就是在根基处
攻击生命。教会的这种实践敌视生命。"[47]

---

①　此处这些德语的某些意义并没有传递到英语之中，但之所以如此，部分是因为
　　Freudenschaften 这个词的构成是为了它与 Leidenschaften 形成一种对称性。后者
　　有 Leid（相当于"苦难"）作为它的一个组成部分，而前者有 Freuden（相当于
　　"欢乐"）作为它的一个组成部分。倘若我们记得"激情"（passion）这个词的词
　　源，那么，这种对比大致上就是在激情与行动之间进行的，就正如在此处的对比
　　是在悲伤与欢乐之间进行的。令人遗憾的是，"激情"这个词已经不再按照"被
　　动"的意义来使用。

　　相应地，我们必须将一种得到了大量限定的异教信仰归于尼采。按照尼采的做法，他将这种异教信仰称颂为地中海的价值，倘若我们以这样的方式来谈论这些价值（因为尼采对晴朗的地中海生活持有一种北方人的浪漫见解），那么，尼采持有的是一种基本明智的观点（即便它或许也是一种乏味的观点），即人类的激情与冲动应当用理性来规划与引导，我们的生活应当同时既是阿波罗式的，又是狄奥尼索斯式的，应当处于力量与形式的平衡之中，毕竟，道德哲学的开端就已经提出了这样的建议。于是，暂且不考虑语言，尼采就几乎没有背离于那个至少可以追溯到苏格拉底的传统。

　　为了对他的语言做出辩护，尼采或许会说，古人并不需要攻击清教徒。他的心理学也是与众不同的。必须记住的是，有别于古代的道德主义者，尼采并没有寻求这样一种"准则"来引导幸福生活，这种准则将理性置于支配激情的优越地位（正如柏拉图的做法），意志将发挥辅助的作用来支持理性。相反，尼采感兴趣的是通过突破进入一种崭新的形而上学与一种崭新的道德，他相信，只有通过修正我们的情感生活，释放我们内在的"作为生命条件的情感"才能奏效。自制仍然是一项初步的要求，尼采在这里甚至觉得，并不是每个人都有能力来实现这一点。对于大多数人，社会的外在约束是必不可少的。同样是出于这个原因，他多少有点担忧，倘若他的哲学被不够精细敏锐的人注意到，他的哲学或许会打开潘多拉的魔盒。当然，对于人们对他做出的诸多误解，他无法完全免除罪责。他原本可以用不那么炽烈的语言来清晰地说出他所意指的东西。在尼采
向他自己指出他思想的困难时，他过于自我放纵与自吹自擂。至少在这一点上，与其说它是困难的，不如说它是可疑的。

5

　　倘若我们要通过流行的尼采哲学——他有关主人道德与奴隶道德的学说，他提及的残酷、苦难、金毛野兽、超人以及其他类似的主题——的中心地带来安全地找到我们的道路，我们就必须在行进中配备某种对尼采的激情理论的清晰理解，无论这个理论本身或许

有多么不清晰。

　　我们首先必须陈述的是尼采看待我们的方式，即便如今这已经不让人感到陌生。我们每个人都是一连串的欲望、嗜好与激情，无论我们的行动或思想是什么，它们都可以参照这些欲望来进行解释。它们给予我们的是动力与方向。当然，尽管如此，几乎还是没有什么欲望在语言中得到了辨识，或者它们根本就没有进入意识。我们有可能对那些确实发挥作用的欲望做出了错误的解释，将它们彼此关联在一起（正如在柏拉图的著名洞穴中的那些被阴影迷惑的囚徒们所做的），而不是将它们关联于沸腾表面之下的心灵。由于我们几乎没有意识到这一点，并且经常对我们意识到的东西产生错误的认识，我们就限制了对我们之所是或我们的行动原因的理解。在我们谈论我们的实在或我们真正之所是的可能范围内，我们是由大量的激情构成的。在某种程度上，只有将之关联于强力意志理论，我们才能获得系统的清晰性；但尼采做出的假设是，"被当作实在'给定'的不是什么别的东西，而是我们的激情与欲望的世界；除了这些欲望的实在之外，我们无法上溯或下降到任何不同的实在之中"。[48] 尼采究竟在何种程度上**真正意指**这样的观点——即**没有什么其他的东西**是真实的——我希望，在本研究结束之时将澄清这个问题。

　　现在必须做出两个进一步的假设。第一个假设是，每个个体都被赋予了多少相同的一组欲望，但这些欲望的强度将在诸多个体之间发生变化。在某些个体之中，这些欲望或许弱到了缺失的程度，而在其他的个体之中，这些欲望可能强到了偏执的程度。第二个假设是，除了杀死或伤害一个个体之外，做任何事情或许都无法增加或减少这些激情的力量。我们必须将这种假设理解为某种守恒原理，无论对它们的刻画有多么贫乏。一个给定力量 S 的给定欲望 D 将以不同的方式显明自身，而这取决于该欲望所属的个体恰巧在其中被抚养长大的诸多不同的社会环境，以及该欲望与在这个社会中盛行的道德之间的关系。请考虑一个拥有强烈性欲的男人，在特定的环境中，他几乎就能按照他希望的方式自由地实现这种欲望，例如，倘若他拥有后宫；或者他是进行征服的军队成员之一，可以自由获取被征服民族的女性；或者他生活在性行为标准宽松的波西米亚社会之中。现在请设想这个人处于道德极其严格的环境之中，极端的制裁将施加于性行为之上。他或许会对抗这个环境，在奉承讨好失败后诉诸暴力。但（根据守恒原理）在没有达成阉割的情况下，这种欲望就仍然是强烈的，事实上，由于没有任何自然的宣泄方法，这种欲望将变成折磨。在阉割与彻底的**放任自流**之间，存在着一系列可能的"精神化"，它或许可以用精神分析理论的著名概念"升华"来进行描述，它为欲望提供了在社会上更可接受的替代性宣泄口。倘若允许欲望按照"自然的"方式宣泄，它就会对社会造成损害，倘若在个体的性格中清除欲望，这就会对个体造成损害。如今在我们看来，道德——个体被要求遵守的一组习俗惯例——或许提供了一种规训激情与欲望的方式，与此同时，它允许激情与欲望"作为生命与成长的条件"[49]而获得释放。接下来，我们或许会将道德大致上视为强加于激情的诸多形式，可以说，它驾驭着某些生来就有的力量来服务于社会利益（因此是让力量与力量进行相互碰撞）。于是，个体是否感到幸福，这取决于他们是否被提供了诸多释放途径来让他们的那些足够强烈的欲望得到宣泄。在某些社会中，道德是创造性的，它允许人们真正富有成效地运用自然的能量；在其他的社会中，道德是压抑的，它们迫使这些欲望转入地下，在那里，它们实际上是作为犯罪行为、精神障碍，或以其他某种方式来摧残个体或社会的。尽管尼采不曾明确提出，但这似乎就是尼采的激情理论，或关于这种理论的主要假设。

让我们假定，我们每个人都有一种欲望，它在某些人中间尤其要比在其他人那里更为强烈，我们将称之为"攻击性"。这不仅充分紧密地关联于强力意志，可以暂时地服务于我们的论述目的，而且充分紧密地关联于我们词汇中的一个可以呈现强力意志的部分意义的语词。即便攻击性从根本上关联于统治，或将一个人的力量施加于其他人，或将一个人的形式给予某种外在的事物，但人们仍然必须按照一种更宽泛的意义来理解它。每个事物，或用一种服务于我们目的的说法，每个人都受到这种欲望的引导，我们甚至可以认为，一个人的绝大多数行动都可以参照这种欲望来得到解释——无论他是一个艺术家、一个商人、一个牧师，还是一位战士。现在让我们任凭自己沉溺于一种推测性的人类学。请想象一种社会模型（它并不是完美意义上的模型，而仅仅是进行了理想化的模型），其中的每个成员在被抚养长大的过程中遵循的是这样一种道德规范，它既规训这个群体的成员，又作为一种整合工具来发挥作用，它坚持让所有的个体都遵循大致相同的行为模式、思维模式与表达模式。每个人都觉得自己与其他人保持团结一致。假定在某些个体中的**攻击**欲望在力量上显著高于这个群体的其他成员。在特定条件下，拥有这种强度的攻击欲望的个体就特别有用，例如，当这个群体受到外来的威胁时。接下来，这种攻击性就向外部宣泄，以反对这个群体的敌人。"某些强大而危险的冲动，诸如对冒险的热爱、有勇无谋、复仇欲、奸猾、贪婪与追求权力"，[50]至少在这里就转变为对社会有用的一组欲望（我们或许将它们当作攻击性的某些模式）。由于它们的效用，它们将被算作**美德**，而它们的拥有者在这个群体中将获得尊重——"被帝王般的荣耀装饰"，恰如查拉图斯特拉所言。因此，只有当一个群体被一群怀有敌意的部族包围时（我们确实可以认为，攻击性也是一种群体的欲望），这个群体中的战士，在这个阶层中更优秀的战士（那些具有更多攻击性的人）才会自然地成为这个群体中受到荣誉表彰的人，实际情况或许几乎总是这样的。

现在让我们假定普遍存在的是和平状态。根据我们的心理学假设，同等数额的攻击性将如先前那样呈现，只是如今并没有外在的释放途径。这些战士不习惯于压抑自身，他们发现，他们的攻击性不由自主地恰恰转向了他们先前进行保护的个体。这些个体的田地被他们践踏，这些个体的女人被他们拐走，等等。根据那个清晰的标准——即对群体的效用——战士的欲望曾经被誉为美德并获得了尊重，如今这种欲望却受到轻视，并被人们视为不道德的与对这个群体的威胁。实际上，他们已经变成了罪犯。

现在，随着释放的道路被封闭，［这些欲望］逐渐被污名化为不道德的，人们任凭它们被诋毁污蔑。如今，对立的欲望与倾向逐渐获得了道德的荣誉。群畜的本能一点点得出了它的结

论。在一种局势中，在一种情绪中，在一种天赋中，或在一种
意志中……对公共利益的威胁有多大或多小：这就是现在的道
德视角。敬畏再度成为道德之母。[51]

这个部族现在开始对它以前的英雄提出要求。他们必须像其他任何
人一样成为守法公民，否则就必定会成为被通缉的罪犯。不过，对
于这些个体来说，考虑到他们的欲望与毫不减弱的强度就像外部条
件那样是不变的，让他们与其他人一样是不可能的。根据这种情况，
尼采得出了某些引人入胜的心理学推论，但在这里需要的推论仅仅
是，这些相对于他们的群体恰好是出众的个体，总是对这个群体构
成真实的或潜在的威胁。

> 当这些最高级与最强烈的欲望热情激昂地爆发出来时，它
> 们将个人带到远远高于群畜意识低地的上方，后者的自信、它
> 对自身的信仰、它的脊梁骨可谓被粉碎了。因此，最好是污蔑
> 与诋毁这些冲动。[52]

我们必须提醒自己（因为尼采并不经常这么做），我们正在讨
论的是推测性的人类学，它用的是一种阐明了特定力量的运作方式，

136 并表明了相同事物如何根据环境变化而得到不同评价的理想化模
型——它本身在道德理论中几乎并不新奇。我们必须提醒自己（这
仍然是因为尼采并不经常这么做），被我们称为攻击性的欲望并非而
且也不需要始终以反社会的方式来进行显现或表达，并非而且也不
需要以战士与歹徒的**面貌**来进行展示。实际上，攻击性——或强力
意志，这是它最接近的类似事物——必须要被理解为一种普遍的现
象，它得到了广泛与多样的例示。在尼采自己的哲学中，艺术、宗
教、科学、哲学与道德本身就是强力意志的实例。尽管如此，由于
尼采作品的那个令人遗憾的特质，尼采青睐的**主人公**往往是一种军
人类型的英雄（他喜欢将自己称为"老炮兵"，而这几乎没有什么正
当的理由）——尽管在我刚刚引证的那段文字中，他又继续说道：
"高傲独立的智慧，孤独伫立的意志，甚至伟大的理解，均作为诸般

威胁而被经验；将个人提升到群畜之上并惊吓了邻人的一切，都被称为'恶'[Böse]。"尼采有时将智慧与理性等同为**恶**，他忘了他已经说过，"善"与"恶"是人类强加的特征，在这个世界上无法发现绝对意义上的"善"与"恶"，正如他有时忘了（或让他的读者不时忘了），"群畜"是一个描述性的词语，而不是一个纯粹用来贬损的词语。毕竟，有可能存在一群爱因斯坦。

不难看出，那些感觉到了自己优越性的读者为何会发现尼采是**他们的**哲学家，特别是倘若他们还觉得，他们的优越性没有得到认可或没有得到赏识。最后，这就是尼采自己的处境，这种处境或许不仅解释了其他的许多东西，而且也解释了他的散文中那份不断高涨的狂热，解释了他的比喻与例证不断增长的恶意。他可以用远非华而不实的修辞（毕竟，我们在他的早期论著中就已经发现了这种修辞）来保留相同的分析，并用它来做出更为宽泛与更加人道的应用，因为正如我已经暗示并希望表明的，它其实隶属于一个广泛而又普遍的理论。然而，我相信，尼采的孤立与自负共同使得他确立了一种写作风格与一种刺耳谩骂的腔调，而这经常就像在进行绝望的恐吓。他以某种方式向社会宣战，就好像他在自己做出的比喻的误导下相信，优越者（他违背了自己的理论，将优越者狭隘地等同于战士）只有在战时才被授予荣誉并被承认为优越者。但这是离题的。

6

道德的相对性被尼采与他的**代言人**查拉图斯特拉做出了如此众多的解释，但它在尼采的作品中仅仅得到了粗略的举例说明。人们在各处发现了尼采对希腊人、波斯人与犹太人所遵循的不同价值表的评述。然而，尼采关注的并不是汇编一部文集，而是构造一种道德实践的类型学。严格地说，让尼采留下深刻印象的是，只存在两种主要的道德。

> 在穿越了此前统治过或仍然统治着这个世界的众多粗劣与
> 精微之道德的漫游中，我发现特定的表现有规律地彼此关联，

　　　有规律地反复发生，直到我偶然发现了两种基本类型与一种基本差异的出现。存在的是**主人**道德与**奴隶**道德……[53]

尼采明确强调，这些是**种类**，它们很少能以纯粹的状态被发现，无论是在一个给定的群体中，还是在单独个体的价值态度中。但尼采有时的说法就好像存在，或应当存在完全纯粹的范例。对他来说，这种差异是一种基本而又重要的差异，尽管这些名称或许是令人遗憾的。正如通常的情况，我们必须依靠语境，而不是内涵的意义来弄清尼采用这两种道德所意指的东西。

　　　在某些方面，它们关联于部族成员或群畜成员归于他们的优越者的不同评价之间的诸多差异。这依赖于优越者对这个部族的效用，它本身在某种程度上是一个与外在境遇有关的问题。优越者时而被授予荣誉，时而遭受诋毁，这并不需要他们本身发生任何变化：它取决于他们可获得的用来释放那些界定了其品性并决定其优越性的激情的宣泄口。那些具有强大的攻击性，有可能千年以来都是武士的个体，被尼采特别命名为"主人"或"贵族"。他们为之战斗，并在和平时期对之构成威胁的部族普通成员，则被尼采称为"奴隶"。这个术语既不是以社会的意义来使用的，也不是以经济的意义来使用的；或许，在尼采心中想到的是一个古代的亚里士多德式的论题，即某些人天生就是奴隶，无论他们的经济条件或社会条件有可能是什么，并非每个在法律意义上的奴隶都是形而上意义上的奴隶。我可以肯定的是，尼采恢复了这个观念的古代荣誉，他认为，大多数人是由这种意义上的奴隶组成的——尽管在**统计学的**意义上还存在着一种相冲突的情况，即大多数人仅仅是由那些在统计学上的普通人组成的，无论他们可能拥有什么**不容置疑的**特性。这种混淆是造成尼采作品中相当多的祸害的原因。请注意，我们在此仍然位于我们的那个小巧的人类学模型之中；因为倘若我们从来都只把它当作一个模型，它就是弄明白这些差异的便利工具。我们所关注的两种道德导源于两种主要的群体；根据"贵族被授予荣誉"这个事实，并不能推断出他们应当被认为是"善的"。这将我们带到了问题的症结所在。

这两种道德都运用了"善"这个词，除了伴随着这个词的褒奖力量之外，他们用不同的方式来运用它，他们用它来指出一种相当明显的反差。换句话说，这两种道德可在语言中进行描述；尼采通过考察表达它们的道德习语来追踪它们的主要表述。他有一对非凡的耳朵来捕捉诸多道德的细微差别；在他添加到《论道德的谱系》的第一部分的一个注释中，他极力主张，某些大学应当设立奖金来奖励那些根据语言学，特别是词源学来阐明诸多道德观念的历史与演化发展的最佳论文。尼采的作品充斥着这样的暗示，即相同的道德术语有可能被处于不同处境的人们以不同方式来使用，以至于他们在没有意识到这种差别的情况下拥有了不同的道德视角：比如，对于一个人来说，"美德"或许意味着不存在快感，而对于另一个人来说，"美德"或许仅仅意味着从不断进行刺激的欲望中解脱出来，因此，他们都无法理解彼此。[54] 通过将之与"坏"（schlecht）和"恶"（böse）进行对比，"善"的不同意义表明了如此使用"善"的那些人所拥有的不同的道德视角。倘若你能够自然而然地影响某些人，使他按照**你的**方式来使用道德的谓语，你也就能让他发生改变，即便你不能让他改变他自己，也至少能让他改变他对他自己的设想。尼采坚持要表明道德影响我们设想这个世界与我们自身的方式。他相当详细地透彻思考了这一点，无论人们会以何种方式看待他的那些具体的分析，这都让他有权享有道德哲学家的地位，而不仅仅是他有时被当作的那种怪人。

139

我首先将思考主人道德。拥有这种道德的个体会感受到他自己、他的同伴与事实上不同于他们的任何人对待价值的真正差异；**他**以及类似于他的那些人，在一种绝对的意义上优越于任何不同于他们所体现之卓越的人。事实上，他觉得，在他这个群体与**其他人**之间的差距是巨大的；然而，就其本质而言，他的群体在人口中远比其他人更为稀少。他看到在这个世界中的人被划分为两个有区别的阶层："善"这个词被应用于一个阶层，因为这个阶层的成员拥有不容置疑的品质；而另一个阶层的成员或者由于缺乏这些品质，或者由于仅仅在低劣的程度上拥有这些品质，他们就是"坏的"。"善"**并非**按照规定性的方式来使用。因为规定指示的是让某个人**应当**成为何种人的方式，即便这个人根本就不是这种人。尼采的观点恰恰是，那种并非善良的人**不可能**是善良的，善良的存在者仅仅是与"一个人是什么"有关的问题，而不是与"一个人凭借努力可能变成什么"有关的问题。善良的人**天生**就是贵族，贵族的特权正是将自身的价值强加于这个世界之上。那些在这个意义上是善良的人

> 感到他自己在确定价值。他并不需要辩解，他的判断是，"任何冒犯［schädlich］我的东西，**其本质**就是冒犯性的"。他知道是自己普遍地将荣耀给予事物，他**创造了诸多价值**：他的道德是自我赞颂。[55]

140　　这样的人或许对他作为成员而隶属的那个群体有用，他也可能因此而获得重视。但他不会根据这样的意见来看待他自己。

> 善良而又健康的贵族之本质在于，他并**不**将他自己视为一种功能（不论是国王的功能还是联邦的功能），而是将他自己视为自身的意义与最高的辩护……他的基本信念是，社会不是因为社会之故而存在的，而仅仅是作为支撑物与脚手架，凭借这些东西，一种被特选出来的存在者就有可能上升到一种更高的使命与一种更高的**生存**。[56]

对于那些不同于他自己（以及根据定义低劣于他自己）的人，贵族的态度纯粹就是蔑视。不同于他自己，他们（尼采并没有说"例如"，尽管他应当这么说）是"怯懦的、焦虑的、小气的，并根据狭隘的功效来进行思考"。[57]贵族愿意看到任何数量的这样的个体做出牺牲，以便于让他与类似于他的人成其所是。他或许会帮助和培养这些毫无防备的弱者，但这不是出于同情，而是由于**贵族的义务**（noblesse oblige），或者即便是由于同情，那也不是弱者的同情；这种同情是"有某种价值的"，[58]是他力量的延伸。当然，倘若他出于自己的目的而剥削利用受制于他的那些群众，人们就可以轻易地理解这一点。而倘若他没有去扶助弱者，这并非因为他必定是冷酷

无情的，而是因为他的视角阻止了他以谴责自身的方式来思考他的行为。尼采在他的讨论中是完全不动感情的（而遗憾的是，他的准确无误达到了令人惊骇的程度）。假设一个富有的王侯从一个穷人那里拿走了某个被后者珍视的东西，或某个唐璜从一个男人那里拐走了后者来之不易的心上人，受害者肯定将折磨他的人视为邪恶之徒，因为他抢走了受害者仅有的那点东西，而这对受害者具有如此重大的意义。但受害者犯下了一个错误：

> 富人根本就没有如此深刻地考虑个别财富的价值。他习惯于腰缠万贯。因此，他无法站在穷人的立场上来设想自身，而他的行为也几乎不像穷人所相信的那样不公正。无论穷人还是富人，他们对彼此的想法都是错误的。[59]

尼采精心阐述的是，当我们可能伤害的生物与我们的差距是巨大的时候，我们从来也不会感到显著的不安；没有人会由于碾碎了一只虫豸而感到内疚，特别是当这只虫豸令人讨厌时。例如，薛西斯感到另一个人几乎就像虫豸一样令人讨厌，他以类似于碾碎虫豸的方式碾碎了这个人，对薛西斯来说，激发他这么做的动机算不上残暴。[60] 根据不同的视角审视，相同的行为就会得到不同的认识与评价。

根据主人的视角，那些不同于他们自身的人仅仅是**糟糕的人**；也就是说，是一些没有达到他们标准的人。这就类似于糟糕的鸡蛋在鸡蛋品质级别中的低劣地位。成为一个糟糕的鸡蛋，或以此用法，成为一个糟糕的人，这并没有任何**在道德上糟糕**的意义。这恰恰就是一个人存在的方式。于是，对于糟糕的东西来说，它们也就是糟糕的。它们几乎无法由于它们之所是而遭到谴责；它们仅仅**是**糟糕的。

奴隶道德实际上导源于小人国的居民对格列佛的看法。恰恰是主人所珍视的那些品质，被低劣于他们的那些人称为**恶**。作为补偿，恰恰是那些**糟糕的人**——残废者、停滞者、盲目者、驯服者、在精神上的贫乏者——才真正是善的：

> 奴隶的目光以相反的方式来审视强大者的美德。他怀疑与

不信任任何被强大者尊奉为"善"的东西。他或许会说服自己
相信，甚至那里的幸福也并不美好。相反，那些有助于让受苦
者的生存变得轻松的品质得到了强调与突出：怜悯、友好地施
以援手、温暖的心、有耐心、勤奋、谦恭、友谊——这些如今
都获得了荣誉——因为它们是有用的品质，它们几乎就是忍受
生存压力的仅有手段。奴隶道德是实用的道德。[61]

实际上，奴隶（在他们的意义上）是"善的"，因为他们作为低劣
者，没有能力成为"恶的"——而不是因为他们即便有能力也不会
作恶。他们想要主人改变想法，纠正他们的道路，与其他人一样。
然而，那些**邪恶**的人事实上无法成为**糟糕**的人。他们经历的人生道
路让他们变得过于强大，以至于不可能成为这样的人。然而，奴隶
无法看到这一点，他对"善"的用法**是**规定性的：它说，每个人都
应当是这样。

　　将尼采的阐述细节搁置到一边，这两种道德就可以被还原为自
康德以来，哲学家在绝对而又无条件的价值与假定的或依情况而定
的价值之间做出的一种相当简单而又相当普通的区分。某些善是确
142　定无疑的，而其他的善只能是有条件的。主人可以是任何给出无条
件价值的人。奴隶关注的是效用与后果，他们根本就没有绝对的价
值。但我们几乎不能看到任何正当的理由来支持这种用**主人**与**奴隶**
来为这两种评价起绰号的做法，尼采并没有以足够的抽象性来讨论
这个问题，以至于我们无法在抽象的层面上接受这两种道德。

7

　　尼采反复声称，道德都是谎言，即便是一种必要的谎言——一
种礼节性的谎言（Notlüge）。它是必要的，因为"假如没有存在于道
德预设中的诸多谬误，人类就仍然是一种动物"。[62]事实上，人类是
一种**超越者**（Übertier），这是一种意味着高等动物的模棱两可的表
达（正如**超人**也是一个这样的词），某种高于动物的东西，或一种已
经超越了兽性的动物。无论以何种方式来理解人类，人类都将根据

道德来进行**解释**；毋庸置疑，道德通常是对兽性的压制，它将我们升华至超越我们自身的地位。因为道德做到了这一点，而尼采作为一个在反对基督教道德的特定意义上的"非道德主义者"，他发现自己在发言时经常支持这种兽性，却忘记了根据他自己的分析，并非仅仅是这种基督教的道德，而是每种道德都对立于兽性。相较于尼采在表达时的谨慎态度，我们必须更为谨慎地去理解尼采。

他的原始的群盲或群畜绝妙地充当了一种模型，但这种模型不足以适用于当代社会，它几乎无法对社会道德问题的解决提供令人满意的指导，更不用说理想的指导了。必须记住的是，当我们放弃了原始群畜的严格范围之后，主人道德就不会被等同于那些由君主与英雄贯彻的实践，因为这些仅仅是主人道德的例证，无论如何，主人都是价值的赋予者。在尼采的这个讨论的更加宽泛的语境中，主人仅仅是将价值强加于这个世界之上的卓越个体，而不管他们究竟是哪种人。他们有可能是艺术家，有可能是哲学家，也有可能是你想要的任何一种人。尼采在他的笔记中花费了几页篇幅来填补解答"究竟什么是卓越？"［Was ist vornehm?］这个问题的标准——他罗列出来的标准都显著地带有自传的性质。

最后，尼采似乎完全遗忘了他的最重要的视角主义要旨，他继续在谈论中将贵族与奴隶作为自然种类。贵族在民众之上崛起，用尼采的那个具有启示性的隐喻，贵族就好似爪哇的常春藤逐渐攀升，直到最终凌驾于支撑它的那些树木之上。[63] 在何种意义上，爪哇的常春藤要比它攀爬的橡树更为优越？尼采经常陷入社会达尔文主义者最愚蠢的错误之中，将生存等同于卓越，然而，出于某种复杂的原因，他并没有看透赫胥黎的这个犀利的观点，即宇宙之主只要略微改变大气的化学成分，或许就只有某些苔藓能够存活下来。

既然我们已经谈到了所有这一切，那么，在这个断定存在这些道德的理论中，就有某种重要的与有趣的东西，倘若我们在此处丢下这个问题，我们就会对尼采的道德理论产生一种有所曲解的看法。事实上，我们有可能无法看到，当主人将奴隶的评价应用于他们自身时会发生什么。若没有参照尼采对宗教与宗教心理学这个主题所做的新颖而又深刻的论述，就无法在解释中保全尼采的道德理论。

第六章　宗教心理学

1

　　《论道德的谱系》作为一个标题，令人满意地表达了它为之命名的这本书的诸多意图。对于 19 世纪来说，它或许是一个令人震惊的标题，至少比在我们自己的这个世纪更容易产生令人震惊的效果。因为它提出，诸多道德拥有一种谱系，也就是说，它们是继承下来并有所演变的，而不是被所谓的某种超越人类的至高法律授予者在天上颁布的。有一种根深蒂固的古老观念认为，我们道德的基础是传给我们的诸多戒律，我们**必须**服从这些戒律。人们经常觉得，至高立法者——即上帝——的观念必须要得到认真的捍卫，因为他们担忧，倘若上帝消失了，道德必然伴随上帝一起消失。倘若当前存在的或曾经存在的主宰者或道德的发号施令者被证明是一个神话，那么，人们还有什么理由来继续成为有道德的人呢？的确，谈论遵照**服从**的行动已经不再有任何意义。因此，自古以来，对道德无政府状态的恐惧，让人们保持了对上帝的信仰。

　　通过使用这个标题，尼采想要指出，道德的力量并不是它神圣的或半神圣的根源的一种功能，将我们的道德规范归功于上帝的仅仅是一个神话，它将一种虚假的、幻想的原因分派给了有待解释的东西，而这种东西无论是在起源的意义上，还是在功能的意义上，都只能纯粹用自然主义的术语来加以解释。作为自然的现象，诸多道德是为了回应如下这些需求而进化出来的：让社会团结一致，确保自身永存，帮助控制这样一些欲望与冲动——它们若没有得到某种抑制或升华，就有可能威胁或摧毁群体的组织构造。诸多环境的结合决定了一种道德的特性，正如查拉图斯特拉多少有点沉重地提出的这个观点："倘若一个人首先知道了一个民族的需求、风土、气候与邻国，这个人就能轻易理解这个民族正在克服的规律，以及这个民族爬上这架梯子以通达其希望的原因。"[1] 关于个体，人们经常会提出一个相当类似的观点：倘若一个人知道了他们的性格与环境，这个人就能轻易地预测他们的行为。在尼采对于道德突现的见解中，有些地方就类似于这个版本的决定论：这个民族的道德"并不是向他们从天而降的声音"[2]，而是可以将之追溯到一种简单的环境之中。

　　一种道德拥有一种用途与功能。然而，始终存在的可能性是，一种道德在失去其功效之后仍然能存续下来，现在它**仅仅**作为习俗而受到法令与法律的持续保护，并被一代代人教导与传承，而在此时，它拥有功效的条件已经发生了改变。倘若发生了这种情况，这种道德或许足以阻碍它为之提供基础的那个文明的成长。于是，在这种道德中成长的我们将发现，我们自己是在不同于我们的生活条件下制定的规则的牺牲品，这些规则是由不同于我们的人（我们的祖先）所制定的，它们预示的理想即便没有对我们自己的生存条件造成危害，也无关于我们自己的生存条件。接下来会发生什么？倘若发生了这样的情况——正如尼采确信的那样——就需要一种新的道德。为了促成道德的突现，尼采希望至少要表明我们的道德发展形成的自然条件，或至少要表明道德通常是以这种方式产生的。倘若我们坚持要认可我们当前的道德实践，我们就应当在没有对"我们正在做什么"或"正确的信仰是什么"形成任何错误见解的情况下这么做。尼采**期望**我们会创造出新的价值，或我们之中的优越者会这么做。或许正是这种期望连同尼采的诊断性目的，有助于解释为什么他的诊断会与诽谤交织在一起，为什么一种分析在中途会变换腔调，以斥责或申辩告终。

　　对主人道德与奴隶道德这两种理想化的道德的讨论，连同对于在"善"与"恶"、"好"与"坏"的价值对立中的语言学表现的讨论，在《论道德的谱系》中得到了深化与突出，而且对于具备这些道德的两种人的心态，它还补充了一个更为精致的心理学分析。尼采觉得，语言学即便是他那种探究的恰当工具，它也必须用心理学（尼采相信他自己是心理学的大师）乃至生理学与医学来加以补充。[3]倘若我们决定不仅将这样的道德当作"一个问题"，更将任何给定的道德都当作"一个问题"，追问**它**的诸多价值的价值是什么，那么，情况就必定是这样的。例如，我们必须决定，某个价值表是有利于这种类型的人还是有利于那种类型的人，是有利于这种生活方式还是有利于那种生活方式；它是否鼓励"一种最强有力的个体"的显现，还是仅仅助长一个给定群体的最长久的生存可能性。这些目的不是相互依赖的，就此而言，它们甚至是不相容的。[4]尽管如此，我们在这里感兴趣的是尼采在这种关系中提出的一种心理学的创新。尼采的哲学极大地澄清了两个发挥了显著作用的心理学概念，它们是**怨恨**与**坏意识**。

奴隶（为了让尼采的观念保持清晰的关系，我们或许会勉强同意使用他的这些令人不快的术语）并非仅限于害怕与夸大主人的**恶毒**；他不仅**怨恨**主人的力量，而且还**怨恨**他自己的相对无力。诚然，就此而言，他必然会承认他自己是低劣的，低劣于完美的典型。然而，他不能接受的想法是，他将无法获得有别于其他任何人的待遇，无论是更高的待遇还是更低的待遇；他也不能接受，他将被当作实现主人的诸多目的或快乐的手段。作为一个人，他觉得，他得到的待遇并不具备足够充分的尊严乃至根本就没有任何尊严。由此就产生了他的怨恨感。然而，他将做些什么？他不可能公开向贵族释放他的任何敌意，但事实上，这就是他的困境的根源。倘若他的敌意**要**得到释放——尼采的心理学所包含的一个假设是，诸多感受将以某种方式找到表达自身的途径——这必然是以某种迂回的、并不显而易见的方式来完成的。倘若奴隶以普通的方式攻击主人，他就会被击倒，他的处境就会比先前更加恶劣。因此，奴隶必须运用诡计，用拐弯抹角的方式来完成报复。

奴隶在历史上实施的那种非同寻常的报复（根据尼采的观点），就是我们自己的道德行为规范的基础。这种报复在于让主人接受奴隶自身的价值表，并根据**奴隶的**视角来评价自身。通过这种在道德光学中的古怪斜视，主人在他自己的眼里就变成**邪恶的**，而且要为他以往作为贵族设定为善的那些价值而遭受谴责。他同样采纳了奴隶关于善的概念，并且认为这个概念也是对他自身的一种规定。他觉得在道德上有义务去像"他们"一样。但这是他不可能做到的。如今，他没有能力将这些支配了他面前的一切且具有过多攻击性的高级精神向外部释放，于是，他将这些精神转向**内部**来**反对他自身**。主人的力量掉转头来反映在自我侵犯之中，而奴隶已经驾驭了这种对自身有害的力量，并让它变得不起作用。

　　这种不可思议的价值重估是如何发挥作用的？尼采的解答是宗教的运作。通过宗教，强者受缚于一组贫乏的绝对律令，在这种绝对律令之下，他们不得不遭受残酷的折磨。宗教是卑贱的怨恨者发现的报复手段。贵族在他无法无天的时代里总是将价值给予"一副强大的体格，一种精力旺盛的、饱满的、泡沫翻腾的健康，连同维持这些东西的任何条件——战争、冒险、狩猎、舞蹈、竞技以及通常囊括了坚强、自由与快意的行动的一切"。[5] 这些东西就会受到[基督教的] 宗教世界观的鄙视，会成为教士怨恨的对象。我们在这里不可能去指望任何历史的精确性，当我们将这个解释的更多内容展现在我们眼前时，我们将逐渐接受这个奇特解释的本质。尼采断言，教士（人们或许会将教士当作让奴隶道德获胜的谋略家，倘若这场胜利要归功于宗教的话）恰好位于活力等级的对立末端，其标示的活力顶端曾经是由贵族占据的："教士是最无力的人"，他们保持了最大程度的**怨恨**。"由于他们的无力，他们的憎恨增大了他们的怪异与阴暗、恶毒与机巧……"对价值的重估最终是他们"最富有精神性的报复行动"。[6]

2

　　人们或许会认为，倘若只存在两种基本的道德类型，先前的论述可能就是对于或多或少发生于任何地方的道德所给出的一种系统化解释。毕竟，这个前提是心理学的前提，不可能只有一个特定的奴隶群体才会感到**怨恨**：倘若这个分析是可靠的，在任何地方的任何人就都有可能感到怨恨。虽然如此，尼采所考虑到的明显是他自己的文明与传统，他正在做出的是某种含蓄的历史论断——尽管尼采的理论以这些论断为根据，但是，倘若这些论断被证明是错误的，尼采的理论要求这些论断触及的范围就相当不清晰。尼采想到的宗教是基督教，也有可能是犹太教，因为他谴责（或赞颂）犹太人为这样一种道德革命给予了形式，这种道德革命在西方将现代与古代分离开来，我们现在仍然生活在这种道德革命之下。

尼采对待犹太人的态度是一个令人尴尬而又没有实际意义的问题。尼采自己并不是一个反犹主义者。在某些时期或某段时期内，他受到了瓦格纳的影响，作为一位正在他自己的道路上崛起的骄傲自信的年轻教授，他说出来的是瓦格纳与柯西玛（她是**一个甚至比瓦格纳自己都更有过之而无不及的瓦格纳主义者**[plus wagnerienne que Wagner même]）的反犹主义观点。尼采的妹妹嫁给了一个善于惹是生非制造麻烦的反犹主义者伯恩哈特·福斯特（Bernhard Förster）。她经常试图将尼采招募到他们的事业之中，她在南美洲未经许可地使用了尼采的作品，这激怒了尼采。尼采从未允许他的哲学以这样的方式被利用，即使他不支持犹太人，他也是一个反对反犹主义的人。任何希望确定尼采个人态度的读者，只需要去查阅他的信件，这些信件表明，尼采是一个蔑视和嘲笑反犹主义（以及与之相伴的种族主义理论）的人。人们可以在尼采的作品中发现他关于犹太人所说的极其具有赞美色彩的话语。然而，倘若我们选取的是这样的论断——"犹太民众的意义就是这种价值重估……道德中的奴隶反叛就是从他们开始的"，[7]我们就很难不认为，尼采意在暗示，犹太人在自然本性上是真正的低劣者与生命的敌人，倘若奴隶道德本身对立于生命——而这是尼采相当频繁地提出的说法。这个论断在某种程度上恰恰是隐约难辨的，对于尼采的读者来说，要求他们在这个论断中仅仅看到尼采将现代社会的诸多罪恶的责任归咎于犹太人，这完全是不合情理的。倘若尼采并非一个反犹主义者，那么，他语言的误导性就已经达到了不负责任的程度。我毫不怀疑人们可以表明，尼采说的是，无论如何，犹太人被认为拥有现代文明中**最好的**东西，事实上，我敢说尼采会承认这一点。尽管如此，可能仍然需要一些诡辩来表明这种寓意**并非**显而易见（本书的一部分就是对这种诡辩的运用）。必须承认，纳粹宣传家只需用一种更加易懂的解读，就至少能在某些段落中发现对他们自身最为执着的意识形态的辩护。当然，纳粹主义随后造就的灾难，以及纳粹主义半官方地将尼采接纳为这个可怕运动的哲学家，让尼采思想的这个微不足道的方面具备了与其系统相关性完全不成比例的重要性。倘若某个疯狂的独裁者上台后发布了迫害女性的政治纲领，并由此导致了六百万女性的死亡，假设这个独裁者读过叔本华并受过叔本华的启发，我们应当也无意于将我们现在所指的这个独裁者迫害女性的嗜好，归咎于叔本华这位哲学家对女性的反感。无论如何，我感到宽慰的是，我不需要去解决"尼采对世界反犹主义历史的影响"这一不光彩的故事所引发的诸多纠纷。

尼采坚持认为，**怨恨**在历史上与心理上对基督之爱这个概念的发展负有责任。因为最初恰恰是对邻人的恐惧，才导致人们要求从邻人之中获取爱。但这是不可能发生的，除非他能够以某种方式卸除邻人的武装，并且以他自己为代价，在情感上重新调整自身，以便于尊敬那些弱者、谦卑者与**坏人**（the schlecht）。但这需要做出进一步的阐述。

尼采辩称，奴隶道德**只**能起源于憎恨。相当奇怪的是，这与其说是一个历史的论断，不如说是一个逻辑的论断；至少，这个论断的根据似乎是接受考察的道德体系的诸多逻辑特征。恰恰也是在这种意义上，霍布斯做出了这样的逻辑论断，即在自然状态中，不存在非正义，因为非正义在逻辑上的前提是一种社会 - 法律结构，而根据定义，在自然状态中是不存在这种结构的。换句话说，在这种意义上说一个孤立的个体以**自私的**方式来行动，就会不合逻辑，因为只有在相关于**其他人**的希望、需求与利益时，一个人才有可能以自私的方式来做出行动。奴隶道德在逻辑上要求存在邪恶的人，或至少要求存在某种东西，相对于这种东西，"善"有可能以**消极否定的**方式来加以刻画。

奴隶道德在一开始就对某个"外部"、某个他者、某个"非我"说"不"。这个"不"是它的创造行动……奴隶道德在其开端就需要一个外在的、对立于它自身的世界，一般来说，它需要外部刺激来让它有所行动：它的行动完全是回应。[8]

尼采充分利用了这个观点。他的描述产生了这样一幅景象，人们不断地向外部看齐，每个人都将他自己与邻近的人相协调，而后者恰好也是向他自身之外去寻求他应当做什么的指导。在这方面，奴隶实际上要求的是，每个人都彼此相似，通过外在的方式来改变自身适应彼此。奴隶的道德就是他所归属的那个群体的道德。相较之下，主人的道德就是以独立于外在标准的方式被确定的，贵族并不力求为了适应其他人而改变自己，"所有的贵族道德都产生于一种获胜的自我肯定"：

> "出身优越者"觉得他们自己是幸福的，他们不需要通过瞥一眼他们的敌人来人为地构造他们的幸福，因而不需要像所有的怨恨之人都必然会做的那样**说服**他们自身，向他们自身**撒谎**。作为健康的、充溢着力量的人，他们无法让行动与幸福相分离……所有这一切都与痴迷于令人厌恶的恶毒感受的无能者与被压迫者的"幸福"形成鲜明对照。[9]

憎恨、否定、让别人服从的欲求，它们是奴隶道德的本质特征。无可否认，高贵者有时也会憎恨，但他们的品性并不必然会去这么做，之所以如此的部分理由属于心理学的理由。当强大的人憎恨时，他有可能通过直接的行动来释放他的憎恨，从而让憎恨离开他的世界。然而，弱者没有能力做到这一点。他们必然**抑制了**他们的憎恨，憎恨在他们的行动中变成了一种心理的毒素，毒害了精神。这就是引起恶意与怨恨的原因。

在这里隐含的是一种独特的生理-心理学理论，倘若它是虚假的，那就会严重地挑战尼采的整个分析。一种没有得到释放的欲望就倾向于保持在这样一种力量的等级上，它将对包含这种欲望的人产生一种毒害效应。当然，这并不意味着，一种欲望必须要按照它"自然的"模式来得到释放，它只是需要以某种方式来得到释放。事实上，奴隶作为艺术家，并不会比他作为战士要好多少；他的攻击性倘若在他内部被封存起来，这除了导致怨恨之外，不足以让他去做出多少行动。当前，在社会工作者与进步的教育家中有一个盛行的理论，这个理论认为，对孩子们来说有利的是释放他们的攻击性，就好像存在着一定数量的这种东西，倘若不允许让它们有所表现，它们就会像某种没有被挤压出来的脓包产物一样腐化心智。这最多只是一种可疑的观点，而在尼采的情况下，由于他将奴隶刻画为一种没有能力释放出他的恶意所累积的重负的人，他的这个观点就变得错综复杂起来。"高贵者的怨恨在一种直接而又当下的回应中获得了完全的释放，因此它并不是毒药；[反之]对于无力者与软弱者来说，它不可避免地会成为毒药。"

这并非完全是一种古怪而又游移不定的理论。在尼采钦佩地描述高贵者（我先前就已经将他们称为尼采的模范共同体）的诸多乖张举止时，他最为显著地表现出了人性的，太人性的特征。毫无疑问，他钦佩这些人，人们可以认为，相较于其他任何东西，这些人更多的是尼采幻想的产物，他的幻想所参照的与其说是他的哲学，不如说是他的病征。即便在经过部分的缓和之后，人们也必然会在这些段落中辨识出一连串**让有产者留下深刻印象的东西**（épater le bourgeois），它们类似于我们可在某些描写性爱的当代作家那里发现的无节制的东西，这些作家倾向于把问题戏剧化，而这种戏剧化的程度与他们觉得他们作为性爱改革者必须克服的惰性成正比。尼采特别深思了在他的那些贵族的性格中的野蛮要素：

> 在所有这些高贵的种族中，实际上都存在着一种食肉的野兽，一种明确无误的**金毛野兽**，其在高尚华丽的漫游流浪中渴求着胜利与战利品。这种隐藏的性情必然会不时地释放出来，这种野兽必定会显露，必定会回归荒野。[10]

对"金毛野兽"这个表述，人们必然会感到不寒而栗。重要的是要确认，这个表述并没有专门用来指称德国人或雅利安人。尼采在这段文字中指的是"罗马人、阿拉伯人、德国的贵族、荷马的英雄、北欧海盗"。几乎可以肯定，"金毛野兽"在文学上是描述狮子这种所谓的野兽之王的陈词滥调。倘若由于基因突变，狮子变成了黑色而不是黄褐色，那么这种表述就会变成"黑毛野兽"，在没有让尼采的观点发生改变的情况下，这个表述可能为之提供支持的就是非洲的民族主义者，而不是德国的民族主义者。

152

　　不过，到目前为止，比这一点更重要的是，尼采并不是**由于野蛮行为的无节制**而成为野蛮行为的狂热赞美者。尼采可能将这种野蛮行为仅仅当作基本活力的附属伴随物与以下这类事实的结果，比如说，在维京社会的条件下，可用来让这些欲望升华的精神化结构相对较少。尼采对待这样的个体的态度，与他对待激情的态度相同——他们不应该**仅仅**由于他们的无节制或（用尼采的话来说）他们的"笨拙"而变得卑微：

> 人们完全有理由感到畏惧的是，潜藏于每个高贵民族深处的金毛野兽会挣脱出来。不过，相较于在没有这种畏惧的同时却又看到那些有关夭折者、渺小者、受苦者与中毒者的令人厌恶的景象，又有谁不是百倍地宁愿要那种同时带有钦佩之情的畏惧呢？[11]

无疑，这是一个带有修辞色彩的反问，它为我们涂抹上了一个过分夸大的对比。假定我们以天真幼稚的方式来回答这个问题，我们就会说，我们**宁愿**选择没有这种畏惧。由于暴力而感到畏惧，这根本就不是一件好事，"在我们中间拥有这些类型的高贵者"这个特权几乎不值得我们为之付出这样的代价。倘若"夭折者、渺小者、受苦者与中毒者"这四个词是用来刻画我们的，我们或许会说，我们彼此看起来并没有如此糟糕。至于我们中间的野兽，就让他们留下来作为社会的装饰，除非他们已经无法压制他们诸多兽性的本能。在这种情况下，我们就不得不采纳我们必须采纳的措施。

　　尼采对以上这种偏好的表述者有一个**机敏的还击**，而这最终又将我们带回了哲学的领域：我们在这里是一种谬误（而它是四大谬误之一）的受害者。尼采继续论证道，人类在规定的意义上无法通过选择成为除了他们所是的那种人以外的其他人。"要求强者不将自身表现为力量，就像要求弱者将自身表现为力量一样荒谬。"[12] 事实上，此处可以证明，我们已经被我们语言的逻辑背叛。我们在语法的约束下认为，力量就好像是一个施动者的一个活动，而这表明，力量是**他**通过行动完成的某种东西。以类似的方式，人们或许会认为，闪电作为一种实体，它是**通过行动完成的**某种东西——即闪光——而它有别于导致这种东西的活动。然而，闪电仅仅**是**在闪光，而不是有别于此的某种能够按照选择来进行闪光或不进行闪光的东西。由于我们被迫为每个动词都寻求一个主语，我们就无法看到，我们基于我们语言的逻辑要求而犯下了一种有关事实的谬误。而接下来，这在道德上就产生了令人不满意的后果。

强者仅仅**是**诸多有力的行动，而不是诸多或许能或许不能有力地做出行动的个体。因为他们就是他们所做出的行动，他们无法选择去做其他的某些事情，因为这就需要他们**成为**其他的某种东西。让闪电不再闪光，让强者不再"有力"，或让"食肉的猛禽成为羔羊"，这都不在自由决定的范围之内。[13] 就此而言，弱者也不可能不软弱：在同一性的意义上，而不是在论断的意义上，他们是谦卑的与忍耐的。然而，他们相信，要"让食肉的猛禽为它们是食肉的猛禽负责"！当我们不将谦卑视为弱者的成就，而是将之视为弱者的本质，不将残忍视为强者的过错，而将之视为强者的本性时，这种幻觉就消散了。

这是一个在逻辑上无懈可击的论点。但它在逻辑上的无懈可击所根据的是一种完全琐屑的理解。食肉的猛禽确实是食肉的猛禽，在逻辑上它不可能是其他的任何东西。这是一种逻辑的真理，它或许解释了尼采用来呈现他论证的确定胜利（倘若一个人拒斥同一性原则，将之仅仅作为构成**我们**视角的一个组成部分，那么，这个人必定会认为，这种论证是误入歧途的）。一个类似的论题曾经被《理想国》中的色拉叙马霍斯（Thrasymachus）提出过。色拉叙马霍斯认为，正义就是为了更强大的党派利益而做出的行动，他拒绝将无法如此行动的人称为强者，由此，他对正义的定义进行了琐屑化的处理。类似地，当一个数学家犯了错误时，他就不是一个数学家。这听起来令人震惊，就好像数学家从未犯错，而事实上，这允许我们做出的推论仅仅是，无论谁就像人类经常会做的那样犯下错误，他在这样的时刻就不会被称为数学家。为了解释诸多被人们犯下的错误，我们就需要这样一种个体的概念，他的职责有别于数学家，他有时会犯错（但他并非**作为数学家**犯错）。色拉叙马霍斯与尼采一样，他们都将逻辑的琐屑性提升到了道德的形而上学之中。人们几乎不得不说，倘若有任何人由于语法的特征而犯错，那一定是他们。

　　然而，事实上，我们无法用这个简单的有效手段来结束这个问题。尼采的论断要比色拉叙马霍斯的论断更为精妙，尼采的论断与纯粹约定的关联也没有那么直接。尼采正在与之搏斗的是一种艰涩的与动态的世界观，一种崭新的与错综复杂的形而上学，其中，**实体**的本体论范畴被**强力**的本体论范畴取代。尼采想要说的是，这个世界在某种意义上是由诸多搏动构成的，而不是由搏动的事物构成的。搏动有别于某种搏动的东西，可以说，它不可能**不**搏动；只有事物能够做到不搏动，而搏动并不是事物。结果表明，这就是（部分的）强力意志学说。倘若我们承认这个学说是正确的，我们就会发现，确实非常难以按照我们的做法来进行交谈，我们几乎肯定会像尼采那样觉得，我们的语言从一开始就是误入歧途的，它从未说出实际情况。当然，这对于尼采并不会有太多的意义，因为他已经确信，语言处于混乱状态之中。尼采认识到，或许难以对所有这一切制定出一种语言——我猜想，这是一种由动词与副词，而不是由名词或形容词构成的语言。它甚至有可能赋予尼采的虚无主义一种特殊的意义，现在它就在暗示，并不存在任何事实，并不存在任何事物，可以说，存在的仅仅是搏动——而搏动不**是**任何**事物**。尼采确信的就是某种类似于此的东西。接下来，尼采就能论证，我们的道德观念的基础是一种用难以捉摸的语言表达出来的不恰当的形而上学。在尼采的道德理论与尼采的形而上学理论之间存在着一种错综复杂的相互关联性，恰恰是这种相互关联性，让尼采成为一位比他的朋友或他的批评者所认为的更难以明确说明的哲学家。

接下来仍然让人们感到有些困惑的问题是，假定隐藏在所有这一切背后的理论是正确的，弱者会以何种方式来战胜强者，卸除他们的武装，以便于让强者以类似弱者的方式来行动。倘若鹰隼就像羔羊一样行动，那么，根据这个理论，鹰隼**就是**羔羊，因为羔羊就是羔羊所做出的行动，而这些行动就是羔羊的整个实在。强者怎么可能按照并非强有力的方式来**行动**？根据在此假定的理论，这难道不是一种不可能发生的（其实是一种在逻辑上不可能发生的）情况吗？对这个问题的回答是，不管怎样，强者都将继续按照强有力的方式来行动。他们是在诸多行动中展现力量的，而正是这一点有别于维京贵族的那种兴高采烈的蓄意破坏。尼采或许正确地表明，强者不可能变成软弱的，他们恰恰就是他们的有力行动，而不是其他的任何东西。尼采继续喋喋不休地谈论**一组**特定的有力行为——野蛮的行为——这是他如此喜爱书写的一个主题，但这无关于他的哲学，而是他思想中的一个怪癖。对于有力的行为来说，它有许多模式；对于强力来说，它有许多释放自身的方式。一个人有可能既是强大的，又是不野蛮的，因为野蛮的释放模式仅仅是诸多释放模式中的一种。在这个理论中，**没有**内在固有的东西来让我们赞同野蛮行为。因此，我们在此处不得不再次把修辞与分析区分开来。

155

然而，我们尚未到达尼采所控诉的奴隶道德的根源。倘若**我们**并不赞同释放野蛮人与金毛野兽所展示的致命活力，**尼采**则不赞同人们**如今**所参与的那些有力行为，而在另一种管理体制下，人们就有可能成为快乐的战士。但是，尼采没有必要去赞同这种战士。存在着比上述两种方式更为可取的其他释放方式，存在着迄今尚未获得考察的许多通往幸福的道路。

3

让我们将这个世界，至少是人类的世界，视为一个在诸多意志之间展开的竞赛。仅仅在活着的时候，我们就时常需要将我们的力量施加到其他人或其他事物之上，而他们也会将自己的力量施加到我们之上。这就是这个世界存在的方式。始终存在着苦难，只要是在客观的意义上，苦难就无非意味着受到行动的影响，而不是为了自身的利益积极行动。于是，在这种意义上，我们始终不是在承受苦难，就是在造就苦难，而这仍然是这个世界存在的方式。对于那些具有某种意识的人来说，亲眼看见其他人的苦难，将增加他们自己的力量感，即便仅仅是暂时的。因此，旁观苦难始终是一种令人陶醉的景象，而在他人中造就苦难甚至是一种更加令人陶醉的经验。

倘若要制造桌子，树木就必然会遭受灾难，倘若老虎要活下来，鹿就必然会遭受灾难，但人类总是以更为隐晦的方式，对于纯属苦难的景象（打斗、处刑、侮辱、纵狗咬牛、斗鸡以及类似的景象）产生一种有所增长的快感——一种邪恶的快感 [**幸灾乐祸**]。这是人性的，太人性的。生命就是苦难，在一种宽泛的意义上，这或许仅仅是体现新陈代谢交替发生的一种戏剧性方式。人类应当享受这种对苦难的展示，并在其中发现对他们自身力量的肯定，这是一个独立的心理学论题。先前的论题所蕴含的结论是，倘若我们要活下来，我们就必须施加苦难并忍受这个世界施加给我们的苦难。期望清除苦难，也就是期望清除生命。如此理解的苦难是不可能被彻底铲除的，而这无关于后面这个心理学论题。造成无端苦难的动机，并不是为了让我们可能活下去，而是为了让我们有可能享受我们的力量感，但这个动机几乎不可能由于新陈代谢的事实而得到认可。尼采在谈论中则似乎经常认为，这个动机由于新陈代谢的事实而得到了认可。但是，由于他特有的灵活性，他同样谴责这种对痛苦的享受是一种人性的、太人性的享受。正如经常遇到的情况，我们必须在尼采的诸多态度之间做出区分。

强加形式与秩序，这或许会在大体上被理解为苦难的一个原因。我们必定会进行吸引、排斥与重新安排，在这么做的过程中，我们就对得到了如此改变的无论任何东西的自然趋势有所干涉。哪里存在形式，哪里也就存在这种特殊意义上的苦难。哪里让形式进入了人类的事务，哪里就有**主观**的苦难或**痛苦**。痛苦是让社会团结一致的有效组成部分，在历史上痛苦具备一种突出的重要性。在这一点上，尼采的说法是有原创性的。他将人类描述为一种做出承诺（甚至更为显著的是，**信守**承诺）的动物，因此，他持有一种"意志的记忆"。[14] 契约就是承诺的交换；我们的法律体系所依赖的部分基础是这个假设，即个体将依照他们的协议来行事。倘若个体并不这么做，我们的法律体系也会强迫个体去执行他们的协议。因此，那些做出承诺接下来却又违背承诺的人就会受到足够强大的制裁，即便不完全相信内在的荣誉感，人类屈从于诱惑，完全遗忘了他们施加于自身之上的义务，这也只是一种例外，而不是一种惯例。甚至荣誉感，也可以用社会进化出来的这些支撑承诺机制的内化来做出解释。

遗忘并不是在我们之中**偶然发生**的某种事情。它是我们所做的某种事情。尼采的说法预示了精神分析的"审查"概念，某个在意识入口的"看门人"，他让某些思想完全流逝，将某些东西置于心智之外。人类是一种"在自然本性上健忘的动物"。在这种思维方式中，记忆就并非仅仅是**不遗忘**，更是**不把**想要做某事的意志置于一个人的心智之外；这就是尼采在描述承诺时所求助的"意志的记忆"。倘若人们思考了这个主题，非同寻常的恰恰是，诸多个体都将自身视为**同一个**做出承诺的人，而这些承诺**仍然**继续对自身有约束力。至少在我们所知的范围内，只有通过某种这样的设想，社会才有可能从根本上存在。因为在获取意志的记忆时，人类将他们自身视为在时间中连续存在的，即便经过一个间隙也是自我同一的，就像尼采所说的，他们开始用因果性术语来领会他们自身。当然，这就是"对自然的些许暴政"。实现这种暴政的手段是，让人类服从规则，以可预测的方式来行动，而不是自发地释放他们的能量：

> 养育一种敢于承诺的动物，这个问题要求……作为一种条件与准备，先行的问题是，让人至少在一定程度上变得有规律、前后一致与可预测。[15]

而**这**是通过造就**痛苦**的机制来完成的。

尼采在他讨论这个主题时是无节制的，但没有必要认为这样就减弱了他的洞察力：

> 当人类认为，有必要为自己造就记忆时，人类从未在没有

鲜血、折磨与牺牲的情况下完成这件事……人们越是难以留下记忆，他们的习俗在这方面就越是可怕；他们的刑法法典的严酷性为我们提供了某些迹象来表明，战胜遗忘并让那些短暂欲望的奴隶持续不断地意识到社会生活与公共生活的若干基本要求，这必定会有多么艰难……我们为了理性、严肃性以及对激情的控制而付出了多么昂贵的代价……在所有"美好"事物的根基中存有多少鲜血与苦难啊！[16]

　　毫无疑问，在某些范围内，我们多少都是以这种方式来进行思考的。在言谈中，造就痛苦相当频繁地被当作对某个人的"教训"：一个实施惩罚的人在掌掴时会说："这将好好教导你！"在这里，我们的语言背叛了我们的教育理论。很有可能的情况是，人类越原始，就越难以"教导"他某些东西，而对于"呆头呆脑的家伙"来说，则需要更大数量的痛苦来给他一个教训。实际情况可能是这样，也可能并非是这样。当然，随着文明的发展，毋庸置疑，在这个领域中也出现了人道化的趋势。人们希望，死刑能够逐渐被废除，而人们在阅读惩罚的历史时几乎总是会感到令人作呕。

　　因此，痛苦是一种社会工具。但是，这个问题并没有在此终结。尼采对以下这个（独立的）事实留下了深刻印象，即社会公正以及学习与遏制"遗忘"的强化机制，经常存在于为了债权人的利益，从拖欠债务的债务人那里强行要求一种最为独特的赔偿之中。根据法律，债权人有权让背叛契约的债务人承受一定数量的痛苦。债务实际上有可能用痛苦的补偿性措施来进行**偿还**，这向尼采提示，人们必定是从其他人的苦难中获得了某种快乐，否则它就确实会成为一种糟糕的讨价还价。一头母牛的损失，真的可以用对某人后背的一百次鞭打来抵消吗？

　　期待"能够自由运用自己的力量来反对那些无力者的乐趣，期待为了恶行的快感而实施伤害，期待强暴的美味"，[17]这是一种人性的，太人性的乐趣。"将另一个个体看得比自身更加低微"，这会带来令人得意的感受。**你造就了他的苦难**，这确立了你在**实际上**（de facto）的优越性。当然，我们享受的**并不是这种**以恶意为目的的苦难。相反，我们的目标是我们自己的快乐，否则就会毫无意义。我们通过折断树枝、移动石块，让我们自身与野兽对决来意识到我们自己的力量；[18] 造就痛苦也是为了达到这个相同的目的。哲学家在所谓的"他心问题"中想要知道，我们是否真正有任何根据来认为，其他人确实拥有痛苦。我认为尼采会说，我们并没有推断出我们确实拥有这种根据，但我们假定其他人拥有痛苦，因为他们的"痛苦行为"似乎在我们之中引起了一种提升的感觉。尼采以半开玩笑的方式撰写了如下这段文字：

> 亲眼看见痛苦令人愉快，亲自造就痛苦甚至更加令人愉快。这是一种冷酷的说法，但是，它表达的是一种强大的、古老的、人性的、太人性的基本原理……没有残酷，就没有节庆：最漫长、最古老的人类历史就是如此教导的。甚至在刑罚中恰恰也存在着某种可以如此**加以欢庆**的东西！[19]

尼采冷嘲热讽地说，人们并不拒斥苦难，他们拒斥的是没有意义的苦难。"没有意义的苦难"就是任何人都没有获益的苦难，任何人都没有通过亲眼看见而获得享受。通过对贝克莱论证的一种近乎残酷的改述，尼采断言，人类发明出了无所不知的上帝概念，以便于让所有的痛苦片段都能获得见证，正是以这样的方式，这些苦难就不会被白白浪费。这是对恶的问题的一个古怪而又具有讽刺性的脚注。上帝并没有造就恶，**恶**创造了上帝。顺便要说的是，在尼采那里，这不仅仅是一个附带意见；当我们收集我们正在阐述的这个论证的线索时，我们将再次遇到它。

无论是哪种情况，"食肉的野兽"并不仅仅寓居于"强者"的内心。它是在人类中普遍存在的一般特征。文明或许在一定程度上对之进行了精神化，但它在每个地方都以可辨认的方式在场。一个人想要出类拔萃或无论以何种方式都想要在自己的同伴中出类拔萃，这就是这种阴暗而又普遍的欲望的一个迹象。

> 一个人愿意做出如此的行为，以至于他的外表让他的邻人

感到苦恼，唤起了他的嫉妒、他的无力感与堕落感。这个人将他自己的一滴蜜落到邻人的舌尖上，并在给予这种所谓的好处时犀利而又得意地凝视着邻人的眼睛，以此方式，这个人让他的邻人尝到了命运的辛酸。[20]

人们会走向任何极端。一个人会用他的谦卑来折磨另一个人。当一个艺术家期待他自己的伟大作品胜过了自己的竞争者时，他就会预先享受到他的那些竞争者的嫉妒。一个修女会用她的贞洁来作为一种惩罚手段，惩罚那些过着自然的妇女生活的女人们——"她在窥视其他女人的面容时带着多么严厉的目光啊！"[21]这些是已经变得有教养的残酷行为 [verfeinerte Grausamkeit]，但无论如何它们仍然是残酷行为。"这个主题是简短的，相关的变奏却是无穷的，而且一点也没有乏味无聊之处。"[22]

当尼采谈到，那种想要让苦难不存在，让每个人都变得仁慈与善良的希望是徒劳无用的，他在心中想到的恰恰就是残酷的普遍性。因为生命就是以这种方式存在的，而人类也是以这种方式存在的。但正如我们看到的，人类对残酷是有所改善的，而残酷也有诸多模式。尼采偶尔会有悖常情地称赞野蛮的战争领主，尼采在别的地方则将其描述为位于一段"漫长阶梯"的最下端。[23]在这个阶梯（它象征着文明的诸多阶段与对残酷的精神化）的最顶端站立的并不是金毛野兽，而是**禁欲者**。禁欲者是自律的人，他并非通过将自己的力量施加于其他人，而是将自己的力量施加于**他自身之上**而在其他人之中出类拔萃。于是，人们想要说，"力量必须要以生命为代价而施加于其他人之上"这一尼采的论题原来不过如此。支配了他自身的禁欲者是在这个等级底端的野兽的化身与**表面形象**。宗教如今就解释了这种向上的转变，因为禁欲者就是奴隶如此畏惧的驯化的贵族。他是奴隶由于他们的怨恨而设法想要产生的。

4

让我们重新介绍尼采的本能欲望理论的某些特点。在这里，请回想，就社会结构与道德结构而言，有一些不变的东西，尽管特定的社会结构与道德结构或许要求抑制这种欲望或那种欲望。尽管如此，甚至在这种情况下，欲望与个体也保持着一种紧张的关系，即便受到欲望激发的那个人不赞同他自己将这种欲望容纳于自身之中："诸多古老的本能从未停止提出它们的要求——只不过［直接］满足它们的情况已经变得艰难而又罕见。"[24]根据定义，在"强者"中，这些欲望的运作达到了更高的强度，他们会像"弱者"一样，被迫遏制这些欲望或以隐秘的（非法的或不道德的）与间接的方式来达到释放它们的目的。这种间接的释放涉及对欲望的"自然"对象的取代，从而产生了下述的引人注目的现象。

假设攻击性是一种只有对某种外在对象进行释放才能以自然的方式有所减弱的欲望，而既存的对抗性道德力量阻止个体以自然的方式来减弱这种欲望。倘若我们假定，一种欲望仅仅**是**释放（正如尼采的理论似乎要求的），而并不是作为**释放**这个动词的主语的某个东西，那么，在保持这个禁令的期间，欲望仍然在进行释放；倘若这个禁令得到了遵守，这种释放就不会针对**外在的**对象。留下的仅有的可能性是针对**内在的**对象，即这个人自身，可以说，他转而将他的攻击性向内部释放。强度仍然不变，仅仅是方向发生了变化。"所有没有向外释放的本能，都会将它们自身转向内部。"[25]

这种现象被尼采称为"内化"[Verinnerlichung]，它在**意识**的进一步发展中发挥了一种作用。正是通过**内化**，才"首次出现后来被人们称为'灵魂'的东西"。[26]当释放本能能量的那些可资利用的外部途径逐渐被封堵时，"最初狭小得就好像被局限在两层薄膜之间的整个内在世界，就获得了深度、广度与高度"：

> 敌意、残忍，对于追踪、埋伏、更换、破坏的乐趣——所有这一切都转而将自身施加到这些本能的占有者之上……缺乏外在敌人与外在抵抗的人类，就被迫陷入一种受到限制的伦理规范的狭隘与规整之中，他不耐烦地撕扯自身，迫害、折磨、骚扰他自己，就好像一头受伤的野兽，它想要撕碎某人，却只能冲撞它自己牢笼的栅栏……人类必须为他自己制造一段冒险、

一间刑讯室、一片未被探索的危险荒野。[27]

这种对内部的敌意拥有诸多复杂的后果。意志与自身进行着没有先例的斗争，一个人的强力意志转向反对自身。实际上，强力意志就是一种追求**克服**、战胜、征服欲望所导向的任何东西的意志；在这里，强力意志被用来**克服自身**，其中，强加秩序者将一种秩序强加到强力意志自身之上。正是道德的胜利，才导致了先前是野兽的人类进行了这种自我克服；正是主要在这种意义上，尼采才想要说，恰恰首先是道德，才将兽性的另一面赋予我们。但由此唤醒的是**支配**

162

他自己的可能性，"人类唤起了一种兴趣、一种紧张、一种期望，并近乎唤起了这样一种确信，即伴随着他的是某种正在被宣告与正在被准备的东西，就好像人类并不是目标，而是一条道路、一次意外事件、一座桥梁、一个伟大的许诺……"[28] 这就是尼采让查拉图斯特拉所说的关于人类的话语，而它在许多方面也是尼采自己先知式的看法与命令。必然已经完全清晰的是，尼采所要求的**并不是**让被道德限制的野兽从关押它的牢笼中释放出来；尼采并没有在某种有关快乐野蛮状态的似是而非的理论名义下，极力主张要回归到野蛮残暴的状态中去，或者为了减弱欲望而回归到婴儿般的直接当下性中去。尼采所要求的是我们应当**超越**我们之所是，而不是**回到**我们曾经之所是。

不过，尽管意志转向它自身是朝向一种更高级的生活形式而迈出的不可或缺的**第一步**，但它本身是通向某种目的的手段，而**非**目的本身；但是尼采认为，它已经变成了目的本身。道德在约束本能时会形成一种派生性的产物，它是推至极端的自我侵害，它对荣誉的强调达到了这样的程度，以至于实际上人们可能由于过度的诊治手段而生病。人们可能在纯粹的自我侵害或自我憎恨的阶段受到**抑制**。这被尼采称为**坏意识** [Schlechtes Gewissen]。它通过宗教的意象与前景而出现，因为宗教是压抑的与恶毒的，它禁止内心的克制可能导向或许会被我们称为"现世拯救"的东西，而它推销的是一种在另一个世界中获得拯救的不可能实现的期望。宗教教导（尼采坚持这么认为）的是对这个世界与肉体的憎恨，而坏意识则是这种憎恨的心理反映，即自我憎恨的恶意。通过鼓吹对诸多本能的憎恨——诸多本能即肉体之所是——宗教让诸多本能忙于反对它们自身。在一个个体中的本能越强烈，他用来自我惩罚的能力就越大，而他针对他自身的有所放大的憎恨，就是宗教为了弱者而完成的报复的最终形式。

5

　　禁欲者就是**戴上面具**（en masque）与自我惩罚的野蛮人，被他自己的大嘴撕碎的金毛野兽，在让自身野蛮化的事业中遭受破坏的破坏者。尼采对禁欲者抱有一种巨大的敬意，而这与他对古老战争英雄的钦佩相一致，禁欲者仅仅是这些战争英雄的一个**表面形象**。尼采蔑视的仅仅是，弱者通过将他们的敌人变得敌视自身才战胜了他们的敌人。禁欲者仍然是强大的，在他不光彩的自我贬低中仍然是卓越的，而倘若他的各种行为被导向外部，它们就仍然是一种有力的行为：

> 　　禁欲者战胜了他自己，因此，他的目光就被导向了内部，他看到自己被分裂为一个受苦者与一个旁观者，他向外审视外部世界，这仅仅是为了他自己的火葬来搜集木柴：在这种追求荣誉的欲望的最终悲剧中，这个单独的人就处于自我耗损的状态，这是一个配得上其开端的结局。[29]

　　人类古老的**幸灾乐祸**［Schadenfreude］，这种在注视苦难时产生的邪恶快感，也丝毫不会由于一个人恰好同时既是殉道者又是刽子手而有所缺席。事实上，一个人或许会由于增加了苦难而增强这种快感——任何对他的"强力意志"感到自豪的人都会知道这意味着什么。宗教极大地煽动了这一点："这种坏意识的人抓住了宗教的预设，以便于将他的自我折磨推至最令人恐惧的极限。"[30]

　　宗教以一种相当特殊的方式促成了这种痛苦的奇想。许多宗教断定，我们与上帝之间的关系，就是子女与父亲之间的关系，无论我们拥有什么，或无论我们是什么，我们都应当归功于这位圣父。因此，我们每个人背负着**亏欠上帝的债**。然而，它是不可能偿还的债，或者说，我们并没有任何现实的途径来偿还它，除非我们以人性的，太人性的方式将价值等同于苦难，而这意味着：我们通过我们的苦难来进行偿还。由于苦难的景象给人们提供了一种支配感，我们就将这种对于**我们**苦难的快感拟人化地投射到了我们的上帝身上，并将之作为上帝的支配性与丰富性的标志。于是，这种债越大，我们亏欠的就越多；我们把我们的上帝构想得越有力，对我们要求的苦难就越大。这意味着，实际上，我们必然不断增加在我们自身与我们的上帝之间的距离，让上帝变得更加有力，而我们自身则成

比例地变得更加无力与更加没有价值。我们对于上帝的评价越高，我们对于我们自身的估价就越低，直到我们将上帝理解为全部都是完美的，我们在逻辑上就必然会最大限度地鄙视我们自身。因此，宗教教导的是上帝的美好与人类（原罪者与忘恩负义者）的卑贱，最终通过他自己无限的卑劣感，禁欲者找到了他最精致的自我折磨的工具。这是精神错乱的一种形式：

> 在这里的是一种意志的疯狂、精神的错乱，人类肯定从未见过类似的东西：人类的意志发现自身是有罪的与没有价值的，而且无法为之做出补偿……人类的意志要树立一种理想——即"神圣上帝"的理想——按照这种理想，他就能绝对地确信他自己是毫无价值的。人类是一种多么疯狂而又悲伤的动物啊！……在人类之中，有如此众多的可怕之事……长久以来，地球已经成了一个疯人院！[31]

对神的信仰并不必然拥有这样的后果。古希腊就没有发生这样的情况。根据《悲剧的诞生》，希腊的奥林帕斯被发明出来，是为了在它的缓和下来回应苦难，而并不像（尼采所认为的）基督教的上帝概念那样，是为了让人类的痛苦有所增加。[32]由此我们就理解了尼采对基督教的怒叱与谴责，他将基督教作为苦难的原因（而人们想要知道，"没有苦难，就没有生命"这一大胆的宣称到底有什么问题），更为重要的是，他将基督教作为一种去人性化的意识形态，按照尼采的想法，它所教导的是人类的卑贱身份。基督教妨碍人类上升到一种更高的生存形式。

这种恶言谩骂在晚期作品中更为频繁地出现，而它们缺乏在早期作品与中期作品中表现的在心理学上的出众才智，《论道德的谱系》就极为精彩地展现了这种才智。这几乎就像是诊断的工作已经结束，如今到来的是战斗时刻。《敌基督者》的辱骂并未得到缓解，事实上，若非在其论辩中渗透着一种分析的结构与一种有关道德和宗教的理论（它们是在别处形成的，即便在这里，也只有那些有见地的读者才有可能通达这种结构与理论），这些辱骂听起来就像是疯狂的。凭借意志追随这部作品的人，相当轻易就能察觉到在这些辱骂掩饰下的思想，而如下这段来自《敌基督者》的可作为样本的文字，就是由这样的辱骂构成的：

> 人类不应当粉饰与美化基督教。基督教发动了一场反对那些**更高**类型的人的**殊死战争**，基督教将这种人的所有基本本能都置于禁令之下，基督教从这些本能中提炼出恶与首恶——强者被当作无价值者的典型，被当作"应受到抵制的人"。基督教偏袒所有的弱者与退化者；基督教通过否定顽强生命的生存本能而建构出了一种理想；基督教已经败坏了那些在精神上最强有力的人的理性，其方式是教导他们将最高的价值理解为有罪的、误入歧途的、诱人堕落的……一幅阴郁、可怕的景象显露在我面前：我揭开了男性气概之**败坏**的幕帘……如今用来界定人类发现最值得追求之物的一切价值，都是**颓废的价值**。[33]

在《瞧，这个人》结尾的一篇近乎启示录的长篇演说中，基督教道德被称为一场大灾难，基督教的上帝概念被谴责为对生命的毒害与敌意；基督教的教诲与信仰中的每个要素，逐一被浸没和覆盖于像泡沫般喷涌而出的狂怒和放纵之中，这个总结被加盖的名义是"碾碎贱民！"（Ecrasez l'infame），并且被概括为"狄奥尼索斯反对那个被钉在十字架上的人"——Dionysos gegen den Gekreuztigten。[34]

这些谴责或许可以仅仅被视为早期精神错乱者发出的呓语，或许可以被视为以人道的名义给予的打击，或许可以同时被视为这两种情况。倘若这种风格已经超出了疯狂言谈可允许的界线，那么，我们讨论这个问题就是合情合理的。然而，尼采的言说就像一个先知，正如他在《论道德的谱系》的一个讨论的结尾处告诉我们的，要升起一座圣坛，就需要摧毁一座圣坛。在尼采看来，他提供了一种令人解放的崭新信仰来取代那个进行阉割的古老信仰。不久之后，这就将我们带向了查拉图斯特拉。

6

在没有触及（即便仅仅以简略的方式）尼采理论的两个更深入的方面（它们从属于尼采对宗教的讨论）前，我们就不可以离开这个与宗教有关的主题。其中的一个方面属于尼采所做出的诸多阴暗而又残酷的**举例说明**，另一个方面则展示了尼采在诸多看似不同的现象之间辨识相似之处的非凡才华，正如他会青睐的说法，他发现，这些现象仅仅戴上了不同的面具，但在这些面具之后的是相同的力。

与第二个方面相关的是具备宗教本质的活动的各种形式，即便对于某些没有意识到这种关联的人来说，这些活动或许会被当作反宗教的活动。这就需要扩展宗教的概念。与第一个方面相关的是，当宗教**以狭隘的方式**获得理解时，弱者在这种宗教影响下的命运。我将首先讨论这一点，因为人们最无法对它等闲视之。

由于对利他主义采纳了一种不赞成的，实际上是憎恶的见解，尼采声名狼藉。正如通常的情况，在人们描述尼采的观点时，必须引入为了防止误解而作的解释，而我们已经注意到，来自强者而非弱者的同情具有极大的价值，特别是当它牵涉贵族对比他自身弱小的其他人所进行的保护时。[35] 同伴的感受——**同感**（Mitgefuhl）——甚至被列入他规定的四种美德之一。当尼采谈到一个出类拔萃者的恰当表现时，他的建议经常类似于孔夫子的建议，这位中国的圣人所提供的是作为绅士或者说**君子**（Chün tsu）的规范标准——他的行为应当庄重、审慎、有礼并且有辨别能力，而事实上这恰如尼采的个人行为。然而，某些在尼采那里被放弃的词，几乎就像是隐秘敌意的源泉，而当这种情况发生时，我们就得到了一个阴郁地伴随着尼采文本的实例，它几乎就像德国木版画的言语等价物，它将一种特性给予了尼采的思想，而尼采的思想既不需要也不有赖于这样的特性。人们经常认为，尼采的"哲学"存在于这些实例之中，而不是存在于这些例证所侵占的文本之中。"利他主义"显然就是这样的一个词。

尼采问道："那些受难者的同情有什么价值？或者那些**鼓吹**同情者的同情有什么价值？"[36]毫无疑问，在对同情、同理心、怜悯与类似之物的设想中，他持有一种古怪的看法，在一定程度上，他用来理解"同情"的德语词是 Mitleid——"与……一起受苦"。但这仅仅是在一定程度上而言的，因为我认为，那种认为一个训练有素的语文学家无法识破这个简单的词源说明的假设是天真幼稚的。事实上，尼采明确警告人们，不要被"仅仅用一个词来涵盖一个事物如此众多声音的语言的粗略性"欺骗。[37]尼采所从事的是一种与特定哲学传统进行的争辩，这种哲学传统被认为与叔本华相一致，叔本华相信，同情——"叔本华对同情的认识如此肤浅，他对同情的观察如此糟糕"——是一切道德行动的根源。叔本华他自己只不过是道德同情理论学派的一个代表。而尼采（至少）拥有两个反对同情的理由。第一个理由是，感受到同情的人就是与同情的对象一起受苦，因而将他贬降到了同情对象的水平之上——让他"忧郁与得病"。[38]依循这些思路，查拉图斯特拉说，上帝死于同情，我猜想，上帝由于他与他共情的对象一起受苦而得病。在这个（不寻常的）关系中，要求强者同情，就是要求他们变弱。尼采的另一个反对理由是，同情导致人们试图通过对弱者感到遗憾来改善弱者的苦难。当同情被提升为"社会的基本原则"时，恰如尼采认为在基督教的伦理中发生的情况，这个命令就自己显示出了"它的真实立场：作为否定生命的意志"。

> 生命本身，**在本质上**是对异己者与弱者的占有、伤害、压制，是镇压、强硬、欺骗的特有形式，是吞并，最起码也是——剥削……占有并不仅仅属于一种堕落的、不完美的或原始的社会：它作为一种有机体的基本功能，在本质上属于**生物**。它是真正追求强力的意志的结果，而追求强力的意志恰恰就是追求生命的意志。[39]

这段文字显示了尼采思想中的一个主要混淆。根据定义，优越者在他的同伴中鹤立鸡群。进而，优越者是健康的、与众不同的、有力的。优越者的对立面是平凡者。相对于优越者，这些平凡者是病态的、疲惫的、软弱的。因此，群畜是由病态者、软弱者和无力者组成的。这分明是人们可能得出的一个最为荒谬的推论，但相当清楚的是，尼采恰恰得出了这样的推论：

> 人类，就像所有其他类型的动物一样，造就了大量过剩的失败者、患病者、退化者、虚弱者与必然罹患苦难者。成功的情况在人类中也是例外。[40]

168

相应地，例外者并没有被当作纯粹统计意义上的反常者，而是被当作它这个种类中的杰出实例，在它周围环绕的是大量不恰当的角色与被剔除的废物。只有通过将平均当作标准，才会将我们导向不同的信念。但事实上，尼采会做出论证来证明，这些不同的信念是错误的。平庸的手稿即便递交给一般水平的出版社，也有可能被拒稿，因为它不值得印刷出版。值得印刷出版的手稿是非凡的手稿。在为一个职业寻找候选者时，申请这个职位的**平庸者**将被拒绝；我们始终认为，担任这个工作的不应当是庸常者，而应当是我们能够找到的最优秀的人。一个人倘若寻求完美标本（无论是女人的完美标本，还是海螺壳的完美标本），他肯定会发现，他找到的**绝大多数**东西，都在相当大的程度上远离完美。所有这一切或许都会被人们不假思索地承认。但是，称绝大多数人都是不适应环境的，这在逻辑上毫无意义。称绝大多数人是不健康的，这简直就是错误的。无可否认，存在着传染病，但强者与弱者都有可能染病：倘若死于瘟疫的农民比贵族更多，这是因为农民的人数更多，或者他们不太有能力逃避瘟疫。对于那些暴露于瘟疫中的人来说，免疫者幸存下来，这与力量或美好没有什么关系，而是与接种有关。在一个傲慢的民族毁灭之处，接种了疫苗的农民却幸存下来。或许我们应当仅仅为强有力的人与美丽的人接种疫苗，而让其他人去死。倘若激发我们行动的纯粹是优生学的动机，我认为，我们就应当这么做，恰如我们对我们饲养的动物或许会采纳的做法一样。但我们并没有这么做，尼采将这种选择归咎于基督教的道德。它被用来坚持主张"拥有太多，就应当被毁灭"[41]（而我料想，相反的情况也是如此）。结果是："物种并不在完善中成长：弱者永远比强者更占据优势。"[42]①

---

① 弱者战胜强者，部分是由于弱者更为狡黠——尼采的这个论点让人们有所踌躇地想要知道，当尼采按照平常的方式说犹太人有多么狡黠与机智时，他是否在称赞犹太人。倘若强者真正是例外（当然，这是尼采所刻画的一种例外），那么，轻易就可以看出，他有可能并不特别狡黠。他有可能在群畜语言所包含范围的边缘或之外，因此，他没有能力来非常好地表达自己，因而他是"沉默的"。当然，这仅仅是一个笑话。但这个笑话有助于表明，"例外的"这个词在尼采的哲学中并没有不容置疑的意义。傻瓜与诗人都同样是例外的。

尼采写道："弱者拥有更多的精神。"[43]但当我们注意到这句话的语境时，这仍然几乎谈不上称赞。在援引尼采时始终有一个问题，即要确保包含了足够的语境，以至于让尼采所说的意思足够清晰并且与尼采的意图保持一致。甚至就像考夫曼教授这样有能力的阐释者，虽然他犀利地批评了有些人为了他们自己的目的而在援引尼采的过程中将一段文字提取到了它的语境之外，但他自己也无法始终避免出现这样的情况。因此，在他的《尼采：哲学家、心理学家、敌基督者》（*Nietzsche: Philosopher, Psychologist, Antichrist*，Princeton：Princeton University Press，1950）这本书的第258页中，他援引尼采时认为，尼采说的是"达尔文遗忘了精神"。恰恰在我已经引用过的《偶像的黄昏》的那段文字中，尼采并没有这么说。但是，考夫曼如今继续做出的论断是，尼采正在暗示，你无法在不参照人类的"精神生活"的条件下，用纯粹的物质术语来解释人类的行为，而这就是被达尔文忽略的东西。当然，尼采并不是一个唯物主义者，他将"物质"视为一种虚构。但是，尼采反对达尔文的要点根本不在于考夫曼所说的。尼采在这段文字中继续写道："一个人必然是为了获取精神才需要精神——当一个人不再需要精神时，他就失去了精神。强者不需要精神。"尼采对"精神"的定义——这个定义本身听起来甚为崇高——如下："我所理解的精神是，谨慎、耐心、狡猾、伪装、伟大的自我克制与任何形式的模仿。对于最后一项，它在相当大的程度上隶属于所谓的美德。"这与达尔文不考虑精神因素几乎没有什么关系。相反，它被用来证明这样一个论点，即"精神"是群畜拥有的某种东西，但是，强者并不需要这种东西，尽管通过精神，群畜就能战胜强者。因此，精神导致了物种的贬值。达尔文认为，生存下来的是"优越者"——或"适应者"，尼采为此含蓄地批评达尔文，他认为，在这种情况下生存下来的反倒是"不强健者"。倘若达尔文没有遗忘精神，那么，达尔文就会看到，在进化中存在的不是进步，而是退化。诸多物种变得越来越糟糕。我认为很明显，这才是尼采的观点。

这并不是一个非常令人信服的观点。达尔文并不像19世纪的达尔文主义者那样，后者在很大程度上是根据上升的进化来进行思考的，他们将"适应者"等同于某个更高类型的存在者。因此，这种批评对达尔文是相当不公正的。尽管如此，它是一个相当常见的观念，而正如尼采自己对之做出的批评，这个观念依赖于这样一种没有根据的做法，即将规范的成分插入适应或不适应的概念之中。倘若地球大气层中的氧气消失10分钟，金毛野兽就会像苍蝇一样倒毙。但是，蛤蚌在这种环境下恰好有可能幸存下来。

我们从尼采那里得到了一个前后不一致的主导性观点，倘若我们将"精神"解读为意识或自我意识：

> 这无异于发生在水生动物上的情况，它们或者被迫成为陆生动物，或者被毁灭，这些半成品的动物适应了荒野、战争、游荡与冒险，但突然之间，它们的本能失去了价值并被悬搁起来。它们如今必须要用脚走路，并在此前由水来承载它们的地方，自己把自己支撑起来：一份可怕的重量压在它们身上。它们在执行最简单的事务时也感到了自己的笨拙；在这个未知的世界中，它们无法依赖于它们陈旧的向导，即诸多进行调节校正的无意识本能。它们被迫进行思考、推断、猜想、将原因与结果联系起来，将这些不幸还原为它们的"意识"——它们最无力、最易犯错误的器官。[44]

169　　　　人们或许会认为，强大就是像强者那样行动，而倘若在谈论 x
与 y 时称 x 比 y 弱小，而 y 屈服于 x，这几乎就是一种前后不一致的
说法。但在尼采思想中真正不融贯的要素是，在他的话语中似乎可
以谈论一个客观上更加优越的存在者类型，而与此同时，尼采错误
地认为，规范标准只是在最无足轻重的意义上才与事物在现实中被
评判的方式有关。这是尼采体系中的一个令人不快地纠结混乱的地
方，它背离了尼采思想的那个不可抗拒的主导方向。但我看不出有
任何途径来为之辩解。

7

　　　　倘若读者仅是将尼采论著中的如下部分内容选录出来，其中一
部分内容与他令人绝望的优生学有关，另一部分内容则与他对生活在
无意识的动物性快乐中的那些幸福的野蛮人拥有的那种自由的一种似
是而非的怀念有关，那么，这些读者或许会惊讶与不快地发现尼采说
过：归根结底，倘若不存在宗教，人类的历史就会变成一个无趣的事
170　件。当然，人类的历史有可能是无趣的。正如霍布斯所承认的，没有
文明是在自然状态中被发现的，而生命的故事有可能是攻击与强暴的
单调重复。倘若存在着一种历史，这就要归功于宗教，因而要归功于
"无力者［教士］所提供的智慧"。[45] 这将我们带向了这段尼采必然是
代表宗教而说出的话："人类**这种动物**迄今没有任何意义。他在地球
上的生活没有任何目的。'人类究竟是为了什么？'是一个没有解答
的问题……人类并不知道如何去辨明自身、解释自身或肯定自身。"[46]
　　　　我们在这里得到的是对于在《悲剧的诞生》中宣告的这样一
个注解的回音，根据这个注解，宗教、艺术与哲学是回应与征服
苦难的诸多道路。它们为人类在这个赤裸而又无意义的世界中提
供了一种重要的结构。凭借着完全具备的意识，人类被提升到了
让动物和其他存在者与这个世界相一致的那个无意识的统一性之
外。"相较于其他任何动物，人类更加病态、更不可靠、更加易变、
更不稳定，"尼采写道，"人类是一种**病态的**动物。"但接下来，他
补充说：

人类的冒险、反抗、发明，肯定比其他所有的动物加起来都更多。人类，这个用他自己来进行实验的伟大实验者，不满意者与不知足者……这样一种勇猛的、丰富的动物，又怎么可能不是在众多动物中威胁性最大、病得最严重的动物呢？ [47]

许多哲学作者都谈到了人类的病态与令人绝望的异化，似乎这已经成为一种时尚的做法，但是，从来也没有特别弄清楚的是，这种形而上的病变存在于什么东西之中。我们或许会推测，它部分地存在于这个事实之中，即人类拥有自我意识，因而他们会承认，他们有别于他们意识到的诸多对象。在这种关系中，海星或许是健康的，它在形而上的意义上是**舒适自在的** (chez soi)。尼采谈到，在原始条件下，人类的生活是一种完全本能的生存，仅仅是在最近，意识才作为一个额外的无能器官出现。接下来，人类就依赖于他的更高的但又几乎不充分的精神资源，他发现，在前意识留存的令人昏昏欲睡的深渊中，生命充满了未曾想到的危险。或者这种病态，倘若我们还能继续这么称呼它的话，不仅仅是由于我们远离了自然的其余部分这个事实，而且还是由于我们没有与我们自身保持和谐，就好像一旦超越了本能举止行为的水平，我们必然会将我们的一组本能在整体上精神化，封堵它们的诸多自然目标，强迫它们找出诸多崭新的与人为的宣泄方法。我们倾向于不信任没有得到控制的与没有精神化的本能，在宗教中，这种倾向或许尤其强烈，接下来，宗教就希望追求一种纯粹理性的、非本能的、完全精神性的生活。但是，我们**仍然** (quand même) 保留了动物的兽性，我们忍受着在我们所是的那种人与我们期望成为的那种人之间的差距。然而，倘若在这两种情况下都存在着苦难，它就是一种具有目的的苦难。宗教赋予受难的事实一种合理性和意义，即便宗教也造就苦难。"任何种类的意义，都要好过根本没有意义。" [48] 在原始自然性的子宫中，为了统一性而进行的斗争自始至终都存在痛苦，不过，

尽管如此，人类获得了拯救。他拥有了意义。他不再像一片风中的落叶，一个无意义的玩物。当然，[在此处的是] 一种

反对的意志，一种反对生命的意志，一种对生命的基本预设的反对。但它是而且始终是一种**意志**……人类宁可意求**虚无**，也胜于一无所求！ [49]

172 因此，在坏意识与禁欲主义中，这些相同的本能就像通常情况那样保持于相同的张力之中。强力意志无法被消灭，它只能被转移。在一个无比完美的神面前，我们的无价值感的程度，就变成了衡量我们自身力量的尺度。我们让我们自身遭受的苦难越多，我们就必定更加强大。

现在我们必须以更为普遍的方式来审视这一点，而这将我们带向了我曾经提到的第二个主题。禁欲理想只有在宗教生活中才**得以例示**；而宗教本身，正如尼采希望按照当前看待它的方式来做出的理解，只有通过在日常言语中会被称为宗教的东西才**得以例示**。在这种**宽泛的**意义上，存在着诸多宗教的形式；而在**狭隘的**意义上，这些宗教形式恰恰是反宗教的。我们已经看到，这个术语已经从狭隘的意义转变为宽泛的意义。

当一个人以某个其他东西的名义（如理性、科学、历史批判或真理）来质疑宗教时，这个人在狭隘的意义上可能是反宗教的，但他在宽泛的意义上或许仍然是宗教的。相较于每一种用来批判宗教的东西，人们会发现宗教是非理性的、反对启蒙的、用神话虚构的以及用错误伪造的。命令我们效忠的恰恰应当是其他的这些东西。不过，在他们自身投入理性、真理、历史、科学或其他任何东西的过程中，他们信仰的恰恰是某种比他们自身更高级与更伟大的东西，这些人不过是有所掩饰的禁欲者，宗教冲动的**表面形象**仅仅偶然地才在诸多现实的宗教形式中有所表现。

或许有人将这些人视为我们正欲寻求的禁欲理想的敌人，将这些人视为**与禁欲理想相反的理想主义者**……他们相信他们自己已经尽可能地独立于禁欲理想，这些"自由的，如此自由的精神们"。因此，我要向他们揭露他们无法看到的东西，因为他们对此离得太近。这种理想恰恰也是**他们的**理想。他们自己在今日表现着这种理想，他们自身就是它的精神继承者，就是它的先锋战士与间谍……这些人绝对不是**自由的**精神：**因为他们仍然信仰真理。**[50]

对于任何在心中记住了虚无主义理论（我们在这本书中已经有许多页的篇幅几乎没有触及这个理论了）的人来说，这几乎谈不上是一个令人困惑的陈述。现在，让我们将这个陈述关联于尼采在 1886 年为《快乐的科学》所补充的一节文字。他在那里提出了这个问题："我们仍旧虔诚到何等程度？"[51] 他在回答这个问题的过程中说，只要我们继续信仰**真理**，我们就仍然是虔诚的。

> 人们看到，甚至科学也依赖于一种信仰。不存在没有先入之见的科学。是否需要真理的问题必定并非仅仅满足于肯定的回答，而且还要肯定到这样的程度，需要表达出这样的主张、信仰、确信，即"没有什么东西比真理**更有**必要，相较于真理，其他的一切都只具备次要的价值"……[52]

但这就是说，科学觉得必定存在一种秩序与实在，科学必须试图发现这种秩序与实在，而借助这种秩序与实在，科学必须试图让它的诸多判断符合一致。尼采继续写道：

> 那么，一个人会在多大程度上肯定这另一个世界？难道这个人随后就必定会否定它的对立面，否定**这个**世界，否定**我们的**世界？因此，人们或许能理解我在做出如下论断时想要表达的意思，即我们在科学中的信念依赖于**一种形而上学的信仰。**甚至我们这些当今的求知者，我们这些无神论者与反形而上学者，也是从千年之久的信仰（它们既是基督教的信仰，同时又是柏拉图的信仰）所点燃的火把中获取**我们的**火种的，这种信仰相信，真理是神圣的……[53]

让我们停下来得出一个推论。查拉图斯特拉说，上帝已死。倘若他是正确的，而上帝被等同于真理，那么，**真理必定已死**。这难道不是用另一种方式来陈述，或许不存在真理，不存在客观的秩序，**没有什么东西**必然会让我们承认，它高于我们自身，是固定的、永恒的与没有变化的？哪一个是**虚无主义**？事实上，尼采想要得出的就是这个推论，而我用较长篇幅来援引的这段文字的结尾，提出了这样一个至关重要的问题，尼采的整个哲学就是对该问题的解答：

> 可是，倘若这种信仰越来越没有价值，*倘若任何东西都不再能证明它自身是神圣的，倘若上帝原来是我们最持久的谎言，那又会怎样呢？ [54]①

174   因此，尼采相信他自己提出了这个有关真理的根本问题：

> 从我们否认禁欲理想的上帝那一刻起，**另一个问题就呈现**

---

① 在这里，我必须强烈地反对考夫曼教授的论点。他充分利用了我刚刚从《快乐的科学》中援引的那段文字。他在他自己的论著中援引这段文字，是为了支持他的这个论点，即对真理的信仰是尼采的信仰，在这种意义上，尼采仍然是一个"虔诚的"人。参见 Kaufmann, *op. cit.*, p. 314。尽管如此，考夫曼**并没有**援引我刚刚援引的最后这句话，在这句话中，尼采恰恰拒斥了这种解释，它清楚地表明，尼采并不**虔诚**。考夫曼在他的选集中也没有转载这句话，尽管他确实转载了这段漫长格言的其余部分。此处是一个清晰的例证，它表明，省略号会制造多大的伤害，即便是拥有最好的意图来撰写尼采的作者，也可能如此频繁地将他们**自己的**观点归于尼采，并且通过充分的引用，装出正在记录尼采观点的样子。我恐怕这是考夫曼教授的相当令人钦佩的信仰，而几乎不是尼采的信仰。因为我发现的论断是，尼采既没有与尼采精心阐述的知识理论完全一致，又没有与驱使尼采攻击真理符合理论的反形而上学偏见完全一致。有人或许会反击说，尼采确实没有在任何细节上构造出他的认识论。但我会坚持认为，考夫曼的主张与尼采在《论道德的谱系》第 III 篇第 24 节中做出的反对真理的攻击并不一致，在那里，这段文字的一个片段实际上引自《快乐的科学》（尼采变得越来越喜欢自引）。这个片段包括了考夫曼在两处都有所遗漏的最后一句话。考夫曼这么做，或许是因为他看不出把这句话包括在内有什么意义，而当一个人确信他已经拥有了一种正确的理解时，这是相当有可能发生的情况。我敢说，我偶尔也可能做出相同的事情。

尼采断言，一切都是虚假的，我担心，我们恐怕必须要严肃地对待尼采的这个论断。它是一个令人不安的观念，除非我们已经对它给出了某种哲学上的阐释，就像我力图去做的那样。《快乐的科学》第五卷的箴言是："**骨架啊，你在发抖？当你知道我将引领你去何方，你必定更会浑身战栗。**"（Carcasse, tu trembles: tu tremblerais bien davantage, si tu savais ou je te même）难以假定，尼采的头脑在这时想到的是某种诸如"**存在真理**"与"**上帝是真理**"这样令人欣慰的东西。**摧毁**这种观念是一种令人惊异与令人陶醉的事情。尼采哲学的许多内容都可被视为对类似"真理的实用理论"这样的东西的情绪反应，而哲学中的新手则会毫不踌躇地接受这些东西。

了自身：真理价值的问题。追求真理的意志需要一种批判……
追求真理的意志以实验的方式**提出问题**。[55]

由于科学家（与学者）信奉真理，这个问题就不可能以科学的方式
来解决："当我在寻求禁欲理想的天然对手时，任何人都不要向我提
起科学。"[56]

自从哥白尼以来，人类似乎就被置于一个斜坡之上。他越
来越快地从中心滚出去——滚向何处？滚向虚无吗？滚向"对
他自己的虚无的敏锐意识"中去吗？但这难道不是一条通向他
的**古老**理想的笔直道路吗？**所有**科学，自然的与**非**自然的……
在今日关注的都是说服人类放弃他对自己的尊重。[57]

科学就像宗教一样，它是一种解释与一种视角。但是，科学被当作
真理，就好像在人类之外存在着某种人类必须让自身与之相协调的
东西，而人类以外在的方式（可以说是派生的方式）让他的意义导
源于这种东西。接下来，科学证明了我们是没有意义的。在尼采看
来，这是一个多么不得要领与多么错误的观点。他让我们意识到，
我们构造了这些东西，它们仅仅是被我们使用的虚构之物。那些**刻
板地**理解科学的人"远远不是**自由的**精神，因为他们仍然相信真
理……"[58]

陀思妥耶夫斯基曾经写道："倘若上帝是不存在的，那么一切
都是可以被允许的。"查拉图斯特拉说，上帝已死。而尼采则写道：
"没有什么东西是真实的，一切都是可以被允许的"[Nichts ist wahr,
alles ist erlaubt]，这肯定是他对自己如此钦佩的这位俄罗斯小说家上
面那句话的改述。

这就是精神的自由。对真理的信仰已经受到关注。欧洲的
或基督教的自由精神可曾在这个命题的诸多令人费解的后果中
游荡？[59]

这就是我在第一章中提及的虚无主义。当然，我们尚未搞清楚该如何去理解它。倘若一个人察觉到了这个让自身显得荒谬可笑的论题，那么，这个人就有可能在这个论题中进一步发现尼采在别处进行的争辩的一个实例——用我们的思维特征构造这个宇宙的内在固有特征（在这种情况下是消极否定的特征）。尼采已经意外地触及了这样一个观念，即对于一个成真的陈述来说，它不需要符合任何东西。接下来，尼采用这个"不"构造了一条形而上学原理，这个原理说，**没有任何东西**符合我们的命题，以至于——由于这些命题意在说出**某些东西**——所有的命题都是虚假的。

无论这个论题可能是什么，尼采都觉得他自己已经获得了完全的解放，他也可能由于以下这个观念而获得了完全的解放，即这个世界是被我们构造的世界，而不是被我们发现的世界，我们完全是这个世界的中心与立法者：

176

> 我们这些哲学家与"自由精神"在获悉了上帝已死的消息之后，感到我们自身被一道新的曙光照亮。我们的心灵流溢出了感恩、惊异、预知与期待。终于，我们的航船再度起航，前往各种危险。探索者再度被允许去从事各种冒险。或许，大海从未如此开阔。[60]

这**不可以被解读为**一种要求回归原始心智的本能沼泽的呼吁。它召唤的是创造力、崭新的结构与新生的理想，根据这些新事物，我们或许就能在我们自己的形象中改造我们自身。上帝已死，我们没有理由卑躬屈膝地处于由不现实的内疚构成的困境之中。不要让其他的某种东西来取代这个已经过世的上帝，不要让其他的某种东西来让我们觉得自己是卑下的与无关紧要的。这种内疚是不真实的，但一切都是不真实的。让我们用意志的力量来选择我们的道路。

这些就是尼采在总体上给出的启示。本书的剩余部分是对这些启示的详细阐述。

第七章　超人与永恒复归

1

尼采相信，他的虚无主义——他的这个思想是，没有任何秩序
或结构客观呈现于这个世界，没有任何秩序或结构是我们自身给予
这个世界的形式的前身——拥有的后果是，接受它的人们将不会在
诱惑下，通过将人类的生命与某种永恒的、不变的或在本质上为善
的东西进行比较来轻视人类的生命。作为一位形而上学家，尼采力
求按照世界真实存在的方式来提供一幅世界图景——这碰巧是一幅
空虚的图景，因为这个世界既没有结构也没有秩序——以便于让人
类既不对这个世界抱有幻觉，也不对他们自己抱有幻觉，在没有受
到这些错误观点的妨碍下，人类就有可能着手完成他们恰当的使命，
即将人类造就为某种多于其所是的东西。尼采的观点是，人类迄今
没有实现他们生命的抱负，这是因为他们接受了被尼采视为完全错
误的哲学；因此，尼采对哲学批判赋予了极高的价值。他在哲学家
中感受到了一种非同寻常的紧迫性，因为在他看来，只有通过恰当
的哲学理解，人类才能从他们接受的，由习俗与糟糕的思想对之强
化的令人不满意的条件中挣脱出来，而哲学家通常并不倾向于认为，
他们的成就会对人类的行为方式产生许多直接的影响。尼采觉得，
他的哲学不可以成为一种让生命贫乏、贬值或停滞的手段。他觉得，
他巨大的幸运恰恰是"在失常与迷乱了整整一千年之后，再度找到
了通向一个大写的'是'与一个大写的'不'的道路"。[1] 我期望，

我们已经对尼采对之说不的那个对象形成了一种公正的意见。尼采的肯定必然与当前的我们有关。

尼采至少有两个肯定性的思想（两者都是令人困惑的，而且两者原本就是相互关联的），它们呈现于被尼采视为代表作的《查拉图斯特拉如是说》之中。历史上的查拉图斯特拉（琐罗亚斯德）相信，这个世界呈现的是两种宇宙力量进行大量冲突的场景，其中的一种力量是善的，另一种力量是恶的。查拉图斯特拉的教诲是，在这场战争中，我们的职责是站在光明的力量一边。由于尼采位于"善恶的彼岸"，他并不相信琐罗亚斯德教的《阿维斯陀经注解》（Zend-Avesta）的宇宙论。但是，由于查拉图斯特拉是第一个错误地认为道德价值是这个宇宙的客观特征的人，他就应当是第一个纠正这个错误并谈论新哲学的人。[2] 因此，尼采选择查拉图斯特拉作为他的"儿子"与文学**形象**，通过查拉图斯特拉，尼采的哲学得到了表述。

尼采的查拉图斯特拉宣布了所有的价值与道德的相对性，他以各种方式声称，迄今为止的每个民族都追溯着一种有所区别的价值一览表，他们通过将之关联于他们持久生存的局部条件而制定出了这些价值一览表。查拉图斯特拉说，存在着一千种目标。但迄今为止，人类**就其本身而言**并没有单一的目标或普遍的道德："到目前为止，存在着一千个目标，因为有一千个民族。仅仅是缺少束缚一千个脖颈的枷锁，缺少**一个**目标。人类还没有任何目标。"[3] 查拉图斯特拉想要恢复这种道德空白并提供统一的人类目标。这就是**超人**。"瞧！"查拉图斯特拉吟诵道，"我在教你们成为**超人**！**超人**就是这片大地的意义！"[4] 这就是我们必须考虑的尼采的第一个肯定。

相较于用以翻译**超人**的熟悉的英语词 Superman，我更青睐于采用德语词 Übermensch[①]，这与其说是由于前者已经被剧作者与漫画家霸占——或许可以假定，哲学论著的读者能够不理睬这种附带的意义——不如说是由于 super- 这个前缀难免会带有几分误导性。在与人类的关联中，它意味着**超人**是能力超出常人的人。他或许就是如此，但他以何种方式成为这样的人？存在的是超出常人的力量、智慧、欲望、忍耐力——在没有语境的明确说明下，这种译法超出了

---

① 在本书中，德语词 Übermensch 都用黑体字的**超人**来表示。——译注

尼采的意图，让尼采显得要将**超人**作为一种具有运动竞技色彩的理
想来责令我们。尼采的某些评述者还用过 Overman 这个拘谨刻板
的单词来翻译**超人**，但至少在我看来，由于这个单词暗示了最高统
治者与掌管者，它听起来就过于盛气凌人，而且它也无法真正回避
"超常之人"（Superman）这个译法被证明拥有的特有遗憾。倘若**超
人**拥有"在……之上"（over-）的意思，那么，这个"在……之上"
的意义更类似于"在遥远的山坡之上"，而不是类似于"我从地位**在
我之上**的人那里获得我的命令"：它不仅意味着**优越性**，而且意味
着**超越性**（beyondness），而这两种含义都没有呈现于 super- 这个前
缀之中。倘若我要的是一种异乎寻常的翻译，我就会在可以利用的
英语前缀中使用恰如在"超自然的"（preternatural）或"超越人类
的"（preterhuman）中的前缀 preter-。但是，这听起来或许过于怪异，
而"超越之人"（preterman）听起来或许过于令人困惑，因此我选择
保留这个没有得到翻译的德语词。恰如嵌入到一组公理之中的原始
术语，我们用这种方式就能根据它出现的语境来对它进行详细说明，
并满足于这种含蓄的定义。

　　尽管**超人**这个概念声名狼藉，但是，除了《查拉图斯特拉如是
说》，它几乎没有出现于尼采的作品之中，它有别于尼采所持有的绝
大多数特有的观点，人们可以发现，其他观点在尼采无序拓展的文
集中自始至终都有大量重复。甚至在《查拉图斯特拉如是说》中，
尼采也没有真正对这一概念提供详细的描述。作为我们用人类的能
力进行追求的理想，它是一个异常不确定与不具体的目标。与**超人**
形成对照的人，被尼采称为"终末之人"（der Letzte Mensch），他
们希望尽可能地与其他任何人相类同，他们仅仅为了幸福而幸福：
"'我们已经发明了幸福'，终末之人说，并且眨巴着眼睛。"[5] 这就
是当代生活中成为群畜的人，而尼采－查拉图斯特拉对之不屑一顾。
尽管如此，列举这种攻击目标是不合适的，因为尼采在心中想到，
无论在何处，无论是何人，他们都是自满的或顺从的，他们都准备
适可而止，按照他们的发现来理解这个世界。我猜想，终末之人觉
得，人类就是他们自己所是的那种人，人性是不可能发生改变的。
查拉图斯特拉反对这些人，他说：

　　　　人类是某种将被克服的东西。你们为了克服人类，可曾做
过些什么？

　　　　所有的存在者都创造了某种高于其自身的东西。在这次大
洪水的退潮时节，难道你们宁愿退化为动物，而不愿克服人类
吗？

　　　　人类是一根联结禽兽与**超人**的绳索——一根横跨深渊的绳索。

　　　　人类的伟大之处在于，他是桥梁而不是目的。人类的可爱
之处在于，他是一种上升与一种没落。[6]

人类同时是一种上升与一种没落。我们通过克服我们自身之中的某
种东西而超越了我们自身，而这些被克服的东西恰恰是低于我们与
被置于我们下方的东西。我们作为人类而死去，这**仅仅**是为了成为
某种更高级的东西。人类的生命是或应当是一种祭品，它并不是献
给某种越过人性或在人性之外的东西，而是献给某种**我们**可以实现
的东西，条件是我们能够克服我们自身（的某些部分）。不同于禁欲
理想，这种理想并不让人败坏。它并没有让我们变得没有价值，但
它将我们的价值界定为转化的价值。我们是多于我们所是的，但少
于我们有可能成为的，我们自身作为人类的更高抱负是我们应当寻
求的东西。**超人**并不是金毛野兽。金毛野兽停留在过去，但愿它永
远停留在过去，而**超人**则是将要到来的。

　　好的，人们会说，那就让我们继续前进。但是，我们具体要做
什么？仅仅做出要更为优秀的命令，这几乎无法为根本不知道更为
优秀的表现是什么的孩子带来帮助。或许，他知道的仅仅是，他不
应当继续去做他已经做过的某些事情。或许，他终止了某些做法。
这或许会让这个孩子变得更加优秀，但与**超人**有关的肯定不是仅仅
终止我们已经做过的某些事情，而是向着一个新方向出发。但这趋
向哪个方向？目的地是什么？或许应当责备尼采以如此开放的方式
将这些东西遗留下来。他的妹妹向希特勒保证，**希特勒**就是她的哥
哥在头脑中想到的**超人**。更为成熟的读者确信，尼采所意指的是某
些特定的典范，至少是某些过去的典范。尼采是一个根深蒂固的英
雄崇拜者。他极其钦佩歌德、拿破仑、米开朗琪罗、尤里乌斯·恺

撒以及——更为特别地钦佩——切萨雷·波吉亚[①]。好吧，并非只有尼采一个人对这些人有所钦佩。他们（除了博尔吉亚以外）是伟人的典范。倘若说，我们的理想就是要像他们一样，这就会成为一种琐碎而又空洞的说法。仅仅停留于这个最为外在的关系中，我们就无法走出第一步。至少在最近这段时间，对于每个禁欲者来说，通过比照他们对善的无望憧憬，他们就会突然爆发自我轻视与自我贬低，成百上千的人们哀叹命运的吝啬，命运没有将他们的伟大英雄的天赋赐予他们。倘若**超人**是一种并非禁欲的理想，它必然是一种可以实现的理想，而怀抱这种理想，必然让我们充满了使命感与价值感。但事实上，向过去寻求榜样，这并没有切中要害，因为在我们的历史中从来也没有存在过任何**超人**。尼采写道：

> 燥热的内心与冷静的头脑：两者在何处结合，何处就升腾起了"救世主"的狂风。
>
> 确实，相较于那些被民众称为救世主的人们，还有更加伟大、出身更加高贵的人——那些有所违逆的咆哮狂风。
>
> 然而，我的弟兄们，倘若你们要找到一条通向你们自身自由的道路，你们就必须要由比所有这些救世主更伟大的人来拯救！
>
> 然而，迄今还没有出现一个**超人**。我赤裸裸地看到了最伟大的人与最渺小的人。
>
> 这两种人彼此实在太相似了。确实，甚至我发现的最伟大的人也是——太人性的。[7]

倘若我们希望，我们或许就会将此当作某种公式。燥热的内心加上冷静的头脑，再扣除那种人性的，太人性的东西。但当它与查拉图

---

① 切萨雷·波吉亚（Cesare Borgia, 1475—1507），教皇亚历山大六世与情妇瓦诺莎·卡塔内（Vannozza dei Cattanei）的私生子，瓦伦蒂诺的公爵。波吉亚担任过瓦伦西亚的大主教和枢机主教，却以他的邪恶、残忍和征战的天才，致力于收复教皇国的辖地与统一意大利。波吉亚阴险狡诈、冷酷无情，为了达到他的野心勃勃的政治目的不择手段。尽管如此，波吉亚在欧洲的追随者却大有人在，他们认为，波吉亚勇敢、果断、坚强、才华横溢、魅力无穷，不拘泥于小节，是一个出类拔萃的统治者。尼科洛·马基雅维利以他为原型写下了传世名作《君主论》，而希特勒、墨索里尼等人对他更是推崇备至。——译注

斯特拉吟唱的夸张语言与急促节奏相分离时，由此产生的结果是一种平淡无奇的与实在过于熟悉的建议，它恰好位于一种道德主义的传统之中。它说的仅仅是，我们不仅应当力图让我们的智识生活保持在我们的控制之下，而且应当力图让我们的激情保持在我们的控制之下，而不要以牺牲我们的智识生活为代价来否定我们的激情，我们不应当"仅仅是"心胸狭窄的小人。有几分讽刺的是，尼采最有影响力之处，恰恰是他原创性最少之处。在这里隐约存在的是一种古代的异教理想，诸多激情得到了规训，却没有被否定，与之形成对照的是近代以来的官方道德，它推荐的是一种带着内疚态度的独身禁欲生活。

相应地，**超人**并不是支配他的那些较为弱小的同伴的金毛巨人。他仅仅是一种充满了欢乐的、无辜的、自由的人，他所拥有的诸多本能欲望并没有压倒他。他是他的诸多欲望的主人，而不是它们的奴隶，因而他就处于一种从他自身之中进行创造的位置之上，而不是由本能释放与外部障碍形成的产物。在此之外，尼采几乎没有说出什么细节，除了对那些将其激情转变为科学工作、艺术工作与哲学工作的成果的人们提出了一些含蓄的称赞。他留下的**超人**概念是一种多变的概念，而不是一种恒定不变的概念，它将由那些在我们之中实现了这个理想的人来赋予价值。倘若**超人**被理解为一种喜爱残暴地运用力量的欺凌弱小者，那么，尼采要责怪的就只有他自己。他的诸多例证模糊了他的诸多原则。当尼采在《瞧，这个人》中写到，人们很快就会发现，与其在帕西法尔那里寻找**超人**，不如在切萨雷·波吉亚那里寻找**超人**，[8] 他并不是在说，切萨雷·波吉亚是一个**超人**，或他提供了一个**超人**的典范，这个典范保全了一种在任何方面都有别于帕西法尔的**超人**。不过，帕西法尔是瓦格纳晚期的乐剧英雄，尼采在两件事上坚持反对帕西法尔：他是贞洁的，他是基督徒。这个对比部分地意在引起震惊，但它部分地又是那些充斥于尼采作品中的微妙逆转、私人暗示与笑话的一个实例。尼采从未训练自己来为真实的公众写作，一个人必须在知悉了他的传记的大量内容之后，才不会对他有时仅仅是对知悉情况的内行所说的双关语按照字面意思来进行理解。尼采的巨大不幸是，甚至对他最有同情心的批评家也曾经按照字面意思来对他进行解释。在尼采作品中有许多内容仅仅是个人的，它们与哲学根本就没有任何关系。恰如他在致雅各布·布克哈特的信中所言："个人的一切其实都让人发笑。"⁹

2

尼采似乎相信，**超人**的理想并不是通过诸多事件的自然进程而自动达成或自动实现的。在这方面，他的学说根本就不是达尔文主义。我们知道，事实上，尼采相信，恰恰是**不强健者**才会幸存下来并普遍存在，越来越多的个体越来越彼此相似，他们将在时间的进程中排挤那些有可能突破障碍，并成功获取一种崭新的视角与一种更加令人激动的生活方式的例外个体。有时，他在言谈中表现得就好像是人性材质的退化是如此巨大，思想与观点的全体一致性是如此广泛地得到了例示，以至于必定不可能存在进一步的成就与进步：人类的诸多类型必然被拉平，精神进化必然停滞。尼采或查拉图斯特拉对"终末之人"的诸多危险发出了警告：

> 人类为自身设置目标的时候到了，人类培植他最高希望的种子的时候到了。
>
> 为了做这件事，这片土地仍然足够肥沃。但是，有朝一日，这片土地将变得贫瘠无力，树木再也无法长高。
>
> 唉！这样的时代到了，世人不再射出渴望超越人类的憧憬之箭，他的弓弦已经忘记了如何发出响声……
>
> 唉！这样的时代到了，世人无法诞生星辰。唉！最可鄙者的时代到来了，他们不可能再鄙视他们自身。
>
> 看呀！我来向你们展示这种**终末之人**！¹⁰

倘若可以这么说的话，这听起来确实就像在做出一个这样的预言，即在没有来自外部的能量阻碍与逆转这种走向无序的自然趋势的条件下，人类的某种熵将逐渐增加，而自由能将不可避免地有所减少。事实上，尼采并不相信，这种意义上的终末之人将会存在，他甚至不相信他们可能会存在。无论是人类，还是其他任何东西，都不可能会有一种最终的状态。他觉得，这是可以证明的。倘若从根本上会有一种最终的状态，它就应该已经达到过。倘若它已经达到过，那就不会有任何的变化。但是，变化是存在的，因此就没有达到过这样的最终状态，因而永远不会达到这样的状态。"倘若这个世界拥有一个目的，"他在《遗稿》中写道，"它必然已经实现。倘若这个世界有一个意外的最终状态，这再度必然是已经达到过的状态……"[11] 没有达到过这样的状态，因此就没有这样的状态。这是一个令人吃惊的论断，它是"永恒复归"这个尼采最奇异学说的一个后果。而永恒复归是我们必须讨论的尼采的第二个肯定。

　　永恒复归是这样的观念，即无论存在的是什么，它们都将再次回归，无论存在的是什么，它们都**是**自身的回归，它们在先前都已经发生过，它们都将再次发生，每次都将恰恰以相同的方式发生，永远如此。任何发生了的事物，都已经发生过无数次，而且还将再次发生，永远以精确的方式重复自身。对于这个世界的真实情况来说，没有开端，没有终点，没有中间：存在的仅仅是始终按照相同方式单调出现的事件，周而复始。查拉图斯特拉与一个侏儒一起蹲在一条大门通道的旁边，在这本书的寓言中，这个侏儒是重力的人格化。查拉图斯特拉用这样一个奇怪的教诲来指导侏儒：

　　　　来自这个被称为"瞬间"的大门通道的，是一条回返的永恒长路。位于我们身后的是一个永恒。

　　　　一切**能够**奔跑的事物，是否必然**已经**跑过了这条道路？一切**能够**发生的事物，是否必然**已经**发生过、完成过，并消逝过？

　　　　但是，倘若一切都在此处存在过，侏儒，你对这个瞬间有什么说法？这个大门通道是否必然已经——在此处存在过？

　　　　一切事物难道不是如此迅速地彼此结合，以至于这个瞬间将一切将要到来的事物都拉向了它自身？因此——再度拉住它自身？

因为一切**能够**奔跑的事物，**必然**再度沿着这条长路奔跑。

这只在月光中缓慢爬行的蜘蛛，这月光本身，你与我在这个大门通道上一起窃窃私语，低声谈论永恒的事物——难道我们不是必然已经在此存在过了吗？

而且我们是否必然会再次回来，往下跑到我们之前的另一条道路——那条漫长、可怕的道路？我们是否必然在永恒地回归？[12]

在同一本书中，查拉图斯特拉有一次在一场疾病中逐渐康复过来，他在此时对他的动物同伴说出了如下话语：

你们将会说，"现在我死去并消失"，"如今我作为虚无存在"。灵魂与肉体一样终有一死。

但是，我纠缠于其中的诸多原因的纽结将再次回归。而这将再次把我创造出来。我自身就属于永恒复归的诸多原因。

我将随着这个太阳、这片大地、这只鹰、这条蛇再次回来，但并非来到一个崭新的人生、一个更美好的人生或一个相似的人生。

我将永远回到这同一个人生之中，不管是在最大的方面还是在最小的方面，我将再次教导一切事物的永恒复归。[13]

我详细地引证了这些文字，这是为了明确地展示尼采真正要说的是什么，尼采说的并不是相似的事物将继续发生，不是始终存在着可被归于相同定律之下的相似实例，不是普通的常识可能假定的尼采意在表述的任何东西，尼采的意思是：完全相同的事物持续不断地反复在回归，回归的是**它们本身**，而并非仅仅是它们自身的模拟物。尼采觉得这是他最重要的教诲与令人惊骇的观念，事实上，它是如此可怕，以至于他根本就不情愿去揭示它。欧文贝克[①]告诉我们，尼采低声谈论着永恒复归（就像查拉图斯特拉对侏儒所说的那样），尼采暗示，它就像一个未曾被倾听过的启示。露·莎乐美讲

---

① Carl Bernoulli, *Franz Overbeck und Friedrich Nietzsche*(Jena，1908)，II，217.

述了这个"难忘的时刻",尼采"用低沉的嗓音"将这个教诲吐露给
她。① 尼采自己谈到了准确的时间与地点——1881 年 8 月,在锡尔斯
玛利亚(Sils Maria)的一块高耸岩石的附近,"高出于人类和时间六千
英尺"——他将这个观念刻画为"可曾达到的肯定的最高公式",[14] 他
是在一种神秘经验的明显影响下想到这个观念的。根据露·莎乐美
的叙述,在尼采能够找到对它的科学确证之前,尼采不情愿向这个
世界揭示它,尼采认为,倘若它将被接受的话,它必然拥有这样的
确证。他将之视为"最为科学的假说"。[15] 尼采逐渐相信,他已经拥
有了一个支持它的证明,而这个证明在科学上是牢不可破的。我将
试图根据尼采的论证来重建一个证明,尽管非常有可能出现的情况
是,对于理解尼采的思想来说,阐述让尼采相信永恒复归为真的诸
多理由,并不如阐述让尼采相信永恒复归之**重要性**的诸多理由更为
重要。

3

　　除了查拉图斯特拉神秘的诗文宣告,以及在《善恶的彼岸》与
《瞧,这个人》(以及在《快乐的科学》中某些早期的暗示)之外,
永恒复归的学说在尼采公开发表的任何作品中几乎都没有出现。甚
至当它出现时,它虽然得到了述说与介绍,但尼采没有尝试去论证
或证明它。尼采在《遗稿》中概述了一本被称为《永恒回归:一个
预言》(*The Eternal Return: A Prophecy*)的书,虽然我们难以知晓尼
采究竟给予了这本书多大的权重。这本书将要提出的是这个学说的
理论预设与理论后果,对这个学说的证明,假使人们相信了这个学
说之后它可能带来的后果,对人们可能如何忍受这个学说的某些暗
示,这个学说在历史中的作用,如此等等。[16] 事实上,《遗稿》中充
满了这样的讨论、断片式的论证与分析,就仿佛这仍然是一本文献
尚未经过汇编的书。显而易见的是,尼采艰难地思考着他的这个教
诲,他在 19 世纪 80 年代最富创力的那段时期从事着这方面的工

① Lou-Andreas Salomé, *Friedrich Nietzsche in seinen Werken* (Vienna, 1894), p. 321.

作。他甚至一度考虑继续他的学习生涯，去研究自然科学，以便于为他所相信的具有至高重要性的学说找到更多的支持。

就"证据"的任何纯粹意义而言，几乎不可能存在任何类似于支持这个学说的**证据**的东西。例如，我们不可能在如今存在的这个世界中找到有关另一个恰恰相似的世界或世界状态的任何**踪迹**。倘若它们确实**以精确的方式**彼此相似，那么，其中的一个世界就不会留下让它与另一个世界有所区别的踪迹或痕迹：在一个世界中的任何踪迹，都将拥有在另一个世界中的完全相同的配对物。情况仍然是，没有任何观察者能够注意到精确相似的两个世界，因为他自己就是这种永恒复归的组成部分，而他的观察就会被当作发生于**单一的世界事件整体之中**的组成部分；恰恰是这种相同的观察，会在每个世界事件之中得到复制。设法搜寻类似于在先前循环中的**化石**一类的东西，这或许是一种荒谬的做法。当两个事物以如此精确的方式彼此相似时，它们在原则上就不可能被区分，就没有任何东西可以被当作证据来支持这两个有待区分的事物的存在。倘若它们能被区分，它们恰恰在进行区分的那个时刻就会有所差异，而这种情况已经被那个假说排除。一个头脑简单的证实主义者由此就会把这个教诲作为无意义的东西而将之清除，但是，在此处求助于这个可疑的意义原则，不会让任何人受益。

倘若这个世界被视为在进行永恒的重复，倘若这会获得证据的支持，这种支持必然是通过对于某些前提的证据支持来实现的，这些前提正蕴含着永恒复归的学说。而尼采寻求的恰恰是这种证明：

> 倘若人们敢于将这个世界作为一种确定的力量强度与一些数量确定的力量中心——其他的一切观念是不确定的，因而是**不可用的**——据此可以推断，这个世界在它存在的巨大骰子游戏中普遍存在的是一些可计算的组合。在无限的时间中，每种可能的组合都会在某个时刻得以实现；此外，每个组合都已经无数次地得到实现。然后，在每个组合与它的下次重复之间，所有剩余的组合必然在这段时期内普遍存在，而且这些组合中的每一个都决定了诸多组合的整体序列，以至于决定了诸多在

顺序上绝对相同的结果的整个循环。这个世界就是一个已经无数次重复自身的循环，而且它将**永远**（in infinitum）玩着它的这种游戏。[17]

这极其具有混淆性。前半部分几乎不是尼采所想要的：它差不多就是一个对于类似概率频率理论的东西的陈述——恰如"骰子游戏"这个形象化描述所暗示的——在这里，随着试验次数无限扩大，在一些可供选择的组合中，每一个的概率都接近于相等。这几乎没有什么帮助，因为与这个问题有关的并不是不同组合出现的频率，而是始终出现着相同的组合——可以说，整体的运作在重复自身。即便这个论证的后半部分有可能被认为是容易理解的，它也是如此的出人意料。一个更加接近于恰当的解释是这样的：

> 能量的总额 [All-Kraft] 是有限的，而不是"无限的"。让我们谨防这种在概念上的无节制性！因此，尽管这种能量的状态 [Lagen]、组合、变化与进化 [Entwicklungen] 的数目极大，实际上是不可测量的，但在任何情况下，它们都是有限的，而不是无限的。然而，这种能量总体进行运作的时间是无限的。这意味着，这种能量永远是相同的，永远是活跃的。在此刻之前已经逝去了无限的时间。这意味着，所有可能的发展必然都已经发生过。因此，当下的发展是一种重复，因而孕育它与它引起的发展变化也是一种重复，而且它们将再次如此来回往复！诸多能量状态的总体 [die Gesammtlage aller Kräfte] 始终重复发生，就此而言，一切事物都发生过了无数次。[18]

188   我将试图重建这个论证，并添加在我看来为了得出尼采所需结论而需要依靠的任何原理。

让我们列出这段文字所暗示的三个命题，尼采相信它们是真的并相互关联的：

(1) 在这个宇宙中的能量总额是有限的。

(2) 能量状态 [Lagen] 的数量是有限的。

（3）能量是守恒的。

这些命题明显是彼此独立的。（3）的真与（1）的真**和**假都相容，反之亦然。而即便（1）与（3）都是真的，（2）也可能是假的。尼采似乎认为，（2）是由（1）衍推的，但并非如此。无可否认，尼采并没有详细说明如何使用"状态"这个术语，因此多少有点难以说明（2）是真的还是假的。然而，清楚的是，人们可以对**状态**给出这样一种完全自然的解释，其中，（1）与（3）是真的，而（2）有可能是假的——以至于这种衍推关系崩溃了。请想象一个具有有限能量数额的守恒的能量系统。出于简便的考虑，我们假定这个数额等于有限的数值 6。假定某些能量是动能；再假定，随着动能的增加，势能减少；相关的比率是这样的，当前者接近于 6 时，后者就接近于 0。在没有到达这些极限时，可以无限接近于这些极限。现在让**状态**意味着"在任何给定瞬间的动能数额加上势能数额"。于是，**状态**的数目有可能是无限的，而且不会有任何**状态**重复出现。根据这种模型，（1）与（3）就会是真的，而（2）就会是假的。因此，（2）独立于（1）与（3）。①

但是，从（1）到（3）的命题如何衍推任何**单一状态**的无数次发生呢？答案是，它们无法做到这一点。我们还需要：

（4）时间是无限的。

（5）能量具有无限的延续性。

现在，（5）说的是能量始终存在，（3）向我们保证，始终存在相同数额的能量，而（1）向我们保证，这种数额是有限的。在对（2）的理解中请设想，我们假定仅仅存在三种不同的能量**状态** A、B、C。设每种能量**状态**都是在某段有限时间之前**首次**发生的，比方说，它们首次发生的时间是 t-3，t-2，t-1。让我们假定，A 首次发

---

① 古代的宇宙回归理论有时会坚持认为，由于原子的数量是有限的，诸多原子组合的数量就是有限的。因此，各个组合的组成部分的数目也是有限的，等等。然而，尼采将原子论作为一种虚构而拒斥了它，尽管有人提出，道尔顿的原子理论让永恒复归在 19 世纪成为一种似乎可信的学说。参见 M. Capek, "The Theory of Eternal Recurrence in Modern Philosophy of Science", *Journal of Philosophy*, LVII（1960），290。这让尼采的理论变得令人困惑。根据"总和是有限的"这个事实，无法顺便推断出"它的组成部分是有限的"。数列 $1+\frac{1}{2}+\frac{1}{4}+\frac{1}{8}\cdots$ 的总和是一个有限的数值 2。但是，在这个数列中的项的数目并不是有限的。

生的时间是 t-3。在 t-3 之前，存在的是我们的模型所允许的能量**状态**。但是，根据（5）可以推断出，在那时之前必定有能量存在；根据（4）可以推断出，对于**在其中**拥有能量的那个时刻来说，必然存在一个"在那时之前"的时刻；根据（3）可以推断出，在 t-3 之前与之后的能量总额是相同的。但是，根据我们的假说，在三种能量**状态**中，至少必然有一种存在于 t-3 之前，或者会导致这种相同情况的是，这三种能量**状态**中的每一种都没有首次的发生。因此，在这三个能量**状态**中，至少必然有一种已经发生了无数次，但是，我们并不知道这是哪一种。仍有可能存在的情况是，在这些能量**状态**中，有**两种状态**各自发生的次数是有限的。

设在 B 首次发生之前，A 就已经发生了无数次。B 或许标志着一个时间上的分界点，在这个点之后伸展的是 A 的无数次发生。但是现在（而我们在这里正在求助的是一些未曾在我们的预设前提中列出的原理），称 A 发生了无数次却没有其他任何的事情发生，这又是什么意思呢？谈论一种无限延续的事件，这种说法难道不是更加恰当吗？尼采会排除这种说法，因为它构成了一种平衡，而尼采正确地意识到，一旦实现了这种平衡，它就将永远持续下去。倘若只有 A 发生了无数次，就没有什么东西能够带来变化，因为存在的只有 A，而要从外部带来某些东西，就会违背（3）。因此，倘若在任何给定的一对 A 发生的间隙没有发生任何事情，那么，这样就会违背（3）。接下来，让我们增加一个进一步的前提，概括地说，其大意是：

（6）变化是永恒的。

最简单的一种变化或许是，一对能量**状态** A 与 B 的交替。根据我们的模型与从（1）到（6）的命题，我们能够证明，至少有两种**状态**已经发生了无数次。这仍然相容于以下这种情况，即剩下的**状态**只发生过有限的次数。现在请设想我们拥有一个无限的交替……A-B-A-B-A-B-A……，并且 C 在一个新的分界点上出现。因此，C 在一段有限的时间之前曾经有过首次的发生。令人遗憾的是，迄今为止，没有什么东西与这种可能性相矛盾。但是，倘若我们做出如下补充：

（7）充足理由律。

我们现在能够排除 C 首次发生的可能性。也就是说，C 必须要有一个充分的条件。但是，这个充分条件必然不是 A 就是 B，因为这是我们的模型允许的所有可能情况。由于 A 与 B 都各自发生过无数次，C 也就必定发生过无数次。因此，C 也不可能是首次发生。

我们能将我们模型中的诸多**状态**增加到任何有限的数目，通过反复应用刚刚给出的这个论证，我们就能以递归的方式证明，任何**状态**都不可能是首次发生。这个论证在没有提到空间的情况下就能获得完成，因此我认为，我们或许可以把空间的考虑要素当作是不相关的。尼采似乎觉得，倘若空间是无限的，就必然会达到一种静态平衡——因而它先前就可能已经达到过一种静态平衡，因此，空间必定是有限的。[19] 这是在逻辑上不相关的，尽管这些前提的某些要求或许会导致诸多在空间上的结果。当然，按照我所建构起来的这个论证，无法被视为一个**反对无中生有**（ex nihilo）的创造可能性的证明，因为（3）、（4）和（5）在很大程度上已经假定了这种创造的可能性。

通过将形而上学的原理与科学的原理（包括热力学的第一定律）混合起来，我们就能推断出一个几乎可以算作尼采理论的命题，而事实上，它对立于热力学的第二定律。尼采显然已经意识到，假如他是正确的，热力学的第二定律就是错误的："倘若力学无法避免威廉·汤姆森[①] 从它之中演绎出的这个后果，即必定存在一种最终的状态，那么，力学将由此**遭到反驳**。"[20] 事实上，在统计力学中有某些定理（如各态历经假说[②]），人们难以确定它们是否相容于熵的原理。庞加莱[③] 在 1890 年证明了一个与"相位"有关的学说，根据这个学

---

① 威廉·汤姆森（William Thomson，1824—1907），又被称为开尔文勋爵（Lord Kelvin），英国著名的物理学家与工程师，他在热力学领域做出了卓著的贡献，被誉为"热力学之父"。开尔文是热力学第二定律的两个主要奠基人之一，他关于第二定律的表述是："不可能从单一热源取热使之完全变为有用的功而不产生其他影响。"开尔文根据热力学第二定律断言，能量耗散是宇宙的普遍趋势。为了纪念他在科学上的功绩，国际计量大会把热力学温标（即"绝对温标"）称为开尔文（开氏）温标，热力学温度以开尔文为单位，是现在国际单位制中七个基本单位之一。——译注

② 各态历经假说（ergodic hypothesis）是一个企图把统计规律性还原为力学规律性的假说。1871 年，这个假说由玻耳兹曼提出，他认为，一个孤立系统从任一初态出发，经过足够长的时间后将经历一切可能的微观状态。——译注

③ 亨利·庞加莱（Henri Poincaré，1854—1912），法国著名的数学家、物理学家、天文学家和科学哲学家，是 19 世纪和 20 世纪之交世界数学的领袖与相对论、混沌学的先驱。——译注

说，一个力学系统若满足了一组可在统计力学中指定的条件，它在
一个足够漫长的时期里就必定会无数次无限接近地经过与它自身有
关的任何给定状态。但是，对于尼采的学说来说，"无限接近"仍然
过于遥远，因而并没有容纳它所要求具备的要点。无论如何，在尼
采之后出现的科学发展，不仅超出了本书的范围，而且超出了本书
所能胜任的主题。

191

4

　　科学发现或科学理论不时会给哲学的灵魂带来悲伤或快乐。自
由意志的信奉者在古典力学下处于不利的地位，在量子力学下则得
到了满足，他们认为，量子力学为他们珍视的信念提供了科学的辩
护。热力学第二定律所暗示的结果是，作为一个整体的宇宙正在不
断冷却，由于无法获得外部的热量来源，宇宙必然会在一段有限的
时间内达到一种最大限度的混乱状态，而这种混乱状态就是最终的
状态。热力学第二定律连同它的上述暗示让乐观主义者的精神感到
难过，尽管这个预言的结果还很遥远。特别是在 19 世纪后期与 20
世纪早期，情况就是如此，在那时，乐观主义或许比今日更为持续
高涨，而且它还包括了与宇宙有关的那方面内容。甚至在今日，仍
然有人对这种观念感到惊恐战栗。在科学与哲学之间的关系是错综
复杂的，从科学到哲学（或从哲学到科学）的推断的有效性，相当
容易遭受攻击。尽管如此，人们仍然经常在科学中寻求哲学的确信
或以心理学的方式来回应科学的教导，而这接下来将他们导向了对
哲学解释的寻求。尼采的这个教诲就是这种情况。
　　尼采最初的回应似乎是一种巨大的惊骇。虽然他揭露的是一种
神秘的秩序，但神秘的经验未必总是令人欢欣：恰如 E. M. 福斯特[①]

---

① 爱德华·摩根·福斯特（Edward Morgan Forster, 1879—1970），福斯特生于英国
伦敦，毕业于剑桥大学，被誉为与 D. H. 劳伦斯齐名的 20 世纪伟大小说家，他
的主要作品有长篇小说《看得见风景的房间》《霍华德庄园》《莫瑞斯》等。其
中，《莫瑞斯》完稿于 1914 年，因内容涉及同性恋，迫于当时的社会环境始终没
有发表，直到他去世后才得以出版。福斯特在书中以浪漫而又有趣的方式肯定同
性恋，走在了他那个时代的前面。——译注

所写，"请等待下去，直到你拥有一位可敬的读者"。尼采对这个学说的后期态度是一种与之不相称的狂热。在出自《快乐的科学》的这段陈述中表现的就是这种混杂的感受：

> 倘若恶魔在某日或某夜偷偷潜入你最寂寞的孤独之中，并对你说："你现在与过去的人生，就是你必须再次度过的人生，就是你必须无数次度过的人生，其中没有什么新的东西，但在你人生中的每一次痛苦、每一次欢乐、每一个思想、每一个叹息——一切大大小小、无法言说的事物，都必定会以相同的顺序与序列回到你身上……永恒的沙漏一次又一次地上下颠倒，而随之一起运动的你，无非是微尘中的微尘！"你是否会倒下，并且咬牙切齿地诅咒向你说出这些话的恶魔？或者你会经历一个惊人的时刻，你在那时会对恶魔答道："你是神明，我从未听过比这更为神圣的话语。"[21]

对这种观念感到惊骇是情有可原的，这或许可以归结于这样的一些情况。在一个给定**进程**（corso）的某个范围内，可能只有一些有限数目的组合，每个组合在每次**重现**（ricorso）时都在最小的细节上重复自身，而每次**重现**无限重复。在这个宇宙中就基本不可能有任何新奇的事物。所有的一切先前都已经被思考过（即便仅仅是被你自己思考过），所有的一切都将再次获得思考（即便仅仅是你自己将再次思考）。这或许就导致了某种惊慌失措：人们或许会记起穆勒（Mill）为之感到悲哀的一个想法，即存在的仅仅是一些有限数目的音乐组合，以至于音乐的一切可能性有朝一日将被彻底穷尽。人们就会失去期待伟大的新音乐作品的乐趣。这种有限性的观念不仅似乎有损于真实创造的可能性，而且似乎无法与真实的创造共存：

> 这个世界作为强力，它或许无法被当作是无限的，因为它**不能**被设想为具有这种存在方式。我们被严禁使用**无限的**强力这个概念，因为它**与"强力"这个概念不一致**。因此——这个世界未能具备一种追求永远新奇的事物的能力。[22]

存在的是一种永恒的千篇一律，在太阳底下不可能有任何新鲜的事物，不仅如此，而且在太阳底下的任何**古老的**东西都将继续回归，不断地回归，永远回归。这意味着，人类的渺小性将始终伴随着我们，尽管这也是查拉图斯特拉的诅咒。

> 唉！世人永远回归！小人永远回归！
>
> 我曾经赤裸裸地见过他们两者，最伟大的人与最渺小的人。他们彼此实在太相似了——太人性了，甚至最伟大的人也是如此！
>
> 最伟大的人也太渺小。这就是我对世人的厌恶。最渺小的人也永远回归！这就是我对整个存在的厌恶！
>
> 唉，恶心！恶心！恶心！——查拉图斯特拉如此说道，叹息着、战栗着。[23]

193

于是，与这种千篇一律共同在一起的是遭受挫败的沮丧。

尽管如此，尼采觉得，存在着某种莫大的补偿。迄今最为重要的是，在任何有关这个世界的建议中，都必然有一个这样的谎言，即这个世界拥有一个目标，一个目的，一种意义或任何种类的最终状态。始终相同，显然就永远不会有所不同。因此，我们可能有所期望或有所渴求的那种更为高级的最终状态并不存在。"它纠正的是一整套可能世界的假说，"[24]尼采在《遗稿》的某一处如此说道，而在另一处他说，"[它是] 虚无主义的最高形式——永远没有意义！"[25]在另一方面，这个学说也是鼓舞人心的，对应于任何更高状态的缺席，也就不可能存在任何更低的状态，或不可能存在最低的最终状态。不会干涸，不会凋零，没有什么命中注定要成为无序的宇宙，也不会永远被其持久的死亡压制。[26]每个事物，无论是伟大的还是渺小的，都会回归。实际上，每个事物都是永恒的。因为倘若一切都在回归，任何事物就都不会最终消逝。无论曾经说过什么，人们终将会如此言说，而且它们始终必然被保留下来，几乎成为不朽。

每个君主都始终要维护万物的短暂，这是为了不赋予它们过多的**重要性**，让它们保持在宁静状态，由此让短暂性处于万物之中。对我来说，一切事物反而看起来拥有如此巨大的价值，以至于它们不可能如此转瞬即逝。我为了每件事物来寻求永恒。一个人敢于将这种昂贵的美酒与油膏洒向大海吗？我的信仰恰恰是，无论在任何东西之中都存有永恒。大海将这一切都抛回来。[27]

最终，在这个世界中不存在消逝与真正的生成。存在的是一种永远冻结的流动性——这个观点不可思议地预示了艾略特在《四重奏》中呈现的那种冰冷的形而上学。

没有目标，就没有生活的意义。类似地，倘若这个宇宙没有目的，这个宇宙就没有意义。因此，人们必然会为之给出一种意义。永恒复归的学说导致了事物的无意义，**超人**的学说是对人们必然会去意愿的那种重要性的一个回应。这两个观念就以这样的方式结合在一起。在诸多事物的组合中，查拉图斯特拉始终会回到

194

这个完全相同的人生，不管是在最大的方面还是在最小的方面，我要来教导一切事物的永恒复归。

我用言辞讲述有关大地与世人的伟大正午，我将用言辞再次向人类告知**超人**。

我讲述我的教诲，并因我的教诲而破碎：我的永恒命运意愿如此……[28]

我们会死去，会回归，并会再度死去，这并不重要。重要的是我们永远从事的事情，无论我们的使命可能是什么，重要的是我们在克服的过程中所体验到的欢乐，重要的是我们给予我们生命的意义。而所有这一切都是为了这些事情本身，而不是为了任何结果：因为这些事情导向的是它们曾经导向并将始终导向的结果。我们所做的或者具有内在的意义，或者根本就没有意义。恰恰是我们才将价值连同重要性一起给予了它们。倘若我们的生命要有意义，我们

就必须要接受这一点（因为倘若我们想要让我们的生命有意义，我们就不可能改变这一点）：我们必须在我们的命运中肯定我们自身。这就是我们必须注意到的第三个肯定。"我对于人类之伟大的公式是**热爱命运**：人们应当不愿希冀除此之外的其他东西，过去不愿如此，未来不愿如此，永远都不愿如此。"[29]"我的学说陈述的是"，他在遗稿的一个脚注中进行了详细的论述：

> 你应当如此生活，以至于你必然渴望再活一次。这就是你的职责。无论如何，你都将再活一遍。无论是什么人，只要斗争赋予他最伟大的感受，那就让他斗争。只要安息赋予他最伟大的感受，那就让他安息。只要遵循秩序与服从赋予他最伟大的感受，那就让他服从。他只需清楚什么东西赋予他最高的感受，不惜任何手段！为了永恒，值得这样！[30]

这个绝对律令是如此陈述的：你应当如此行动（或成为这样的一个人），你会愿意无数次地恰恰按照相同的方式来行动（或恰恰成就相同的事业）。注意到了这一点，人们或许就会停止**怨恨**。用存在主义的术语来说，它就是对本真性的辩护。它排除了另一种生活的可能性，无论是在天堂中的生活，还是在地狱中的生活，存在的仅仅是对我们在此生中之所是的永恒回归。取代另一个世界的幻象的是，思考如何从这个幻象中解放出来。尼采的要求是，"让我们用永恒的形式给我们的生活打上烙印"，[31] 他让我们思考，"永恒责罚的学说曾经带来了何等的后果！"而"**此生**是你永恒的生命"。[32]

第八章　强力意志

1

在阐释尼采的这个学说或那个学说的过程中，我不时觉得有必
要使用"强力意志"这个表述。其他的任何表述都会错误地描绘他
的思想，尽管它没有得到澄清，但我觉得最好还是使用尼采的措辞，
并让语境的暗示服务于对这个表述用法的规定。现在，我必须试图
阐明这个核心表述或它所意指的那个概念。就像永恒复归的主题一
样，这个表述自然地出现了尼采的作品之中，尼采却没有对这个表
述意味着什么做过多少解释，或就此而言，尼采没有指出这个表述
最终在他的思想中承担了什么重要地位。尽管如此，《遗稿》充斥着
致力于阐述和表达强力意志理论的段落，某些段落的篇幅还比较长。
尽管人们批评尼采的妹妹伊丽莎白用**强力意志**（Der Wille zur Macht）
来作为尼采死后出版的格言汇编的标题，但是，她这么做是有某种
正当理由的。这是尼采曾经有所规划的论著的标题之一，尽管在这
个名字之下出版的这批格言几乎不是尼采有意撰写的**那本书**，但是，
这个标题与其下所囊括的格言之间所呈现出的相关性，也并没有比
他的绝大多数已经出版的作品所表现出的要更为松散。尼采希望撰
写一部真正系统性的作品，而这肯定不是那样的作品。尽管如此，显
而易见的是，尼采注定要在他心智健全的晚年，用最具创造性的思想
来致力于分析强力意志的概念。强力意志是一个建设性的观念，尼
采用它来取代迄今为止被接受为哲学的一切与被接受为科学的许多

197 东西。它将为尼采自己的思想与事物存在的方式提供关键答案。强力意志连同永恒复归、超人与热爱命运的教诲，已经构成了一种肯定。

漫不经心的或肤浅的读者必然会在诱惑下假定，强力意志指示的仅仅是金毛野兽与波吉亚表现出来的强大欲望——它是某些人拥有的东西，而其他人则没有。事实上，它是我们所有人都不变的一个特征（倘若我暂时可以这么称呼它的话），无论是弱者还是强者都一样。它是有生命的生物的一种共同特征，更为重要的是，它不是与其他欲望**并列**的一种欲望，它不像性驱力那样——性欲、食欲，无论存在的欲望可能是什么，它们都只不过是强力意志的诸多模式与实例。尼采的一个非凡的深刻见解是，人们从根本上并不是为了快感或繁殖，而是为了权力才去追求性爱：爱的行为是一种权力的斗争，性是支配与征服的一种手段。因此，我们或许会说，强力意志是相对于其他的欲望而言保持不变的基本欲望，就像（用古老的形而上学习语来说）相对于**偶性**而保持不变的**本质**一样。

几乎不可避免的是，我们思考强力意志所用的术语，恰恰就是人们曾经用来思考本质的那些术语，就好像强力意志构成其他一切事物的基础，并且在所有的东西中是最为基本的。因为强力意志并不是我们**拥有**的某种东西，而是我们**所是**的某种东西。不仅**我们**是强力意志，而且一切事物（无论是人类还是动物，无论是有生命的还是没有生命的）都是强力意志。整个世界就是强力意志；不存在更为基本的东西，因为除了强力意志及其变换的形式之外，就没有什么东西存在。

接下来显而易见的是，强力意志在尼采的思想中是一个基本的概念，一切事物都是根据这个概念来得到理解的，一切事物最终都将被还原为这个概念。它是一个形而上学的概念，或更准确地说，它是一个本体论的概念，因为"强力意志"是尼采对"存在什么？"这个问题的解答。因此，我们必须尝试理解这个观念。

2

我们在谈论尼采时认为，尼采自觉地拥有一种方法论，就此而

言，这种方法论多少是一种简约原则："方法的诫命是诸多原则的经
济学。"[1] 给定任何一对所谓有区别的事物，由于人们被允许以相似
的方式来对待它们，人们就必然总是试图去寻找某种关联的原则，
以至于我们或许会猜测，存在的仅仅是一种事物，它将取代那些不
同种类的事物。重复地让每一对据称彼此有所区别的事物之间产生
关联，我们就会极力要求导向有关所有可被当作同类的东西的单一
原则。按照人们对之给出的称谓，这就是方法论的一元论。我们不
会默认"诸多种类的因果关系"的根本性，直到"我们已经将只用
一种因果关系的努力尝试推向了最大的极限（推向了谬论，我或许
会说）。"[2] 尼采补充说，这就是"方法的规范"。

让我们假定，我们是具备愿望、激情和本能欲望的生物。倘若
我们理所当然地认为，我们的任何行为，或我们所是的那个人的任
何部分，也许都可以参照这些基本的欲望来得到解释，接下来，方
法论的一元论原则就将引导我们去尽力根据一组相同的因素来解释
我们的**全部**行为与我们所是的一切，而这些因素至少部分具备某种
解释的相关性。于是，就像尼采所做的那样，我们不妨假定，"除了
我们的欲望和激情之外，没有什么'被给定'为真实的东西"。[3] 我
们或许可以将我们的意识过程当作这种激情生活的标志，我们的意
识过程可以根据这种激情生活来得到解释。我们或许会将我们的道
德当作支持这些激情的"符号语言"。而我们或许会根据我们的道德
来理解我们的视角。在我们看来，尼采的纲领是：将所有的问题都
逐步还原为心理学的问题；将所有的心理学还原为一种有关无意识
的本能生活的心理学，这种本能生活的进程基本上是按照相同的方
式来进行的，不管它为了意识生活的这种形式或那种形式而可能做
出什么修正。现在假设这种纲领得到了实现，我们就能看到，有关
哲学、道德、科学、宗教、艺术与常识的所有这一切——整个文明
与所有的人类行为——都可以根据诸多本能的欲望与激情来进行阐
释。非人类的世界，有关物理事件与物质活动的世界的情况如何？
我们能否进一步求助于我们的方法论原则，并看出我们能否同样根
据诸多欲望来对此做出解释？倘若尼采完全获得了成功，那么，所
有种类的区分都将被瓦解——真实的与表面的、精神的与物质的、

内在的与外在的。为了与这种方法的规范保持一致，何不将**所有的**过程都当作同类的过程，何不把我们自身与区别于我们自身的任何东西"都当作隶属于实在的相同范围" [als vom gleichen Realitäts-Range] ——"物质"如今被理解为"情绪世界的一种更加原始的形式，其中的一切事物此后都将分化并被精心制成有机过程，物质与有机过程仍然是在一种更加有力的统一性中结合在一起的"。[4]物理世界就会成为一种"生命的预成品 [Vorform]"，恰如生命就会成为物理过程的一个分支。于是，我们就打开了一条通向统一原则的道路，径直穿越了我们曾经觉得具有重要意义的诸多主要区别。强力意志的功能是弥合间隙，并为可能存在的任何东西提供一种最终的解释原则。

　　重要的是要记住，尼采将所有这一切都限定为一种简单的假说，一种他无法拒绝去尝试的"实验"。我这么说是因为尼采对于强力意志的强烈主张有时带有一种盲目而又强劲的紧迫性，而这是尼采如此典型的一个特征，就好像他正在用力地向他的读者胡乱挥动一件武器。对于尼采的这种倾向，我们现在必然会将之理解为他迫切需要关注并试图确保有人聆听。我们必须极为慎重地与**严肃地**（au sérieux）理解作为哲学家的尼采。至于他的这个假说，它仅仅是尼采的方法论原则可能赞同的众多可能的假说之一，让我们与尼采一起假定，意志是以因果的方式进行运作的。我必须提醒读者，这个假说并没有与尼采在争辩中反对将意志作为具有解释作用的概念的立场相矛盾。在一个持续保持高水准的分析中，尼采反驳了这样一种观念，即当人们反思他们自己意志的运作时，他们在这种行动中理解了因果性。倘若人们实际上**的确**相信这一点，那么，方法论的一元论就会引导他们认为，意志是因果性的仅有形式。实际上，倘若我们这么做，我们就会投身于一种距离尼采自己的学说并不特别遥远的学说。但是，尼采的**意志概念**并非纯粹是心理学的概念；倘若我们认为心理学上的意愿是真实的，那么，它必须要根据尼采的意志概念来获得解释。

　　　够了：人们必须冒险提出这个假说，即无论"结果"在何处被认可，都必然有意志对意志产生影响，所有的力学事件，只要其中有一种力在积极活动，它们就仅仅是意志之力，仅仅是意志的结果。最终假定，我们成功地将我们的整个本能生活解释为意志的一种基本形式（即强力意志，这就是**我的**论题）的发展与特殊化，所有的有机功能都可以被归于强力意志，生殖与营养问题（这仅仅是同一个问题）可以根据强力意志来得到解决，**那么**，我们就赢得了权利来将全部起作用的能量都界定为**强力意志**。[5]

当然，这是一个大胆的与野心勃勃的概念，它或许涵盖了太多内容，以至于难以认为，这个概念能够以最大限度地保全了这一纲领的方式来得到贯彻。尽管如此，它确实给出了某些思路来让人们想到，对于尼采的主要哲学陈述来说，这个概念拥有一种统一的、系统化的与综合性的力量。为了确立这一点，我将试图概述尼采的某些思想。

3

在尼采的理解中，力学或多或少就同义于包括热力学在内的物理学，按照他的看法，力学完全就是一种虚构。它是对这个世界的一种便利的编排，但它并未触及这个世界的基本原理：

> 力学为了符号学的目的而明确表述了一系列的现象，它依靠的是关联于诸多感觉与我们心理的表达。举例来说，每个结果都是一种运动；但凡有运动之处，就是某种东西在运动；等等。它并没有触及［真实的］因果力。
>
> 力学的世界仅仅以这样的方式来得到想象，其中，视觉与触觉能够将世界变得对它们自身来说是可以理解的（也就是说，作为运动的世界）。因此，为了让世界成为可被计算的，因果关系的单位就被虚构出来，"事物"（原子）的效果就保持恒定不变……
>
> 这些东西是虚幻的：参与混合的诸多数字概念、事物的概

念（主体的概念）、活动的概念（分离于诸多结果的因果性实体）、运动的概念。在所有这一切中存在的是我们的视觉［偏见］与心理［偏见］。

倘若我们清除了所有这些装饰，就没有留下任何东西，［而］只有一些动力学的量，它与所有其他动力学的量都处于一种张力的关系之中。它们的本质［Wesen］在于它们与所有其他量的关系之中，在于它们对于所有其他量的"效果"之中。强力意志不是一种存在，不是一种生成。它是一种**激情**（pathos）。这是一个最基本的事实，由于这个事实，首先才产生了一种作用与一种生成。[6]

这段漫长的文字代表的是强力意志学说在这本笔记中运作的方式。尽管这个学说是破碎的与暗示的，但是，对于怀有同情态度的读者来说，他们熟悉尼采思想的更多表现，因而相当有可能理解这个学说。它必然是一个难以将自身变得完全明白易懂的学说——我们在这里又回到了这个熟悉的观点——因为对于我们来说是明白易懂的术语，恰恰就是无法适合这个理论的术语。为了用我们的语言来解释这个学说，就要承认尼采想要废除的虚构。因此，人们就需要一种彻底新颖的语言。接下来仍然留存的问题是，这种语言如何被人们学习？人们有可能如何学会通过这种语言来与这个世界打交道？尽管如此，我并不认为，这恰恰就是尼采在此处的问题。事实上，人们可以假定，尼采正在以一种研究 17 世纪思想的学者并不熟悉的方式来进行思考。17 世纪思想所根据的是在第一性质与第二性质之间做出的区分，伽利略、牛顿与洛克所坚持的就是这种类似的区分。第二性质是不真实的，第一性质不可能根据第二性质来获得解释，但我们的语言在绝大多数情况下根据的是它所熟识的第二性质。第一性质的理论家或许相信，这些性质是被作为一种纯粹理性行为的直觉认知的。无论如何，他们并没有非常担忧这些性质应当以何种方式来被人们习得，毕竟，在人们开始详细地发展经验主义之前，这个问题几乎并不显著。或许，尼采就是以这种方式来使用"意志"这个词的，以至于他允许在这个词与我们现成的心理学概念之间进行类比，对这个词的使用（假定它有一个正当的用法）不可能通过视觉与触觉的述谓来习得。

无论情况怎样，我们都不再继续根据"事物"，而是根据动力学的量来进行思考。尼采在《遗稿》[7]中有这样一个论证，即一个事物仅仅是"它的"效果的总和，以至于倘若我们为了将这个事物隔离为它"真正"所是的东西而清除了这些效果，我们就不会留下任何东西。可以说，那种可以被设想为就其本身而言的孤立事物是不存在的；存在的仅仅是一个由诸多效果构成的团体，相应地，**物自体**就是一个空洞的词语。这给予我们的是一个由诸多效果构成的世界，而不是**有关**任何事物的诸多效果。可以认为，诸多效果不能被拆解为可以就它们自身来进行研究的实体。倘若我们将效果视为与强力意志有关，我们就会将它们视为强力意志的效果，但是，强力意志不可能是分离于这些效果的一个实体：这些效果**就是**强力意志。一个效果或许会被视为意志对意志产生的影响，而不是事物对事物产生的冲击。我们或许发现难以把握这个观念，但尼采会将之归咎于我们的主谓语法的排斥力。难以在一个不具备误导性的语句中来表述这个观念，倘若没有什么其他的原因，那就是由于这个语句的结构。

通过在《遗稿》中援引一段不同的文字，我们或许就可以形成一种更加容易凭直觉获知的概念。

> 我的看法是，每个特定的物体都努力要变成支配整个空间的主人，努力要扩展它的力量——它的强力意志——排斥任何抵制它扩张的东西。但是，它持续不断地对其他物体做出的类似努力进行打击，最终将它自身与它们进行协调（"统一"）……[8]

我们在此处运用的是一种可疑的物体概念。让我们用"向外的力量"这个概念（不管怎样，我们或许都将以实用主义的方式，把一个物体仅仅视为一种向外的力量）来取代它。一个力将永远倾向于向外运动，直到某种外在的力阻碍了它的向外扩张。我们或许可以将此理解为尼采理论的"第一定律"。倘若没有受到抵制，一个物体（力）就会占据整个空间。但是，存在着其他的力，每个力都在努力做着这件相同的事情。每个力都占据了一块领地（一个空间区域），这差不多就是每个力所遇到的反对其领土扩张的诸多反作用力的结果。我们现在或许会将这些向外的力量等同于力的中心 [Kraftzentrum]，就像尼采有时称呼它们的方式一样，或者将之等同于**意志的草案** [Willens-Punktationen]，它们"或者持续不断地增加自身的强力，或者持续不断地丧失自身的强力"。[9]

　　一种强力的大小是通过它施加与抵抗的力量来加以界定的。不存在任何中立的状态 [Adiophorie]……它在本质上是一种追求压制与抵抗压制的意志，**而不是**自我保存。每个原子都对存在整体产生影响。倘若人们在思考中无视意志之力的这种辐射，他们也就无视了原子的作用。因此，我将之命名为强力意志。[10]

203　　我相信，康德持有一种显著相似的观点，他带着某种顽固态度赞同的是一种关于物质的动力理论。康德反对笛卡儿的物理学（康德会如此坚持他的理论，对于康德来说，他必然拥有某些支持者），根据笛卡儿的物理学，一切事物都将参照物质的几何属性来得到解释。笛卡儿主义者的基本物理概念是**广延**。康德的反驳是，物体恰恰不可能通过广延来占据空间，而是通过**强度**来占据空间。康德写道：

　　物质就是运动物 [das Bewegliche]，这是就它充实了空间而言的。充实一个空间，意味着抵制一切通过其运动努力进入这个给定空间的运动物。

　　物质并不是通过它的赤裸裸的存在，而是通过一种特别的动力来充实一个空间的。

　　物质自然的动力学的普遍原则是：一切真实的东西都是外在感觉的对象，它们不仅仅是空间的规定（位置、外形与广延），它们必须被当作运动的力量。由此可以推断，所谓的固态或不可穿透性是一种空洞的概念，它们应当被逐出科学的范围，取而代之的是排斥力的概念。①

康德隐秘求助的是这个学说，它位于"第一批判"的"知觉的预先推定"这个章节对强度的量的令人困惑的讨论之中：②质量是根据充实一个给定空间的物质的强度来进行定义的。

我提到康德的观点，这与其说是为了暗示一种影响——总而言之，它不太可能有什么影响——不如说是为了暗示一种反对笛卡儿主义的物理学传统（当然，牛顿明确地反对笛卡儿主义），当尼采写作时，这种物理学传统的某些教导或许正在流传之中。在 19 世纪，人们对于力学的正确体系有着大量的推测，尼采可能对能量学理论有某些了解。难以表明这一点，而这也与我的任务无关。它提供了一个语境，要是以此类推，或许就能更好地提示尼采在心中想到的东西。

难以知晓的是，这个学说能在何种程度上被系统阐述为科学的术语，或者比如说，人们能在何种程度上认为，一种能量学的理论已经以某种方式为这个学说做出了确证。毕竟，尼采自始至终都在质疑这样的论断，即科学告诉我们的是某些关于实在的东西或有可能在其中运作的不变的因果性原理。他似乎怀疑在任何关于实在的描述中存在规律的可能性：

> 倘若某物以这种方式而不是那种方式发生，存在的仍然不是"定律"、"原理"或"秩序"，而仅仅是力量的运作，其本质在于，将它们的强力施加于其他一切力量之上。[11]

科学，至少是我们所知道的科学的逻辑结构——"物质、原子、重力、作用与反作用"——只不过是"在心智虚构的帮助下进行的解释"。[12] 除了对于诸多力量斗争的赤裸裸的**论断**之外，对于并非由解

① Immanuel Kant, *Metaphysische Anfangsgründe der Naturwissenschaft*. Zweites Hauptstück：der Dynamik. 这段文字分别引自前言 1、定理 1 与对动力学的一般性注释。

② 参见 R. P. Wolff, *Kant's Theory of Mental Activity*（Cambridge：Harvard University Press, 1963）, pp. 232-233。正是通过沃尔夫教授的这本书，我获悉了康德在物理学理论上的不寻常工作。

释构成的世界，人们能说的东西就显得相当有限；而解释就是强加虚构。

　　无论强力意志学说在科学上有多少可能性，重要的是要根据其远扬的名声来强调这个学说的内容。在这里，应当更多地去为尼采辩解，而不是去谴责尼采，因为当他在头脑中进行思考时，他的这个观念根本没有得到充分的发展，以至于无法让它自己在尼采已经出版的作品中获得一个位置。

4

　　倘若我们要沿着复杂性的方向，向着更高层面迈出一步（而不去考虑这种攀升的标准或原理），那么，生命无论有多么不同于无生命的存在物，它都是强力意志，尽管在这两者之间存在差别。

　　　　众多强力通过一种普通的营养过程而结合在一起，我们将这种过程称为"生命"。这种营养过程是通向它的可能性的手段，全部属于这种营养过程的是那些所谓的感受、观念、思想，也就是：（1）对其他所有强力的抵抗；（2）依照形式与节律而与相同者进行的调整；（3）关于同化或清除［Einverleibung oder Abscheidung］的评价。[13]

205　　我们在这里将开始回到熟悉的领地。我们的概念结构是服务于生命本身的工具。我们的评价与价值表根据它们对生命的帮助来衡量**它们**的价值。因为"生命就是强力意志"，[14] 诸多概念与价值是意志的表现以及意志作用于意志的手段。一个活着的有机体显然是一批共同运作的集中力（point-forces）；高等有机体的心智活动仅仅是由等级较低的活力精心制作而成，而这些等级较低的活力则是评价与思考的最初原型。除了复杂性的程度之外，**功能**自始至终仍然是相同的。

　　我在这里必须停下来提及尼采对达尔文主义的看法，我先前在一个不同的语境中已经触及了这个主题。尼采顽固地坚持认为，**不强健者**生存，而**强健者**毁灭（我已经不止一次地注意到，这是尼采哲学中的一个偏见的结果）——这个论断就像它的对立面一样，容易受到赫胥黎提出的著名反驳的影响——除此之外，难以看出为什么尼采想要将他自己算作一个反达尔文主义者。尼采就像达尔文主义的普及者一样，他享受的是，在一群轻易认为自然是更加友善的文雅观众的惊骇目光中炫耀这幅有关自然冲突与自然斗争的图景。结果是，尼采频繁说出的反对达尔文主义的话语所根据的其实是一种双关语。

尽管有充分的理由认为，一个活着的生物是一个由彼此协调的强力中心构成的合唱队，可以说，它们作为一个聚集体，参与了与其他有机聚集体进行的斗争，但是，正如尼采所看到的，这种斗争并不是为了自我保存。强力意志无法通过**自然倾向**（即保持整体的欲望）这个古老的概念来进行解释。生命也无法用生存斗争（也就是说，在人们有可能生存与繁衍的世界之中找到一个立足之处）这个假定的达尔文主义术语来进行理解。无论一个人是否保存自身，这都**无关于**刻画了每个瞬间的一切事物的强力意志的盲目行使。某种事物生存下来并普遍存在，这仅仅是由于它在诸多意志的斗争中获得了胜利，但它并不是为了生存而进行斗争——即便有任何为了生存而展开的斗争，它也是沿着另一条迂回的道路进行的。"首先，一个有机体将为它的力量给予一个宣泄口——生命本身仅仅是强力意志——而自我保存即便经常是强力意志的一个结果，它也仅仅是强力意志的一个间接结果。"[15] 因此，就这个世界的本质而言，在战斗之后不仅没有休止，而且也不可能有休止。在每个瞬间，我们都是我们做出的行动；在每个瞬间，只要我们还活着，我们都在牵制着这个宇宙的其余部分，与此同时，它们为了自身而力图索取那些归属于我们的力量：

> 至于著名的生存斗争［Kampf ums Leben］，在我看来，与其说它被证明，不如说它被断定。它有所发生，但这是作为例外。生命的概况**并非**匮乏、饥馑，而是远为富足、丰盛，甚至是一种荒谬的挥霍。但凡有斗争之处，存在的就是为了**强力**而展开的斗争。[16]

　　这就是我所指的那个双关语。"生存"这个词的用法略微有所歪曲，从它与"存活"有关的用法扭转到了与"良好的生活"或"贫乏的生活"有关的用法——从一种哲学的意义扭转到了一种经济学的意义。因此，这个歪曲是有误导性的。它暗示，我们与其试图延续生命（"追求存在"），不如为了某种其他的东西（或许是力量）而奉献自身，生命在其他任何条件下都是不值得的。但是，根据尼采的理论，没有强力，就**不存在**生命，而尼采显然并没有建议某种英雄性的道路。毋庸置疑，生物锲而不舍地追求生存。不能由此推断出，生物锲而不舍地追求的是一种**微不足道**的生存。尼采攻击的可能是后者，但没有人真正持有这样的观点。它最多是一种关联于 19 世纪的经济学、边际产量的学说、工资铁律①与马尔萨斯原理②的思想。无可否认，这些主题都涉及有关达尔文主义的讨论——在 19 世纪，又有什么主题会没有涉及达尔文主义呢？——而且达尔文通过阅读马尔萨斯而受到了激励。但是，在达尔文那里几乎没有暗示，物种争取的是**微不足道**的生存。难以对尼采如此众多的标题被冠以"反达尔文"的格言或大意如此的话语进行辩护。尼采对达尔文主义进行了大量的讨论，在这些讨论中，他进行的是思想的争辩，而不是科学的争辩，它与达尔文理论的真实旨趣和重要性的关联并不多。因此，严格地说，没有什么理由来支持我们对尼采有关达尔文的见解进行广泛的讨论。尼采拥有的是对一个被他认为是达尔文的私人形象的某些看法。

　　与尼采的强力意志理论更加相关的一个结果是如下论题，即**幸福**并不是我们真正为之斗争的目标。人类就像这个宇宙中的其余事物一样，他们追求的是强力。他们对强力的追求已经获得了举世瞩目的成就，征服了众多的自然力量，迫使一种又一种存活的动物离

① 工资铁律（the iron law of wages）是一条关于劳动市场的经济学定律。实物工资将永远倾向于仅可维持工人生活所需的最低工资额，因此，这个理论也称为"工资的最低生存说"。工资铁律的文献记载，最早见于英国经济学家马尔萨斯的《人口原理》与李嘉图的《政治经济学及赋税原理》。——译注
② 马尔萨斯原理指的是英国经济学家马尔萨斯在《人口原理》一书中所创立的人口理论体系，其主要观点是：生活资料按算术级数增加，而人口按几何级数增长，因此，生活资料的增加赶不上人口的增长，这是自然的永恒规律。只有通过饥饿、繁重的劳动、限制结婚以及战争等手段来消灭社会的"下等阶层"，才能削弱这个规律的作用。——译注

开家园。他们显然拥有数量极大的强力，而这与幸福无关。幸福在相关的范围内无法分离于为了强力的斗争，因为快乐仅仅是对我们的力量优势的有意识反思。"终末之人"根据"和平"与幸福来进行思考，他们思考所使用的术语是不一致的。没有斗争，就不存在幸福。

> 特别有启发的是，用"强力"这个术语来替代"幸福"（据说，一切活的东西都在为之而努力奋斗）。因此，"它们争取的是强力，更多的强力"。快乐仅仅是一种获取强力的感受的征兆，仅仅是一种对差别的意识。它们争取的并不是快乐；当它们获得了它们争取的东西时，快乐也就到来了。快乐是一种伴随物，而不是一种动机。[17]

人们**追求**快乐并**避免**痛苦，这种陈腐的描述是错误的。不仅仅是人类，而且"一个活的有机体至少也有一部分"追求的是强力的增加，快乐或痛苦是这种"原始的情感形式"产生的后果。追求强力，就是追求有待克服的障碍，而这实际上就是在追求痛苦 [Unlust]，因为对一个人的强力意志的阻碍是作为**痛苦**而被经验到的。因此，痛苦是"每个有机事件的标准组成部分"。[18] 由于这种解释，人们就几乎不可能期待从事物的自然本性中清除痛苦。**快乐**是克服障碍的经验：

> 快乐无非是通过阻碍 [Hemnis] 而激发的强力感，倘若一种有节律的阻碍与抵抗增强了刺激，那么，这种强力感就全都变得更加强大。因此，痛苦内在于所有的快乐之中。[19]①

---

① 在这里的性暗示是不会被弄错的，而且在《遗稿》的其他地方，这种性暗示变得颇为明显。"在有些情况下，一种快乐是被一系列快速而又微小的痛苦刺激决定的。随后获得的是一种极其快速增长的强力感受与快乐感受。例如，挠痒以及在交媾行为中的性器搔痒就是这种情况，在这里我们看到，痛苦是快乐的一种积极的组成部分。"[20] 毫无疑问，这充满了诸多在精神分析的意义上有趣的暗示，它所暗示的东西与尼采自己在性心理上的个性有关，特别是考虑到他与女性的那种复杂的与异常不成功的关系。在同一页中，还有一个**在哲学的意义**上有趣的暗示，即快乐与痛苦恰恰并不是对立面。正如在性爱中的情况，快乐来自一系列"微小的痛苦"，但痛苦从未来自一系列微小的快乐。这是一个古怪但又有趣的推论，因为尼采在快乐与痛苦之间假定了一种不对称性。

208 一个人应当遭受痛苦，这并不是他的活力衰减的标志。被经验为**痛苦**的阻碍，是强力意志的刺激物与快乐的前奏。

　　尼采继续说（这样听起来就像他熟悉的主题），存在着两种痛苦，一种痛苦确实预示着强力意志的衰减或消沉。这就是**衰竭**。既有激发强力的痛苦，又有标志着强力有所衰退的痛苦，后者让抵抗侵入世界反向压力的能力有所减弱。相应地，就有两种快乐——胜利的快乐对抗着沉睡的快乐。"衰竭者"想要的是"休憩、睡眠、和平与宁静——这是虚无主义的宗教和哲学的幸福"。而"丰裕者与生机勃勃者想要胜利、被征服的敌人、涌向比以往更为开阔的领域的强力感"。[21]

　　我们再度对一个术语拥有了一种宽泛的用法与一种狭隘的用法，而这在尼采那里是一个非常典型的特征。但在此处就像在其他地方一样，当尼采在一个只应当运用其狭隘用法的语境中意指这个术语的宽泛用法时，这就是他的概念产生刺激与困惑的原因。用"**生命**是痛苦与斗争，因此，清除痛苦的指令对立于生命"[22]这个宽泛的陈述来反对清除痛苦的指令，这是误入歧途的与荒谬的。无法看到这种考虑与其他类似考虑中的谬误，这就解释了尼采对于社会改良的奇特盲点。倘若有人在被要求去帮助某个与卡住的窗子进行搏斗的人时说，**生命**就是斗争，并且接下来以生命的名义严厉斥责某些过来提供帮助的人，我就会认为，这个人是无情的与愚蠢的。作为残暴力量的辩护人与残忍行为的辩解者，尼采拥有的悲喜剧式的无礼言论所根据的就是这种荒谬的东西。

5

　　尽管如此，倘若我们让这个问题在这里终止，我们就无法在完整的范围内看到，尼采相信强力意志是一个统一的概念，在存在的每个等级上都可以发现这种形式或那种形式的强力意志。它在**精神**
209 生活的层面上显现的形式是人们给予生命的解释：艺术、科学、宗教与哲学在此例示了强力意志。重要的仍然是要承认，我们并非有别于我们所做出的行动。我们**是**强力意志，而强力意志是将一个人的力量向外部强行施加，解释则是强行施加的一种模式。于是，解释并不是我们所做的某件事，而是我们之所是：我们**实践**我们的哲学，而不是仅仅拥有我们的哲学。"人们不可以问'究竟谁在解释？'，因为作为强力意志的一种形式的解释本身拥有生存方式（它并不是作为一种存在 [sein]，而是作为一种**过程**，一种**生成**），并且将之作为一种影响。"[23] "解释"必然是按照比我们所习惯的更为宽泛的方式来加以理解的："解释本身是成为其他某些事物的主人的一种手段（有机过程不断以解释为先决条件）。"[24] 我们的整个概念图式是一种解释，而再次根据尼采的观点，它并不是我们拥有的某种东西，而是我们所是的某种东西，因为通过运用它，我们不仅整理了这个世界，而且创造了我们自身。我们所有的思维范畴——事物、属性、原因、效果、实在、表象与其余的范畴——都是"根据强力意志的意义"来进行理解的解释。[25]

强力意志在那些被奴役者中是对自由的渴望，而在那些更加强大与更加自由的人们中间，它是一种追求支配与征服他人的意志。但是，"在那些最强大、最丰裕、最独立、最勇敢的人们之中，[强力意志] 显现为对人类之爱，对民族之爱，对福音之爱，对真理之爱，或对上帝之爱……"[26] 对于某些对尼采的了解仅限于他的名声的人来说，这可能是一个奇怪的与反常的陈述。但是，对于一个已经理解了这个讨论的人来说，这指的明显就是禁欲理想。它是强力意志的自我训练。尼采在《善恶的彼岸》中写道，最强大的人总是会对圣徒着迷，因为最强大的人凭借直觉在圣徒中找到了一种参与自我试炼与自我斗争的强力，它通过自律来展示它的力量。"当他们尊敬圣徒时，他们尊重的是在自身之中的某种东西，"尼采写道，"他们有某些事情要向圣徒追问……"[27] 圣徒是为了走向更加高级的文明而必须要迈出的一步。

最终，强力意志的教诲是我们发现的贯穿于我们已经有所考察的这位哲学家的诸多作品的一个教诲。这个教诲所教导的恰恰是，这个世界是我们构造过并必然再次构造的某种东西，除了我们强加于它之上的东西以外，它没有任何的结构与意义。尼采会说，承认了这一点，也就已经来到了超越禁欲理想的阶段，这个阶段所持有的见解是，禁欲者坚持认为是真实的东西，仅仅是他们给予混沌与虚无的形式，而符合这种形式的东西**并不存在**，存在的仅仅是实在的空虚单调的无意义。

　　那种坚持认为这个世界**应当是**真实的信念，是徒劳无效的信念，是那些无法按照世界应当存在的方式来创造世界的人们所持有的信念。他们幻想这样的世界存在于此，他们寻求得到这样的世界的途径与手段。"追求真理的意志"是无力者追求创造的意志。[28]

尼采的强力意志是追求创造的意志，他觉得在所有的哲学家中都同样应该有追求创造的意志。他作品中如此众多的内容都是由哲学批判构成的，但它仅仅是哲学的一个组成部分，是哲学的一种工具与手段。哲学批评家要是仅仅止步于此，他们就是服务于哲学的强力意志的工具，但他们还不是哲学家：

　　真正的哲学家是命令者与立法者。他们说："应当如此！"他们决定人类来自何处与去往何方。因此，他们利用了哲学工匠与以往征服者的预备性劳作。他们用创造之手把握未来，现在存在或曾经存在的一切都变成了他们的手段、他们的工具、他们的锤子。他们的认知是创造，是立法，而他们追求真理的意志就是**追求强力的意志**。[29]

在尼采哲学的成熟时期，强力意志相关于虚无主义的方式，恰恰就如同在尼采早期哲学中的阿波罗艺术相关于狄奥尼索斯艺术的方式。正如在他的艺术概念中的情况，在此处的这两种力量或概念都是必需的。虚无主义需要为创造性扫清道路，需要明确表明这个世界是不重要的或没有形式的。强力意志将形式与意义强加于这种未成形的质料之上，没有这些形式与意义，我们就无法生活。尽管如此，并没有任何**特殊的**形式或意义会让我们离开了它们就无法生活。我们将如何生活，我们将意欲什么，都是由我们来决定的。

后　记

这就是我能够理解的尼采哲学。在我认为它会得到认可的范围
内，我试图尽可能按照系统的方式来对它进行详细的阐述，尽管这
种系统性已经极大地超出了人们通常认为它所具备的系统性。我试
图表明，那些声名狼藉的道德说教论题在尼采体系中所发挥的作用，
与它们在尼采的名声中所发挥的作用是不成比例的。在他的体系中，
它们或者是尼采赞同的诸多普遍原则经过大量利用的特殊化；或者
就像我已经暗示的，它们是对于更为哲学化的与更为抽象的文本所
做的诸多耸人听闻的表现主义例证。当尼采仍然精神正常时，他只
有这样一些值得一提的编辑，他们就像彼得·加斯特一样，是一群
对例证而不是对原则感兴趣的狂热分子。因此，他们任凭尼采（事
实上，他们即便没有煽动，也鼓励了尼采）放纵他对于古怪的人类
学以及恶言谩骂的嗜好。他的作品所遭受的忽视，甚至他最响亮的
呼声都无法驱散的沉默，或许强化了他的这种不负责任的风格。

相较于尼采在将他的哲学教诲呈现于这个世界时所能运用的或
倾向于运用的约束措施，现在是时候用更加成熟的约束措施来详细
审视他的诸多哲学教诲，并且通过判定做出相关的支持或反对。我
希望，我并非仅仅将我自己追求体系的意志强加到了一批构成尼采
作品的断片与格言之上——批评家有时认为，这些文集是这位以碎
片的方式**表达**他自己的哲学家留下的巨大的文学积淀，可以这么说，
永远也不可能存在一个曾经让它们共同归属的母体。尽管如此，读
者自己就可以转向这些断片来审视我的构造是正确的还是错误的。
倘若某人说，任何构造都是误入歧途的，尼采是一位极具话题性的

作者，一名格言家，他无法被哲学体系的幻象塑造或支配，我应当不会感到气馁（尽管我已经做出了反对这种观点的论证）。倘若有人发现了某种与我刚刚勾勒的体系**不同**的体系，我也仅应为其赞叹。

　　我能说的仅止于此。那些比我已经给出的更为详细的分析，或者归属于专业的哲学期刊，或者归属于一种更加精致的与受到更多限定的研究。在本书的最后几页中，我只是希望再次根据尼采自己的哲学活动观，提出一个有关尼采哲学地位的显而易见的问题。难道他的哲学不也是一个有关纯粹的约定、虚构和强力意志的问题吗？用一种过于简单化却又同样令人困扰的方式来表达，即当尼采说没有什么东西是真的时候，他的意图难道不是要表明某种东西是真的吗？倘若尼采成功了，那么，他当然也就失败了，因为如果"没有什么东西是真的"这个说法是真的，那么，终究有某种东西是真的；如果这个说法是假的，那么，这就再次表明某种东西是真的。再者，倘若尼采的言说就像他已言明的对一切哲学的批判性话语一样武断，那我们又为什么应当接受尼采并拒斥其他哲学家呢？倘若尼采的言说并不武断，它又如何可能是正确的？倘若他已经言明了真相，他的言说又怎么可能是真的？我相信，尼采敏锐地意识到了这些困难。正如尼采在《善恶的彼岸》中所写的："假定这也仅仅是一种解释——人们将会变得相当热心地提出这样的反驳。好吧——如果是这样，那就更好了。"[1] 我猜想，尼采会说，我们对他进行判断的标准，是我们实际上始终在运用的标准（虽然它是我们哲学的意识形态），这个标准即他的哲学是否在生活中奏效。他或许会继续说道：倘若你们并不喜欢我给予事物的形式，你们就将你们自己的形式给予事物。哲学是一种创造性的工作，这条道路始终是开放的。哲学是在意志与意志之间展开的角逐。要是你反对我的哲学，你就阐明并确证你自己的哲学。

　　我怀疑，并非每个人都满足于这样的解答，因为我甚至无法确定，它**是**一个解答。但我无法提供任何其他答案。我们发现，我们自身在这里到达的极限，是当我们不在体系之内谈论体系本身时，每个体系都必然会揭示的极限。允许一个在所谓的包罗万象的体系之外的点被用来作为一个支点的东西究竟是什么？怎么可能存在这样的一个点？在我刚刚引用过的那本书中，另有一个段落能够对此做一说明："每一种哲学都隐藏着一种哲学；每个意见同样是一种隐瞒；每一番言辞是一张面具。"[2] 在尼采体系的背后，存在着有关深刻哲学本质的诸多假设，它们如此深邃地渗入了尼采的思想形式之中，以至于尼采或许从来也没有意识到它们在那里存在。这些假设在何种程度上是虚假的？或者说，这些做出了如此假定的假设在何种程度上会影响他其余的哲学？这些问题是难以解答的。我将只提及其中的一个假设。

尼采在讨论强力意志的某些地方断言，**意志只能作用于意志**，[3] 他的论断方式是如此不加修饰，以至于在暗示，他表达的是一个无可否认的真理。这就是人们认识到要在哲学写作中对之保持敏感的那种陈述，而在这个例证中几乎不能说，尼采正在陈述的是"意志"这个词的用法。通常而言，那些求助于在因果能力中的意志的人们这么做，是为了解释某种让他们觉得困惑的东西——心灵对身体的作用：我们凭借一种"意志行为"来挪动我们的手臂。近年来，这种理论事实上已经成为大量哲学攻击的对象，人们会乐于将尼采招募为发起这种概念攻击的早期战士。倘若尼采在这方面是一个盟友，那会显得多么古怪，因为激发**他**进行攻击的是他的这个志得意满的奇怪论题，即意志只能作用于**意志**——"而无法作用于物质"，正如尼采所补充的。为什么意志只能作用于意志？倘若从根本上存在意志这样的东西，为什么它不能也作用于其他的事物？为这个神秘而又困难的思想进行**辩护**的是什么？

我将试图用少量言辞来暗示尼采在心中想到的是什么，然而，我所提供的是一个假说，它有助于理解一个陈述，从而不让这一陈述变为不透明的、愚蠢的或错误的，除此之外，目前我没有看到证实这个假说的方式。接下来的内容或许暗示了在哲学背后的哲学，被语词掩饰的意义。我认为，在尼采的思想中，他既把意志当作存在的最为基本的事物，又把意志当作存在的唯一**活跃的**事物（我是在可能最含糊的意义上来使用"事物"这个术语的）。我认为，尼采相信这一点的方式，大致就像贝克莱主教相信精神是这个宇宙中唯一活跃的事物一样。贝克莱的本体论在于精神与观念，他坚持认为，观念是惰性的，它们是由精神引起的，观念的整个存在是由于它们为精神所容纳，以至于没有精神，**观念**就不会存在，因而就**没有任何东西**存在。尼采以类似的方式坚持认为，存在的是意志与解释，解释是无效的，除非它们关联于意志，在一种特殊的意义上，意志**导致**了解释，而没有意志，就不会有任何东西存在。尽管如此，尼采似乎始终是在"**作用于……的行为**"的意义上来理解行为，而不是将行为理解为某种孤立的意愿的表现。一个尼采式的唯我论者就可以被理解为是一个作用于自身之上的意志；但是，倘若存在的仅仅是意志，倘若存在的不是行为，而仅仅是"**作用于……的行为**"，那么，除了意志之外，就没有什么东西可以被作用于其上。意志作用于意志，它们这么做的模式强加了一种形式，给出了一种形状，而在生命的最高等级中，它表现为给出一种解释或强加一种解释。换句话说，意志在被**给予**一种形式之前是尚未定型的；而强力意志是对这种意志冲突的普遍性描述，其中，胜利者强加一种形式。由于它没有内在固有的形式，由诸多意志构成的世界就可能是没有形式的，而这就是我们讨论过的虚无主义学说。但是，由于诸多意志始终彼此相互作用，它们就始终会将形式强加给这个世界。

　　毫无疑问，以这种方式将贝克莱与尼采结合起来，或认为尼采持有一种观念论的版本，这看上去似乎是奇怪的。倘若它从根本上是一种观念论，那么，尼采所承诺的就是一种**动力的**观念论。不过，在阐明了这种有趣的观念之后，对于这种观念或我在本书中努力描述的哲学，我将不再表达进一步的意见。

后续文本

1. 天使的语言与人类的语言：
作为语义虚无主义者的尼采

> 我们使得真理本身成为一种偶像。（On se fait une idole de la verité même.）
>
> ——帕斯卡尔，《思想录》：582
>
> 哲学所能做的仅仅是摧毁偶像。而这意味着不制造任何新的偶像——在"偶像的缺席"之外进行言说。
>
> ——维特根斯坦，《维特根斯坦手稿》：213，413

唐纳德·巴塞尔姆[①]嘲讽性的专题演讲"论天使"起始于如下这段辛辣的评论："上帝之死让天使留在了一个奇怪的立场上。他们突然被一个基本的问题压倒……这个问题是'天使是什么？'"可怜的、被抛弃的天使说："疏于质疑，不习惯恐惧，拙于孤单，（我们所假定的）天使陷于绝望之中。"尽管如此，天使的发言人对此必须要说："在一段时期内，天使试图崇拜彼此，但最终发现这是不够的……他们正在继续寻求一种新的原则。"而作为一个"天使学家"（angelologist）的巴塞尔姆注意到："在书写天使时的奇特之处是，人们最后往往会书写人类。"天使就其本质而言是崇拜者，他们对他们寻求一种新原则的出路产生了怀疑。因为崇拜是**关于**某物的崇拜，由于崇拜这个词是及物动词，所以它需要一个对象。上帝之死，倘若指的是一种严肃的意思，那么，它接下来就应当意味着天使之死，倘若上帝其实是死于对天使的同情，那是因为崇拜被残酷地剥夺了

---

① 唐纳德·巴塞尔姆（Donald Barthelme，1931—1989），美国后现代主义小说家，其代表作是《巴塞尔姆的白雪公主》《死去的父亲》《天堂》等中长篇小说。其一生撰写了大量短篇小说，并曾从事新闻记者、杂志编辑等工作。他的作品荣获古根海姆文学奖、美国国家图书奖、美国文学艺术院奖等。基于其在美国文坛的重要地位，他也被今日的众多年轻作家誉为"文学教父"。——译注

它的内涵对象，却又留下了一种未改变的崇拜状态，如今这种崇拜状态成了一种无法得到满足的本体论渴望。为了继续完成他们的天使本质，天使现在寻求的是或许会被称为"上帝替代物"的东西。他们自身作为崇拜的对象是"不够的"，因此，他们所需要的显然是根除这种渴望，进而据此来界定自身的本质。而上帝之死留给天使的是这样一个"奇怪的立场"：鉴于天使被设计为要进行崇拜，一种不进行崇拜的天使究竟是什么？

218　　　　我对此的理解是，上帝同情天使（与我们）的原因是他们对他自己的崇拜。但是，倘若这种爱好被保留下来，并且固定于我们让自身屈服的其他某种对象，上帝死于同情又有什么好处？要不是这种爱好的致命性，上帝或许依然会活着，为这个宇宙增添色彩与等级，而没有造成巨大的伤害，至少没有造成遭到尼采猛烈抨击的那种伤害。但是，鉴于天使与人类的那种明显的存在方式，纯粹在本体论上进行删减或添加，这种做法的价值并不大。上帝或许已经想到，他不可能在没有获得崇拜的条件下存在，他发现崇拜作为一种病症，会以某种方式对崇拜者是致命的，上帝由于爱和同情而死去。但接下来，倘若天使与人类现在寻求某种这样的东西，他们和这种东西的关联方式与他们曾经和上帝维系的关联方式相同，他们拜倒在**这种东西**面前，情况又会怎样？这个问题显然不是本体论的问题，而是心理学的问题，并且这个任务不是去破坏偶像，而是去破坏偶像化的倾向。摩西夺走被以色列的子民奉为神明的金牛犊，"将之用火焚烧，磨得粉碎，撒在水面上"。但这种行为或许会被称为临时的破坏偶像。另一个偶像在人们转身从事其他事务时就会取代原先的偶像，除非人们创造了一种彻底的治疗方法。尼采寻求的恰恰是这种彻底的治疗方法，这让他成为一位**哲学家**而不是一位先知。查拉图斯特拉仅仅宣告了上帝之死并宣布这种死亡是由于同情。天使和以色列人的有教育意义的做法是，他们立即试图将其他的某种东西放到上帝的位置之上——他们互相将对方放在那个位置上，或者用一只金牛犊替代。尼采说过，我们将无法摆脱上帝，除非我们已经摆脱了**语法**。当我们改变了语法，我们就清除了这个位置。我们让对这个位置的指称变得不可理解，并且无法表达需要作为崇拜对象的东西，由于缺乏术语，我们就无法采纳贬低自我的姿态。

因此，尼采的"上帝已死"并不是乡巴佬式的无神论者或自由思想家（尼采带着蔑视的态度运用"自由思想家"这个术语）所提出的"不存在上帝"。上帝之死仅仅阐明了一种对象，自由思想家认为他们已经摆脱了这种对象，而事实上，他们将其他的某种在功能上等同于上帝的东西放到了上帝的位置之上。无可否认，尼采或多或少助长了这样一种观点，即他也是这种意义上的自由思想家，与此同时他还是敌基督者与拆解者（人们不可抗拒地会将尼采称为解构主义者），他拆解的是基督或上帝的概念在逻辑上编织而成的组织结构，由于这两种姿态呈现于不同的文本之中，就不难将进行谴责而不是进行消解的文本当作标准的文本。归根到底，陈旧的语法尚未被废除，或者言语还没有现成可用的新颖的语法，甚至在我们自己的时代里，我们发现，哲学家正在继续捍卫他们的信仰并攻击他人的信仰，然而，他们为之献身的消去主义所做的论断是，有朝一日，整个有关信仰和理性的习语都将化为虚无，仿佛我们所有人都会自然地运用神经生理学的话语来说话一样，在这种话语中，甚至无法表达信仰这个概念。或者用一种对尼采而言可能更加自然的类比，这或许就像在攻击"诸多哲学问题与哲学命题"，用维特根斯坦在《逻辑哲学论》中采纳的措辞来说，就是宣称它们是没有意义的废话，并且根据一种想象的理想语言来这么做，在这种理想语言中，这些命题是无法得到陈述的，这些问题是无法得到表达的。而这种语言的理想性完全是这些无能的特性。因此，在相同的暗示下，人们将位于语法核心的东西谴责为无意义的废话，人们同样相信，它们的不可表述性达到了这样的程度，以至于无法说出无意义的废话是什么。这让我们联想到，哲学家无意中卷入无意义的废话之中，因为他们不理解语法，而我们将无法摆脱哲学，除非我们已经摆脱了语法。毋庸讳言，维特根斯坦与尼采都拥有宗教人格，但我并不认为可以说，他们的这种人格伴随着哲学这个领域。

大量的分析哲学在其鼎盛时期提出了一个不切实际的工作计划，这个工作计划的内容在于表明，被视为令人厌恶的特定语言片段如何能够通过解释而得到清除，自此以后我们就可以安然无恙地使用语言，因为我们在原则上总是能够撤回标准话语的庇护所。因此，我们学会了在原则上将物理对象的术语转译为感觉材料的术语，将心理的话语转译为行为的话语，将有关社会的语句转译为有关个体的语句，将数字语言转译为集合语言，并由此转译为《数学原理》（*Principia Mathematica*）的系统化定理——自此以后，我们就能以普通的方式来谈论桌子、感受、社会与数字。尽管我无法清晰地判断，这会不会是一个能令尼采满意的工作计划，但我认为它并不是。因为它有可能暗示，以普通方式进行的谈论，不会造就任何损害，每当在必要之时，我们都能迅速进入我们的那种笨拙却又可接受的话语之中。丢失的仅仅是某种便利性，为之做出补偿的是在本体论上的无可挑剔。然而我认为，尼采的想法是，这将在话语中导致确定的损害，而不是不便利，这种言说方式是有害的，并终将造成严重的后果。请考虑天使的例证，或就这个问题来考虑与这样的一些男人与女人有关的例证，他们深刻的道德病症反映了如下事实，即他们言说的语言与采用的语法，助长了他们"继续寻求一种新的原则"，而与此同时，这种寻求本身明显具有同样极为有害的语法病原体，这些病原体导致他们想要崇拜上帝，导致了在查拉图斯特拉轻率粗鲁地说出上帝之死后，某些人或某些东西占据了上帝的位置。

220

因此，尼采用他拥有的一切来攻击这个在场的占位者，他就像摩西那样在应许之地布道，而在应许之地，人们甚至不能谈论上帝，甚至不能说上帝已死。这或许是因为尼采拥有这样一个心理学的论题，它断言，没有人能在不产生痛苦的情况下说上帝不存在，因此一个人不可能简单地说不存在上帝或不存在诸多神明，就像我们不可能简单地说，天使其实是不存在的，或者倘若存在天使，他们在他们所在之处的存在方式，就是燕雀在**它们**所在之处的存在方式。我结识了一位年轻的中国人，他来自中国大陆，在几年前是一个缺乏经验的人，他在看到我的妻子修剪那棵象征着她的瑞典血统的圣诞树时问道，天使是什么？——这就是巴塞尔姆的问题——就好像天使在西方被发现的方式，就是熊猫在东方被发现的方式一样。无论如何，我的兴趣并不是披着先知外衣的、作为"敌基督者"的尼采，这是瓦尔特·考夫曼三位一体的称谓方式"哲学家、心理学家、敌基督者"所拥有的尼采形象。相反，我的兴趣在于这种三位一体中的其他两个形象，这些形象努力解构为上帝留下位置的系统，因为在这种拥有如此位置的语法系统下生活，生命将遭受心理的创伤，而不管占据这种位置的恰巧是什么。《论道德的谱系》的最后一卷呈现了一系列如此有害的占位者，它们是从上帝到真理的所有偶像，这些占位者甚至在破坏偶像的行为中也给我们带来障碍，因为破坏偶像的行为本身也假定了存在一种有待粉碎的偶像。正如维特根斯坦指出，倘若甚至连"偶像的缺席"也是一种偶像，那么，这种处境就是严峻的。

****

　　有一种形式的崇拜或许会被我们称为逻辑的崇拜，它主要表现为，以上帝的名义制造我们能想到的任何可部分地把握上帝之宏大庄严的最高谓词：全能、全知、拥有无限创造力、无限、完美，即便是有原因的，那也是自因，必然存在——简而言之，上帝是一种比可能设想到的任何事物或任何人都更加伟大的存在者。当然，这反过来也将崇拜者置于这样一个位置，在这个位置上，他将自己描述为无力的、无知的、被动的、有限的、不完美的、偶然的——比可能设想到的任何人或任何事物都更加渺小。仿佛在没有贬损我们自身的条件下，我们就不可能崇拜上帝。但是，相互崇拜的逻辑方面并没有触及这种诗学，因此也没有触及在与所有让人无法抵抗的强大属性持有者的关系之中的心理方面。这种诗学在于发现一条通过贬低我们自身来抬高上帝的更加情绪性的道路：我们是没有价值的，是蛆虫，是软弱的，是在污秽中出生的，就像圣奥古斯丁所言，我们是渺小的、平庸的，而用尼采的措辞来说，就是人性的，太人性的。我们沉思神圣存在的宏大道德，而与之紧密相关的是，我们将承受一种贬低我们自身的感受，或者就像我们所说的，当我们站在大峡谷的边缘或向上注视闪耀星光的天空时，我们拥有了一种我们是渺小与不重要的感受。这就是起初作为逻辑崇拜的东西在心理上的相关感受。请暂且考虑有关人类虔敬的诗学。要思考的，恰恰

221

是按照奥古斯丁所说的，我们所是的那种初生婴儿：散发恶臭的、令人作呕的、哭泣喊叫的、不停垂涎的、贪婪的、肮脏的、易受攻击的、乳臭未干的与自私自利的。一位更优秀的诗人能够做出更为严厉的描绘。现在请思考，恢宏华丽的存在者在赋予血肉的奇迹中进入了人类婴孩的肮脏身体之中，这种身体被文艺复兴的崇拜打扮整洁，并被配上了光环，从而调和了基督教的奇迹存在于其中的献祭牺牲的暴行。我们赞美这种奇迹的方式是贬低肉体，我们在祈祷中用概念的方式来贬低肉体，在禁欲生活中则用现实的方式来贬低肉体。根据相同的精神，我们在没有充分憎恶我们自身的情况下，就无法充分地颂扬上帝。

　　由此，尼采成了一位宗教心理学大师，他反对基督教的概要，特别聚焦于数额巨大的能量在崇拜者自我折磨的狂喜中回过头来反对崇拜者，倘若这没有造成诸多悲剧性的后果，那就是滑稽可笑的。它的悲剧性在于，有才华的与在其他方面有头脑的神经症患者运用了他或她可以支配的大量天赋，以没有根据的与在客观上荒谬的自我惩罚来反对他或她自身。从被尼采如此赞赏的异教健康的视角来看，尼采的禁欲圣徒滥用了他们可资利用的能量而成为这样一种英雄，他们的活力在误导下造就了诸多痛苦与绝望，这让他们偏离了向他们开放的光明大道。萨特在他撰写的尼采式戏剧《上帝与魔鬼》(Le diable et le bon Dieu) 的倒数第二幕中，用格茨 (Goetz) 这个角色出色地描绘了这样的人物。强大的战士格茨是军队的领袖，他是残酷无情的，我认为，他在各个方面都是一个超人，他却荒唐地走向了禁欲和斋戒，他用水的声音来折磨饥渴的自己，他否定自己并按照隐士的方式生活，他储存的巨大能量全都转而反对它们的源头——这种力量越大，罪恶（恶 [Böse]）的自我感觉就越强烈——与之成比例的是，需要管束的自我攻击性也就越大。这位解放者的心灵何时会掉转方向，让这些能量涌向外部，以此方式，格茨就会带着阿基里斯的欢乐驰骋于敌人的队列，就像火焰穿过干柴？我们中没有任何人——我想这必然是尼采的观点——像格茨那么强大，但我们比我们可能成为的那种人更为渺小，这是因为我们已经将这种不相称的逻辑崇拜内化，我们感到了某种内疚，并相应地具备了某种卑微感。

在这种狭隘的宗教意义上的禁欲者，或许可以将克莱尔沃的圣伯纳德 ① 作为典范，他喜欢在恫吓时展示他那苦修而成的脖子——枯瘦、憔悴、留下疤痕的脖子——并将之作为他虔诚的象征，在这种意义上的禁欲者，只不过是一种更加普遍的人之类型的一个标本。这种类型可以通过这样的男人和女人来举例说明，他们或许认为，相对于**苦修者**（penitente）之外的道德启蒙，他们自身具有无比的先进性。这些个体倾向于在赏识某些外在的与超验的理想时却相反地贬低他们自身，他们支持自身为之服务的理想有：国家、种族、革命、家族、妇女解放运动、艺术、科学，最后则是真理。有一幅鲁本斯的画作，由于玛丽·德·美第奇 ② 想要用绘画描述她的生平与艰难时光，鲁本斯就在通向客厅的入口通道上描绘了真理：这幅画作被称为《真理的胜利》，玛丽·德·美第奇与她的大艺术家肯定认为，他们自身已经被征募到了这场真理的圣战之中。"甚至我们这些当今的求知者，我们这些无神论者与反形而上学者，"尼采在《快乐的科学》中写道，"也是从千年之久的信仰（它们既是基督教的信仰，同时又是柏拉图的信仰）所点燃的火把中获取我们的火种的，这种信仰相信，上帝是真理，真理是神圣的。"人们或许会把它当作一段虔诚的话语，而事实上，瓦尔特·考夫曼就是这么解读的，当他在刊载这段文字时他将之作为一种哲学的祈祷文，却在他的文本中删除了尼采接下来添加的一段与之如此不相符的文字："倘若这种信仰越来越没有价值，倘若任何东西都不再能够证明它自身是神圣的，倘若上帝［被解读为**真理**］原来是我们最持久的谎言，那又会

---

① 克莱尔沃的圣伯纳德（Bernard of Clairvaux，1090—1153），法国著名教士，他出生于法国勃艮第贵族家庭，22 岁时皈依天主教，1115 年创立克莱尔沃的西多会隐修院。在他的指导下，法国相继建立了一百六十多座隐修院，而他也因此成为在政治上颇具影响力的宗教人物。1146 年，圣伯纳德积极组织第二次十字军东征。1170 年，教皇亚历山大三世宣布他为圣人。——译注

② 玛丽·德·美第奇（Marie de Medici，1575—1642），佛罗伦萨富商兼实际统治者美第奇家族的成员，玛丽为托斯卡纳大公佛朗西斯科·德·美第奇之女，1600 年嫁给法国国王亨利四世，成为其第二任妻子。1601 年，她生下了王子路易，即后来的法国国王路易十三。1610 年，亨利四世遇刺后，玛丽·德·美第奇成为路易十三的摄政。她与首相黎塞留发生了激烈的冲突。然而，她的一切努力均被黎塞留挫败。玛丽几乎被儿子路易十三驱逐，只是由于黎塞留故意玩弄政治手腕，她才被允许在昂热拥有一个住处。1630 年，玛丽再次企图推翻黎塞留失败，被迫逃往国外。1642 年，玛丽在贫困中于科隆去世。——译注

怎样？"当然，假如这是尼采在他早期未发表的论述真理与谎言的
论文中所写到的**在道德意义之外的**（aussermoralischen Sinn）谎言，
那么，它在雅克·德里达的手里就变成了解构的标准工作，按照这
种观点，语言完全是隐喻，**本义的**用法是由用旧的隐喻构成的。

　　对待这个惊人的论断有一个捷径，它类似于休谟用来攻击理性
概念的捷径。这个捷径在于追问那个主张所有的语言都是隐喻的论
断本身是否为隐喻，因此，用尼采自己的"在道德意义之外"的术
语来说，它是"一个谎言"。倘若是这样，就没有理由相信它；但倘
若它不是一个谎言，由于它是隐喻，它就仅仅是虚假的，人们再度
没有理由去相信它。解构的基础是自我解构的，当然，在它背后留
下的严肃问题是，哪些东西是隐喻，哪些东西根本就不是隐喻。但
我的兴趣并不在于这种诡辩。相反，我的兴趣在于尼采的这个令人
震惊的观念，即真理概念在世俗生活中对于那些相信真理的人发挥
的伴随着扭曲的作用，堪比上帝概念在宗教生活中明确发挥的类似
作用。正如尼采所说，它是我们"最持久的谎言"。当然，有可能
相信真理却不崇拜真理，或在我看来有可能这么做。但尼采的论证
（倘若我已经对它有所领会）是，在没有将真理偶像化，没有像帕
斯卡尔所说的那样将真理本身构造成一种偶像的条件下，就难以安
置真理。因此，这个问题就是，倘若真理确实是一个变量的一个值，
而上帝则是这个变量的另一个值——《论道德的谱系》有关"禁欲
主义理想"的章节逐条列举了其他若干这样的值——我们能否通过
改变让这个变量出现的系统来清除这个变量。于是，这就会成为修
正语法的动机，假设在我们让自身摆脱那种拥有支持类似上帝的变
量值的语法之前，我们确实无法让我们自身摆脱上帝（上帝在这里
仅仅是一个例证）。

　　这就是这篇论文的真正主题。当然，尼采并没有真正构造出一
种新颖的语法，但他的论证确实支持修正我们对于语言的态度，通
过这种修正，我们不再将语言作为表征，而越来越多地将语言视为
工具。这个行动方针在我们这个时代被理查德·罗蒂吸收，对罗蒂
来说，语言仅仅是一种实践，他的新实用主义哲学拒绝产生大写的
真理问题。我推测，这也是维特根斯坦与他的追随者的行动方针，

在他们的思想中，他们将意义作为用法，将语言作为一组游戏。人们能够在维特根斯坦的文献中发现这样的断言，即祈祷是在众多语言用法中的一种用法，它是我们所做的某件事，对于祈祷来说，存在着诸多标记分明的规则。对于崇拜的实践来说，情况也是如此。那么，为什么上帝之死会让那些具有崇拜本质的人感到特别不安？天使的圣职是依旧能够像以往那样带着大量的感情齐声唱出"称颂崇拜歌"（Adoremus），因为这种赞歌的用途也就是它的存在。问题在于，倘若上帝已死，天使为什么还会继续进行这种语言游戏？类似地，倘若真理已死，难道我们还会继续使用这种科学语言与历史语言吗？当然，罗蒂会说，真理指的其实仅仅是起作用的东西，并且真理标志着起作用这个事实。既然我们就是这么做的，我们为什么要抵制真理呢？难道这不是因为我们抵制的是这样一种语法修正，其中，心灵渴求的某种东西与实在的关联，超过了工具主义所承认的范围？用罗蒂的隐喻来说，心灵渴求的难道不是某种让语言"钩住"世界的东西吗？我们真的能在没有真理的情况下继续生活？而在这么说的过程中，难道我们不是恰恰预先已经赞同了尼采吗？尼采想说的是，我们自身是我们语法的产物，以至于**我们**或许没有能力来想象我们自身在没有真理的情况下生活，因为**我们**是我们的语法将我们塑造而成的东西。但是，对于那些被一种不同的语法塑造而成的人来说，他们的情况怎样？归根到底，我们能够假定我们自身拥有怎样的可塑性？

224

****

　　在尼采那里存在的一种思想是，我们在这方面是**绝对**可塑的，我们表征我们自身与这个世界的方式是漫长进化的产物，其中被尼采明智地称为"物种天赋"的东西作为生存条件，强加于物种成员之上。因此，我们心灵的运作方式只不过是物种的强力意志，而物种成员则将之解读为事物深刻的存在方式。我认为最深刻地将这种观点内化的人是福柯，他真正将这个世界视为一座监狱，他尝试通过极端的性行为，通过药物，通过一种浪漫的政治学，通过意在打破思维与实践围墙的写作来摆脱这座监狱。福柯最近的传记表明，他在被他称为**研究**（enquête）的东西与被他称为**考验**（épreuve）的东西之间做出了区分，这反过来又暗示了两种不同的真理概念——两者是如此不同，以至于不存在任何让它们能够进入冲突的途径。存在的是一种作为探究结果的真理与一种作为严酷考验与**试炼**结果的真理，在这种试炼中，一个人将自己抛向自身的极限，以便于获悉穿过极限的感觉是怎样的。人们会想到甘地的自传《我的真理实验》（*My Experiments with Truth*），尽管他或许拥有极为不同于福柯的性格，但是，他们的真理既不是塔尔斯基的 T 规则的真理，也不是真理的符合理论意在阐释的东西。他们这两个人都过着一种严酷考验的生活，不过福柯的生活是一场逃离某些可憎限制的严酷考验，在他谈论隐喻的赋权时，他将这些限制视为监狱的围墙。在某种程度上，尼采也在过着这样的生活，他看到我们被语法（无可否认，这是一种用宽泛的方式理解的语法）限制，在这种意义上，至少可以考虑的是，存在着表征或组织经验的其他方式，即便**我们**没有能力来设想这些方式。我认为，这相当于说，它们是先天综合的，这种先天性是因为我们由它们组构而成，这种综合性是因为对它们的否定即便无法用具体的术语来设想，也不会产生矛盾。我们没有能力设想这些方式，但它们是可能的。倘若我们能够在其他的表征方式下生存，我们或许就能充分摆脱上帝与真理。当然，就对立于**研究**真理的**考验**真理而言，这或许不会对它产生影响。留下来的问题是，我们能否以并非歇斯底里地崇拜偶像的方式来谈论探究结果的真理（在这种真理中，主词项的指称归属于谓词项的外延）？甚至福柯也非常需要这一点，而这恰恰是为了让他的观点得到陈述。

但我想提出的问题是，当我们被有关语法的思想局限，并用我们的语言进行言说时，语法中的改变是否会引起现实中的改变，而我对这个问题的解答暂时是否定的。我想要以否定的方式对之做出解答，因为在我看来，语法所表征的我们语言的结构，并没有任何关于它自身的描述性内容。它并没有对实在的空白面产生任何影响。至少我们的语言并没有这么做，我们也不会将实在兑换为语言的语法，因此就没有好的理由来让实在发生改变。事实上，甚至那种换成工具主义视角来审视语言的更为克制的努力尝试，也远比描述性的语言观更加具有约束性。而在结束这篇论文的几页内容中，我将尝试给出某些理由来支持这个观点。

****

　　语义实在论是这样一个论题，即为了让语言符合这个世界，这个世界就必然符合语言，因而它必然按照语言自身的构造方式组构而成。我对这个术语并不完全满意，但这种症状以合情合理的方式得到了良好的界定，它几乎与哲学拥有共同的范围，因为大量的哲学是在它的支持下形成的。语义实在论近来最熟悉的范例是维特根斯坦的《逻辑哲学论》，根据它的定义，世界由诸多事实构成——请记住，世界由诸多事实构成，而不是由星辰与花朵、分子与基因构成——在这里，事实拥有让命题成为可能的逻辑结构或逻辑形式，当然，命题也就拥有精确反映世界的逻辑结构或逻辑形式。它是一种理想语言，因为存在的是一种将命题与事实作为彼此的同构体而关联起来的图像函数：命题与事实是彼此的图像。另一个例证或许是斯宾诺莎的如下权威见解（尽管我并不像我希望的那样确定），即诸多观念的秩序和关系等同于诸多事物的秩序和关系，在这里，实在论的前提仍然是，观念能够表征实在，只要它们拥有相同的形式，就像手掌与手套一样。这意味着实在必然拥有一种语言的结构，实在符合语言，这仅仅是因为实在拥有这样的结构：语言就是**用言语表达**的世界。我的感觉是，尼采自己接受了语义实在论的前提，但事实上，尼采相信，这个世界缺乏语义实在论所需的结构。然而，尼采并没有走向一个无懈可击的结论，即语言并不需要这个世界拥有一种让语言与世界相符的语言结构，他转而得出的结论是，由于这种前提破产了，语言就根本不与世界相符。这就是语义虚无主义，它如此彻底地将语言与它的描述职能分开，以至于我们选择使用什么语言，就成了一个开放的问题。改变语言的动机在于这个事实，即根据尼采的观点，我们现实的语言投射了一种并不存在于此的结构，在这种结构对我们的约束下，我们成了囚犯。当然，并不存在于此的东西是语义实在论所要求的先于存在的结构。根据他所辨认的这一点，尼采迅速导向了这个结论，即在那里根本不存在任何结构，**世界**具有无限的可塑性，当然，如果拥有结构，那么，无论它拥有什么结构，这些结构根本不是语言的结构。

尼采有时暗示，更为恰当的语言或许是这样的，其中存在的仅仅是动词而不是名词，在那里我们必须谨慎，不要根据非人称的动词来为每个过程推断出相关的施动者，拿尼采最喜爱的例证来说，闪电没有必要是某种位于闪光之外与实施闪光的东西——闪电就是闪光，而不是某种进行闪光的东西。我们也是如此，我们与我们的行动并不是分离的，而是合而为一的。尼采谈论的或许是其感受力比我们自身更为精致的其他生物，因此，他们看到的东西与我们看到的东西没有相似之处，因而他们发现普遍性的术语是不可理解的。在博尔赫斯的故事《博闻强记的富内斯》中，我想到了一个与此有关的角色：

> 洛克在 17 世纪先假设而后又拒斥了这样一种不可能的语言，其中，每一件个别的事物，每一块石头、每一只鸟与每一根树枝都会拥有它的名字。富内斯曾经设计了一种相似的语言，但随后就弃置不用，因为在他看来，这种语言过于一般化，过于含混。事实上，富内斯不仅记得每一座山林中每一株树的每一片叶子，而且他还记得自己对它们的每一次感知或想象。他决定把以往的每一天都简化为七万次左右的回忆，接下来再借助编码来对它们进行界定。他出于这两种考虑而打消了这个想法：他意识到这个工作是无止境的，他意识到这种做法是无用的。

"这两项规划是没有意义的，"博尔赫斯的结论是，"但它们泄露了某种难以言说的宏大。"只有一种博闻强记的存在者才能精通这种由如此众多的专名构成，进而无论如何都只涉及他的回忆的语言，而这种语言会颠覆语言的真实目的。这就类似于让经验整体消解为像素。但是，尼采对于那种仅仅由动词构成的语言的想象也是如此。"为什么闪电在闪光？"是一个融贯的问题，因为即便我们已经知道了闪电是什么—— 一种放电——仍然值得去追问的问题是，为什么放电会闪光？世界就是这样存在的，而语言也是这样存在的。为了预先阻止我们认为我们明显能够用上手的语言来做出完美解释，我们是否需要重构语言？当我们已经摆脱了主谓语法并用全都由动词构成的语法来代替它时，我们是否会摆脱上帝？是否有可能通过特许，将上帝作为"存-在"（Be-ing）这个指涉此种活动的真实动词？能否将语言修正为一种真正从根本上阻止了某种事物的语言？倘若无论如何都没有真正的途径来让语言阻止我们对于世界的存在方式形成自己的见解，这种修正又有什么意义？

　　对于工具主义问题的定论，尼采倾向于将他的那个版本的实用主义真理理论包括在内，而我认为，这是理查德·罗蒂的观点，这肯定也是维特根斯坦的观点。我自己对此的想法是，倘若语句事实上是用具和工具，接下来我们就不得不按照我们学习用具用法的方式来学习语句的用法。某些语句将开启大门；某些其他的语句将关闭大门。因此，倘若我们的语言存在于这种用法的系统中，那么，它就将我们关在一种特别是由这些用法构成的生活形式之中。学习生活就在于精通一部有关用语的书，即关于在什么时候说什么的一览表。事实上，如今的生活形式始终都在进行着变革，而语言本身并没有以这种方式进行变革。无可否认，语词得到了添加，意义有所改变。但是，语句结构并不与社会实践挂钩。我们的真值条件让我们自由。

228

2. 关于尼采的“艺术家形而上学”的评述

　　当约瑟夫·博伊斯 ① 在 20 世纪 70 年代声称每个人都是艺术家时，他实际上要表达的意思是，任何东西都能成为艺术——通过博伊斯他自己为之做出贡献的那段特殊的艺术史，这个命题才成为可能，但在一个世纪以前这个命题或许是不可想象的，而尼采在 1873 年的短篇作品《根据道德之外的观点论真理与谎言》(*On Truth and Lie from an Extra-Moral Point of View*) 中就宣称，我们都是艺术家。显然，尼采不曾也不可能意味着，在“艺术家”这个术语被普遍承认的意义上，我们都是艺术家，他的意思是，将我们界定为一个物种的特定活动，在抽象的考虑中最好被理解为艺术的活动。我们之所以是诗人，是由于语言就其本身而言是隐喻这一纯粹事实。这个论题要求人们就像博伊斯对艺术所做的那样对语言进行彻底的重新思考，两者的区别在于，博伊斯的思想符合艺术革命的普遍模式，而尼采的思想多少是他自己独创的。尼采的论题是，语言的最初冲动是制造隐喻，而这意味着语言在其最初阶段就是诗。隐喻滋生了语言，而并非仅仅是语言能够做到的某件事——对言语的修饰润色，或用修饰的方式来使用言语。

　　尼采在他那个时代是根据词汇的视角而不是语法的视角来思考语言的，而他最初的表述方式似乎是矛盾的：“所有的表达都是隐喻”，它公然违背了以下这个事实，即“隐喻的表达”预设了“本义

---

① 约瑟夫·博伊斯（Joseph Beuys，1921—1986），德国著名艺术家，以装置和行为艺术为其主要创作形式。博伊斯认为，艺术若要生存下去，只有当艺术向上与神和天使，向下与动物和土地联结为一体时，它才能有出路。博伊斯具有以赛亚精神的仁慈性格，他是后现代欧洲美术世界中最有影响力的人物之一。——译注

的表达"，因此，倘若一切都是隐喻的，就没有什么东西是本义的，因而也就没有什么东西是隐喻的。尼采的天才表现为，他引入了暗示时间的表示：被我们称为本义的东西曾经是隐喻，但是，它的诗性起源已经被遗忘，它已经变得陈腐与不新鲜。尼采甚至觉得他自己 "撰写与描绘的" 思想也是如此。在《善恶的彼岸》中，他写道：

> 不久以前，你们仍然是如此鲜艳多彩，如此年轻，如此恶毒，充斥着棘刺与隐秘的香味，你们让我打喷嚏与发笑——如今呢？你们已经褪去了你们的新鲜感，我担心，你们中有一些已经变成了真理：你们看起来已经如此不朽，如此令人心碎的正派得体，如此乏味！（296）

对尼采来说，"真实" 的反义词不是 "虚假"，而是 "新鲜"，而这是审美的标准——"年轻与恶毒" 对 "正派得体与乏味"。两者在语义上没有差别，真实者与新颖者都仅仅是 "谎言"——尼采相当具有煽动性地评价了隐喻，无论它是新鲜的还是陈旧的。他没有做出努力来解释事物何以成为真实的——伯纳德·威廉斯[①] 在他去世前试图撰写的那种真理的 "谱系"，在尼采那里是不存在的，而根据威廉斯的真理谱系，讲述真理是那种让社会紧密团结起来的东西的组成部分。

　　为什么要说谎？答案是，尼采认为，当我们拥有一个 "观念" 时，我们并不知道在我们的身体里真正发生了什么——尼采使用了 "观念" 这个现代认识论的经典术语，根据现代认识论，观念是心智的表征。存在的是被翻译为 "观念" 的 "神经冲动"——尼采将 "观念" 称为 "图像" 或 "形象"，他将观念本身当作对神经冲动的一种隐喻。观念被当作隐喻的原因或许是，在隐喻与构成其基础的神经

---

① 伯纳德·威廉斯（Bernard Williams, 1929—2003），20 世纪英国著名哲学家。曾先后任教于剑桥大学哲学系和美国加州大学伯克利分校，他的主要研究领域是伦理学、知识论、心灵哲学和政治哲学，其代表作有《道德运气》《伦理学与哲学的限度》《羞耻与必然性》《真理与真诚》等。在《真理与真诚》中，威廉斯提出，尼采并非像某些新尼采主义者所认为的那样，为了真诚而抛弃了真理，而是主张 "真诚的价值包含了这样一种需要：发现真理、坚持真理，并且讲述出来"。威廉斯从尼采那里借用了 "谱系" 的概念来力求 "忠实地描绘真理和真诚的家谱"，从而理解和阐明人们 "对真理与真诚的根本承诺"。——译注

冲动之间的关系被尼采认为是转译的关系，但尼采在这种情形下所迈出的这一步是鲁莽的，因为在那时没有人知道（正如如今也没有人知道）心理学与生理学之间的关系是什么。这似乎是一个古怪的依据来支持那种将我们称为"艺术家"的做法，但这就是尼采的依据；出自尼采 1873 年文本的引文是："神经刺激首先被转译为图像。这是第一个隐喻。这种图像再次被转化为声音！这是第二个隐喻。"尼采在哲学上给予了我们一种慷慨的称赞——"你们都是艺术家！"——而这种称赞被证明是对诸多相当普通的进程所做的高超的重新描述，正是这一点让尼采成为一位既如此有魅力又如此令人愤怒的作家：在当前的情况下，某些密切相关的神经处理进程是在我们经历知觉经验时才发生的，而这些知觉经验并不以任何显著的方式类似于那些构成其基础的神经处理进程。我们作为艺术家，就部分地存在于这一点上。尼采感兴趣的是有意识生活的"梦"存在于其中的经验之流，尼采感兴趣的事实是，这种经验之流是一种附带现象，是某种仅仅伴随着离子交换在神经生理学层面上的潜在穿梭的东西。它与实在的关联方式，恰恰就是虚构物与实在的关联方式。

　　对于这幅有关人类生存的审美化图像来说，它在伦理学上造成的后果是什么？我觉得这个解答必然是，不可能有任何后果。伦理学是生活或梦境的一部分，因为就真理或实在而言，尼采并没有为我们留下任何内在根据来分辨作为生活部分的伦理学与作为梦境部分的伦理学。尽管尼采或许会说，他承认的唯一价值是审美的价值，在真理中我们已经将所有其他种类的价值都编织到了生活的构造之中，而不管这是如何发生的，我们并没有允许让自身站在排除这些价值的立场之上。有一些哲学认为，价值是非认知性的，但尼采对认知有一种非认知主义的解释，因而就没有途径来将这种构造的任意部分与其他任何部分相隔离。倘若一切都是谎言，那么，说道德是一种谎言，这就不是对道德的批评。诚然，倘若我们接受了这个图像，即生命是一件艺术作品，而我们是创作者，那么，完全承认这一点所带来的选择是，成为越来越好的艺术家。但是，这并不等同于成为越来越好的人。难以看出如何将此付诸行动，因为这一切都发生于意识的界限之下——之所以如此，恰恰是因为意识导源于意识之外——对于我们来说，并没有一个入口端，让我们在那种让我们成为有意识的东西的界限之下仍然作为有意识的存在者。无论我们能做什么，我们都必然是在意识（梦境）之内行动，并且我们可能先前就已经做过这些事情。因此，我们不可能因为我们的所作所为而变得更好。对于尼采的审美形而上学来说，我们不得不成为的那种艺术家所发挥的作用，并没有给改善留下任何真正的机会。但是，这是尼采对成为艺术家的膨胀论定义所付出的代价。洛克曾经用华丽的辞藻问道："人的匆促而又无限的想象既然已经用几乎无止境的多样方式对心灵进行了刻画，那么，[心灵] 究竟从何处获得如此巨大的储备？"在这时，洛克所求助的恰恰就是这种隐喻的用法。尼采曾经谈到，"我们已经遗忘了 [我们自身是] **艺术创造的主体**"。这并不是被我们中的任何人遗忘的某件事。倘若尼采没有将它告诉我们，我们可能永远都不会知道这一点。没有尼采，它永远都不可能被我们知悉。

尽管如此，在他的这个文本的最后一段文字中，尼采多少收回了这一恭维，而这是为了便于他挑选出一种类型的艺术家——直觉人，他"与另一种类型——理性人并肩"站立。"只有在生命被伪装成幻觉与美的时候"，前者才被视为真实的。需要再次说明的是，对于适用于这个观点的人来说，这不是他们会知道的某种东西。拥有这种欲望的人在本质上并不知道这种欲望。尼采所呈现的这个理论的大意是，当直觉人在罕见的有利条件下占据上风时，"一种文化就能成形，艺术对生命的统治就能确立"。而他猜想，"无论是房屋、步态，还是服装、黏土罐，全都没有表明它们是由于一种迫切需求而被发明出来的"。这是一个迷人的想法，即当人类的特定类型占据上风时，就会有一种审美的补充，它被添加到诸多实际解决方案之上，而一个文化就存在于这样的解决方案之中。所有的文化都需要房屋、服装、器皿，但是，只有当人们掌控了生活条件，他们想要某些更多的东西（举例来说，美）时，这些东西才成了艺术。尼采或许还会补充说，所有的文化还需要一种伦理学，但这是一种艺术模式的道德生活，比方说，它采纳的形式或许是在特定文化中的一

232

种彬彬有礼的举止。尼采是一位文化批评家，我的意思是，他感到，在人类中的理性实践者类型所占据的是一种相对于艺术家类型的优势地位——由此就导致了他的某些更加令人惊骇的文本的尖锐性。在这里，我认为，尼采他自己已经遗忘了在他文本的道德意义上的谎言与他文本的道德意义之外的谎言之间的区别。他著名的道德文章彻头彻尾是自觉的谎言。

3. 开始成为尼采:
论《人性的，太人性的》

> 然而，他们应当同时也对谬误做出解释，因为谬误与动物的存在更为紧密地联系起来，而灵魂在谬误的状态中持续的时间更长。
>
> ——亚里士多德，《论灵魂》
>
> 人类的所有生命都深深地陷于谎言之中。
>
> ——弗里德里希·尼采，《人性的，太人性的》

《人性的，太人性的》必然会以相当不同的方式来获得评判，这取决于我们是根据在它之后的杰作以回顾的方式来评判它，还是根据这位作者的第一本哲学作品的视角以展望的方式来评判它，恰当地说，它是尼采的第一本哲学作品。当尼采撰写这本书时，在他背后的是非凡出众的《悲剧诞生于音乐精神》（1872）——一部思辨语文学的作品——以及一组他已经有所规划的文化批评的十三本小册子中的四本，根据富有诗意的爱德华时代的翻译，这四本小册子在出版时的总标题为《不合时宜的沉思》（1873—1876）。这些作品不仅表明了尼采的哲学素养，而且表明了尼采非凡的哲学想象力，但是，在这些作品中，尼采并没有面对哲学家会直接面对的那些标准的哲学问题。直到在《人性的，太人性的》一书中，尼采才开始这么做，但他还拥有其他的意图，而这些其他的意图以某种方式掩盖了其哲学思想的深度与勇气。

在《悲剧的诞生》中，尼采从叔本华那里挪用了在意志与理念之间的巨大区别，他将两者以神话般的方式解释为对立而又互补的美学原则，与它们相关的神祇分别为狄奥尼索斯与阿波罗，它们分别体现为音乐与雕塑，它们共同的后代是悲剧，而最终的产物则是歌剧。但是，《悲剧的诞生》同时也是对晚期浪漫主义不切实际的社会哲学的一次运用。它假定了一种整个共同体都参与的艺术实践形式，其中的个体被否定与超越（这个想法是从黑格尔那里挪用而来的），个体被提升到了公有社会生活的更为高级的救赎水平之上，个体实现这一点的方式是，从事一种克服了观众与演员的区别的戏剧行为：曾经的观众变成了合唱队，曾经的演员变成了一种媒介，通过这种媒介，就能感受到诸多神明让他们自身向所有人显现。倘若这在过去确实发生过，它就有可能在原则上再次发生，在瓦格纳歌剧的预兆下，这被理解为悲剧的重生。歌剧展现的是能被观看者内化的神话，它会为现代的男男女女实现悲剧为古代人实现的东西。它会消解社会的纽带，接下来将在某种高尚的层面上重建社会的纽带。我们会成为在某种势不可挡的、发挥凝聚作用的启示下的合唱队、庆典的主持者与参与者。

人们或许会将《不合时宜的沉思》解读为，尼采力图要证明类似《悲剧的诞生》这样的一本书是正确的，并且力图建议在德国教育实践中进行改造与修正，从而让"生命的提升"成为学术研究的中心与标准。在某种意义上，叔本华与瓦格纳曾经是尼采思想的阿波罗与狄奥尼索斯——可以说，他们各自体现了理念与意志，以至于恰如悲剧是形式艺术与狂热艺术的产物，尼采的思想或许是哲学与歌剧的产物。因此，就不可避免地有一本论述叔本华（作为教育家）的小册子与一本论述理查德·瓦格纳（作为艺术家与社会改革家）的小册子。还有一本更值得一读的绝妙小册子，它论述的是历史对人生的用途与滥用，其中，《悲剧的诞生》所例示的那种历史（大胆的、虚构的、生动的、高尚的，但就像格列佛无法被小人国的居民用链条拴住一样，它几乎不能被一个又一个的脚注固定于现实的水准之上）与档案的历史（可敬的、负责的、不重要的与无趣的）进行了对比，根据后者的标准，《悲剧的诞生》的哲学丰富性遭到了权威人士的强烈谴责。因此，在某种程度上，《不合时宜的沉思》是根据尼采自己的形象来重塑德国文化的蓝图，通过让他自己被接受为德国文化的典范来补救这种文化，而尼采在文化中所扮演的角色，类似于在悲剧或（瓦格纳的）歌剧中的英雄所扮演的角色。

在这些雄心壮志的旁边，哲学的成就与荣誉的重要性显然较为低下，它们最多具备的是一些补偿性的价值，特别是倘若就像维特根斯坦后来所说的那样，哲学在它发现了这个世界之时就离开了这个世界，情况就更是如此。事实上，人们并不清楚，尼采是否将《人性的，太人性的》视为一部哲学作品。根据它酸涩的标题来判断，可以肯定的是，它是一本不同于它的那些空想的与乌托邦的先驱的书。"人性的，太人性的"是在崇高的道德规划中面对难以驾驭的人类素材时发出的一种叹息。它是一个幻灭的男人下意识说出的满怀恶意的言辞，"女人都一样！"——或**女人皆如此**（Cosi fan' tutte）——这种说话的方式，被瘦弱的奴隶用来宽慰一个男人在性关系上受伤的自尊心，在奴隶看来，这个男人由于被女人抛弃而感到沮丧。它试图用一种令人遗憾的普遍性来寻求慰藉——"你还能期待什么？"它是一种最廉价的哲学，对于某个想要让人类获得某种改进的人来说，当他的这个期望刚刚破灭时，那些疲惫的、愤世嫉俗的、筋疲力尽的、悲观厌世的人或许会为他提供的，恰恰就是这种疲惫的、愤世嫉俗的、筋疲力尽的、悲观厌世的**慰藉性致辞**（consolatio）。说人类是人性的，太人性的，这实际上就是说，对于他们（对于我们）来说，并没有任何英雄性的希望，而对于类似尼采这样坚持认为人类具有充分的可塑性，以至于可以通过艺术而成为获得救赎的候选者的人来说，它是一种苦涩的说法。因此人们认为，一部作品作如此标题，为的是伤害那些对尼采造成了伤害的人中的为首者。理查德·瓦格纳没有在任何地方被提及——直到这本书出版的十年后，尼采才在自己为这本书添加的一个序言里提到了瓦格纳。但人们会感到，瓦格纳就是这个标题的攻击对象——在某种程度上更是这本书的攻击对象。瓦格纳被淹没于艺术家的一般范畴之中，而艺术可以说已经失去了其大写的地位。艺术家不是救世主与魔术师；不管他们的伪装是什么，他们都是人性的，太人性的，在**人性的，太人性的喜剧**（comedie humaine trop humaine）中荒唐可笑的表演者："并非没有深深的伤痛"，尼采一边擦拭着鳄鱼的眼泪，一边写道，"我们向我们自己承认，所有时代的艺术家，在他们受到最高启示的状态下将之带向神圣美化的观念，恰恰就是我们如今已经认识到是错误的观念"（220）。

这个标题仍然具有一种普遍的意义，就好像尼采将要描述的是将瓦格纳塑造而成的普通黏土（甚至瓦格纳也是如此塑造的）。因此，这个标题所许诺的是对在 19 世纪被定名为"哲学人类学"的东西做出贡献。在某种程度上它将对人之为人进行哲学的描绘。但请考虑这个标题所处的背景是"人"这个词出现于其中的一系列伟大的哲学标题：约翰·洛克的《人类理解论》（*Essay Concerning Human Understanding*）、乔治·贝克莱的《人类知识原理》（*A Treatise Concerning the Principles of Human Knowledge*）、大卫·休谟的《人类理解研究》（*An Enquiry Concerning Human Understanding*）与《人性论》（*A Treatise of Human Nature*）、詹姆斯·穆勒的《人类心灵的分析》（*The Analysis of the Human Mind*）、约翰·杜威的《人性与行为》（*Human Nature and Conduct*）。在所有这些标题中，"人"这个词都以中立的与描述的方式来获得使用：人类被表征为理解，被表征为拥有知识与心灵，被表征为具备一种自然本性、一种品性、一种行为的模式。这种标题并没有传递任何判断，除了以下这方面，即它含蓄地建议将对于心灵的认识、理解、控制都归于某个人。作为在这一组标题中的一个标题，《人性的，太人性的》让人觉得就像是一个突然插入的嘲笑。它就像某个人低声含糊地以紧缩的方式重复以下这个意第绪语化的英语"Human schmuman"。即便这本书是哲学，它也不是一种分析、一种探究、一种论述、一种研究，而是某种抨击，在这本书中，它的主题（即我们自身）并不是以中立的方式被指定的，而是被抨击，甚至可能被鄙视。这本书在某些方面是极为严厉的。无论如何，难以想象我上文提到的任何一本书会在副标题中将自己献给"自由精神"，即那些已经通过某些途径看透了人性，并克服了"人性的，太人性的"渺小、吝啬与卑劣的人——他们可以和哈姆雷特一起说，"人类并不让我感到高兴"。

一个人在 1878 年或许会感到自己就是这个副标题所致辞的对象，并由于这个标题所许诺的恶意快感而拾起这本书：无论自由精神是否这么认为，人们都想要阅读一本名为《人性的，太人性的》

的书，而这种愿望本身也是人性的，太人性的——这仅仅是因为我们乐于看到，这本书是如何用道德缺陷来描绘我们的同伴的。这种趣味会得到某种程度上的满足，特别是在对这些格言进行汇编的过程中，这些格言构成了这位作者对世俗读者的讲话，而这位作者的立场是见多识广的，甚至是疲惫厌倦的。人们可以想象这位发言者在身子向后倾斜并慵懒地吐出了一个烟圈时说："男人都是**这样的**，而女人必定是**那样的**。"这些格言足够简短，以便于让我们留下对它们的记忆，它们又恰恰足够粗暴，有人就会在一群男女混杂的同伴中等待恰当的时机来转述它们，以便于在看到男人发自内心地大笑、女人优雅地提出抗议时获得快感。在这里充分存在的恰恰是与厌恶女性的态度相对等的厌恶人类的态度。尼采是一位等级为 B+ 的格言家，但我们又会遇到多少格言家（无论他的等级如何）呢？他的听众与通信者必然对他有所鼓励，或许敦促他发表这些格言。我并不知道这本书的创作史，但在我看来，这个标题与这批格言足以共同暗示一种意图。这种意图当然是为了自由精神来发表一本应用心理学的小册子，其中，读者或许会看到按照真实特点来描绘的人性——渺小、自负、自私、嫉妒、虚伪、贪婪、好色，并不**邪恶**！不过，用他后来界定邪恶的术语，就是**糟糕**或**坏**（Schlecht）。实际上，《论道德的谱系》（1887）的关键是，在道德词汇的转变中，"善"是成为那种会被自由精神称为坏的东西的一种人性的，太人性的方式。自由精神或许非常有能力作恶，但它不可能是坏的。坏的东西是一堆渺小的恶习与浮夸的弱点。但在 1878 年，尼采并没有完全上升到这种视野。这种心理学并不是非常深刻的，但人们不会期待格言非常深刻，它们仅仅比老生常谈高出一级。这些格言偶尔会说出某种确实让我们留下深刻印象的东西，如第 491 则格言：

237

> **自我观察**。人非常擅长防备他自己，防备他自己的窥探与围攻；他通常能够辨认的是他外在的防御工事，而无法察觉到他自身。对他而言，真正的要塞是不可通达的，甚至是无法看到的，除非朋友与敌人转变为叛徒，将他从隐秘的小径引领到这个要塞之中。

对于那些已经受过弗洛伊德训练的耳朵来说，在某种程度上，这听起来并不陌生。倘若第491则格言是真实的，那么，一种关于心灵与自我知识的颇为复杂的理论就是真的，而尼采其实已经拥有了某种类似于这种理论的东西——这就是弗洛伊德对作为思想家的尼采表达了钦佩的原因——但实际上这种理论对尼采仍然是不可通达的。在尼采1878年的作品中，这种理论甚至是难以辨认的。这个"隐秘的小径"将是尼采哲学的展开，这要比这些格言从中编织而成的那套令人窃笑的老生常谈深刻许多。随后，当这种哲学变得可以辨认或部分可以辨认时，这些格言本身将变得更加深刻。它们将完全根据尼采与保罗·雷博士彼此议论的心理学，对另一种类型的理论毒素继续给出建议，它们牢不可破地将自身安置于心灵的虚幻错觉之中。《人性的，太人性的》这本书的第一批天真的读者所期待的，仍然不过是在消遣中为这位作者的勇气而战栗，他们将发现自己已经卷入了某种更加具有独创性与真正前所未有的东西之中。而在这本书中，尼采无忧无虑地将他自己扮演成一个哲学上的帕帕基诺①，正如尼采在序言中所描绘的，这本书"为粗心大意的小鸟设置了陷阱与罗网，而且几乎总是在未被察觉的情况下通过质疑颠倒了人们习以为常的估价与令人尊敬的习惯"。这本书的陷阱之一是，它让人们认为，只存在一种需要为之担心的罗网或陷阱。

　　因为最终在这里存在的是两本书，一本书真正位于洛克、贝克莱与休谟的宏大传统之中，不过这是一本革命性地具备哲学内容与反哲学内容的书；而另一本书则流于表面观察，是一本轻微地刺痛了人类自豪感的拼凑之作（人们对于某种人性的，太人性的东西又会期待什么呢？），没有人会因此流血而死。无论表面的意图是什么，随着这本书的逐步形成，尼采写下了其他的某些东西。尼采不太可能形成一种想要写下他的特别具有原创性的哲学的意图，因为这种哲学本身还没有被完全地意识到——即便尼采已经感受到了这种意图与这种哲学。我不确定尼采自己是否知道他正在撰写的是哪种类型的著作：我不确定尼采自己是否看出了这两种真理的区别。毕竟，

_____

① 帕帕基诺（Papageno），莫扎特歌剧《魔笛》中的捕鸟人，他以捕鸟为生，穿着一身带羽毛的衣服，热爱美酒胜于智慧，渴望简单的生活。——译注

他又如何能看出这种区别呢？对尼采而言难以分辨的，却是我们在历史的视角中鲜明可辨的——作为哲学家的尼采。在先前的论著中占据主导地位的伟大原创性，也在这里占据着主导地位，不过，这是一种带有强有力的哲学观的原创性，只有越过这位作者剩余的文学生活，历经一本又一本的论著才能产生这种原创性。

尼采并非真正知道他正在撰写的是哪种类型的论著，支持我这么认为的部分理由在于这一事实：尼采在"代序言"中转引了笛卡儿的《谈谈方法》(*Discours de la methode*) 的一段文字。我并非意在仅仅做出这样的推断——这个推断所根据的事实是，尼采放弃了序言给予作者的就手头这本书向读者直接言说的机会，放弃了在他的力量所允许的范围内向读者解释他力图从事并完成的究竟是什么——尼采并不清楚他已经完成了什么。尼采对此缺乏清晰的意识，这甚至可以更加有力地根据如下这个事实推断出来，即尼采让笛卡儿——他在所有作家中竟然挑选笛卡儿！——代表他讲话，而笛卡儿在这段告白的文字中谈到，他发现了"某种新的东西，它对我来说足够重要，对别人来说却完全不够熟悉"。这段文字简直不符合这本书的心理学部分——这部分处理的是人性的，太人性的东西——因为在这里没有什么东西是新颖的，它是每个人都熟悉的，是日常生活的核心课程，它由小小的背叛构成，由他人与自我构成，而这种课程则构成了人们在社会中的人性的，太人性的成长。

然而，笛卡儿也不符合在这本书中**是**新颖的、重要的与不熟悉的东西。那种新颖的、重要的与不熟悉的东西，恰恰是这样一组哲学论题，对它们的界定所依靠的东西对立于笛卡儿为之论证的一切。倘若一个人用青春期流行用语的那种多少让人恼怒的说话风格，对《谈谈方法》伟大的第四部分中每个命题的论断都说"不"，那么，这个人就会得到简单概括的尼采哲学。作为一位哲学家，尼采恰恰是反笛卡儿的。笛卡儿关于思想、自我、上帝、知识、确定性、道德、谬误与心灵所说的一切，都是尼采要通过论证（在这本书的开始就已经有所论证）来表明是错误的东西，它们就像艺术家"在他们受到最高启示的状态下"将之提升到最高精神力量的东西一样是错误的。笛卡儿被誉为开启了现代哲学。尼采则必然因此被誉为终

239

结了现代哲学。《人性的，太人性的》这本书的整体经由这样一种对哲学的否定之润色，公正地说，它们从未被书写过，它们肯定没有以这种持久而又残酷的方式被撰写下来，而我们发现这些否定就是以此方式在该文本中得到强调的。不过，这些强调是根据一种享有特权的历史位置而得到规划的，根据这个位置，对于某些可以查阅尼采随后的全部作品的人来说，尼采的整个哲学就向他们做出了展示与阐述。而我并不认为，尼采在强调哲学反思的段落与其余没有强调哲学反思的段落之间看到了差别。尼采按照哲学的理解来谈论的人性，或许并没有让他突然想到，这在根本上有别于他按照格言家立场的理解来谈论的那种人性的，太人性的东西。当尼采开始察觉这一点时，他加深了他对于普通人性的见解，并最终领会到这种哲学的谎言是一种特殊的谎言。它们并不是那种人性的，太人性的东西在其中显示了其卑劣的口是心非的谎言。这种哲学的谎言并不是那种人性的，太人性的东西：它们是普通的人性。它们需要的完全是另一种批判。当尼采在十年之后再版这本书时，他对他的成就有了一个远为清晰的图景，他理所当然地丢弃了笛卡儿的这段文字，并撰写了他自己的一篇序言。

在他自己的序言中，尼采错误地归于受伤读者的是对这本书的这样一种相关回应："那是什么？难道**一切**都只是——人性的，太人性的吗？"这种惊慌失措所表现的是，当人们或许期望道德对此做出补救时，道德本身也仅仅是成为人性的、太人性的东西的另一条途径。归根结底，这位格言家将他描述的施虐快感隐藏在道德主义者的衣装之中：通过举起一面镜子，这种期望想要困住这样一种人的良知，他们痛苦地看到了自身的不足并有可能试图改变他们的道路。但是，倘若这面镜子本身就是人性的，太人性的，它仅仅是让人类将力量强加于彼此的另一种模式，那么，这种道德化就可能是徒劳无用的——这就好比当语言本身以某种不可补救的方式存在缺陷时，某些人却还要用语言来修正语言一样。为了各种个人的目的与制度的目的，我们确实仍然在用各种方式来改进与提高语言本身。除此之外，如果在某种深刻的哲学意义上，作为语言的语言或许是有缺陷的与不完美的，那么这些缺陷与不完美在种类上就不同于这个人或那个人的语言用法缺陷所带有的那些日常的含糊、暧昧、不清晰与不合文法。就目前而言，通过使用乔姆斯基在语言能力与语言运用之间所做的区分，就可以在语言的错误运用与语言的无能之间做出区分，后者可能是某种深深地位于语言自身的本质之中的东西，某些具备特定类型的哲学观的人或许会因此诋毁语言本身。错误运用对于语言来说，就像坏习惯对于道德一样：它们都能逐个得到修正。而人性的，太人性的东西也属于这种类型。语言的无能则是另一个深刻的问题，它在可补救的范围之外。例如，它或许是由于语言被认为无法把握实在——这是我们从后结构主义的作家那里大量获知的一个观点。而在道德的领域中，它或许是由于道德在真理那里并没有任何根据。这就是哲学对道德的立场，它对尼采个人来说非常重要。它与道德的错误运用（自私、贪婪、虚荣以及在这位格言家的军械库中的其他要素）几乎没有什么关系。在人性素材中的深刻缺陷，并不是这位格言家期望能够纠正的那种缺陷。它们超越了他的范围。不过，这些缺陷是**作为哲学家**的尼采一直在处理的那种缺陷。他不同于笛卡儿之处在于：笛卡儿认为，这些缺陷在诸多限制下有可能被消除——可以说，它们仅仅被视为错误运用。对尼采来说，它们界定了我们之所是。从尼采的视角来看，就我们的本质而言，我们是无能的。

笛卡儿将人类理解为有缺陷的，或按照他的说法，人类是一种不完美的存在者。由于笛卡儿将人类的本质定义为进行思考的实体——这被他称为**思维实体**（*res cogitans*）——他当然会认为，我们的不完美存在于某些思想的异常状态之中：我们是混乱思想的牺牲品，或用笛卡儿的语言来说，我们是缺乏清晰性与确切性的"观念"的牺牲品。我们的观念并非都缺乏清晰性与确切性，在他的《第一哲学沉思录》（以及《谈谈方法》第四部分）中，笛卡儿认为，有一些我们每个人都可以得到的清晰而又确切的观念，它们与我们自己的存在、上帝的存在以及灵魂的不朽有关。我们有关上帝的观念，是一种有关完美存在者的观念，事实上，只有通过与我们所构想的上帝必然拥有的这种完美进行比较，我们才会知道我们自身的不完美。笛卡儿坚持认为，我们以清晰而又确切的方式把握的任何观念，

241

都无可争辩地是真实的，我们能够发现这种深刻的真理，因为笛卡儿觉得他自己已经确立的东西，必然能将我们从完全隐晦模糊的认识中拯救出来。因此，笛卡儿开始系统地运用他有关清晰性与确切性的标准来让他自己尽可能多地摆脱诸多谬误：以清晰而又确切的方式把握的任何观念（我们会说：任何命题）都是真实的。这种真理是知识的基础。而将它们作为我们的基础，我们就能谨慎地构造知识，仅仅根据其得到承诺的清晰性与确切性，来赋予每个命题的可信度。我们**已经**完美地控制了共识与异议，事实上，这就是一个进行思考的存在者的自由之所在。在诸多限制下，我们能够（正如斯宾诺莎体现了笛卡儿精神的作品所说的）"改进知性"，并在最大限度内实现有限的存在者所能追求的幸福。

　　显然，在笛卡儿所定义的自由与尼采分配给他的理想读者的自由精神之间有着相当大的差异。首先，正如尼采所说，可能并不存在自由精神：他发明了自由精神来陪伴他自己，让他在陷入困境时坚持哲学的孤独。它们是一种有意的虚构。但接下来又有什么东西不是一种有意的虚构呢？"真理"恰恰是我们告诉自己的谎言，当这些谎言恰好起作用时，它们就能让我们继续生活。当我们铺设知识的基础时，我们也不会遵循笛卡儿的各个步骤，而是用谎言来换取真理。我们是这些谎言的产物——无可否认，在尼采死后发表的一篇超前论文中，这些谎言被尼采描述为"在道德意义之外的"谎言，或者是被描述为位于"善恶的彼岸"（这个著名措辞充当了他的一部杰作的标题）的谎言。这些谎言位于——真假的彼岸。与真假有关的整个问题实际上是这样一个问题，即一定数量的"谎言"能让何种生物占据优势——倘若那些界定了我们世界的谎言将被换成另一组谎言，那么，由此能产生何种生物？在这本书"关于最初的事物与最后的事物"的章节下的第 11 则格言，就包含了尼采的整个反笛卡儿主义："很久以后（只是在现在）人类才逐渐明白，在他们对语言的信仰中传播的是一个巨大的谬误"；"**逻辑**也依赖于并不与现实世界中的任何东西相符合的诸多假设"；数学"肯定不会产生，倘若人们从一开始就已经知道，自然中并没有精确的直线"；等等。第 16 则格言再度包含了尼采的反笛卡儿主义："我们现在称之为世界的东西，是若干谬误与幻想的结果，这些谬误与幻想是在有机存在者的全部发展过程中逐渐产生的……如今［它们］作为一种积累而成的财富传递给了我们。"它**是**一种财富——"因为我们人性的**价值依赖于它**"。难道我们可以认为，在没有摆脱我们自身的情况下，我们就能摆脱这些谬误？这些谎言并非不完美——它们界定的是我们能够自行想象的仅有的一种存在者。尼采在第 33 则格言中概括地说道："**关于生命的谬误，对于生命是必不可少的。**"因此，问题并不是去摆脱这些谎言，而是去发现我们为了生命而需要什么谎言，并且弄明白我们需要它们。

这种说谎的倾向并非恰好是人性的，太人性的东西的目录清单中的另一个污点。这种说谎的倾向是让生命成为可能的东西。它就是我们之所是。对于我所设想的某位读者来说，他会为了晚上的道德消遣而捡起这本书，他期待的快乐是在阅读一本关于（比方说）势利小人的书时会从中获取的快乐，但他或许会发现，第一章、第二章以及论述宗教生活的第三章（考虑到 19 世纪对待宗教的态度）是一片相当深邃的水域，它要比这位读者想在其中嬉水的水域更为深刻。这样的读者会突然觉得这本书深奥得无法理解。这并不是一本关于虚荣的普通的书，它也不是一本关于哲学的普通的书。它走向了前人从未选择过的哲学道路——这些道路如此新颖，倘若这位作者认为，他正在撰写的书，恰恰就是我所设想的那位读者认为自己行将阅读的那种书，这也是可以谅解的。这本书是在 B+ 等级的格言掩饰下的 A+ 等级的哲学。这位作者是一个显得具有专栏作家抱负的形而上学天才。

这就是为什么相较于这本书出版时形成的视角而言，以其未来会形成的视角来看，这本书会显得如此不同。将要出现的伟大哲学将我们有所期待的段落凸显出来，我们可以将它们解读为一种伟大哲学视野的首次试探性陈述。这本书的第一批读者缺乏这种得到了澄清的视野，而它的作者也是如此。在他们之中，又有谁能够按照我们现在所能做到的，根据《论道德的谱系》回顾性地去理解在第 45 则格言中的那个非凡讨论——"善恶的史前史"呢？这本书的问题在于它分裂的意图：修正哲学的意图与可以说是修正人性的意图。

后者要修正的是作为道德主义者的人性，而不是作为分析道德自身深刻本质的分析家的人性。但作为一位作家，尼采始终是通过这些分裂的意图来得到界定的。他在任何时候都不曾想要放弃他对人性的，太人性的东西的批判，他始终持续构造着这种关于人性的伟大哲学解释，而在不那么有天赋的人手中，这样的哲学解释就会成为一本专著、一篇论文、一种研究、一次学术演讲。就像他认为历史是以服务于生命的方式来践行的，而不是作为学院学者的产物来践行的，尼采也试图按照这样的方式来践行哲学。他分裂的意图几乎毁掉了他的哲学声誉，因为自他那个时代以来的哲学家绝大多数恰恰就是学院哲学家，用来训练他们的是尼采无法遵循的表达规范，然而，我们如今在尼采那里看到的是这样一个榜样，当我们既想在学院中被认真对待，同时又想在生活中实际发挥作用时，他就向我们展示了从事哲学的方式。《人性的，太人性的》对于怀有这种理想的读者来说是一个美妙的出发点，正如它恰恰是这位作者开始成为他所是的那个人的正确道路。

4. 尼采的《朝霞：关于道德偏见的思考》

正是彼得·加斯特这位尼采的模仿者、捧场者、实际的照料者
与忠实的通信者，从《梨俱吠陀》①中给出了这本书的题词："还有无
数朝霞尚未点亮我们的天空。"它或许是一个具有预言性的修饰，因
为《梨俱吠陀》1：113（朝向黎明 [To Dawn]）所吟诵的是"此后，
她在无数的清晨最早到来，她沿着她离开清晨的道路行进"，而永恒
复归的学说在 1881 年的下半年，带着启示的力量击中了尼采。但无
论如何，它向尼采暗示了《一个朝霞》(*Eine Morgenröte*) 的书名。
"在它之中有着如此众多艳丽而又特别鲜红的色彩！"尼采在二月对
加斯特如此写道。但有证据证明，尼采由于自命不凡而在书名中删
去了**"一个"**。加斯特认为这个新书名是狂妄的，他更喜欢原先的
《犁铧》(*Die Pflugschar*)，它生动的内涵或许更适合在他看来这本书
所归属的那个种类，就此而言也更适合在尼采看来这本书所归属的
那个种类：仔细考虑道德习俗结成硬块的顽固外壳，为新的成长做
好准备。在后来的序言中，尼采写道："在这本书中，你将发现一个
地下人在工作，一个挖掘、开采与破坏地基的人。"这个隐喻从一开
始就伴随着尼采——"我继续挖掘我的道德矿藏，"他在 1880 年对
加斯特写道，"我自己有时看起来完全是一个地下人"。在他的那本
发出刺耳呐喊的自我辩解作品《瞧，这个人》中有几页篇幅献给了
《朝霞》，其中，耕耘与采矿让位于捕鱼："在这本书中的几乎每个句
子，都是在热那亚附近的岩石堆里被我首次想到与首次**捕捉到**的，

---

① 《梨俱吠陀》(*Rig Veda*)，《吠陀》的最古老部分，对它的承认是归属正统印度教
的主要标准。《梨俱吠陀》包括献给几位神的 1028 首颂歌，这些颂歌作为印度文
学的最古老成就，是印度语言史、宗教史和文化史的重要材料。——译注

我在那时是孤独的，依然与大海窃窃私语。"

将某些不受怀疑的东西从深处显现出来，这或许刻画了这本书的**工作任务**，但《朝霞》（*Morgenröte*）——R. J. 霍林代尔恰当地将之翻译为《朝霞》（*Daybreak*）而不是《黎明》（*Dawn*），而奥斯卡·利威尔在尼采的第一个英文版本中将之翻译成了一个冗长而又乏味的书名，即《日出破晓》（*Dawn of Day*）——表达了尼采对这本书的历史地位的期望。"这本书将被人们称为'决定性的一步'，"尼采在 2 月 23 日对他的那个严厉的出版商恩斯特·施迈茨纳（Ernst Schmeitzner）写道，"它更多的是一个命运，而不是一本书。"尼采对他的母亲写道："我出版的这本书，是人类的心灵与头脑曾经孕育过的最大胆、最崇高、最有自制力的书籍之一。"尼采在 3 月 18 日对他的朋友与同事弗朗茨·欧文贝克说道："我的名誉或许将依赖于这本书。"同年 8 月，尼采断言，他这本书的效果，就像最强烈的精神饮料的效果，他写道："它是我一切开端的开端。""伴随着这本书，"尼采再次在《瞧，这个人》中写道，"我开始了反对道德的运动。"《朝霞》出版于 1881 年 7 月，但没有任何人对这本书给予极大的关注。有一个谨慎的回音来自雅各布·布克哈特，他仅仅有时间迅速翻阅了一遍这本书。可预见到的书信交流来自欧文贝克。"他们写给我的信件都非常正派得体，意图友善，"尼采在 8 月 14 日向加斯特哀叹，"却又是疏远的、冷淡的、冷漠的。"人们对这本书的反应多半是沉默。尼采在那个夏天由于身体的疼痛而发狂——"我已经五次召唤了死神！"——这颗在欧洲最具有独创性的心灵，这位在他那个时代最优秀的哲学家，这个在他自己的语言中最出色的作家，过上了一种古怪的生活。他来回徘徊，注视他的食物，用他的每一分钱来竭力维持生计，焦躁不安地从一个膳宿公寓搬到另一个膳宿公寓，寻找或许适合自己的气候，自始至终都保持一种可敬的快乐与一种惊人的写作活力。他在 1882 年将一本新作寄给了施迈茨纳。接下来他撰写了一部又一部的作品，直到他在 1889 年崩溃，几乎与此同时，他获得了誉满全球的名声。

这本书由 575 条简洁的"思想"组成或汇编而成，有些思想仅仅是单独的一行文字，没有任何思想的内容超过三页篇幅，它们被分成五"卷"。每个组成部分都拥有它自己的标题，但这五卷都没有标题，因此，即便有任何组织原则的话，也不清楚尼采所应用的组织原则可能是什么。在一卷中的"思想"几乎很少紧密地关联于同一卷中的其他思想，而是更多地关联于其他几卷中的思想，尽管我们偶尔也会得到一组论述相同主题（如同情）的思想。另一方面，后面的许多思想都是对先前记载的那些得到更宽泛论述的思想所进行的格言改述，就好像发生了一种持久的蒸馏过程。尽管这本书的构造并没有《论道德的谱系》或《善恶的彼岸》那么轮廓清晰（它是这两本书的先驱），它在很大程度上又不像早于它三年出版的《人性的，太人性的》那么无计划地延伸，这暗示着尼采开始找到他的道路来进行一种多少更加具有知识系统性的阐述，他想要的不仅仅是篇幅不长的文字，无论它们有多么显著与鲜明。这些部分探讨的是艺术家、爱人、哲学家、基督徒、犹太人、希腊人、罗马人与德国人——而且还探讨女人、动物、死亡、婚姻、天才、感受、道德与心灵的结构。"这样的一本书不是用来通读或大声朗读的，"尼采在第 454 条思想中说，"而是要沉浸于其中，特别是让人们在外出散步或旅行时沉浸其中。"因此，这五卷书都缺少标题，个别组成部分的短小格式，以及主题的突然转换，**有可能**是让读者放慢速度的策略。不过，第 454 条思想也可能是一种要将如下事实转化为优势的蹩脚尝试，即尼采尚未发现他自己能够用一种规模更大的形式来工作，他甚至尚未弄明白他正在前往何处。"我觉得我或许已经发现了主要的通道，"尼采在 1880 年告诉加斯特，"但这是一个有可能已经形成并被拒斥了一百次的信念。"一个人成为地下人的一个**代价**是，这个人将处于黑暗之中。无论如何，尼采在那时缺乏我们现在所拥有的东西，即他自己的后期作品，根据这些作品，我们就能辨别那些已经在《朝霞》的格言中宣告的更为深刻的主题，但是，它们发出宣告的声音过于柔和，以至于无法对最终出现的系统结构提供线索。尼采的那些伟大表述即将来临：永恒复归、强力意志、超人、敌基督者、主人道德与奴隶道德、上帝之死、虚无主义以及价值重估。在没有整个体系的结构优势的情况下（因为在那时不可能具备这样的优势），不仅难以认为，这本书对道德理论（这是一种等级相

247

当高的道德），而不是道德主义的文献做出了贡献，而且也难以看到一种伟大的哲学正在诞生。例如，人们不会将第 501 条思想——"论终有一死的灵魂"——解读为在预言人们接受永恒复归的后果，也不会将第 502 条思想解读为对**超人**的预先解释。

道德主义者的立场通常都会持有这种人性的，太人性的东西，而强调这些格言的道德主义者的立场就更是如此，他们在面对公认的道德概念背景时是有缺陷的。尼采的目的是描述道德的软弱，揭露虚伪，并且像霍加斯① 那样描绘恶习的诸多种类与诸多等级。尼采提醒他的读者想起他们已经相信的是什么，并且在某种程度上试图加深这种信念。在尼采那里有一种道德主义，但它主要是这样一组原则，道德主义者将之作为被给定的东西，而**他**将它们称为道德"偏见"并向它们提出质疑。因此，根据这些原则，尼采对离经叛道者的态度多少有点复杂：可以说，他们是真正的罪人，虽然这些对他们进行如此界定的教条事实上仅仅是诸多偏见。尽管如此，让尼采的这项工作变得深刻的东西是，他开始将相当具有他的独创性的理解结构强加到了作为一个种类的道德准则之上。至少，尼采就像 19 世纪其他从事解释的大师马克思与弗洛伊德一样具有独创性，尼采与他们的思想共享一种逻辑。他们既试图揭示人类做出的选择，又试图揭示人类用来证实这些选择的辩护模式，这些辩护模式表现为一组潜在的物质原因，通常而言，行动者并没有意识到这些原因——根据弗洛伊德的分析，它们明确地归属于无意识的范围。这些东西被我称为"深层的解释"，它们越来越多地成了那种被当作所谓的人文科学理论的东西所具备的形式。在这种意义上，尼采为道德行为与道德论证共同给出了深层的解释：他的问题是，那些在表面上显现为道德的存在，是我们在**深处**完成的什么东西。

深层的解释者通常断言，他们的理论最终是解放性的。一旦我们理解了这种潜在的动力学，我们最终将处于一个创造我们自身历史的位置，就像在马克思的情况下那样；一旦我们弄明白是什么潜

---

① 威廉·霍加斯（William Hogarth，1697—1764），英国著名画家，欧洲连环漫画的先驱。他的作品范围极广，从卓越的现实主义肖像画到连环画系列。他的许多作品经常讽刺和嘲笑当时的政治和风俗，这种风格此后就被称为"霍加斯风格"，他也被誉为"英国绘画之父"。——译注

在的冲突被转化为非理性的行为，我们就将摆脱非理性的行为并自由地工作与恋爱，就像在弗洛伊德的情况下那样。尼采也相信他的理论具有解放性，与其说他的理论将人们从诸如此类的道德中解放出来，不如说他的理论将人们从道德功能的误解中解放出来，人们误解道德功能的原因是，他们没有理解那些将它们自身在道德准则的手段中表现出来的诸多社会分支的力量，因此，尼采的理论把我们放到这样一个位置上，我们在其中可以选择我们期望为之而生的价值。"在我们之中完成的是——假定你想要一个公式——**道德的自我升华**（Self-sublimation of morality）。""道德的自我升华"这个短语的德语是 die Selbstaufhebung der Moral。"自我升华"作为对于 Selbstaufhebung 的一种不加修饰的翻译是可以通过的，但 aufheben（扬弃）是一个著名的德文术语，它是黑格尔特别使用的哲学词语，它的意思是：否定、保存与超越——这都是**同时发生**的；译者或编辑应当为了这个意思而给出告诫性的脚注。"不用说，"尼采在第 103 条思想中写道，"我并不否认——除非我是个傻子——许多被称为非道德的行为应当加以避免与抵制，许多被称为道德的行为应当加以实施与鼓励，但我认为，人们鼓励一些行为而避免另一些行为，他们应当是为了**不同于以往的其他一些理由**。"

249

　　我猜想，道德之为道德在深层表现的是一个群体的力量——尼采随后会说是强力意志——它被内化为一种形式，个体通过这种形式来理解他人与理解自己，以至于自我理解的进行扭曲的过滤器将它自身插在我们关于自身的意识与我们自身之间。这是一种一边倒的诊断，在哲学上说，正是在此处，尼采听起来最具有同时代的色彩，因为他的道德心理学如此坚决地反对笛卡儿。它**不得不反对笛卡儿**，因为尼采对道德的批判所蕴含的观点是，我们并不真正知道我们是什么，而笛卡儿主义持有的观点恰恰是，我们本质上是某种直接呈现于意识的东西，因此，在心理学的意义上，在我们并非直接意识到的，或并非以推论的方式意识到的有关我们的东西中，没有什么是真实的。在尼采的道德哲学与他的哲学心理学之间的这种关系，仅仅是一个例证，它表明了尼采的工作通过何种方式最终是系统性的，这个体系只有在尼采随后通过诸多论著完成该体系的过程中才能揭示自身，这个体系在此处仅仅依稀可辨。情况似乎是，这本书自身例示了它的教诲，即在我们的头脑中发生的东西，通常在我们的认知可以触及的范围之外。在这本书中的心理学是耀眼的与超前的，公平地说，在数十年的紧张分析工作之后，哲学心理学这门学科仅仅开始被提升至可与尼采思想并肩的水平。

　　在尼采杰出文学技艺的全盛时期，尼采的散文表明了一位具备非凡才华的热爱本能者对于表述的确信。《朝霞》的文本由于其节奏与语调的突然转变，它在某个时刻是抒情的，在下一个时刻则是朴实的；它冷淡的嘲讽与突然的亲密，它的全面嬉戏，它的嘲弄、讥讽、玩笑与窃窃私语，以及它出乎意料的骤然否定，是一种写作的情欲冲动，它要求它的读者进入这种有关快乐与智慧的伙伴关系之中。尼采的声音已经失去了他在早期作品中的专业权威性，他又尚未获得未被倾听的先知所抱持的强硬信仰。我觉得，在他的书中，

250 没有哪一本比《朝霞》拥有更加明显的精神幸福感。《朝霞》是在尼采一生中的一段特别平静的时期内被组合而成的。"整本书，"尼采后来写道，"没有包含任何消极的词汇，没有攻击，没有恶意——它位于阳光之中，它是健全的、快乐的，就像某些在岩石上晒太阳的海洋生物一样。"尽管它包含了某种最终具有如此煽动性的东西，但它是一本令人愉快的书，而尼采在第 553 条思想中以这种方式描述了它："整个哲学在它迂回曲折的所有道路上通往何方，想要去往何处？难道它所做的只不过是将一种强大而又持久的欲望转化为理性，即一种追求和煦阳光、活泼而又轻快的空气、南方的植物、大海的微风……的欲望？"正是在这个时期，尼采所培育的那些观念仍然是柔和的，它们尚未展示出那种折磨尼采并与尼采一起走向可怕命运的野蛮力量，它们没有将尼采从它们的掌控中释放出来，直到尼采的精神失常在其间发生，恰在此时，历史将接受它们与利用它们，而当尼采在他满怀希望的漫步中并非完全有目的地攀爬靠近热那亚的大海岩石堆时，他根本想象不到这一点——在那时，尼采仍然可以对加斯特写道："没有人由于我而发生任何事情；没有人对我做过任何思考。"

5. 对《论道德的谱系》的一些评述

根据尼采《论道德的谱系》的序言，在构成这部作品的三篇
论文中，第三篇论文是对它前置的那则格言的注释，即"无忧无
虑、冷嘲热讽、强暴有力——这就是智慧对**我们**的期望：智慧是一
个女人，她永远只爱战士"。哪种战士是无忧无虑的？我猜想，这种
战士将手段作为目的，战斗所造就的并不是你的行为，而是你所是
的那个人，以至于战斗的目的并没有什么重要性，而是成了目的本
身。尼采在第一篇论文中告诉我们，"在行动背后并没有什么'存在
者'……'行动者'仅仅是添加到行为之上的一种虚构"。因此，无
忧无虑的战士的最佳例证或许是《薄伽梵歌》（*Bhagavad Gita*）中的
伟大弓箭手阿朱那（Arjuna），他在克里希那（Krishna）的教导下毫
不关注结果，因而无私地参与战斗，倘若人们寻求从因果报应中解
脱出来，就要遵循这样一条道路：不停止行动，无论在《薄伽梵歌》
中，还是对尼采来说，这都是不可能的，不过，这就是形而上学对
于智慧所钟爱之行动的某种开明见解。

假如这就是尼采所推荐的道德，战士冷嘲热讽的是什么呢？
显然是那些仍然被关在目标世界与目的世界之中的人，那些认同基
于假设的律令的人，那些为了各种理由而战的人，而不是那些无条
件的战士，对于他们来说，战斗是为了自己。因此，暴力不是工具
性的，而是战士的道德本质，它不是某种被战士专门用来威慑恐吓
的东西，而是军事技艺的间接结果。那么，为什么智慧应当只爱这
种反后果论者？《薄伽梵歌》的作者会根据一种道德形而上学来回
答这个问题，在这种道德形而上学中，因果报应的轮回转生是地狱

的一种形式，这最终是一种否定论的观点，正如我们将看到的，这是以一种**怨恨**为基础而做出的论断，因为我们将我们苦难的责任推到了因果报应上的堕落，而正是我们自己才应当对这些苦难负责。这些考虑几乎没有让那位发现了永恒复归，因而确信摩诃婆罗多（Mahabharatas）之无尽重复的人感到气馁，在任何情况下，阿朱那都通过拉紧弓弦与驾驭战车来实现自我；这些考虑也不会让那位**热爱命运**的倡导者感到担忧，对他来说，需要避免的罪恶存在于一个人要成为他所不是的某个人的尝试之中。另一位主要的反后果论者康德则拥有一种道德形而上学，他在其中确实做出了一种努力来根据我们的存在导出我们的义务，**除了以下这一点**，即它将这种推导本身理解为我们行动的特有形式，而我们的本质自身就是理性，因而让作为确证者的对手陷入了困境，因为否定也例示了合理性。

因此，倘若你是尼采，你不会否定，而是会**拒斥**。而这就是尼采对一个恰巧参与哲学运动并用锤子进行思考的战士所期待的：就像战士一样，他对智慧的爱，不如智慧对他的爱。因此，尼采并不是一个哲学家，而是一个**智慧所爱之人**（*sophiaphilos*），他的武器是语词，有时他将之作为锤子来使用。（请忘掉那个人性的，太人性的，具有欺骗性的"老炮兵"，因为他偶尔会用假装的粗暴态度来这么指称自己。）假如一个人不想陷入观念论者编织的网络之中，他就不会与观念论者进行论辩——相反，他会踢石头①，或借鉴我们这个时代最有影响力的哲学批评家之一的做法，他并不反驳他反对的那些思想家，而是嘲笑那些思想家。他将形而上学**搁置起来**，正如尼采在另一处所说的：他**嘲讽**。嘲讽是作为战士的形而上学家的暴力。倘若一个人的作品是嘲讽的与暴力的，因而意味着**伤害**，那么，这则格言的使用形式就是自然的与明显的；因为它就像飞镖一样刺穿了理性的防御，不可分割地寄宿于心灵的虚幻错觉之中，它在那里作为永久的入侵物而被保留下来：就像一支装有倒钩的箭，它的宿主若不付出痛哭流涕的代价，就无法将之摆脱。

---

① 这个说法出自英国著名作家塞缪尔·约翰逊（Samuel Johnson，1709—1784）。英国哲学家贝克莱声称，"存在就是被感知"，世界仅仅是人类心智的构造物。贝克莱激进的观念论立场在哲学上激起了大量的争议。塞缪尔·约翰逊认为，用脚踢石头就能止息这种争论。——译注

这则格言有一个复杂的语用学，因为它不仅立即就得到了使用，**而且**它被用来展示，以此方式使用语言与这个评注的意图是什么，尽管它并没有在多大程度上缓和这则格言引起的哲学敏感性所带来的苦恼——智慧并不爱那些爱智慧的人——但它至少减少了这种折磨的可能性，因为它有可能导致人们在**怨恨**中的窒息，而这个评注的任务也就是要消解这种可能性。当尼采在第三篇论文中概括禁欲理想这个概念时，尼采对这则格言的使用，就是通过某种方式意在产生一种效果，并据此来完全反对禁欲理想的灌输，因此，这则格言并非意在让一个人转变成一位哲学家，因为在那篇论文的讨论中，哲学家首先就落入了禁欲主义的不幸灾难之中。

这则格言是对同样与它**相关**的语言的特殊运用，他在两本书中都开了一个与性别有关的语法玩笑，即将智慧与真理女性化，而这是他第二次开这样的玩笑，他两次开玩笑都是为了强调在他使用语言的方式与"哲学家"使用语言的方式之间的差别。在《善恶的彼岸》中，他评述道，倘若真理拥有女人的属性，她就不太可能对不像尼采那样懂得如何诱惑的哲学家所说的那些粗鲁而又笨拙的习语产生好感。但这则格言以同样的方式成了一条接近智慧的道路，在**这则格言**中智慧成了女人的缩影：智慧并不将她自己赐予那些按照哲学家的方式书写的作家，因而智慧也并不来自那些被人们按照哲学论著的方式进行阅读的书籍。相反，语言必须将自身**植入**读者之中，而仅仅在这种意义上，智慧来自书籍所产生的文学经验。因此，以这样的方式使用语言，恰恰是为了避开人们在阅读中通常运用的诸多技巧。"一则得到了恰当表现与塑造的格言，"尼采以格言的方式写道，"当它仅仅被人们阅读时，它就尚未获得'破译'。"

在我为美国哲学协会而作的演讲"作为文学的哲学／哲学与文学／文学的哲学"中，我认为，我们通常将哲学当作某种可以在论文中表达出来的东西，通过论文，我们以专业的方式将我们自己界定为读者与作者，由此我们就错误地理解了我们学科的历史参考书目所展示的文献形式的巨大多样性。每种书籍都必须按照它所要求的那种方式来进行阅读，每种读者都恰恰有可能被转化为一种不同的人——倘若这种哲学要影响读者，哲学家就会要求读者成为的那种人。因此我们必然会意识到，在阅读尼采的过程中，我们正在遭受攻击；我们需要某种防护，否则这种格言就会让我们**陷入困境**，而我们将迷失于这些话语之中。当然，一种反击的方式**是**，将尼采自身当作一位哲学家：网在**角斗士**（retiarius）的熟练左手中也是一件格斗武器。因此，将尼采关入压制性的范畴体系，将他的毒素搁置起来，将禁欲主义的镣铐偷偷戴上他的手腕，将他定位于思想史之中，这就像为了维持尼禄（Nero）灵魂的稳定而用木桩刺穿他的心脏一样。

　　人们倾向于将尼采的注释者区分为两种人，一种人描绘的是强硬的尼采（a hard Nietzsche），另一种人描绘的是温和的尼采（a soft Nietzsche）。但注释者可以将他视为似乎是温和的，却又承认他是强硬的；因此，菲莉帕·福特 ① 带着某种赞赏的态度评论了我研究尼采的论著，因为我原创性地将尼采视为一种在语言学上的认识论家，接下来，她提出了这样一个问题：倘若尼采**实际上**（au fond）是这样的，为什么还会有人继续对他产生特别的兴趣？我在那时感到自己已经赢得了一种胜利——就好像我通过设计一座迷宫，已经将尼采变成一头米诺陶洛斯。但肯定存在一个真正反对哲学，而不是启发了哲学的尼采，他是危险的，甚至是可怕的：在这篇论文中，我想要承认的是这个带有恶意的尼采，我此次考察的不是他对语言的观点，而是他对语言的使用，以便于看出他的这种用法必然带有的意图是什么，以及为了让这些意图保持融贯，他所持有的信念可能是什么。这条进路所采纳的方法，也是站到一边并保持距离。

　　由于隐喻是一种修辞策略，与隐喻技巧有关的心理是，观众自身将提供隐喻所保留的关联；修辞学家打开了一种空缺，他的意图是让他的观众运用逻辑能力跨越这种空缺，由此带来的结果是，通过参与这种论证的进展，观众让自身信服。然而，格言还有另一种类似的心理，也就是说，一旦听到了格言，人们就不太可能在记忆中忽略它，因此，格言突出的简洁凝练，是为它携带的信息赋予灵魂并阻止可预见的记忆退化的一种手段。所以，它自然就成了道德

---

① 菲莉帕·福特（Philippa Foot, 1920—2010），英国哲学家，当代美德伦理学的奠基人之一，当代伦理学领域著名的思想实验"电车难题"的提出者。——译注

主义者的工具。《论道德的谱系》的第二篇主要论文整体处理的恰恰就是痛苦在铸造道德记忆中所发挥的作用。**遗忘**是动物健康的一个维度，是精神健康的一种必需品——遗忘"并不像肤浅者所臆断的那样仅仅是**惰性的力量**"，尼采写道："相反，它是一种主动的，并且在严格意义上是积极的压抑机能。"在**意识**中，注意力与记忆或值得注意的东西相符合，意识对立于动物的自然本性，它甚至有可能是一种疾病——文明的诸多不满之一——遗忘反对这种扰乱，它成了精神的秩序与宁静的维护者："显而易见，没有遗忘，人们立即就会变得多么不幸福，不快乐，没有希望，没有尊严，没有眼前。"

255

尼采此处正在谈论的是那种或许被我们称为深度遗忘的东西，它是有关经验的一种完整的新陈代谢，而不是弗洛伊德晚期的无意识概念引入心智经济学的压抑性遗忘，那些放置在无意识中的东西吵嚷着要成为有意识的，因此它们并没有**在深处**被遗忘。接下来，为了忍受那种应当被抑制或被逆转的心智之熵，就需要某种记忆术。正如尼采所言，"倘若某种东西要留在记忆中，它必定是在烧灼下的烙印；只有那种从未停止**伤害**的东西才能留存于记忆之中"。他继续写道，这"是地球上最古老的（不幸也是最持久的）心理学的主要根据"。而在片刻之后他又指出，"当人类觉得有必要为他自己创造记忆时，他永远无法在没有鲜血、折磨与牺牲的条件下做到这一点"。于是，在列出了中世纪酷刑的目录之后，他得出结论："所有这一切都导源于这样的本能，它意识到，疼痛为记忆术提供了最有力的帮助。"我们在谈论中仍然将"给某人一个教训"作为给予打击的同义词；当我们打出一拳时，我们仍然会说："这将让你学到教训。"而我们都钦佩的卡夫卡在《在流放地》中创造的绝妙形象是，对罪行的铭刻成为那片流放地中的刑罚，因为刑罚就在让受刑者痛苦的工具之中。在此时，人们就会想到（正如我们将更为详细地论述的），宗教的整个职能在于对我们的如下教诲，即我们的苦难是拥有意义的，以至于被选者自发地求助于宗教的先知，让先知解释苦难将给这些被选者带来什么教训，而宗教逐渐被这些人接受为交流的手段。

尼采在很大程度上是古典主义者，因此他不会不知道，格言与回忆的实际效果是错综复杂的，他也不会不知道，最早的一批格言归于希波克拉底，它们构成了一种医学行为学**手册**（vade mecum），大量尖锐而又优美的格言是为了插入实习医生的心灵之中。由于格言的形式是预防遗忘的措施，由于疼痛是强化记忆力的最佳刺激，格言与疼痛就是内在相关的。因此，这种形式自发地将自身馈赠于这样的书写者，他必定会将他战士般的暴力用来反对他似乎钦佩的那些人：健康的遗忘者，无辜的野兽。因此当他在第二篇论文中讨论伤害的记忆术时，他写道，"在某种意义上，整个禁欲主义就位于此处"，尼采假惺惺地猛烈抨击禁欲主义，而他使用的语言却特别以诸多严厉惩罚为框架。某个用诸多禁欲实践来消灭禁欲主义的人从事的是一种相当复杂的交流，假定他从根本上是融贯的，他就会正确地指出，当我们仅仅**阅读这些话语**时，我们就错过了正在发生的事情。野兽与生俱来就无法回忆，支持野兽的那种幸福而又本能的无意识生活的异教辩护者，在护教过程中没有理由去创造道德的记忆，这为意识留下了一道伤痕，这种伤痕反对他所赞颂的精神生活的舒适黏滞：因此，对异教的辩护本身必然是一种道德的刺痛，自觉的异教信仰在逻辑上是不适宜生活的。因此，对异教的评述**意在进行伤害**，其伤害的方式是，根据但丁的衡量标准，幸福的回忆在普遍折磨的背景下变成了**巨大伤痛**（maggiore dolore）：《论道德的谱系》的整体就好像是施加处罚的牢狱与通过苦修禁欲来实现转变的工具，因而它就好像是一本相当粗暴的书。

　　"甚至错误假定《善恶的彼岸》是一批可以按照任意顺序阅读的格言的那些人，"瓦尔特·考夫曼写道，他在心中想到的"那些人"特别包括我在内，"一般都承认，《论道德的谱系》是由三篇论文组成的。"考夫曼的这个看法，让这本书最为接近我们这些英美哲学家所期待的哲学作品，考夫曼更是认为，"尼采的态度要比通常更为严肃与专注"。但论文作者的态度正是尼采真正所是的道德恐怖分子的极好伪装，因为论文本身就是一种书面的伪装，它有利于尼采向粗心的人们隐瞒格言的那种尖锐化的利害关系，这就在一种深刻的意义上，让《论道德的谱系》成为尼采曾经汇编过的一本最危险的书，人们在阅读这本书的过程中几乎不可能不被它撕成碎片。活生生的剥皮——"剪皮带"（cutting straps）——被逐条记录在他的诸多可怕的介入教学的目录之中，这些介入教学最终灌输了"一种记忆，在这种记忆的帮助下，人们最终达到了理性！"人们究竟得有多么健忘，才能忘掉尼采关于犹太人、奴隶、正义、严肃、野蛮、道德本身、感官享受、折磨、残酷、战争、女人与意志所书写的内容？——虽然这本书似乎也提供了几段用来调节镇痛的文字，这让尼采能够有所缓和地表示，他所说的恰恰并不是他的本意，这也让尼采的注释者能够让我们安心地确信，那些按照字面意思来理解尼采的人，已经让尼采脱离了他的语境——就好像归根到底，我们才刚刚读懂尼采。这就像在说蕾丝手帕是它藏匿的匕首的背景，葡萄酒是玻璃粉末的背景，或玫瑰削弱了它的荆棘一样。一个人在以这种方式写作之后，不能接下来却带着嘲弄式的天真态度置身事外，转而指向精美的印刷字体、脚注，用几乎难以分辨的墨水写下微妙的调解性语句，也不能在以这种方式写作之后称，他自己期待的是我们足够细致，可以在字里行间进行解读！

257

　　这本书并不是为那些甚至能用**科学**的长钳来处理致命毒药的研究尼采的学者所写。而尼采告诉我们的通常就是这么多。例如，他起初谈论的是英国道德心理学家，我们对他们感兴趣的部分原因在于，他们撰写了诸多让人感到无趣的书，问题是，他们通过撰写这样的书籍而**搞**了什么——"他们真正想要搞什么？"尼采希望我们足够聪明，能提出"这本书真正想要搞什么"的问题，能接受暗示提出质疑，为什么尼采拭去了在他的左手上的那些沾染自右手的鲜血？尼采希望我们不要佯装没有流血或即便承认流血，也会认为这是由于我们自己的错误。这恰如在包裹上对所包含内容提出警告的印刷文字，它们并没有为你提供预防措施。在维特根斯坦那里有一段文字，他在其中解释了某种有关语言的混淆，这种混淆是由于"当我们在讲话中听到这些语词或在书写稿或印刷稿中遇到这些语词时它们的一致外观。""这就像窥探火车头的驾驶室一样，"他继续说道，"我们看到的手柄外观都大同小异。"然而，还有什么东西能比**书籍**的外观具备更大的一致性？《论道德的谱系》大致具备《功利主义》或《道德形而上学基础》的外观与影响——或就此而言类似《效法基督》①。但这并不意味着它们都将以相同的方式来进行探讨，或对它们的解读都具备一致的问题——正如维特根斯坦写道："特别是，当我们在搞哲学时。"在探讨《论道德的谱系》时将它视为一种似乎有所超前的分析哲学，这就相当于吞下诱饵却尚未感到自己已经上钩。毕竟，这本书的副标题是"**一本论战文集**"（Eine Streitschrift）。因此，**战争时期就要像战争时期那样**（à la guerre comme à la guerre）：一个人最好去研究自己的防御措施！

　　事实上，《论道德的谱系》在某种程度上是尼采的分析性最少的论著，尽管它包含的关于道德谓词的讨论是在我所知范围内最为精细的讨论之一。对此必须要提出的问题是，这些读者将是谁，什么东西将他们引向这本书，以及他们特别想从这本书中得到什么。而这让我回到了一批希波克拉底模式的格言。我们根据原始资料断定，这批格言被视为适合处理的主题，是科学的或系统的处理迄今为止都未曾成功应用于其上的主题，特别是诸如医学这样的主题。我想要主张的是，《论道德的谱系》在这方面就是一本医书：病原学、诊断法、治疗学、预后性症状。我想要在这里强调**治疗学**，因为这本书与其说是为了从事护理技艺的其他实践者，不如说是为了染上它提及的疾病的诸多病患者。因此，必须做出的假定是，这个预期的读者是病态的，即便尼采通常会以各种方式来否认这一点：一个人在阅读这本书时认识到了自己疾病的本质。这种格言是一种如此合适的形式，这部分是由于这种语言不得不经过我们来对这本书做出辩护，而这些辩护在某种程度上就是疾病的组成部分，正如根据经典的心理分析，在神经衰弱中，对病因的压抑就是病因的组成部分。在心理分析的过程中，治疗师要将分裂（disassociation）机制与分解联盟（disconsciation，倘若有这个词的话）机制带入意识。因此可以说，读者在他阅读时就得到了治疗，而治疗成功的条件是，他要对这本书意在驱除的紊乱失调不断有所意识：正如希波克拉底所说，医师的作用"次于病人"。在某种程度上，病人或这里的读者必然会

---

① 《效法基督》（*Imitatio Christi*）是托马斯·肯佩斯（Thomas Kempis）撰写的一本论述如何践行基督教虔信的书。作为一部虔信宗教的经典作品，它的读者人数或许仅次于《圣经》。——译注

得到医师的帮助来治愈他自身。在某种程度上，我猜想，这与苏格拉底的助产术有类似之处，在这里的重点是，只有患者能够解决他受苦的问题，而医生的作用在于向他表明他正在生病。因此，这本书必然令人不快。可以说，这种治疗比疾病更加痛苦，毕竟，伴随着这些疾病，我们已经舒适地成长起来。

　　几乎不可能被忽略的是，尼采在这里如此频繁与如此典型地运用了诸多病理学的词语（审视相同的词汇在何等程度上以此方式出现于尼采所有的主要作品之中，或者审视尼采的每本书是否都有它自己的范例辞典，接下来就能据此推断出书面言词的模式，这或许是一项有趣的学术事业）。尼采伟大的多产期，是德国生理学的伟大时代。约翰内斯·缪勒①、尤斯图斯·冯·李比希②与阿尔布雷希特·科塞尔③将德国建造成了一个生理学研究中心，而这种形式是德国从来不曾拥有过的，尽管我自己绝不是一个医学史家，但我确信，恰当的学术研究将会发现，在这些生理学家所采纳的步骤中，尼采改造了某些步骤，当然，他凭借自己特殊的天才而对它们进行了转变。现在仍然难以在生理差异与外貌差异之间谨慎地做出区分（而在尼采的时代，这几乎必然是不可能做到的），现在仍然难以假定，金发蓝眼或许暗示了某种重要的生理特性：身材矮小可能并不是一种生理缺陷。

　　"道德概念的生理学化"所建议的是，道德差异最终必然是生理的差异，或者某一个外貌的范例必然是健康的范例，所有其他的变异体都是病态的，这个建议是尼采最鲁莽与最危险的猜想之一。但人们仍然能够感受到达尔文主义给尼采带来的震撼，他并没有免于

---

① 约翰内斯·缪勒（Johannes Müller, 1801—1858），德国生理学家，实验生理学和感官生理学的创建人之一，19世纪最重要的实验心理学家之一，他在生理学、解剖学、病理学和心理学等方面都做出了重大贡献。——译注
② 尤斯图斯·冯·李比希（Justus von Liebig, 1803—1873），德国著名化学家与化学教育家。由于他在有机化学领域所做的大量开创性的奠基工作，他被誉为"现代有机化学之父"。李比希开创了农业化学的研究，提出了植物需要氮、磷、钾等基本元素，研究了提高土壤肥力的问题，因此他也被农学界称为"农业化学之父"。——译注
③ 阿尔布雷希特·科塞尔（Ludwig Karl Martin Leonhard Albrecht Kossel, 1853—1927），德国生物化学家。科塞尔主要从事生物化学，特别是组织及细胞化学的研究。他是生物化学这门独立学科的创始人之一。他因细胞化学的研究（特别是蛋白质和核酸）夺得1910年的诺贝尔生理学或医学奖。——译注

受到自然选择的道德化的影响，而自然选择的道德化几乎界定了19世纪的思想，正如我们所知道的，这能导致如下观点，即那些具备不同道德信念的人可能有传染性，他们至少应当被隔离，而在最糟糕的情况下，为了清除道德的毒脓，或许就不得不把这些人肃清。这些观念能够沿着另外的方向导致如下观点，即那些在生理上独特的并就此而言有所不同的人，必须被归于一种不同的道德秩序，不需要按照我们对待彼此的方式来对待他们。我想，追求平等权利的伟大运动（无论人们的年龄、性别、肤色、能力或教义是什么，他们都是平等的）形成了这样一种努力，即让生理的差异变得无关于道德的考虑。尽管我们无法不考虑生理差异，但正如希波克拉底所言，"生命短暂，艺术长存"，我们总是会发现比我们所能预期的更多的东西，没有人知道犯罪行为是否与染色体有关——或就这个问题而言，是否有可能存在慷慨的基因——仍然不清楚的是，人们应当如何在道德上对这种发现做出回应。同样值得怀疑的是，如果结果证明，某种特定的道德差异其实是生理上的差异，那么，阅读这类书是否能被视为一种重要的介入教学。不过，尼采也不会这么认为——因此问题在于，究竟是哪种疾病，才有可能让尼采认为这本书是一种重要的介入教学？在这里，我或许可以说出我对于这部作品不得不说的绝大多数东西。

　　我认为，这个答案必然在于区分两种苦难，它们分别被我称为现实的苦难（extensional suffer）与加剧的苦难（intensional suffering），后者存在于对前者所做的解释之中。在我看来，尼采的这个论题所要表达的是这个意思：纵观历史，人类所遭受的主要苦难是由于对现实的苦难事实所做出的某些解释性的回应。人们并不清楚，尼采是否相信他能处理现实的苦难。但他能够处理加剧的苦难，因而经常凭借一个重要的因素来帮助人们减少在这个世界中的整个苦难。因为尽管现实的苦难已经足够糟糕，但它经常被我们对于这种苦难的解释加重许多倍，而这些解释经常远比这种紊乱本身更加糟糕。

　　请考虑男人的阳痿这个例证，在某些情况下，一种潜在的疾病确实拥有生理症状，但它没有可以将它自身归类的临床诊断身份

（比如说，糖尿病、前列腺炎与类似疾病）。对于绝大多数男人来说，它是一种相当可怕的症状（毫无疑问，对于绝大多数与这样的男人有着亲密性关系的女人来说也是如此）。但为了解释为何如此，我们就要参照与这个男人充分有力的自我形象有关的复杂观念，就要参照性无能在这个男人的自我中揭示的极度脆弱。它不仅有可能导致，而且已经导致了许多自杀、抑郁、绝望、离婚。因此，倘若我们从苦难的总额中扣除了所有这类苦难，这种真实的症状或许就不会在人类痛苦的等级中占据很高的位置。请将它与糖尿病的其他症状相比较：多尿、多饮、视网膜病变、肾功能障碍、血液循环问题、生坏疽的倾向、容易真菌感染与罹患心脏疾病、酸中毒、昏迷——仅仅是阴茎松弛无力，这种症状似乎相当轻微。但是，在认识到了男性气概之后，我就确信，这种在道德上具有过度负荷的症状，会被挑选出来作为这种紊乱的最无法忍受的结果。我想，很少有人会对高血糖症的纯粹事实添加大量的重要性，或者会由于这种疾病，将他们自身视为有缺陷的（或令人厌恶的）而去实施自杀。这就是道德化生理机能的一个出色例证，但无论如何，尼采在这本书中提出的这种紊乱是对苦难的诸多解释，而它们自身则生成了苦难，尼采的事业恰恰是帮助我们来医治这种紊乱。

　　这些紊乱全都归咎于坏哲学，归咎于坏心理学，归咎于宗教——在尼采的体系中，宗教并没有一种**好的**形式，以至于让"坏宗教"成了冗余的表述——当然，也归咎于坏的道德体系，诸如那种将善恶的区分作为它的基本价值对立的道德体系。所有这些东西在某种程度上都是 schlechtes Gewissen 的诸多形态，我将坚持用"坏意识"（bad consciousness）来翻译它。坏**良心**——至少在英语的用法中——多少等同于内疚的良心，但内疚仅仅是坏的诸多形态之一。坏意识是关于坏的意识，它当然有可能是虚幻的，正如某些好人错误地将他自己视为坏的一样。因我们自身的错误道德信念而导致的任何苦难，都要被归咎于坏意识，在这种情况下，我们自身并没有任何坏的东西，**除了**我们认为自己是坏的意识之外。接下来，这本书在某种程度上特别提出了治疗这种苦难的方法。

　　尽管尼采在谈论中有时似乎认为，只有在客观上强大与健康的人，才会受到坏意识的束缚，而事实的真相是，在我们的文明中，难以看出有任何人能够以某种方式完全避免这种坏意识；甚至在尼采看来真正受苦的人，在尼采意义上的真正"坏"人——即人这个物种的坏样本——他们通常也由于对这种紊乱的错误解释而受苦，他们与好人一样有可能出于这个理由而受制于坏意识。当然，尼采的心理历史解释有可能是正确的，坏意识所采纳的这种特殊的形式或许可以回溯到被他称为怨恨的病原体，而外在的坏就受制于这种病原体；即便如此，这些坏人本身也由于坏意识的蔓延流行而受苦，而这种坏意识界定了我们文明随后的历史，可以毫不遮掩地说，倘若尼采是正确的话，这种坏意识就来自基督教。因此，甚至坏人也有可能从驱散这种加剧的苦难的行动中获益，而这就可以将现实的苦难留给那些专精于此的人们来处理。归根到底，识别真正的疾病是医治的第一步。

让我们暂时留意怨恨这个概念。根据他的体系，尼采或多或少会假定，任何在怨恨状态中的人，必然也在某种真实的生理痛苦之中，因为怨恨（ressentiment）——它仅仅以疏远的方式关联于英语词 resentment——相当于对受苦者心灵中的痛苦所做的某种解释性的说明。而在实际情况中，成问题的痛苦是否真实并不重要，也就是说，无论这种痛苦是生理的，还是仅仅被人们相信为真实的，这都不重要，恰如那种被人们习惯性地称为歇斯底里的情况。尼采将重点放到了这样的东西之中，它或许会被人们称为苦难的先行条件：

> 每个罹患苦难者本能地会去寻求苦难的原因；更确切地说，一个行动者……不管以何种托词，都会去寻求他能将自己的情绪发泄于其上的某种活生生的东西，不管它是真实的还是虚拟的；因为他对情绪的宣泄代表了罹患苦难者为了赢得慰藉、麻醉而做出的最大尝试——他不由自主地渴望用麻药来减弱各种痛苦。

262   尼采在注释中将此作为"怨恨、报复欲以及类似之物的真实的生理原因"，这轻易就能构成希波克拉底的那批格言的一个章节。而其言下之意也是清晰的：受苦者倾向于**道德化**苦难，其方式是坚持认为某人或某物应当对苦难承担责任——就好像纯粹的苦难简直就是不可理解的，谈论应当遭受的苦难是没有意义的，仅仅在这种意义上，人们就不应当遭受苦难。"为什么是我，上帝？"这是对疾病的自然回应；"我做过什么，才让我应当罹患这样的疾病？"——就好像不应当遭受的苦难就是不存在的，就好像苦难在每个实例中都是某种**宣判**。"总有某个人必须要为我不舒服的感觉而遭受谴责"，尼采表达的是受苦者心灵中的一种推理，受苦者"越是牢固地坚持它，他们不舒服的感觉的真实原因，即生理原因就越是保持为隐蔽的状态"。尼采在这一点上补充了几行医学意见，这不仅反映了这个文本的意图，而且也反映了那个时代的知识状况或尼采的知识状况：

> 它可能是由于某些交感神经疾病，也可能是由于胆汁的过量分泌，或者是血液中缺乏硫酸钾与磷酸盐，或者是由于腹部的梗阻妨碍了血液的循环，或者是由于卵巢以及类似器官的退化。

读过尼采书信的读者会意识到，尼采在何种程度上是一个按照规定进食的怪人，无论如何，尽管这种诊断是业余的，但完全清楚的是，他在这里提出的疾病并不是那种逐条列举的疾病，而是需要这样一种病人的元疾病（metadisease），而正如苏珊·桑塔格[①]的表述，这种病人的疾病带有隐喻的性质。无论如何，**怨恨**在于重新感受苦难，将之作为一种道德**原因**的**作用**，倘若一个人觉得自己不应当遭受这样的苦难，这个人就有可能心怀**怨恨**。正如在约伯的情形中，他的经典态度恰恰就是这种形式的**怨恨**的经典态度，因为他无法看出上帝有任何**理由**来让自己遭受如此的苦难。但是，即便约伯确实觉得他自己应当遭受这种煎熬与损失，这仍然是**怨恨**的一个例

---

① 苏珊·桑塔格（Susan Sontag，1933—2004），美国作家、艺术评论家。桑塔格的写作领域广泛，在文学界以敏锐的洞察力和广博的知识著称。除了创作小说，她还创作了大量的评论性作品，涉及对时代以及文化的批评，包括摄影、艺术、文学等，被誉为"美国公众的良心"。在文化界，苏珊·桑塔格与西蒙·波伏娃、汉娜·阿伦特可称为西方当代最重要的女知识分子。——译注

证，因为约伯道德化了他的苦难。

宗教在约伯这个相当罕见的情况下做出了拯救，它消除了忿恨的所有可能性，但它几乎没有消除**怨恨**的所有可能性，因为事实上它的存在依赖于**怨恨**：因为宗教除了教导我们要忍受苦难之外，还教导我们相信我们所忍受的苦难是我们应当遭受的。正如尼采所言，宗教让**怨恨**改变了方向，其方式是将病人变成了他寻求的那个施动者，宗教告诉我们，是我们自己带来了苦难。请考虑在 14 世纪席卷佛罗伦萨与锡耶纳的黑死病。当然，黑死病是生理的苦难，但活在那个时代的人们没有方法来认识到这是如何发生的：**黑死病**在那时并不是一个现成可用的概念。但他们当即假定，他们是有过错的（他们多半在基本卫生方面犯有过错），而这种过错主要是由于他们对上帝的傲慢自大，正如他们在乔托（Giotto）之后的绘画中对人类主题的处理手法所表现的！因此，在这种流行理论的影响下，最合理的事情是改变这种表征的风格，而米拉德·迈斯 ① 已经为我们追溯了这段历史。我并没有说这完全是愚蠢的，由此产生的结果有可能是温和的，某种传染病在威尼斯爆发，这让执政团体打算委托帕拉迪奥（Palladio）建造一座教堂。诚然，这并没有帮助任何受苦者，但无论如何，他们在那时并不知道怎么做才能真正帮助受苦者，而**威尼斯救主堂**（Il Redentore）至今仍然矗立着。于是，宗教让苦难变得可以理解——但在这种体系的框架下，这让探寻瘟疫真实原因的研究变得难以理解。而这甚至在**确实**是我们自己招致了我们自身苦难的情况下也是如此，恰如痛风、肥胖、性病、肝硬化或慢性药物成瘾的情况：这些紊乱是无节制导致的诸多后果，而不是对无节制的**惩罚**，这种无节制导致了这些疾病。

尼采饶有兴味地观察到，"这种植物今日在无政府主义者与反犹分子中间最为蓬勃地发展起来"。也就是说，为了所有的社会病症而谴责犹太人或有产者，而不是更加深刻地考察恰当病因的社会结构，这就类似于感染的先行条件的古典形式。无可否认，我们对于"什么感染了社会"这个问题所知道的，或许就像 16 世纪的佛罗伦萨人

---

① 米拉德·迈斯（Millard Meiss，1904—1975），美国艺术史学家，他的主要研究方向包括中世纪与文艺复兴时期绘画的历史。——译注

对于"什么感染了身体"这个问题所知道的一样多，而在我们的无知中，我们经常将之攻击为原因的东西，或许仅仅是另一个结果。在女性主义者的某些解释中，作为女性的女人所承受的苦难，应当归咎于作为男性的男人，而我倾向于认为，这种解释最终必须要形成一种更加精致的分析，其中，那种被粗糙地理解为女性苦恼之原因的东西，本身就是男性无疑也深受其苦的那同一个痼疾的一种症状。我经常认为，**坏意识**的最佳标本可以在某些男人所展示的自我苛责中找到，比方说，在《纽约时报》杂志的每周"男士专栏"中，男人在那里夸耀他们女性化的程度。我并不批评这种做法，它仅仅是在批评它的对立面，即男人在那里夸耀与男子气概有关的所有事物——不过，它是自我鄙视的一个良好例证，它阐明了在尼采的道德心理学中的"自我鄙视"这一术语。尼采将他的这个一般性洞识压缩到了他最深刻的一则格言之中："真正让人们对苦难感到愤慨的，并不是诸如此类的苦难，而是苦难的无意义。"倘若我要将某个独特的道德／形而上学教诲归于尼采，那就会是这个教诲：苦难实际上没有意义，对它来说没有任何意义可言，仅仅为了**给予**苦难一种意义而造成的苦难，其深重之程度令人不寒而栗。

　　当然，我正在谈论的并不是我们由惩罚之名所引发的苦难，在罪犯引起的苦难与罪犯为了恢复均衡而必然遭受的苦难之间，必然处于某种复杂的平衡状态之中。这就是正义的模型，它必然会凭借诸多根据来进行争辩，而这些根据不同于我想在此提出的任何东西。尼采所反对的与其说是这个模型，不如说是这个模型的整体普遍化，它让**每个**苦难都变成了惩罚，它将整个**世界**都变成了宗教裁判所增建的正义法庭。倘若我正确地理解了尼采的观点，那么，《论道德的谱系》的最终格言——"人类宁可意求虚无，也胜于**一无所求**"——归根到底并没有把人类当作英雄。它所做的是在重申**怨恨**的本能：人类宁可让他的苦难有意义，因而宁可将意义添加到苦难之上，也不愿默许苦难的无意义。在本质上最具有解放性的思想是，生命没有意义，但相信这种思想的人违背了**怨恨**的本能。在某种程度上，尼采试图让我们得以从这种深层的苦恼中摆脱而出的努力尝试，在今日被我们视为一种解释学：主要是有关苦难的解释方法。当尼采

264

在如此众多的地方以如此众多的方式说"没有事实，只有解释"时，我相信，他最终针对的是这种深刻的，或许根深蒂固的**怨恨**倾向。**倘若我能用我自己的格言**（si je peux aphoriser moi-même），我就会说，意义是有所贬降的。

相应地，为了接受宗教的慰藉，为了接受它馈赠的可疑意义，人们首先似乎必定会接受一种仅仅让宗教变得合适的人类学，即我们是软弱的、有缺陷的，而且我们几乎是通过我们受苦的倾向来得到界定的。人类的各种局限性得到了如此强调，以至于我们没有能力来让我们自己获得解脱，我们只有通过一种具有充分力量实施拯救的存在者的斡旋才能获得救赎。当然，就一般的宗教而言，它所救赎的经常是我们没有经过启示就不会知道我们拥有的那种苦难，它是通过被揭示苦难的缺席来得到抽象界定的一种状态，除非通过启示，否则我们仍然无法理解这种状态。例如，又有谁会知道，我们曾经被原罪玷污，我们需要从原罪中获得拯救，而可以实现这种拯救的手段是，让上帝呈现出这样一种形式，凭借这种形式，上帝就有可能通过他自身来净化我们的苦难？就生命本身而言，宗教让一切如其所是地存在，因为宗教告诉我们的那些关于我们自身的苦难在过去并没有被感受到，宗教给予我们的救赎并不能让我们从我们感受到的苦难中解脱出来。而这些局限性最终仅仅相对于这样一种有关苦难与慰藉的图景，它位于有关人类的痛苦与欢乐的真实清单的旁边，而这个图景本身却没有渗透到这个清单之中。无论情况如何，这幅将人类描绘为有限的与软弱的图景倘若被人们相信，它恰恰就会密切地关联于**坏意识**。而将我们从其中解放出来，也就是将我们从这幅图景中解放出来：这就是《论道德的谱系》在治疗上的使命，这就是尼采的诸如此类的哲学工作在治疗上的使命。

让我回到解释学。我会向欧陆理论家做出的让步是，人类不可能在没有进行解释的情况下有所经验，而我们生活于一个在意义之间的世界之中，这是人类的基本事实，因而必然是人文科学的最终素材。我远不确定的是，人文科学本身必然反映了它们主题的结构，科学本身仅仅是关于某个部分的解释的一种形式，而这个部分被认为是科学用解释来进行研究的。因此，我远未确定的是，有一种可用某种方式来让这样的科学无效的解释学循环：因为对解释的表征或许有诸多方式，而这些表征方式根本无关于解释所表征的那个部分。即便如此，我们或许会接受"我们的**存在是阐释性的**"（esse est interpretari）这个解释学的图景。但接下来最合适的做法是，在我们自身与**野兽**（Bestie）之间进行对比，对于金毛野兽，尼采所称赞的与其说是他们快乐无邪的未开化状态，不如说是他们彻底从意义中解放出来。正如尼采在其论述历史的早期论著中所言，他们就像野兽一样生活，他们"在过去与未来的壁垒之间以幸福而又盲目的方式"生活着。通过深刻的比较，人类的生存是"一种未完成的时态，它永远也不会变成当下"。它与其说是历史，不如说是一种剥夺了生活幸福的历史哲学，因为后者永久地寻求着事件的重要意义，而为了幸福所要做的仅仅是忘掉这种意义，或者选择一种次好的做法——当某些绝对重要的事件来临时，在理解它们的过程中不形成相关的文本。尼采的永恒复归学说本身是如此众多的思辨与学术研究的主题，无论人们在其他方面对它的认知地位有什么分歧，每个人都必然将之理解为深刻地对立于任何历史哲学：重复消解了意义，无限重复则在整体上抹除了意义。它是一块岩石，凭借这块岩石，具有重要性的历史必然会被粉碎，尤其是宗教的历史、堕落的历史、圣约的历史、罪恶的历史、拯救的历史、审判的历史、裁决的历史与地狱的历史，在这些历史中，对于我们站在何处，我们能够期待什么，我们有一种并未得到宽慰的焦虑。

当查拉图斯特拉宣布上帝之死时，他继续说上帝死于同情。这句话的含义是，上帝同情我们是由于他自身：他同情我们的是，在一位具备无限价值的存在者与那些必然和他有关的造物之间令人绝望的不相称，而这种不相称会让后者在很大程度上变得没有价值。由于上帝的消失，这种比例被打破了，依赖于这种不相称本身的贬值消失了。上帝的消失是一项美好的馈赠：在我们之中，有哪些父母能够做到这一点？相较之下，仅仅牺牲亲生的儿子，这甚至也是一件相对容易做到的事情：我们的世界充斥着为了他们的荣誉而自豪的金星父母①。随着上帝之死，我们就回到了昆德拉所说的不可承受之物：生命的某种不可承受之轻。清楚的是，上帝之死并不是为了让其他的某种东西来占据他的位置；相反，他的意思是要让这个位置与其占据者一起死去。《论道德的谱系》第三篇论文的创造性在于展示了禁欲理想的伪装清单，以至于诸多通常将自身界定为禁欲主义的对立立场的东西，也仅仅是例示了禁欲主义。作为一个种类，这些占据了上帝撤出位置的东西，强加于其赞同者的是一种解释苦难的网络，筹划的是一种乌托邦式的救赎：科学、政治、艺术，当然还有许多冒充心理治疗却无非改变了这种游戏名称的东西。甚至存在着诸多对声名狼藉的超人概念的理解方式，它们授予自己的是与基督教的做法相同的卑微铠甲，是禁欲主义的另一个伪装。但倘若尼采具备最起码的融贯性，这就不可能是他的超人。超人并不属于某个**彼岸**，因为尼采下决心要使之无效的恰恰就是这种彼岸。未来的人，他在第二篇论文的结尾处写道，是"敲击人类的钟声与伟大的决断，他将再次把意志解放出来，并恢复它对大地的目标与他对人类的希望"。

我将通过上述理解回到我在本文开头提到的那则格言。据认为，被智慧热爱的**无忧无虑**明显与这种意志有关。智慧不关切将选择程序强加于生命的诸多目标，在这里，这些目标所依赖的意义图景，就是尼采的哲学想要破坏的目标。它与其说要根除那种经过了重新教育与重新引导的意志，不如说要让它回归简单的正规生活目标。尼采的哲学基调是轻盈的、欢快的、阳光明媚的，而这也是他的个人基调，鉴于他所熟悉的苦难，这种基调是英勇的。他抱怨可怕的头痛、恶心、腹痛；他由于寒冷、潮湿、糟糕的食物而遭受折磨，当然还受到一种被孤立与不被承认的感受的折磨。他就像猫一样在欧洲寻找一处舒适的角落，他在所谓有益健康的都灵发现的反常狂喜，是他患病的一个迹象。尽管如此，根据尼采的观点，他承受苦难的方式与大多数人并不相同：他并没有因那些本应拯救却实

267

---

① 金星父母（gold-star mothers and fathers），根据美国国防部的规定，在美国武装力量进入战时状态时，倘若一对父母的子女作为美国现役军人而牺牲，这对父母就将被授予"金星父母"的荣誉称号。——译注

际上削减了生命的意义而承受苦难。当我们沉思人类自从上帝做出最高牺牲的那个世纪以来所承受的苦难时，我们就会对这种撤离的智慧感到惊叹。倘若我们要从我们这个世纪的历史中扣除所有的加剧的苦难，我们就会扣除这个世纪的历史。

但这就是尼采乐于实现的目标：通过参照对未来的夸张评价，扣除所有轻视当下的图景；让这个世界成为我们生活的地方，它并不通往某种更高的状态；将当下归还给当下；用原则的道德取代意义的道德；以这样的方式行动，以便于永远与这种行动方式保持一致；让追求重要性的本能显得荒谬可笑。这就是无忧无虑的姿态，尽管我们不清楚它是否会让我们共同幸福，但完全显而易见的是，它消除了在历史中让人类变得不幸的绝大多数东西：殉道，受难，以政治乌托邦的名义实施暴力①，将人类作为一种手段。毫不奇怪，它是一个符合人类尊严，并将人类作为目的本身的最合适的观点。

---

① *the eggs cracked in the name of political omelettes*，这是一个源自拉丁语的习语，它的字面意思是，为了制作煎蛋卷，就不得不打碎鸡蛋。它在政治领域的引申义是，没有维持现状的暴力，和平的政治乌托邦就无法存在。——译注

注释

　　如下罗列的是我参考的尼采作品，它们大致按照时间先后顺序排列。当然，这并不是尼采作品的完整列表。我极少利用《不合时宜的沉思》（*Unzeitgemässe Betrachtungen*），除了那篇论述瓦格纳的文章。

　　在德语标题与中文标题之后的字母指的是在注释部分所采用的缩写。

Homers Wettkampf (1871)	《荷马的竞赛》	H
Die Geburt der Tragödie aus dem Geiste der Musik (1872)	《悲剧诞生于音乐精神》	GT
Über Wahrheit und Lüge im Aussermoralischen Sinn (1873)	《关于在道德意义之外的真理与谎言》	WL
Die Philosophie im Tragischen Zeitalter der Griechen (1875-76)	《希腊悲剧时代的哲学》	PTG
Richard Wagner in Bayreuth (1876)	《理查德·瓦格纳在拜罗伊特》	WB
Menschliches, Allzumenschliches (1878)	《人性的，太人性的》	MAM
Der Wanderer und Sein Schatten (1880)	《漫游者与他的影子》	WS
Morgenröthe (1881)	《朝霞》	MR

Die Fröhliche Wissenschaft (1882; Part V, 1886)	《快乐的科学》	FW
Also Sprach Zarathustra (Part I and II, 1883; III, 1884; IV, 1885)	《查拉图斯特拉如是说》	Z
Jenseits von Gut und Böse (1886)	《善恶的彼岸》	JGB
Zur Genealogie der Moral (1887)	《论道德的谱系》	GM
Der Antichrist (1888)	《敌基督者》	AC
Götzendämmerung (1889)	《偶像的黄昏》	GD
Nietzsche Contra Wagner (1889)	《尼采反瓦格纳》	NCW
Ecce Homo (1889)	《瞧，这个人》	EH
Nachlass	《遗稿》	NL

在尼采死后，他的大量没有公开出版的材料在《强力意志》（*Der Wille zur Macht*）的标题下获得了整理与发表。相反，卡尔·施勒希塔教授在他编辑的尼采作品的高质量版本《三卷本尼采文集》（*Friedrich Nietzsche*，*Werke in drei Bänden*，München：Carl Hanser Verlag，1956）中运用的不明确标题是《1880 年代未公开发表的作品》（*Aus dem Nachlass der Achtzigerjahre*）。他这么做是由于尼采的妹妹以及在尼采档案馆中直接对她负责的那些人过于随便地对尼采的文学遗产进行那种声名狼藉的编辑。这些篇章难以确定日期：它们在手写的笔记本中并没有任何特殊的顺序，在对它们进行某种精确的哲学重建期间，它们就必然或多或少会按照施勒希塔教授给予它们的顺序来向我们呈现。尼采在手稿中肯定没有**这样一本**被称为《强力意志》的书。尚不是十分清晰的是，尼采会以何种方式来排列大量未公开发表的短小作品。

在注解中，所有参照了施勒希塔出版的《遗稿》的注释，其后都跟随标注了页码。令人遗憾的是，无法理解德语的读者就无法来核实这些翻译，或更重要的是，他们就无法来判定我的援引段落

的语境。关于永恒复归学说的某些陈述取自尼采文集的莱比锡版本
(1901)，因为我们无法在施勒希塔编辑的版本中进行定位——他所
许诺的关于他的版本的索引迄今仍未出版。尼采剩余作品的杰出英
语翻译是相当多的。我援引参考文献的方式，是为了便于读者能够
在任何语言的任何版本中定位这些段落。在每个引文中，那些数字
指的并不是页码的数字，而是格言的数字。罗马数字指的是与这个
信息相关的章节；例如，在新的一章开始之处，尼采就开始给他的
格言重新编号。因此，GM，II，20 指的就是《论道德的谱系》第二
章第 20 则格言。尼采并没有始终为那些分离的部分给出序号，但他
偶尔会对这些格言重新编号。在这种情况下，罗马数字指的是这个
部分的序号，阿拉伯数字指的是这则格言的序号。在《查拉图斯特
拉如是说》中，尼采对诸多章节或部分给出了序号，但他对诸多格
言给出了标题。格言的长度有时多达数页，因此，读者在发现我所
参考的数行文字之前或许不得不进行一些检索。然而，更精确的引
文会限制灵活性，而这种灵活性是许多版本与翻译所需要的。最后，
尽管施勒希塔的第三卷提供了丰富的书信选，但我标示尼采相关书
信的方式是用收信人的名字与书信的日期。情况仍旧是，这些段落
可以在尼采书信的许多地方被找到。

第一章　哲学虚无主义

1. JGB，296.

2. 致 G. 勃兰兑斯的书信，1888
　 年 5 月 4 日。

3. JGB，56.

4. Ibid.

5. NL，p. 834.

6. FW，347.

7. NL，p. 554.

8. Ibid.

9. Ibid.

10. NL，p. 677.

11. NL，p. 678. 省略号为原文所
　　标。

12. NL，p. 555.

13. NL，p. 834.

14. NL，p. 684.

15. NL，p. 853.

16. NL，p. 677.

17. NL，p. 727.

第二章 艺术与非理性

1. WL，I.

2. Ibid.

3. Ibid.

4. Ibid.

5. Ibid.

6. Ibid.

7. 尼采致彼得·加斯特的书信，1888 年 12 月 9 日。

8. NL，p. 421.

9. JGB，296.

10. WL，II.

11. GT，一种自我批评的尝试 [Versuch einer Selbstkritik]，v.

12. GT，viii.

13. PTG，7.

14. WL，I.

15. GT，1.

16. Ibid.

17. NL，p. 788.

18. Ibid.

19. GT，1.

20. Ibid.

21. GT，2.

22. GT，8.

23. GT，2.

24. H.

25. Ibid.

26. Ibid.

27. Ibid.

28. GT，2.

29. GT，3.

30. Ibid.

31. GT，25.

32. GT，4.

33. Ibid.

34. Ibid.

35. Ibid. 参照 WL，II.

36. GT，4.

37. GT，17.

38. GT，24.

39. GT，7.

40. GT，8.

41. Ibid.

42. GT，7.

43. Ibid.

44. GT，10.

45. GT，12.

46. Ibid.

47. Ibid.

48. Ibid.

49. GT，13.

50. Ibid.

51. GT，14.

52. Ibid.

53. GT，15.

54. Ibid.

55. Ibid.
56. GT，18.
57. GT，15.
58. GT，14.
59. GT，15.
60. WB，4.
61. Ibid.
62. Ibid.
63. Ibid.
64. EH，III，iii，5.
65. 尼采致里奇尔的书信，1872 年 1 月 30 日。
66. GT，一种自我批判的尝试，3.
67. NCW，"我们是对跖者"。
68. MR，50.
69. MAM，146.
70. MAM，147.
71. MAM，148.
72. MAM，151.
73. MAM，154.
74. MAM，159.
75. MAM，160.
76. MAM，162.
77. MAM，166.
78. MAM，220.
79. MAM，222.
80. MAM，223.
81. GT，一种自我批判的尝试，2.
82. Ibid.，5.

第三章　视角主义

1. MAM，109.
2. Ibid.
3. MAM，153.
4. MAM，29.
5. MAM，24.
6. MAM，16.
7. MAM，10.
8. FW，293.
9. MAM，3.
10. JGB，204.
11. NL，p. 692.
12. MAM，16.
13. Ibid.
14. NL，p. 814.
15. NL，p. 915.
16. NL，p. 903.
17. NL，p. 705.
18. NL，p. 729.
19. NL，p. 903.
20. NL，p. 769.
21. Ibid.
22. MAM，9.
23. MAM，16.
24. MAM，33.
25. MAM，34.
26. MAM，517.

27. MAM. 这是《不合时宜的沉思》中的一个标题，"论历史的用途与滥用"。

28. GD，III，3.

29. EH，"人性的，太人性的"。

30. MAM，20.

31. WS，55.

32. WS，11.

33. MAM，11.

34. MR，47.

35. MAM，11.

36. Ibid.

37. MAM，519.

38. JGB，20.

39. GD，III，5.

40. GD，III.

41. Ibid.

42. NL，p. 776.

43. FW，112.

44. JGB，14.

45. NL，p. 896.

46. FW，121.

47. FW，110.

48. JGB，20.

49. JGB，11.

50. FW，111.

51. Ibid.

52. NL，p. 727.

53. MR，117.

54. FW，265.

55. FW，110.

56. WS，2.

57. NL，p. 526.

58. MAM，11.

59. NL，p. 726.

60. GD，"'真实的世界'如何最终变成了无稽之谈"。

61. Ibid.

62. NL，p. 704.

63. JGB，12.

64. NL，p. 705.

65. JGB，12.

66. MR，121.

67. NL，p. 876.

68. NL，p. 501.

69. FW，112.

70. JGB，21.

71. FW，109.

72. FW，110.

第四章　哲学心理学

1. NL，p. 442.

2. JGB，24.

3. MR，117.

4. FW，347.

5. JGB, 45.

6. NCW，"心理学家发言"。

7. JGB, 23.

8. JGB, 12.

9. FW, 109.

10. NL, p. 537.

11. JGB, 23.

12. JGB, 54.

13. NL, p. 487.

14. NL, pp. 487-488.

15. JGB, 54.

16. JGB, 20.

17. GD, III, 5.

18. NL, p. 540.

19. NL, pp. 540-541.

20. NL, p. 540.

21. GD, III, 5.

22. Ibid.

23. JGB, 16.

24. Ibid.

25. NL, p. 577.

26. Ibid.

27. JGB, 17.

28. JGB, 16.

29. JGB, 19.

30. NL, p. 914.

31. JGB, 19.

32. Ibid.

33. Ibid.

34. GD, III, 5.

35. NL, p. 914.

36. JGB, 21.

37. NL, p. 776.

38. JGB, 21.

39. Ibid.

40. FW, 354.

41. Ibid.

42. NL, p. 666.

43. FW, 11.

44. NL, p. 499.

45. FW, 354.

46. NL, p. 587.

47. NL, p. 667.

48. FW, 354.

49. Ibid.

50. Ibid.

51. Ibid.

52. Ibid.

53. Ibid.

54. Ibid.

55. Ibid.

56. Ibid.

57. JGB, 268.

58. Ibid.

59. NL, p. 610.

60. Z, II，"拿着镜子的小孩"。

61. FW, 355.

62. Ibid.

63. NL, p. 732.

64. MAM, 13.

65. MR, 119.

66. MAM, 13.

67. Ibid.

68. Ibid.

69. MR，119.

70. GD，前言。

71. GD，V，4.

72. NL，p. 442.

73. NL，p. 673.

74. NL，p. 667.

75. MR，48.

76. FW，332.

第五章　道德

1. JGB，4.

2. Ibid.

3. Ibid.

4. JGB，3.

5. Ibid.

6. JGB，5.

7. JGB，6.

8. NL，p. 499.

9. NL，pp. 517-518.

10. JGB，9.

11. Ibid.

12. Ibid.

13. NL，p. 556.

14. JGB，108.

15. GD，VI，1.

16. Ibid.

17. WS，19.

18. NL，p. 485.

19. NL，p. 480.

20. JGB，4.

21. MR，9.

22. MR，16.

23. MR，10.

24. MAM，96.

25. MR，19.

26. GD，VI，1.

27. FW，116.

28. Ibid.

29. GD，V，6.

30. NL，p. 485.

31. GD，VI，1.

32. Z，I，"论一千零一个目标"。

33. Ibid.

34. JGB，268.

35. JGB，23.

36. GD，III，1.

37. Ibid.

38. JGB，188.

39. Ibid.

40. Ibid.

41. WS，53.

42. JGB，188.

43. WS，37.

44. WS，65.

45. GD，III，1.

46. Ibid.

47. Ibid.

48. JGB，36.

49. JGB，188.

50. JGB，201.

51. Ibid.

52. Ibid.

53. JGB，260.

54. MAM，75.

55. JGB，260.

56. JGB，258.

57. JGB，260.

58. JGB，293.

59. MAM，81.

60. Ibid.

61. JGB，260.

62. MAM，40.

63. JGB，259.

第六章　宗教心理学

1. Z，I，"论一千零一个目标"。

2. Ibid.

3. GM，I，脚注。

4. NL，p. 710.

5. GM，I，7.

6. Ibid.

7. JGB，195.

8. GM，I，10.

9. Ibid.

10. Ibid.

11. Ibid.

12. GM，I，13.

13. Ibid.

14. GM，II，1.

15. GM，II，2.

16. GM，II，3.

17. GM，II，7.

18. MAM，103.

19. GM，II，6.

20. MR，30.

21. Ibid.，这个例证是尼采给出的。

22. Ibid.

23. MR，112.

24. GM，II，16.

25. Ibid.

26. Ibid.

27. Ibid.

28. Ibid.

29. MR，113.

30. GM，II，22.

31. Ibid.

32. GM，II，23.

33. AC，5-6.

34. EH，"为什么我是命运"，8-9.
35. JGB，293.
36. Ibid.
37. MR，133.
38. Ibid.
39. JGB，259.
40. JGB，60.
41. Ibid.
42. GD，IX，14.
43. Ibid.
44. GM，II，16.
45. GM，I，5.
46. GM，III，28.
47. GM，III，13.
48. GM，III，28.
49. Ibid.
50. GM，III，24.
51. FW，344.
52. Ibid.
53. Ibid.
54. Ibid.
55. GM，III，24.
56. GM，III，25.
57. Ibid.
58. Ibid.
59. Ibid.
60. FW，343.

第七章　超人与永恒复归

1. NL，p. 826.
2. EH，"为什么我是命运"，3.
3. Z，I，"论一千零一个目标".
4. Z，前言，3.
5. Z，前言，5.
6. Z，前言，3-4.
7. Z，I，"教士们"。
8. EH，"为什么我能写出如此好书"，1.
9. 尼采致布克哈特，1882 年 8 月。
10. Z，前言，5.
11. NL，p. 458.
12. Z，III，"幻象与谜团"。
13. Z，III，"康复者"。
14. EH，"查拉图斯特拉如是说"，1.
15. NL，p. 856.
16. NL，p. 873.
17. NL，p. 704.
18. Werke，Vol. XII，p. 51.
19. NL，p. 446.
20. NL，p. 704.
21. FW，341.
22. NL，p. 459.
23. Z，III，"康复者"。
24. NL，p. 704.
25. NL，p. 856.

26. NL，p. 703.

27. NL，p. 680.

28. Z，III，"康复者"。

29. EH，"我为什么如此聪明"，10.

30. Werke，Vol. XII，p. 116.

31. Werke，Vol. XII，p. 124.

32. Werke，Vol. XII，p. 126.

第八章　强力意志

1. JGB，13.

2. JGB，36.

3. Ibid.

4. Ibid.

5. Ibid.

6. NL，p. 778.

7. NL，p. 502.

8. NL，p. 705.

9. NL，p. 685.

10. NL，p. 777.

11. NL，p. 776.

12. Ibid.

13. NL，p. 684.

14. NL，p. 480.

15. JGB，13.

16. GD，IX，14.

17. NL，p. 750.

18. NL，p. 712.

19. Ibid.

20. NL，p. 714.

21. NL，p. 713.

22. JGB，259.

23. NL，p. 487.

24. NL，p. 489.

25. Ibid.

26. NL，p. 524.

27. JGB，51.

28. NL，p. 549.

29. JGB，211.

后　记

1. JGB，22.

2. JGB，289.

3. JGB，36.

索引

（索引页码为原书页码，即本书页边码）

context，历史语境，233，242-243；prefaces，序言，238-240；Wagner in，在《人性的，太人性的》中的瓦格纳，234，235

human types，人的类型，137-138，145-146

Hume, David，休谟，大卫，75-76，91-92，117-118

idealism，观念论，78，214

ideas，观念，21，123，230，233，234，241

idols，偶像，108-109n，220，223

Iliad (Homer)，《伊利亚特》(荷马)，33

illusions，幻觉，35-36，57；art and，艺术与幻觉，20，34-35；truth as，作为幻觉的真理，20-21

imaginary causes，幻想的原因，108-109，119-121，144. *See also* causality 也可参见因果关系

imaging，成像，30

imperfection，不完美，240-241，242

incompetence，无能，240

individuals，个体，125；exceptional，优越的个体，103，105，119，125-126，135-136，167-168；society and，社会与个体，122-126

individuation，个体化，36-37，98

instincts，本能，*See* drives 参见欲望

instrumentalism，工具主义，81，84，223-224，227-228

internalization，内化，161

interpretations，解释，56，58，88，115，118，209；deep，深层的解释，248；dreams as，作为解释的梦，107-109；of suffering，关于苦难的解释，262-264. *See also* perspectivism 也可参见视角主义

intoxication，陶醉，29-31，46-47

intuition，直觉，22-23，24

Intuitive Man，直觉人，24，232

Jews，犹太人，148-149，168n，263

judgment，判断，117-118

justice，正义，264

Kafka, Franz，卡夫卡，弗朗茨，255

Kant, Immanuel，康德，伊曼努尔，22，43，70，77-78，203，252

Kaufmann, Walter，考夫曼，瓦尔特，108n，169n，173-174n，220，256

knowledge，知识，43，82；as false，虚假的知识，81-83，106；of self，自我知识，98，107，109-111

language，语言，229；common sense and，常识与语言，65-66，68；conceptual schemes and，概念图式与语言，22-23；culture and，文化与语言，66-67；error in，语言中的谬误，67，242；falseness of，语言的虚假性，78-79，88；ideal，理想语言，25，219，226；as instrumental，作为工具的语言，84，223-224，227-228；made only of verbs，仅由动词构成的语言，226-227；moralities and，道德与语言，115-116，126；

译后记

一

　　毋庸置疑，尼采是百余年来影响巨大而又争议不断的哲学家，而颇具讽刺意味的是，与尼采有关的一个重大争议恰恰是，他究竟能否算得上是一位哲学家。纵观尼采自 20 世纪以来的接受史，不难发现，最初对尼采思想产生积极回应的是艺术家。斯特凡·格奥尔格、里尔克、穆齐尔、托马斯·曼、黑塞、茨威格、纪德、加缪、叶芝等欧洲一流作家深受尼采的启发，不仅如此，古斯塔夫·马勒、弗里德里克·戴留斯（Frederick Delius）与理查·施特劳斯还将尼采的语言谱写进了他们的音乐作品之中，剧作家萧伯纳甚至早在 1903 年就将尼采笔下的"超人"形象搬上了伦敦的戏剧舞台。艺术家如此热烈地响应尼采播撒下的思想火种，个中缘由或许不难理解，恰如布莱恩·麦基（Bryan Magee）所评述的，"尼采是哲学家中最伟大的文学家之一。在许多德国人看来，他是最伟大的德国散文家。尼采之所以能够影响如此众多的创造性艺术家，原因之一在于，他本人就是哲学家中的艺术家"。

　　相较于艺术家积极肯定的回应态度，职业哲学家对尼采的态度就没有那么热烈。尼采所具备的产生广泛影响的文学特质，在职业哲学家眼中则成了缺乏理论性与系统性的可疑品质。尤其在深受逻辑主义与科学主义影响的分析哲学中，在相当一段时间内，许多著名分析哲学家对尼采的哲学充满了偏见。例如，罗素在他影响甚广的《西方哲学史》中就认为，"尼采虽然是个教授，却是文艺性的哲学家，不算学院哲学家。他在本体论或认识论方面没创造任何新的专门理论"，[①] 对于罗素来说，尼采的重要性似乎仅仅体现于他有关伦理学与历史批评方面的敏锐洞识。不同于罗素对尼采的轻慢态度，逻辑实证主义的核心成员卡尔纳普将尼采评价为"具有最高的艺术天分的形而上学家"，不过，在卡尔纳普看来，虽然尼采避免了一般的形而上学家将理论表达与艺术表现混淆起来的谬误，但尼采的成功之处恰恰在于，尼采在《查拉图斯特拉如是说》这本代表作中"公开地选择了艺术的形式，诗的形式"来最强烈地表达了别人"用形而上学或伦理学表达的东西"。[②] 不难看出，卡尔纳普依旧是将尼采的文学性遮蔽了他的哲学性。颇为有趣的是，尼采对自身作品的文学性影响自己在学院哲学家中地位的情况也并非毫不自知，他在生命晚期的一则笔记中如此写道："还在我四十五岁时，十分好心肠的巴塞尔大学的学究们就使我明白了，我的著作的文学形式乃是我没有读者的原因所在，我应当有所改变才是。"当然，尼采此时的身体状况与精神状态已经不允许他继续推进这个或许从根本上有违其本性的计划。于是，在相当长的一段时间内，尼采作品的可疑文学特质，以及他在政治上与德国纳粹的可疑关系，让许多英美的主流哲学家对尼采的哲学敬而远之。

在 20 世纪下半叶英美哲学的研究传统中，两本研究尼采的重要论著从根本上改变了上述局面。1950 年，普林斯顿大学哲学教授瓦尔特·考夫曼出版了他的代表作《尼采：哲学家、心理学家、敌基督者》，他试图向全世界表明，尼采的出现是"一个重大的历史事件"，尼采的思想观念所关切的不仅仅局限于某个民族的成员，不仅仅局限于哲学家，而是"任何地方的任何人"。通过翔实细致的文本考证，考夫曼不仅力图证明，尼采并不是一个极端的反犹主义者，尼采不赞同那些狭隘偏激的民族主义与国家主义，而且还致力于对尼采哲学的核心——强力意志做出一种非政治化的解读与诠释。

---

① 罗素：《西方哲学史》(下卷)，马元德译，北京：商务印书馆，1997 年，第 311 页。
② 鲁道夫·卡尔纳普：《通过语言的逻辑分析清除形而上学》，罗达仁译，陈波、韩林合主编：《逻辑与语言：分析哲学经典文选》，北京：东方出版社，2005 年，第 271 页。

考夫曼将强力意志作为个人在生存论意义上的"自我克服与自我超越"，并据此清除尼采与德国纳粹运动的诸多可疑的政治思想关联。①不难看出，考夫曼主要是结合存在主义等欧陆哲学资源来澄清对尼采的种种误解。相较之下，阿瑟·丹托则积极运用分析哲学的技巧方法，还原尼采作为哲学家的身份。

1965 年，丹托研究尼采的代表作《作为哲学家的尼采》正式出版。在这本书中，丹托抛开尼采作品激进的修辞与华丽的风格，专注于以系统而又清晰的方式阐释尼采的哲学观点及其论证思路。丹托力图表明，尼采所关切的许多重要哲学问题，恰恰就是作为一种运动的分析哲学在科学哲学、语言哲学与逻辑哲学等领域所关切的诸多哲学问题。以此方式，丹托力图在日益技术化和逻辑化的职业哲学家中重新恢复尼采作为严肃哲学家的身份和声誉。英美职业哲学家长期受分析哲学研究范式的影响与支配，对于这些哲学家来说，丹托更有说服力地论证了尼采在当代哲学探究中的可靠性与重要性。自此以后，英美哲学界不仅在数十年间累积了大批研究尼采的作品，而且包括伯纳德·威廉斯、理查德·罗蒂、玛莎·努斯鲍姆、阿拉斯戴尔·麦金泰尔、菲莉帕·福特和希拉里·普特南在内的为数不少的主要英美哲学家纷纷开始关注尼采的哲学思想，尼采的哲学反思与批判成为推动他们理论发展的重要动力之一。相应地，丹托的《作为哲学家的尼采》也就成了当代英美哲学研究尼采的一个重要理论出发点。而丹托率先以分析哲学的视角，从语义虚无主义、视角主义的真理观与认识论、自然主义、哲学心理学等层面切入对尼采的阐释，揭示了许多传统的尼采研究没有足够重视与充分阐释的诸多内容，有助于人们更为全面与更为细致地理解尼采，有助于人们更为冷静与更为清醒地评价尼采在哲学上的得失功过，这也让丹托的这部研究尼采的论著具备了颇为独特与重要的学术价值与思想价值。

阿瑟·丹托（Arthur C. Danto, 1924—2013）是美国当代的著名分析哲学家与文艺批评家，哥伦比亚大学哲学系荣休教授。丹托

---

① Ernst Behler, "Nietzsche in the Twentieth Century", Bernd Magnus and Kathleen Higgins eds., *The Cambridge Companion to Nietzsche*, Cambridge：Cambridge University Press, 1996, 314.

曾经担任美国哲学学会的主席、美国美学学会的主席、美国《哲学杂志》编委会主席，并曾多次获得学术嘉奖和图书奖励。过去十余年来，丹托的重要作品《艺术的终结》《艺术的终结之后》《美的滥用》《寻常物的嬗变》《叙述与认识》《何谓艺术？》等被陆续翻译为中文，丹托的"艺术终结论"也激起了国内学界的广泛讨论。可以认为，中国学术界与文化界对阿瑟·丹托这位哲学家已经不再陌生，因此在这里就没有必要对丹托众所周知的生平与学术背景进行赘述。不过，为了更好地理解丹托研究尼采的智识背景，仍然需要注意的是，丹托在韦恩大学学习历史与艺术之前曾在军队服役，而按照尼采的独到理解："没有一个能干的学者身上不具有一个能干的军人的本能……服从严格的秩序，但任何时候都能走在前面；宁愿冒险而不要舒适；并不斤斤计较于允许的和不允许的；仇视偏狭、狡诈、阿谀奉承之辈甚于仇视恶人……"丹托的这段从军经历在他的智识生涯中或许并非无足轻重，而是在他身上潜移默化地孕育了一种不拘泥于学派的既定教条，敢于在智识领域冒险的精神品质。而正是这种精神品质，让丹托的整个智识生涯都展现出了有别于一般分析哲学家的鲜明特色。

在"认识论转向"与"语言学转向"的双重影响下，分析哲学家通常以知识论为主要的理论关切，对科学知识的概念、命题与理论进行逻辑分析与语言分析是他们哲学活动的核心主题，艺术与历史往往并不是分析哲学家特别重视的主题。而丹托的哲学研究则在很大程度上专注于对艺术的反思，特别重要的是，他对艺术的分析与阐述，并没有保守地将理论触角仅仅局限于公认的经典艺术作品，而是密切关注蓬勃发展的先锋艺术。他毫不畏惧地卷入先锋艺术所引发的理论争鸣的旋涡，通过正视新的问题处境而逐步形成他自己对艺术的定义与阐释。

丹托积极地将他的分析哲学的理论方法运用于历史哲学的领域，他将"叙事性特征"作为历史思维特性的决定性因素，这种观念固然导源于分析哲学，但丹托在这方面也做出了"某种超越分析哲学的努力"。[1] 根据丹托的历史哲学，叙述已经上升到"人类认识与表

① 刘悦笛：《别了，美国哲学家丹托》，《中华读书报》，2013 年 11 月 13 日第 7 版。

达世界的基本方式的高度"，就此而言，丹托与欧陆哲学家利科、海德格尔有着共通之处。丹托主张，历史与叙述需要参照将来的事态发展来完成，因而当事者对于其所处时代的理解并不具备优先的认知地位，这又与解释学中的"效果历史意识"有着异曲同工之妙。①根据上述理论立场不难推知，丹托虽然是分析哲学家，但他对待欧陆哲学并没有明显的傲慢与偏见，他甚至明确反对将当代哲学家区分为分析哲学家和存在主义或现象学家两大阵营的做法。丹托对待传统的思辨哲学史的态度，也与信奉逻辑实证主义的分析哲学家判然有别。按照逻辑实证主义者赖欣巴哈的观点，"思辨哲学的历史是那些提出自己不能回答的问题的人们的错误理解；对于他们居然做出来的回答，只能从心理动机方面进行解释"。②不同于分析哲学研究范式的思辨哲学，往往会被这些分析哲学家视为无意义的形而上学废话。丹托则认为，随着逻辑实证主义所支持的那种旨在打破旧传统的哲学观逐渐失去了魅力，许多思想开明的分析哲学家不再把哲学的权威文本纯粹当作某种无意义的东西，分析哲学开始对众多并非隶属于分析哲学传统的伟大哲学家产生了兴趣。在这种智识氛围下，丹托率先将先前在分析哲学传统中饱受诟病的尼采、萨特和黑格尔重新引入了英美哲学，并积极地从这些哲学家的思想观念中汲取灵感来启发丹托自己的哲学思考。

　　丹托的开放心态也让他对东方思想传统抱有浓厚的兴趣。20世纪50年代哥伦比亚大学邀请日本禅师铃木大拙开设讲座，哥大的师生似乎对这个讲座并不特别感兴趣，参与人数寥寥无几，而丹托是唯一一位参与这次禅宗讲座的哥大教师。据说，丹托从禅宗讲座中获得了不少启发，禅宗思想不仅影响了丹托对艺术与哲学本身的理解，而且在丹托解读尼采的过程中也不难发现与禅宗有关的佛学思想以及印度文化的痕迹。必须澄清的是，丹托的这种解读方式并非是将他个人的理论旨趣生硬地强加给尼采。虽然尼采以对宗教的激烈批判著称，但他主要的攻击对象是犹太教 - 基督教传统，而对佛

---

① 　阿瑟·丹托：《叙述与认识》，周建漳译，上海：上海译文出版社，2007年，"译者序：历史的哲学理解与逻辑分析"，第12—15页。
② 　H. 赖欣巴哈：《科学哲学的兴起》，伯尼译，北京：商务印书馆，1983年第2版，第94页。

教颇有好感。尼采直言不讳地表示："佛教的前提是一种相当温和的氛围，一种体现在风俗之中的伟大的温和与自由精神，没有**好战**精神；而且，恰恰是那些高等甚至有教养的阶层成为这场运动的领导者。人们想要把愉悦、平静和寡欲作为最高的目标，并且人们在**实现**自己的目标。佛教不是让人仅仅向往完善的宗教：完善就是常态。"尼采对佛陀的思想也做出了极高的评价："佛陀所提出的观念，要么让人平静，要么使人神清气爽——他发明了与他人隔绝的手段。按他的理解，善和良善状态就是促进健康。既排斥**祈祷**，也排斥**苦行**。没有绝对命令，也没有一般性的强迫，甚至不局限于寺庙团体生活……正因为如此，佛陀才无须同异端斗争；他的教诲不过是反对复仇、厌恶和**怨恨**的情感……"尼采甚至在遗稿的笔记中坦然承认，他的永恒复归学说或许有着"高深莫测的前提"，而这种前提恰如佛陀的学说所具有的前提。细心审度尼采的上述文字，不难发现，尼采对佛教的肯定态度是真诚的，而并非单纯是通过对比来贬低犹太教－基督教的修辞策略。

除了对待佛学思想的共同兴趣之外，丹托与尼采在对待哲学的基本态度上也有着深刻的契合之处。丹托绕道当代艺术揭示出了哲学与生活的深刻关联，"哲学不是增加实际知识，而是提高人生境界。这种意义上的哲学，就已经不是理论知识，而是生活艺术"，依循这条思路，"艺术将由客体艺术，转变成为生活艺术；哲学将由知识哲学，转变为生活哲学"。[1]尼采也倾向于将哲学与生活紧密结合起来，他不赞同亚里士多德将哲学狭隘地视为"发现真理的艺术"，而是更同情伊壁鸠鲁派对亚里士多德这个观点的嘲弄与拒斥态度，尼采进而主张，"哲学就是一种生活艺术"。尼采的哲学带有强烈的唯美主义倾向，他将世界与自我都视为不断增殖与不断生成的艺术作品，而哲学作为一种生活艺术，在一个人成其所是的自我塑造中发挥着重要的作用。[2]

---

[1]　彭锋：《阿瑟·丹托：一个时代的终结或开始？》，《装饰》，2014 年第 3 期，第 14 页。

[2]　关于尼采致力于塑造自我的生活艺术，可参见亚历山大·内哈马斯：《尼采：生命之为文学》，郝苑译，杭州：浙江大学出版社，2016 年，第 153—259 页；以及郝苑：《成为你自己：尼采自我塑造的生活艺术》，《哲学分析》，2018 年第 3 期，第 186—195 页。

由此可见，丹托与尼采不仅在精神气质上有着不少相通之处，而且在对于哲学的基本态度上也有着深刻的共鸣。丹托对尼采的哲学思想有着发自内心的喜爱，丹托坦言，在阅读尼采的过程中，"我始终都感受到了这种最佳的智识活力让一个人的精神轻快振奋的特殊效果；我从未发现尼采是过时的、幼稚的或难以忍受的，反而觉得他是充满热情的与鼓舞人心的"。这在很大程度上确保了丹托的尼采研究并非某些嗅觉敏锐的学者蹭文化热度的投机之作，而是经过了大量思想积淀的严肃学术论著。

当然，为了更好地向分析哲学家介绍尼采的哲学，尽管丹托对尼采抱有热情的态度，但他研究尼采的文字是颇为理性节制的。丹托认为，阻碍严肃的职业哲学家将尼采作为哲学家来对待的原因主要有两个。第一个原因是，尼采总是在不同的语境中对相同的语词或概念赋予不同的意义，甚至在相同的语句中也含蓄地将不同的意义赋予相同的语词或概念，由此虽然经常可以造成戏剧性的修辞效果，但也让他的诸多哲学表述看起来缺乏融贯性乃至自相矛盾。第二个原因是初看起来，尼采的哲学缺乏正规哲学理论的系统性。尼采在他的作品中不止一次地提到了他对体系哲学的反感："一个**体系学者**，一个哲学家，他再也不愿对自己的精神承认：他**活着**，他犹如一棵枝茂叶盛的树，贪婪地蔓延，绝对不知道休止，直到他从自己身上切掉了某种无生命的东西，某种木质的东西，一个方方正正的枯枝，一个'体系'。"作为一位强调生成与自我克服的哲学家，尼采在创作过程中不希望将自己的哲学思想限定于某个体系的愿望完全是可以理解的。然而，恰如丹托所指出的，哲学学科的一大特征是，并不存在对孤立问题的孤立解答，诸多哲学问题的关联是如此紧密，以至于哲学家在解决一个哲学问题的同时，会不可避免将他自己含蓄地承诺于其他许多问题的解答。事实上，根据丹托的考证，在尼采晚年写给勃兰兑斯的一封信中，尼采也或多或少承认了他的哲学的系统性，尼采表示，他思考的诸多哲学观念位于一个具备清晰轮廓的巨大构想之中，这个构想将把他的哲学思想"全部连贯起来"，不过，尼采就像海狸筑巢那样零敲碎打地建造他的哲学，而"一个就像海狸那样建造他的哲学的人，必然并不了解他自己的哲学"。

丹托试图用"合理重构"（rational reconstruction）尼采哲学的方式来克服这两个障碍。"合理重构"是卡尔纳普提出的一条探究知识理论的研究进路，"合理重构"就是指为旧的概念找出新的定义，由于旧的概念通常并非经过深思熟虑形成，就需要用新的概念来阐明旧的概念，以便于让新的概念在清晰性与准确性上超过旧的定义，从而让诸多概念更加适于形成系统的结构。[1]虽然合理重构的方法原先仅仅局限于知识理论，但近年来，对于历史上的伟大哲学家感兴趣的分析哲学家，越来越倾向于对这些哲学家的论证进行"合理重构"，他们希望通过这种做法，可以在论述中将这些哲学家作为"能与之交流看法的当代同事"，从而在积极利用他们的思想观念的条件下，让他们参与当代的诸多哲学争辩。[2]不难看出，丹托对尼采哲学的"合理重构"，一方面致力于澄清诸多概念在不同语境之中的意义，以消解尼采哲学表面上的各种悖谬矛盾之处，另一方面则试图结合尼采的诸多思想与学说，给出一个比较有系统性的哲学框架。丹托将虚无主义作为尼采哲学的核心概念，通过虚无主义，丹托试图表明尼采的诸多"异乎寻常的学说之间的完全系统性的关联"，因此，丹托对尼采哲学的研究，也就是他对尼采虚无主义哲学的"合理重构"。

二

对于那些满足于将尼采哲学当作通向"幸福之路"的廉价心灵鸡汤的庸常心智来说，虚无主义无疑是过于沉重的切入点。然而，尼采本人无意于去颂扬平庸的幸福，更无意于借助平庸的幸福来吸引人们阅读他的哲学论著。"我无意说服谁去从事哲学：因为必然

---

[1] Rudolf Carnap, *The Logical Structure of the World*, Chicago and La Salle: Open Court, 2003, p. *v.*

[2] Richard Rorty, The Historiography of Philosophy: Four Genres, Richard Rorty, J. B. Schneewind and Quentin Skinner eds., *Philosophy in History*, *Essays on the Historiography of Philosophy*, Cambridge: Cambridge University Press, 1984, p. 49.

地，兴许也值得想望的事情是，哲学家是一种**稀有植物**。没有什么比塞涅卡或者西塞罗那样说教般地赞颂哲学更使我反感的了。"尼采非常清楚，他的哲学所呈现的精神高度，绝非一味追求安稳舒适的脆弱心灵所能消受得起的："凡是能吸入我著作的气息的人，他就会知道，这是一种高空之气，一种令人振奋之气。人们必须适应这种空气，不然，当它降临时你就会有受寒的危险。冰雪临近，寂寞万分——然而，在阳光之下，万物是多么沉静！人们的呼吸是多么自由！……哲学家自愿生活在冰雪里和高山上，哲学就是去探寻存在中的一切陌生和可疑的事物，寻找至今为止被道德禁锢的一切。"

尼采的哲学丝毫无意于提供流俗的道德所渴求的保障安稳性与确定性的形而上学慰藉，而是直面世界的残酷、阴暗与混沌，毫不留情地揭示人类在现代遭遇的巨大危险。在尼采看来，人类在现代世界所面临的最大危险来自虚无主义，虚无主义这位"最阴森可怕的客人"已经"站在门口了"。"虚无主义意味着：最高价值的自行贬黜。这就是说：在基督教中、在古代后期以来的道德中、在柏拉图以来的哲学中被设定为决定性的现实和法则的东西，失去了它们的约束力量；而在尼采那里这始终就是说：失去了它们的创造力量。"[1] 尼采并非是第一个在哲学上触及虚无主义主题的哲学家，根据海德格尔的考证，哲学上对"虚无主义"一词的首次使用，或许可以追溯到弗里德里希·雅克比。美国学者尤金·诺斯按照编年史的方法，追溯了虚无主义自法国大革命到国家社会主义的历史发展，并将虚无主义归结为自由主义、现实主义、生机主义和毁灭主义等主要形态。另一位美国学者唐纳德·科罗斯比则根据学理，将现代虚无主义分为政治上的虚无主义、道德论的虚无主义、认识论的虚无主义、宇宙论的虚无主义和生存论的虚无主义等五种类型。无论对虚无主义的历史考证有多大差别，人们通常都认为，虚无主义的实质是"对奠定西方文明之基础的传统信念的否定与摧毁"，而尼采虽然经常被列为重要的虚无主义者之一，但他对虚无主义有着"最为深刻的透视与最为激烈的批判"。[2]

---

[1] 海德格尔：《尼采》，孙周兴译，北京：商务印书馆，2015年，第29页。
[2] 余虹：《虚无主义——我们的深渊与命运？》，《学术月刊》2006年第7期，第7页。

在丹托看来，有两种虚无主义深刻地影响了尼采，其中的一种是空虚的虚无主义，另一种是否定的虚无主义。空虚的虚无主义在本质上是佛教或印度教的教诲，它主张，我们生活于其中并似乎对之有所认知的世界，并没有任何终极的实在。实在本身并不具备那些用来描述它的理性范畴所指称的形式、结构与秩序。空虚的虚无主义主要是通过叔本华的哲学传给尼采的。否定的虚无主义则导源于19世纪下半叶俄罗斯的政治文化运动，俄国的虚无主义者利用新兴的科学知识来反对其长辈所持有的道德教诲、政治教诲与宗教教诲，进而宣称他们自身不持有任何信仰。尽管否定的虚无主义者主张要尊奉科学，但他们所理解的科学，只不过是唯物主义对科学的粗劣解释，他们的科学信念更多的是一种机械的与幼稚的唯物主义信仰。在这个意义上，否定的虚无主义者"与其说是用科学来驱除信仰，不如说是用一种信仰来取代另一种信仰"。不难发现，尼采主要是通过陀思妥耶夫斯基与托尔斯泰等俄罗斯文学家的作品了解到这种思潮的。

丹托指出，相较于同时代的虚无主义者，尼采的虚无主义的激进程度"只在他们之上，不在他们之下"，因为这两种虚无主义仍然含蓄地相信，应当有某种秩序或外在目的存在于世界之中，一旦发现世界不存在这样的秩序或目的，它们或者转向致力于解脱的宗教，或者力图用科学、良知、理性之类的东西来替代已经被贬黜的超感性领域的秩序、目的与价值，因此，这两种虚无主义仍然是一种流行于公共场合的意识形态。但丹托明确表示，尼采的虚无主义"并不是一种意识形态，而是一种形而上学"。尼采的虚无主义是一套具有系统性的哲学理论，他不仅陈述了虚无主义的基本立场，而且对虚无主义的基本观点给出了论证，对虚无主义造成的困扰给出了深入的诊断，并对虚无主义的后果给出了积极的回应。尽管这两种虚无主义并不是尼采所持有的，但它们对于人们理解尼采的虚无主义仍然给出了有价值的启示。对应于这两种虚无主义，尼采的虚无主义大致也可以被概括为以下两个基本立场：第一，在世界中并不存在人类的认知所发现的形式、秩序与结构；第二，在世界中并不存在人类的道德与信仰通常预设的意义、目的与价值。尼采一方面在本体论与认识论的层面上对虚无主义的第一个基本立场做出了论证，另一方面则在他对艺术、科学、道德和宗教的价值重估中逐步阐发了虚无主义的第二个基本立场。

正如海德格尔指出的："在西方历史上，认识被视为人们借以把握、占有和保存真实之物的那种表象（Vor-stellen）行为和态度。"[①] 而这种表象主义传统通常会在本体论与认识论的层面上做出如下预设：在世界中存在着理性的规律与秩序，人类的主体与自我在本质上是理性的，认知主体将通过理性地认识真理来把握世界的规律与秩序。尼采认为，西方传统哲学在不同程度上都相信理性的自我、主体、真理、规律、秩序、因果性与统一性，而"对理性范畴的信仰乃是虚无主义的原因"。依循尼采的思路，丹托有条理地展示了尼采消解这些理性范畴的论证。丹托指出，恰如罗素在他的认识论分析中认为的，我们的语言是"在与知觉所有物的关联中习得的，它并不按照世界真实存在的方式来描述世界"，尼采也主张，语言的语法结构并不是对世界真实结构的反映，印度、希腊、德国的所有哲学探讨都呈现出"令人惊异的哲学探讨"，这恰恰是因为它们存在"语言的关联性"，它们具备"共同的语法哲学"。语言的语法诱使人们认为，他们所描述的世界拥有这样的结构，并由此形成了有关世界的诸多理性范畴。不管这些理性范畴在实践中多么有用，它们仍然为哲学家提供了一个"哲学的神话"。为了让表象与认识成为可能，哲学家根据语言的语法结构，在哲学上制造了大量的虚构。

在尼采看来，语言的语法结构在哲学上造成的第一个虚构是持存的事物。尽管世界的存在总是处于不断生成的过程之中，但"生成世界的特征是**不可表述的**、'虚假的'、'自相矛盾的'"，从根本上说，"**认识**与**生成**是相互排斥的"。为了让认识得以顺利进行，认知者力求认识的意志就倾向于"假定实体"，因而倾向于假定持存事物的存在。为了确保事物的持续存在，认知者就会在逻辑上假定"同一性"与"统一性"的概念，以便于将纷繁多样的属性与特征归于一个持续存在的认知对象。工作中的科学家经常会宣称，他们所主张的知识在逻辑上的简洁性和清晰性，恰恰是对这些知识的真理的

---

① 海德格尔：《尼采》，孙周兴译，北京：商务印书馆，2015年，第522页。

迂回证明。但尼采认为，在逻辑上预设事物的"同一性"与"统一性"而带来的清晰性，并不是对真理的有效证明，它仅仅表明了"**较轻松的**思想方式战胜较艰难的思想方式"，"与关于**生成**、发展的学说相比较，关于**存在**、事物、纯粹不变统一性的学说要**轻松百倍**"。在这个意义上，根据逻辑的"同一性"与"统一性"来预设持存事物的存在，这并不必然导向真理，但有利于人们更为高效地从事包括认知在内的诸多实践活动。这也就意味着，人类的实践本能在这个不断生成的世界中，会构造一个经过安排与简化的"虚假"世界，为了让人们能够按照数学的与逻辑的方式来严格描述这个世界，就必须通过预设了持存事物的"**假象（Schein）**"来"创造出某个由**同一性**事件组成的可计算的世界"。对于尼采来说，"同一性"、"统一性"与"持存事物"是人类为了认知的便利而虚构出来的关系与事物，而认知的成功只能表明这些关系与事物在迄今为止的人类经验范围内的有效性，却无法表明不断生成的世界本身拥有这样的关系与事物。

为了让理性的表象世界成为可能，认知者不仅预设了持存事物的存在，而且还预设了在世界中存在的诸多事物运作的规律性，而在诸多规律中，因果性概念占据了极为重要的地位。对于尼采来说，因果性概念仍然是与语言有关的一种哲学虚构。"原因"是一个用来表征诸多事件关系的二元谓词，让两个事件构成因果关系的主要原因是，两者恒常关联在一起而产生的心理习惯，尼采认为，"某个特定的事物在每个时刻里都继之以另一个事物"，当人们对这种惯常现象有所感知与期待时，人们就会将之分别命名为原因与结果。然而，人们看到的除了"恒常联结"之外，并没有其他任何更为基本的联系。

丹托注意到，虽然尼采在作品中很少提及休谟，但他关于因果性的批判分析在很大程度上依循了休谟的思路。在因果性问题上，尼采与休谟的不同之处主要在于两方面：第一，人们对诸多因果关系的构造"与其说是一种个人的过程，不如说是一种社会的过程"；第二，因果性是人类自身形象的投射，也就是说，人类倾向于"将结果作为原因的目的"，从而在因果解释中对原因与结果做出了颠倒。尼采以梦境为例，他指出，一个人在做梦时经常将外在的刺激编织到梦境的构造之中，如把闹铃声的刺激编织入梦境之中，将梦中听到的尖锐刺耳的声音当作炮声。在梦境中，这个人会认为，他所经历的开炮事件在先，他所听到的炮声在后，前者是后者的原因。但实际上，被意识解释为炮声的闹铃声，才是梦境中的开炮事件的原因。"在我们意识中接踵而至的思想、感受与观念，并不意味着它们就是具有因果关系的序列"，但人们总是将他们在意识中认定的因果关系"投射到事物之中"。尼采进而认为，无论是在做梦时还是在清醒时，人们的推理都具有这种将虚假的因果性投射到事物中去的倾向，在这种意义上或许可以认为，我们整个有意识的人生"是对于一个未知的、或许是不可知而仅仅感受到的文本所做的或多或少想象出来的注释"，而因果性就是这种注释所虚构的重要产物之一。

休谟通过对因果性的质疑而发展出来的怀疑主义，将康德从形而上学的独断论迷梦中惊醒过来。康德通过"哥白尼转向"，主张在认知的过程中，心灵主动将一组固定的概念与范畴强加于经验之上，它们成为理解经验的先验条件。在这种意义上，康德力图让认知对象符合心灵的运作，从而克服休谟的怀疑主义对知识正当性与可靠性的威胁。丹托发现，甚至在尼采的青年时期，康德的这个主张心灵积极建构知识的论题就"如此明显地渗透于"他关于真理与知识的哲学反思之中。不过，尼采仍然与康德有着诸多分歧与差异，而其中的一个极为重要的分歧是，尼采不赞成康德为了确保经验的统一性与知识的普遍性而设定的具有理性本质的主体概念。在尼采看来，主体概念本身也是一种语言的虚构，"由于我们语句的主谓形式，形而上学迫使**我们**认为，每当有某些事件发生时，就会存在一种可以分离于发生之事的实体，它产生的效果就是已经发生的事件"。根据这种思路，哲学家往往倾向于认为，在发生事件的背后总是存在着作为主体的施动者，由此就推断出了主体、自我、灵魂这样的概念并在形而上学中根据主体与客体的区分，设定了物自体与表象的对立，假定了物质实体与心智实体的存在，进而主张实质的永恒性与不变性等强硬的形而上学观点。然而，一旦人们认识到主体是语言的语法所造就的"一个发明"，那么以上假定的这些形而上学的概念与观点也就都站不住脚了。

　　康德通过设定理性主体来确保经验知识的普遍性与统一性的做法，可以追溯至笛卡儿对理性自我的理解。笛卡儿提出了"我思故我在"的著名论题，并试图通过自我意识的确定性来为知识的确定性进行辩护。在尼采看来，笛卡儿在这里犯下了两个错误。其一，笛卡儿错误地假定，"我们在认识论的意义上可优先通达于我们自己的心智状态"，我们对于自身的认识，要超过我们对于这个世界上任何事物的认识。但事实上，我们以自身为对象的大量行为都是在无意识的情况下自动做出的，在我们的意识中呈现的东西"通常仅仅在交流需求的压力下才有所发展"，而"仅仅是有意识的东西才进入语言"。恰如奥斯汀所言，"我们共同储存的话语所体现的区分与关系，是在众多世代终其一生的时间里，被人类发现的所有值得做出的区分与所有值得标记的关系"，这些区分与关系虽然对于人类世代承袭的公共生活来说是重要的，但是，在尼采看来，语言所呈现的有意识的思想，仅仅是意识的"一个最小组成部分"，人们尚且无法用语言来表达思想的独特个人特征，由语言呈现的有意识思想甚至是意识的"最肤浅与最糟糕的组成部分"。无论是我们对于自身的意识还是对于自我的认识都远非完美。其二，笛卡儿没有摆脱哲学语法的偏见，将理性自我设定为一种完全有别于物质实体的精神实体。而尼采认为，由于以笛卡儿为代表的欧洲传统哲学家习惯了印欧语系强调主语与主谓形式的语法，这些哲学家就习惯于在思考等活动中设定作为施动者的实质自我，并将这个施动者作为诸多活动的原因。自我的概念，就像事物的概念一样，都是哲学家在"语法强制"下做出的一种或许无意为之的"形而上学虚构"。

　　尼采废黜了物自体与表象、主体与客体、精神实体与物质实体等形而上学的概念与区分，随之而来也就废黜了表象世界与真实世界的区分。尼采表示，真实的世界其实是"捏造的世界"，而需要废黜的正是这个捏造的世界，而这也就意味着，传统形而上学认为在"真实世界"中真实存在的诸多形式、结构与秩序，其实也是一种源自语法结构的虚构与捏造。尼采指出，某些哲学家总是激动地想要完全清除"虚假世界"，但这么做的结果是让与这个世界有关的"真理"也无法存留。"这个**与我们有些相干**的世界，为什么就不会是一个虚构呢？"尼采敏锐地预料到，有人会说，假如这个世界确实是一个虚构，那么它的创作者也属于这个虚构吗？尼采认为，这样的反问没有看清，"属于"仍然是语言的语法所虚构出来的关系之一，哲学家需要超越对语法的盲目信赖，需要克服这种"家庭女教师式的信念"，倘若哲学家能够顺利地做到这一点，那么，这种悖论式的困惑也就迎刃而解了。

不难看出，尼采在论证虚无主义，揭示哲学语法的虚构产物的过程中，不断消解了诸多有关认知与表象的传统形而上学概念。然而，"传统的形而上学概念曾经帮助我们理解世界，尤其是帮助我们承受其中的恐怖"，对于常人来说，从这些习以为常的形而上学概念中解脱出来，显然是一件无比艰辛而又充满挑战性的事业。因此，尼采经常呼吁他的读者追求正直的"智性良知"，敢于直面真理带来的各种破坏性的后果。[①] 尼采明确宣称，理解他自己的作品所必需的前提是，"一个人必须在精神之事上保持诚实，直至坚忍不拔，才能忍受我的严峻、我的激情。一个人必须锻炼自己在高山生活……一个人必须变得超然，必须从不追问真理是不是有用，是不是一种灾难"。然而，尼采又在别处指出，"世界是'流动的'，作为某种生成之物，作为一种常新地推移的虚假性，它决不能接近于真理；因为——并没有什么'真理'"，"'真理'比谬误和无知更富灾难性，因为它禁阻了人们赖以从事启蒙和认识的那些力量"；尼采在解释真理时甚至主张，"什么是人类的真理？它们是人类**不可驳倒的谬误**"。这些文字给人留下的印象是，尼采似乎一方面强调真理的重要性，另一方面又认为真理是不可通达的与具有灾难后果的，他甚至将真理与谬误混为一谈。人们会想要知道，这些貌似相互矛盾的立场如何才能共存于尼采的哲学思想之中。

丹托认为，解决上述问题的关键在于辨析尼采在不同语境中用"真理"这个词所意指的不同意义。通常来说，当真理意指的是符合论的真理概念，即"那种主张真理在于满足语句与事实之间的符合关系的真理概念"，尼采就会明确地对之加以拒斥和批判。而尼采本

---

① 伯纳德·威廉斯：《真理与真诚》，徐向东译，上海：上海译文出版社，2013 年，第 17 页。

人所倡导的则是一种视角主义的真理概念，视角主义的真理概念主张，"并没有真实的世界结构，这些世界结构中的每一个都是一种解释，相较于我们解释这个世界的诸多模式，并没有这个世界真实存在的方式。存在的**仅仅**是诸多相互竞争的解释"。套用尼采的原话来说，即"没有事实 [Tatsachen]，只有解释"。按照尼采的理解，世界是由诸多视角的原点构成的。"这些原点被一种积极的力量与意志占据，每一种这样的力量与意志都力图根据它自己的视角来组织这个世界"，这也就意味着，人类进行认知的视角总是不可避免地相关于它所归属的认知者的诸多生存条件，认知者对世界做出的诸多解释总是渗透着"我们自身存在的条件、我们自己的逻辑、我们的心理偏见与预设"。在真理与世界之间存在的并不是严格的符合关系，而是认知者为了将陌生事物还原为熟悉事物的隐喻关系。人类作为认知者，在认知的过程中将自己所虚构的诸多视角、范畴与概念强加于这个世界。根据尼采所倡导的这种视角主义真理概念，由于世界的生成性，由于认知视角的多样性与可变性，符合论意义上的真理不仅是不可通达的，而且由于这种真理将生命固定在了某个或某些特定的视角中，"作为这样一种固定，'真理'乃是生命的一种停滞，因而就是对生命的阻碍和摧毁"。① 在认知者根据自身的视角来对世界做出的解释中，总是存在着诸多服务于认知者生存条件的虚构之物。按照符合论真理概念的严格标准，这些虚构的范畴和概念或许是"谬误"，但这些谬误是人类这个物种为了生存而不得不预设的虚构与假设，因而它们在人类的认知实践中是"不可驳倒的"。

正是根据以上这些论证，尼采提出了一种被丹托概括为"语义虚无主义"的立场，即"语言根本不与世界相符"，"现实的语言投射了一种并不存在于此的结构"，而"这个世界除了我们强加于它的东西之外没有任何结构"。这也相当于表明，无论是在表象世界还是在真实世界，都并不存在人类的认知所预设的形式、秩序与结构。而随着对传统形而上学在超感性领域所设定的形式、秩序与结构的信仰的崩溃，传统形而上学在超感性领域所设定的目标、价值与意义也就逐渐丧失了它们的信誉与支配力量。尼采非常清楚他的哲学

---

① 海德格尔：《尼采》，孙周兴译，北京：商务印书馆，2015年，第256页。

所揭示的这个真理的灾难性后果，由此，现代人从传统形而上学所给予的精神庇护所中被驱逐出来，不得不直面这个冷漠、空虚，对于人们的期望与信仰"完全无动于衷"的世界。尼采用一句简洁的话语概括了这种残酷的生存处境："上帝死了。"正如海德格尔指出，"上帝"在这里指的不仅仅是基督教的上帝，更代表着一般的"超感性领域"以及对它的各种不同解说，代表着试图为存在者整体赋予意义的种种"理想"和"规范"、"原理"和"法则"、"目标"和"价值"。在此语境中，虚无主义就意味着"占据统治地位的'超感性领域'失效了，变得空无所有，以至于存在者本身丧失了价值和意义"。① 尼采的哲学，则试图对这个"上帝已死"的虚无主义时代做出进一步的诊断与回应。

<h1 style="text-align:center">三</h1>

尽管尼采说出了"上帝已死"这个格言，但是，并不是尼采本人将"上帝"杀死的，实际上，在尼采所处的时代里，"上帝"已经逐渐在人们心中寿终正寝了，尼采只是陈述了这个事实而已。德勒兹表示，尼采甚至并非这句著名格言的发明者，尼采根据这句格言做出的真正具有原创性的哲学贡献是，"只要人取代了上帝的位置，那么这句格言就毫无意义，而尼采是第一位如此思考的人"。② 丹托则进一步表示，尼采的"上帝已死"与通常的无神论者或自由思想家提出的"不存在上帝"存在着重要的差异，因为通常的无神论者与自由思想家在否定了上帝的存在之后，总是将"其他的某种在功能上等同于上帝的东西"（即某种人类的创造物）"放到上帝的位置之上"，他们虽然停止了崇拜上帝，但转而会去崇拜艺术、科学、道德等人类的创造物，并将这些语词放到原先"上帝"这个词所占据的位置上。尼采清醒地意识到，"我们将无法摆脱上帝，除非我们已经摆脱了**语法**。当我们改变了语法，我们就清除了这个位置。我们

---

① 海德格尔：《尼采》，孙周兴译，北京：商务印书馆，2015年，第718—719页。
② 德勒兹：《尼采与思想之图》，胡新宇译，吉尔·德勒兹：《〈荒岛〉及其他文本》，南京：南京大学出版社，2018年，第203页。

让对这个位置的指称变得不可理解",因此,对于尼采来说,他需要根据他自己独特的原则和标准来重估这些想要取代上帝的人类创造物的价值,并力图证明,"上帝之死"带来的是"偶像的黄昏",单纯依靠艺术、科学或道德等人类的创造物来取代上帝,并不能从根本上诊治与克服虚无主义带来的诸多危机与困境。

不难发现,尼采在作品中经常对"自由思想家"进行嘲讽,他曾经说过,作为时代的嫡子,每个伟人"始终比一切普通人更加强烈和敏感地因时代的种种缺陷而痛苦",他反对的是在时代之中"阻碍他成其伟大的东西"。尽管如此,尼采仍然身处于同时代的自由思想传统之中,他在不同时期的研究进路也不可避免地受到这些思想传统的影响,而他拒斥替代上帝的诸多"偶像"的立场,则是在他沿着这些研究进路前行时逐渐得出的结论。在尼采智识生涯早期,尼采热情地阅读了叔本华的哲学作品。叔本华的意志哲学在无情地揭示了世界的苦难之后,提出可以运用观审的方式,借助艺术的手段来解脱人世间的种种苦难。叔本华的这种哲学观念给尼采带来了很大的启发,尼采部分地采纳了这样的思路来审视古希腊的艺术与文化。

按照流俗的理解,古希腊人的一个重要特点在于他们乐观的生活态度,他们相信世界的美好与生活的无限乐趣,即便在最黑暗的时刻,古希腊人也从未失去对美好生活的坚定信念。但事实上,这种理解是相当片面的,古希腊人对于命运的残酷与幸福的短促无常有着相当深刻的认识。根据希罗多德的记载,坐拥巨大财富的吕底亚国王克洛伊索斯向古希腊"七贤"之一的梭伦询问"谁是最幸福的人?",梭伦在深思熟虑之后表示,人间的万事完全无法逆料,巨大的财富与权力并不能确保一个人的幸福,即便一个人目前拥有最多的财富,也无法保障这个人可以将这些财富维持一生,直到临终前依旧可以享用它们,更无法保证这个人可以安乐地死去。"因为神往往不过是叫许多人看到幸福的一个影子,随后便把他们推上了毁灭的道路。"[1] 倘若借用恺撒的下述名言,或许能更有力地表现出这种无常命运的残酷:"不朽的神灵因一个人的罪孽要给予惩罚时,常常

---

[1] 希罗多德:《历史》,王以铸译,北京:商务印书馆,1959年,第16页。

先给他们一时的兴旺和比较长期的安宁，这样，他们才能在命运突然转变时感到格外惨痛。"①尼采极为敏锐地把握到了古希腊人的这种敏感于苦难与残酷命运的潜在倾向，并将之与他们的艺术创造联系起来。尼采表示，古希腊人这个民族"如此敏感，其欲望如此热烈，如此特别容易痛苦"，倘若他们不通过奥林匹斯的艺术创造出神圣的秩序，倘若他们的人生没有被这种更高的光辉普照，他们又如何能忍受这样的人生呢？

丹托指出，"在这些希腊人那里的文化到处表现的是一种悲观厌世与恐惧担忧的潜在倾向，即便尼采不是第一个察觉到这一点的人，他肯定也是第一个将之视为问题的人"。古希腊的艺术就像其宗教一样，它们被发明出来是为了更有力地"应对生命与接受生命"，而不是为了"缩减生命和灭绝生命"。艺术在所谓的"真实世界"的旁边为人们创造了另一个艺术世界，"我们会不时逃入这个世界，在其中找到暂时缓解痛苦与生存斗争的休憩之处，即便仅仅是在其中暂停片刻"。从根本上讲，艺术是对苦难的一种回应，是"一种让生命成为可能与让生命变得可以忍受的手段"，而古希腊的悲剧艺术则鲜明地表现出了这种特点与倾向。

按照丹托的理解，尼采将解脱苦难的基本模式分为"梦"与"醉"两类：前者通过制造那些可以满足在现实中无法满足的欲望的美丽幻觉来解脱人世的苦难；后者则通过迷狂与陶醉的状态，释放自身的力量，消解世界与自我的界线，进入陶然忘我的境界，并最终超脱现实的苦难。相应于这两种基本的解脱苦难模式，古希腊的悲剧艺术也就被区分为两种：类似于梦的阿波罗艺术与类似于醉的狄奥尼索斯艺术。阿波罗艺术"用图像思维，即对事物和场景的描述来进行例示。它同时也是一种外形的与个体化的艺术，它将形式与清晰的轮廓给予它的观众所观审的形象"。而狄奥尼索斯艺术则以对立于阿波罗艺术的方式，"消解轮廓，摧毁形式，**去个体化**"，并将人们引入遗忘自身与其他事物界线的陶醉状态之中。丹托强调，由于这两种艺术范畴在创作过程中都使用了幻想与虚构等非理性的力量，因此，不能简单地将这两者的对立等同于理性与非理性的对

① 恺撒：《高卢战记》，任炳湘译，北京：商务印书馆，1979年，第15页。

立。进而，丹托特别想提醒人们注意的是，狄奥尼索斯精神并不能被粗暴地理解为"自暴自弃、如痴如狂、狂热或疯狂"，因为尼采在他的作品中明确区分了"**野蛮的狄奥尼索斯主义**与**希腊化的狄奥尼索斯主义**"。尼采首先承认，人自身"拥有自然那可怕的双重特性"，也就是说，"他那可怕的非人的资质或许恰恰就是滋养人性的肥沃土壤，只有在这里，才能生长出冲动、行为、功业当中的所有人性"。在前荷马世界中的希腊人与其他古代人一样，在狄奥尼索斯的节庆中都表现出了"软弱的现代人性观念"所无法理解的野蛮、残暴和破坏性冲动。尼采认为，荷马的艺术与阿波罗艺术，在某种程度上有效地将这些追求残酷性行为与破坏性能量的冲动进行了转化，使之变得更加文明化与艺术化，以此方式，阿波罗精神与狄奥尼索斯精神在希腊悲剧艺术中融合起来。在丹托看来，尼采的悲剧研究的一个深刻洞识是，悲剧艺术并非以戏剧性的方式来复制与模仿现实的悲剧，而是试图凭借艺术来超越生存本身的悲剧，为人类赋予直面命运之残酷，振奋生命的意义和价值。

在撰写《悲剧的诞生》那个时期，尼采热切地期望结合阿波罗精神与狄奥尼索斯精神的古希腊悲剧能够在瓦格纳的艺术中复兴，同时他也希望自己的这部论述希腊悲剧的作品，能够革新德国的学院语文学。然而，瓦格纳接下来在拜罗伊特音乐节的种种媚俗表现，以及瓦格纳在最后一部作品《帕西法尔》中表现出来的宗教色彩与反犹倾向，都让尼采大失所望。尼采逐步将瓦格纳视为自己的"对跖者"，"瓦格纳身上与我最格格不入的东西，乃是他在最后岁月里所具有的德意志狂和半拉子教会气"。另一方面，《悲剧的诞生》并没有在尼采意在获得支持的年轻一代的德国语文学家那里得到积极的回应，他们中的绝大多数人都对之保持了沉默。而德国语文学界的知名学者对这部作品的反应则是"相当不友善"，赫尔曼·乌泽纳甚至告诉他在波恩的学生，这本书的作者"在科学研究的意义上已经死亡"。尼采在晚年的自传中曾经不无苦涩地说道："最粗俗的言语，最粗俗的信件都要比沉默更加无危险，更加正直。沉默不语的人内心里几乎总是缺少高尚和礼貌……"根据这些文字，不难揣想，尼采在《悲剧的诞生》出版后对学界的沉默所感受到的失望、落寂与不快。

随着尼采对这种不切实际的理想热情逐渐冷却，他开始对《悲剧的诞生》这本书的某些观点进行了冷静的反思与批判，尼采承认，尽管艺术可以作为治愈生命衰退，帮助生命成长的一种手段，但从艺术中受惠的受难者有强弱之分，"对于可疑事物和可怕事物的偏爱乃是强者的一个标志；而对于秀丽和妩媚之物的趣味则是弱者、谨小慎微者关切之事。对于悲剧的快感标志着强大的时代和性格……这就是英雄精神，它们置身于悲剧性的残酷中肯定自身：以它们的坚强足以把痛苦当作快乐来感受"。然而，弱者对待悲剧艺术的态度是，"把他们自己的价值感穿凿附会地灌注到对悲剧的解释之中"，弱者从悲剧艺术中收获的教诲是"道德的世界秩序的胜利"，或是关于"此生毫无价值"的学说，或是听天由命的要求，而这种教诲最终仅仅让弱者满足于一种渴求安宁与止息的廉价陶醉感。尼采担忧，这种蔑视其时代与世界，悲观厌世的陶醉感正在以缓慢而又根本的方式败坏人类，甚至有可能让人类走向毁灭。在这种弱者的陶醉感中，艺术家即便在最高亢的奔放状态中所美化的，也不过是那些如今已经知道是错误的"宗教谬误与哲学谬误"。丹托表示，在尼采对艺术的幻想破灭之后，他转向科学来"填补艺术留下的真空"。

尼采在这个用科学来取代艺术和宗教的发展时期中，试图用科学来拒斥宗教与形而上学的谬误，并让那些在科学的怀疑与批判中留存下来的真理为生命提供意义与价值，尼采的这个发展时期也被称为实证主义的时期。然而，丹托认为，尼采与实证主义者虽然在反对传统形而上学上有着相似的立场，但尼采与实证主义者之间仍然有一些根本性的分歧。尼采并不像实证主义者那样认为科学知识是真实的，尼采主张，"除了人自己安插进去的东西外，人在事物中再也找不到什么了，这种再发现被称为科学"。因此，尼采最深刻的信念恰恰是，科学与艺术都是虚幻的，它们都是我们根据不同的视角所构造出来的结构与解释。不应当将科学视为一种严格符合世界的绝对真理，这种真理排他性地穷尽了这个世界的所有面貌。"认为科学说出了唯一真理的信念，这是幼稚的，而认为科学说尽了真理的信念则更为幼稚。"

　　实证主义者无限地推崇科学的真理与价值的立场，可以追溯到苏格拉底的理性乐观主义，尼采在对古希腊悲剧进行考察时就已经发现了这种理性乐观主义的危害。苏格拉底主张，这个宇宙是可以凭借理性而得到彻底的理解，凭借通过理性获取的科学知识，人类就可以从各种苦难乃至对死亡的恐惧中彻底解脱出来。丹托正确地指出，尼采反对苏格拉底的上述主张，这并不是因为尼采反对科学或理性，而是因为苏格拉底狭隘地"将理性（科学、逻辑）视为解救人类的独一无二的手段"，并试图用理性的科学来彻底取代艺术等人类的其他实践活动与创造活动，而这种做法损害了生命的丰富性与生活方式的多样性。"尽管尼采经常被归为反理性主义者，但他其实只有当理性反对生命或任何让生命成为可能的东西时才反对理性。"尼采在哲学道路行进的过程中逐渐认识到，用科学来取代上帝，并不能在虚无主义的时代里孕育出有生命力的新价值与新意义。

　　根据尼采的理解，科学之所以无法完成这项使命，归根结底是因为即便是今日从事科学的认知者，也是从基督教与柏拉图的信仰所点燃的大火中取得火种的，这种信仰相信，真理是神圣的。理性乐观主义无限推崇科学揭示的真理在人类生活中的地位，但科学仅仅是根据它自身的认知视角而对世界给出的某种或某些有限的阐释。将科学真理神圣化与绝对化的形而上学信仰，用科学真理遮蔽了人类基于艺术、历史与哲学等学科的不同视角所给出的关于世界与人性的诸多解释，让生命体验变得单调乏味，因而在科学中占据主导地位的"那个求真理的绝对意志，乃是对禁欲理想的信仰本身"。自哥白尼以来，科学真理慢慢垄断了与人性和文化有关的哲学问题的全部话语权，但这种做法并未提升人类的尊严，反倒是"最彻底地打破对哲学的敬畏并为群畜本能打开了大门"，并逐渐终结了人类对自身"在造物的等级序列中的尊严、独一无二、不可替代的信念"，"人类犹如落到一道斜坡上……从现在起越来越快地从中心点滚出去"，滚到"虚无"中去，滚到"对他的虚无的洞穿感"中去。可以认为，包括实证主义者在内的一些自由思想家妄图以科学作为新偶像取代上帝的做法，非但无法克服虚无主义带来的精神危机，反倒是加深了虚无主义的症状。

　　与尼采同时代的另一些自由思想家试图以道德为偶像，来取代上帝空出来的位置。例如，功利主义者就尝试将"最大多数人的最大幸福"作为赋予时代意义和价值的最高原则。众所周知，不同于艺术和科学，尼采对道德持有强烈的批判态度，他甚至认为自己的哲学掀起了一场反对道德的运动。丹托并没有简单地将尼采视为一位否定了一切道德的非道德主义者，而是在抛开了尼采作品中诸多反对道德的激进乃至夸张的修辞的条件下，细致清晰地重构了尼采反思道德与批判道德的论证思路。在尼采看来，并不存在什么客观的道德现象，存在的仅仅是对诸多现象的道德主义解释。人们最初或许会将道德理解为"对习俗的服从"，而习俗规则是某个群体或集体将自身的意志强加给个体的"权力实践"。集体在制定道德规则时，它主要考虑的"仅仅是为了它自身的持久性与好处，却不管遵循道德的个体因而付出什么代价"。为了维系自身的稳固存在，为了方便自身的管理与统治，集体制定的道德总是想要追求的理想目标是，"每个人都彼此类似，所有人都以相似的方式思考、感受、交谈"。但凡出现违背集体道德要求的离经叛道的个体时，它们就会对这些个体进行严厉的惩罚。于是，这些原本为了保存集体生命的道德习俗，"最终变成了禁止道德进一步成长的硬壳。它非但没有成为支持生命的成功行为的手段，反而变成了不利于助长生命与实现活力的制动阀"。

　　在尼采看来，这些道德习俗为了保存集体而不加区分地规范个体之间的同质性，它们严重忽视了个体与个体之间在欲望、嗜好与激情上的根本差异。尼采敏锐地发现，在群体中总是存在这样一些个体，他们具备的是一系列特别具有攻击性的欲望、嗜好与激情。这些个体在宣泄与释放这些具有攻击倾向的欲望之力时，总是有可能伤害或杀死其他的个体。对于这些个体来说，倘若他们生活在战争时期，他们或许会成为优秀的战士而获得道德上的荣誉表彰。然而，倘若他们生活于普遍的和平状态中，他们带有攻击性的欲望和冲动就失去了宣泄与释放的途径。如果这些战士无法有效压抑自身的欲望，他们就会转而攻击他们先前予以保护的共同体成员。初看起来，尼采提到的这种情况颇有些抽象而不容易理解。但任何对残酷的政治斗争史有所知晓的人，都能多少把握到尼采所要表达的意思。马基雅维里在评论庞培和恺撒时指出，他们虽然具备杰出的军事作战才华，却没有可靠的品性。庞培与恺撒在罗马共和国国泰民安时借助自己在军队中的威望和权力，"四处劫掠、篡国夺权、施行暴政"。为了让公国中的将帅避免在战后和平时期因为受到行政长官的猜忌与恐惧而被肃清，马基雅维里对在战争中获得广泛声誉的将帅所给出的建议是，或者从一开始就不锋芒毕露，不去赢得这样的声誉，或者谨言慎行，在获得巨大声誉后不引起怀疑或妒忌。①

不同于马基雅维里对于政治权谋的热衷与关切，尼采对上述情况的剖析，主要服务于他对于道德的哲学反思与批判。初看起来，尼采似乎在强调道德的相对性，相同的个体所具备的相同品质、欲望与冲动，在不同时期就会获得不同的道德评价。但丹托对尼采道德批判的分析表明，尼采的这番论述还有更深刻的意图。对于那些具有较强攻击性的欲望与激情的个体来说，他们在和平时期并非必然走上攻击同胞的道路。当他们所在社会具备的是创造性道德时，他们就能找到建设性的方式来释放他们的强烈欲望；当他们所在社会具备的是压制性道德时，他们的欲望就会"转入地下"，他们就会以破坏性的方式来摧毁其他个体或社会，而他们自身也有可能在道德压制下罹患严重的生理疾病、心理疾病乃至精神疾病。

依循这种思路，尼采逐渐发现了两种类型的道德，根据它们意在培养与塑造的不同类型的人，尼采将这两种道德分别称为"主人道德"和"奴隶道德"。丹托强调，不应当按照字面意思，简单地将这两种道德视为古代奴隶社会中的贵族阶级与奴隶阶级所分别持有的道德，而是应当"依靠语境"来弄清楚这两种道德所意指的含义。尼采主张，"任何一种曾以某种方式占统治地位的道德，始终都是对人的某个特定类型的培育和培养，前提条件是，这个类型是特别重要的，其实就是唯一重要的，质言之，始终以某个类型为前提"。因此，依靠语境澄清这两种道德含义的关键，就在于澄清这两种道德

① 尼科洛·马基雅维里：《战争的技艺》，崔树义译，上海：上海三联书店，2010年，第237—239页。

意在培养的两类人。"主人"与"奴隶"是意指两类具备不同品质与能力的人的隐喻，所谓的"主人"，就是"将价值强加于这个世界之上的卓越个体"，他们明确地知道自己所要追求的是什么，他们不仅创造了诸多满足于他们生命力和创造力的价值，而且通过创造将荣耀赋予事物，他们的道德是"自我赞颂"。相较之下，所谓的"奴隶"，是那些缺乏力量与能力来为自己设定价值的平庸者与软弱者，他们无力于根据自身的情况来创造新价值，只能对"主人"设定的诸多价值进行各种回应。平庸者与软弱者"总是先等待他人的某个评判，然后本能地自动屈从于它"。当"奴隶"无法实现"主人"所设定的各种价值时，他们为了给自己的无能与失败寻找借口，就会倾向于否定"主人"所追求的种种价值，贬低"主人"所拥有的种种品质，将之谴责为恶，并以道德之名来美化自己的软弱无能。然而，"奴隶"之所以行善，仅仅是因为"他们没有强大到可以变恶的地步"，他们对高贵价值的种种贬低与颠覆，仍然只是对主人道德的一种带有怨恨情绪的回应，他们依旧没有能力和智慧来独自创造出真正适合他们自身的价值。

　　"主人"能够灵活地应对既定的道德规则，为了获取在既定共同体中生存的资格，他们会严格尊奉规则；为了提升自身的能力并创造新的功业，他们会适时适度地打破某些不合时宜的规则；当他们拥有足够的力量来推行自己的意志时，他们会在特定范围内制定有利于自身发展与提升的规则。尽管"主人"经常对自己提出极为严苛的道德要求，但他们从未想到要将自身的高贵义务"降低为每个人的义务"，"不愿意分摊和让度出自己特有的职责"。"奴隶"则谨小慎微地机械遵守既定的道德规则，即便这些道德规则之中存在着诸多已经不符合具体情况的过时内容，他们也会基于周围人的眼光和舆论的压力而委屈自己遵守这种逐渐丧失生命力的规则。尽管他们缺乏能力来对各种道德规则做出深刻反思，他们却往往会根据追求公正与平等的道德情绪，强烈要求将他们被迫尊奉的各种道德教条不加区分地普遍强加给任何个体，即便以此拉低整个社会与文化的思想高度与精神活力也在所不惜。从根本上说，主人道德追求的是通过不断的冒险来寻求自我克服、自我超越与自我突破的生命价值，奴隶道德则追求的是安于现状、故步自封，通过规避各种风险与挑战来勉强维系自我保存的生命价值。

按照流俗的理解，尼采所推崇的主人道德以冷酷无情地追求自身意志而著称，这自然激起了许多人的不安，罗素则乘机表示，"反对尼采哲学的根本理由，也和反对任何不愉快但内在一贯的伦理观的根本理由一样，不在于诉诸事实，而在于诉诸感情"。尽管罗素的这个反驳或许能引起很多读者在情感上的共鸣，但很遗憾，这恐怕无法从根本上撼动尼采推崇主人道德的立场。尼采指出，"道德的价值评估乃是一种解释"，这种解释是由"我们的情绪"根据"某个特定精神水准"而做出的"流行判断"，因此，道德评价总是与评价者的精神水准和意志强度有关。恰如一个人在某个低微之际回顾自己的高峰时期，也会在"自我贬抑"下错误地理解自己，某个具备较低精神水准的人也是根据自身的状态来理解其他人的，因而会"造成对某种更高行为所独具的德性和情绪的误解"。对于尼采来说，平庸者基于自身精神水准而对主人道德所产生的误解与不安的情绪，除了证明平庸者本人有限的理解力与意志的薄弱之外，丝毫无损于主人道德本身的价值。此外，正如丹托敏锐发现的，可以将一种异教传统下的美德归于尼采的道德理想。为了更好地理解尼采的主人道德，不妨抛开尼采作品中众多激进而又夸张的修辞，转而求助于源自古希腊与古罗马的异教传统所倡导的道德。尼采曾经声称，修昔底德"与我自己最有亲缘关系"，而修昔底德在他的传世名作《伯罗奔尼撒战争史》中记录了雅典杰出的政治家伯利克里在雅典阵亡将士的葬礼上发表的著名演说，我们或许可以在其中找到对尼采所推崇的主人道德的一种比较有节制的阐释：

> 我们宁愿以轻松的心情而不是以艰苦的训练来应对危险；我们的勇气是从我们的生活方式中自然产生的，而不是法律强制使然……我们热爱美的事物但不至于奢侈，热爱智慧但不至于柔弱。我们把财富当作是可以适当利用的东西，而不是当作可以夸耀的东西。真正的耻辱不是贫穷这一事实本身，而是不千方百计地去摆脱贫穷……真正勇敢的人无疑应属那些最清醒

地认识人生的灾祸和幸福而又勇往直前，在危难面前从不退缩的人……一言以蔽之，我们的城邦是全希腊的学校。我认为世界上没有人像雅典人这样，在个人生活的许多方面如此独立自主、温文尔雅而又多才多艺……我们的强大势力并非没有证据，但我们决不需要一个荷马为我们唱赞歌，也不需要任何他人的歌颂，因为他们的歌颂只能使我们暂时陶醉，而他们对于事实的印象不足以反映事实真相。我们勇敢无畏地冲入每一片海洋，攻入每一块陆地；我们在各地所造成的不幸，或所布施的恩德，都为后世留下了不朽的纪念。①

时过境迁，人们或许不认同伯利克里的某些政治立场，但任何一个充溢着生命活力的人都很难不对这些文字所表现出来的自信豪迈的精神品质留下深刻印象，而弱者与平庸者总是对这种锐意进取的道德品质与精神状态产生种种畏惧、不安乃至潜在的嫉妒和怨恨。在尼采看来，奴隶道德与主人道德这两种对立的道德"在大地上打了一场可怕的、长达数千年的战斗"，时至今日，这场战斗"还在某些方面不分胜负地继续进行"。"奴隶"由于缺乏力量与能力，他们无法用光明正大的方式攻击"主人"，而只能拐弯抹角地运用诡计来报复"主人"，而他们报复"主人"的重要方式是利用宗教来驯服"主人"，让"主人"逐渐接受"奴隶"的那一套评价道德的价值体系，并让"主人"为了他们的成功与优越而感到内疚。丹托通过分析尼采的基督教批判表明，"奴隶"用来驯化"主人"的手段是禁欲主义理想。尼采承认，一个人的意志为了追求更高的生活方式与精神目标，会部分地或有规律地对自己采纳禁欲的立场，但这种禁欲"是通向某种目的的手段，**并非目的本身**"。然而，"奴隶"利用宗教的手段将这种禁欲立场推向极端，他们诱惑"主人"将禁绝一切向外释放的欲望的"自我克服"作为精神追求的最高目标。当"主人"充满创造性与攻击性的力量被禁止向外释放，不被允许以创造性的方式对世界强加秩序与结构，这种力量就会破坏性地转向自身，进

---

① 修昔底德：《伯罗奔尼撒战争史》，徐松岩译，上海：上海人民出版社，2017年，第197—198页。

行自我攻击、自我谴责与自我折磨。由此,"弱者通过将他们的敌人变得敌视自身才战胜了他们的敌人"。

尼采敏锐地注意到,犹太教－基督教的宗教传统总是被弱者与平庸者用来驯化强者与高贵者,为了确保弱者的安全感,这些宗教传统试图打着道德的旗号阉割强者的激情与欲望,尼采承认,激情与欲望确实可能造成各种蠢行,但积极的做法是运用哲学的生活艺术来"精神化激情或培养激情的倾向",而不是出于畏惧激情的心理而"根除激情",因为激情是生命的重要组成部分,"在根基处攻击激情,就是在根基处攻击生命"。而深受犹太教－基督教影响的某些极端的政治理念基于类似的考虑,甚至狂热地主张在社会变革中涤除一切罪恶,但尼采则针锋相对地表示,"一个社会不能决定自己永葆青春。甚至在其最佳力量状态下,它也必定会形成垃圾和废料。社会之行动越是有力、勇敢,则它的失败者、怪胎也就越多,它也就越是接近于没落……人们不能通过制度来废除衰老。疾病亦然。恶习亦然"。根据丹托对尼采宗教心理学的细致剖析,不难发现,在尼采看来,犹太教－基督教的宗教传统脱离实际地追求平等,阉割激情与灭绝罪恶的反自然倾向,极易被弱者与平庸者利用来扼杀强者的创造力,衰竭社会与文化的活力,而这就是尼采激烈地反对犹太教与基督教的一个深刻而又重要的缘由。

通过对尼采有关艺术、科学与道德的价值重估的细致梳理,丹托清晰而又有力地表明,单纯以艺术、科学或道德为新偶像来取代上帝,根本不足以克服虚无主义带来的种种问题。艺术、科学或道德都在不同程度上残留有柏拉图主义与犹太教－基督教的形而上学教条,它们在特定条件下都有可能被弱者利用来压制强者的创造力与生命力,从而进一步加剧虚无主义所带来的负面效应。在这个意义上,"我们将无法摆脱上帝,除非我们已经摆脱了**语法**"这句初看起来不易理解的尼采格言,如今具备了更大的说服力。面对虚无主义的困境,重要的不是用新偶像来替代上帝这个旧偶像,而是应当积极地通过哲学反思,在虚无主义产生的诸多后果中寻找一种强有力的回应方式。

四

根据虚无主义产生的后果，尼采将虚无主义分为两种，一种是积极的虚无主义，它是强者的标志，当以往的目标、信条或信仰不再适用时，这种虚无主义却让精神力量获得了增长。另一种则是消极的虚无主义，它是弱者的象征，当以往的目标与价值不再适合时，这种虚无主义让精神强力下降、没落，乃至困倦与衰竭。在虚无主义的时代中，相应于这两种虚无主义的是两种人，即超人与终末之人。尼采暗示，克服虚无主义危机的希望，恰恰就蕴含于虚无主义所产生的后果之一——积极的虚无主义与超人之中。

所谓的终末之人，是那些由于超感性领域的价值与意义被废黜而陷于颓废，不再信奉任何至高的希望与理想，在日常生活中随波逐流的人。他们不再相信人类之中会诞生任何星辰，他们使一切都变得渺小，他们为了廉价的快乐而离开难以生活的地带，终末之人"希望尽可能地与其他任何人相类同，他们仅仅为了幸福而幸福"。与终末之人形成鲜明对照的是超人。然而，恰如丹托指出，超人在尼采的哲学中是一个极易引起误解的概念，人们经常会将恺撒、拿破仑乃至希特勒等推行强权的政治领袖与尼采的超人等同起来，或者在流行文化的影响下，将尼采的超人理解为那个在力量、智慧、欲望、忍耐力等方面均超出常人的"超人"。丹托反对对这个概念做出过度政治化的解读，坚持从哲学的层面来理解这个概念。他指出，作为一种理想，超人是人类通过克服自身而可以实现的某种理想，超人并非停留于过去的"金毛野兽"，而是将要到来的某种存在者。根据海德格尔的提示，超人恰恰是在"强力意志的生成特征"中，根据永恒复归这个思想"最明亮的光亮显现出来的"。[①] 不难看出，要对超人概念形成一种在哲学上可靠的理解，首先需要澄清尼采的强力意志概念。

"Der Wille zur Macht"这个概念经常被翻译为"权力意志"，然而，这种译法总是容易带来这样的误解，似乎尼采将那些实际掌握

[①] 海德格尔：《尼采》，孙周兴译，北京：商务印书馆，2015 年，第 983 页。

了政治权力的人等同于强者，但事实上，细细审查尼采在著作中的相关评述与所举例证，他经常透露出来的立场反倒是，有权者未必有力，有力者也并非一定有权。纵观人类的历史，那些"德不配位"，由于滥用权力而让国家民族与文化思想衰落凋敝的平庸官僚与狂热政治领袖都绝非罕见。正如德勒兹指出，被尼采称为弱者或奴隶的"并非指最虚弱的人，而是指那些不管具有何种力量，本身都与其所能分离的人"。① 这些弱者并不以能动的、积极的方式，竭尽所能地将自身的力量用于建设性的创造性活动，而是凭借狡猾、精明以及诸多阴谋诡计，掌握了支配性的政治权力，并为了巩固自身的特权而阻碍、压制乃至破坏那些真正有力的强者从事创造性活动。基于上述考虑，就有必要在翻译这个术语时将"拥有权力"与"真正强大"这两种状态区分开来。权衡再三，我在翻译中采纳了"强力意志"的译法。

为了理解"强力意志"，就不应当将之混同为一种心理学的概念，按照心理学的理解，意志是产生某种结果的力量，它追求的是可满足诸多欲望的匮乏之物。然而，就像尼采否认自我是真实存在的实体一样，尼采也否认意志是可用来解释诸多行为的形而上学实体。强力意志并不追求某种匮乏之物，它的根据并不在某种匮乏感之中，恰恰相反，强力意志是最为充沛的生命的根据。"强力的本质在于成为那个支配一向已经达到的强力等级的主人"，只有当强力不断提高并增强自身时，强力才是持久的。一旦强力不再增强并停滞于某个强力等级上，这也就是强力衰败的开始，"强力的本质包含着对它自身的征服"。鉴于此，强力意志所意愿的，并非它不具备的东西，而是它已经具备的东西，因为强力意志意愿的是它自身，意愿的是"超越自己"，它"必然同时超过自己、支配自己"。② 因此，强力意志"无异于要更强大的意愿，生长的意愿"。

在澄清了上述混淆之后，再结合丹托对强力意志概念的剖析与阐释，就可以对强力意志形成更为系统而又明晰的理解。丹托表示，

---

① 吉尔·德勒兹：《尼采与哲学》，周颖、刘玉宇译，郑州：河南大学出版社，2016年，第131页。

② 海德格尔：《林中路》，孙周兴译，北京：商务印书馆，2015年，第266—267页。

强力意志是一个形而上学的概念，尼采试图用它来解答"存在什么？"这个形而上学的问题。因此，强力意志并不像人们经常会假定的那样，是某些拥有权力的人才表现出来的强大欲望，而是所有人（不管强弱）的共同特征。"强力意志并不是我们**拥有**的某种东西，而是我们**所是**的某种东西。"除了强力意志与它的变化形式之外，这个世界上就没有其他的东西存在。

草率的读者有时会想当然地认为，强力意志仅仅适用于具备愿望、激情和本能欲望的生物，然而，尼采主张，没有生命的物理世界同样可以根据强力意志来获得解释。不过，按照尼采的观点，包括力学在内的物理学完全是一种有用的虚构，参与物理学说明的数字概念、事物概念、活动概念、运动概念是人们的视觉偏见与心理偏见的产物。而尼采所理解的在物理世界的强力意志，则是一种动力学的量，而"事物是其效果的总和"。因此，一种强力在物理空间中占据一块领地之后，就会以这种力的中心为基点向外扩张，直到遇到其他强力的阻碍为止。而一种强力的大小"是通过它施加与抵抗的力量来加以界定的"，"它在本质上是追求压制与抵抗压制的意志"。不难看出，尼采对物理世界的这种描述，意在强调的是世界的生成性和流变性。

按照尼采的观点，众多强力通过营养过程凝聚成为"生命"，"生命就是强力意志"。尼采的强力意志也经常被联系到达尔文主义的语境中来加以理解。无可否认，尼采的哲学深受达尔文生物学理论的影响，但是，尼采并不赞同达尔文主义的许多观点，尼采甚至在其作品中经常将自己称为"反达尔文主义者"。在尼采看来，生命的本质包含着生长与提高的欲望，生命的保存服务于生命的提高。生物之间的斗争并不像达尔文所认为的那样，仅仅是为了物种的生存展开的斗争，而是为了力量展开的斗争。进而，"有利于个体**延续**的东西，或许对个体的强壮和富盛是不利的；能保存个体的东西，或许同时也会使个体固定下来，使个体停滞不前"。因此，物竞天择的标准仅仅是适者生存，而非优胜劣汰，实际的情况反倒是"**不强健者**生存，而**强健者**毁灭"。恰如6500万年前白垩纪末期地球环境所发生的巨大变化，这次变化导致了恐龙的灭绝，蟑螂却存活了下来，而根据这个结果根本不能断定蟑螂比恐龙强大。由此可以表明，无论尼采的强力意志理论与达尔文的进化论有多少千丝万缕的联系，仅凭达尔文的进化论来生硬地理解尼采的哲学，注定要误入歧途。不过，丹托进一步补充说，尼采对达尔文主义的大量讨论，更多关注的是"思想的争辩"，而不是"科学的争辩"。或许，尼采对于达尔文的批判更多地适用于在现代社会文化中盛行的诸多社会达尔文主义思潮。

根据强力意志，生命追求的目标就是追求强力的增长与提升，因此，尼采明确反对"避苦趋乐"的平庸幸福。"在对强力的追求中，既有快乐亦有不快；从那种意志而来，人要寻求阻力，人需要某种与自己对立的东西。所以，作为其强力意志的阻碍，不快乃是一个正常的事实，是任何有机现象的正常成分，人不能回避不快，而毋宁说，人倒是持续地需要不快：每一种胜利，每一种快乐感，每一个发生事件，都是以一种被克服了的阻力为前提的。"生命不惧怕苦难，而是以通过征服苦难来提升自身力量为至高幸福，"一颗丰盈而强大的心灵不光能对付痛苦的，甚至可怕的损失、匮乏、剥夺、轻蔑；它是从此类地狱中走出来的，带有更伟大的丰富性和强大性"。这种生命是善于将痛苦转化为快乐，将阻碍转化为动力的强力意志，因而不会以道德之名教条地阉割自己的欲望和力量，尼采据此断言，"各种对立面和对立欲望的综合，乃是一个人的总体力量的标志"。尼采衡量一个人乃至一个民族的力量的尺度是，这个人，这个民族"在何种程度上能够激发起自己身上最可怕的欲望，并且转向自己的福乐，却又没有因之而毁灭掉，而倒是转向了自己卓有成果的行为和功业"。

根据丹托对强力意志做出的上述分析与阐述，不难看出，强力意志在各个存在等级上都是"将一个人的力量向外部强行施加"，而解释就是强力意志"强行施加的一种模式"，对于强力意志来说，解释就是"成为其他某些事物的主人的一种手段"。强力意志"在**精神**生活的层面上显现的形式是人们给予生命的解释"，艺术、科学、宗教与哲学"例示了强力意志"，它们是强力意志将自身的"概念图式"强加给这个混沌世界的解释产物，"给生成打上存在的烙印，这就是强力意志的最高表现"。正如丹托指出，以此方式，"我们不仅整理了这个世界，而且创造了我们自身"。因此，归根到底，"尼采的强力意志就是追求创造的意志"。

通过对强力意志的上述分析与澄清，就可以更好地理解尼采的超人概念。必须注意的是，不应当根据柏拉图关于人类资质的"金银铜铁说"来理解尼采的"超人"。柏拉图对人类资质的理解是一种本质主义，每个人灵魂所属的等级是先天就由神明确定好的。然而，尼采的超人所依据的强力意志是一种生成的哲学，一个人的强大不是靠先天的本质决定的，而是这个人通过不断挑战自身极限的自我克服与自我超越来逐步实现的。"生命要用箭矢和梯级来构建自己，以便抵达高处；它要眺望远方和极乐之美——因此它需要高处……生命要攀登，并且要在攀登中超越自己。"生命犹如逆水行舟，不进则退。即便是一个已经掌握巨大权力的人，一旦丧失了继续追求更强大力量和积极创造的抱负与欲望，而仅仅满足于固有的力量等级与拉低竞争对手的阴谋诡计，那么，他也就已经开始了意志的衰败而没有资格成为尼采意义上的超人。据此也就不难看出，诸如希特勒这样的政治野心家并不是尼采心中想到的超人，他们在其势正盛时何曾认为自己是可被超越的与应被超越的？进而，也不应当将尼采的超人理解为指称德国人或雅利安人的"金毛野兽"。正如丹托指出，尼采用"金毛野兽"描述的其实是狮子这种野兽之王，而且，超人是一种将要到来的理想，不应当将"金毛野兽"这种过去的原始形象作为其标志。

由此可见，在背后有强力意志支撑的超人本身，具有生成性、超越性与创造性的重要特征。"他是他的诸多欲望的主人，而不是它们的奴隶，因而他就处于一种从他自身之中进行创造的位置之上，而不是由本能释放与外部障碍形成的产物。"恰如叶秀山先生给出的传神描绘，超人"不是那受'天条'束缚的唯唯诺诺努力修善乞怜于神恩的庸人和奴隶，也不是因竭力摆脱奴隶地位成为'主人'而对一切采取'报复'的'复仇者'，而是不用他者认可的纯粹主动者。对这样一种人，道德的价值是自己创造的，不是'他人''评说'

的"。① 陀思妥耶夫斯基笔下的佐西玛长老哀叹"倘若上帝是不存在的,一切都是可以被允许的",尼采的超人却将由上帝之死宣告的虚无状态视为一个巨大的契机。虚无主义为创造性扫清了道路,让自由精神从诸多传统的形而上学信仰中解放出来,"强力意志将形式与意义强加于这种未成形的质料之上",并召唤出"创造力、崭新的结构与新生的理想"。由此,超人就成了这个虚无主义时代的新立法者,并通过他自身的强力意志的诸多创造来确定他自己的生命的意义与价值。

对于超人来说,他的一个最大挑战或许是尼采提出的永恒复归学说。根据这个学说,"这个世界以无限而又精确的方式重复自身,我们如今发现自己身处其中的相同处境已经发生过无数次。这些处境将精确地按照它们总是发生的方式与它们如今正在发生的方式再次发生,永无止境"。由此,世界甚至无法从历史的进步中获取其意义,"虚无('无意义')永恒!"于是,尼采相信,永恒复归将虚无主义推向了顶峰。对于"侏儒"或终末之人来说,他们生存的勇气与意志将在这种永无止境的重复面前彻底破碎,继而陷入追求眼下平庸幸福的大流之中。而尼采的超人却在永恒复归中发现了意志实现自身价值的无限机遇。超人在其英雄生涯中完全有可能因为没有把握恰当的时机而走向失败,永恒复归则让超人的眼光从失败地死去转向重获新生所开启的机遇。永恒复归意味着在不断重复的时空中机遇"绵延不绝",而这些机遇永远向对机遇有所期备的超人开放。进而,永恒复归取消了世界的终极目的与最终状态,也否定了世界存在更高或更低的最终状态,因此,人们就不再从不同于此生的超感性领域中获取生命的意义与价值,人们必须在自己的命运中来肯定自身,必须在自己现实的生活中来寻求和实现自己的意义与价值,"**此生**是你永恒的生命"。于是,超人就会热爱自己的命运,即便经历无数次的重复,超人仍然会坚持通过强力意志创造出来的艺术、科学、神话与哲学等智识产物与精神产物,将各种形式、秩序、意义与价值强加给这个世界,"用永恒的形式给我们的生活打上烙印",对生命的苦难做出积极的解释与回应,从而在虚无主义时代

---

① 叶秀山:《何谓"超人"?》,《浙江学刊》,2001 年第 5 期,第 7—8 页。

中不断地获得救赎。

当然，人们会很自然地追问，尼采为了应对与诊治虚无主义而发明的整套哲学理论本身是否也仅仅是一种虚构与解释？尼采其实多少也意识到了这一点，他担心自己的哲学也蜕化成为一种僵死的真理。丹托特别指出，尼采在这里担心的是，自己的哲学成了一种传统形而上学所主张的符合论真理，因此，不妨将尼采的哲学视为一种视角主义的真理。这也就意味着，评判尼采哲学的标准并非排他性的绝对真理，而是它"是否在生活中奏效"。倘若有人不喜欢尼采的哲学所给予世界的意义与价值，他就可以通过自己的哲学创造来给予世界别样的意义与价值。丹托相信，尼采开启了一条开放性的哲学道路，倘若人们不赞成尼采的哲学，他们就可以阐明他们自己的哲学并以其创造性效应来确证他们自身的哲学。

另一方面，既然尼采的哲学是在某种视角或某些视角的透视下形成的哲学体系，那么，当人们在体系之外审视这个体系时，就必然会揭示出这个体系的极限以及隐蔽的预设，这些东西并没有在尼采的哲学中直接传达出来。尼采甚至宣称，在哲学中"存在着某种根本不可教的东西"，"适应的努力、孤寂的痛苦、对某个集体的要求：在一位思想家那里，这些东西可能如此这般表现出来，即他在自己的个案中恰恰减掉了最个人性的东西和最富有价值的东西，而且通过一般化也把这种东西**公共化**了。如此一来，一位引人注目的人物的完全表达出来的哲学，就可能并不真的是他自己的哲学"，"每一种哲学都隐藏着一种哲学；每个意见同样是一种隐瞒；每一番言辞是一张面具"。由此，丹托的阐释就触及了尼采哲学中的"秘传观点"。

根据丹托的论述，不难发现，不同于柏拉图为了稳定城邦政治秩序而发明的"高贵的谎言"，尼采的秘传学说主要导源于其哲学与语言之间的抵牾。尼采的哲学所揭示的是不断生成流变的世界，其中，主体与客体都在生成流变之中被彻底消解。"由于他的立场的逻辑，尼采必然觉得自己被迫去发展新的术语，被迫将古怪的与经过了特别扭曲的意义给予旧的术语，被迫歪曲通常的说法或制定一种全新的语言。任何试图将之翻译成本土的习语与普通人语言的尝试，都有可能让他的那些异乎寻常的观念变得廉价与平庸。"丹托认为，这种语言表达方式与思想观点的冲突，让尼采经常陷于困顿之中，"在尼采之前与尼采之后，可能没有任何哲学家会觉得如此受到语言的阻碍，乃至由于语言而陷入瘫痪的状态"。为了避免遭到肤浅的曲解与误解，尼采就不得不求助于面具，"每一种深刻的精神都需要一张面具；更有甚者，在每一种深刻的精神周围都持续生长着一张面具，因为这种精神所传递的每一个词语、每一个步伐和每一个生命迹象，都持久地受到虚假亦即**浅薄**的解读"。

五

丹托在完成这本尼采研究论著的多年之后承认，在尼采众多当代注释者所打造的温和的尼采形象背后，或许存在着一个更为强硬、冷酷与阴暗的尼采。然而，丹托无意于对这个"带有恶意的"尼采做出过多的解读，因为在他看来，在尼采作品中存在着类似米诺陶洛斯的可怕思想，这些狂热而又危险的思想会让某些读者做出极端的行为。而他撰写这本尼采研究论著的初衷之一，就是用严肃的哲学所打造的迷宫来困住这头"米诺陶洛斯"，避免让无辜生灵被其吞噬。可以看出，丹托希望他对尼采的哲学阐释能够成为阿里阿德涅的线团，帮助那些阅读尼采的冒险者在这座迷宫中找寻思想宝藏时不被狂热的米诺陶洛斯吞噬。

丹托并不是第一个意识到这类思想危险性的人，早在百余年前，伟大的俄罗斯文学家陀思妥耶夫斯基就在他的经典名作《罪与罚》中塑造了一位"苍白的罪犯"——拉斯科尔尼科夫，他因信奉颇为类似尼采超人哲学的思想而走上了杀人的犯罪道路。陀思妥耶夫斯基对人性与社会的深刻洞识总是能产生惊人的预见性。1999 年 4 月 20 日，美国科罗拉多州杰斐逊郡科伦拜中学发生了令人震惊的校园枪击案，两名学生携带武器在校园大开杀戒，造成了 15 人死亡与 24 人受伤的严重后果。根据警方事后的调查，两名罪犯在日记中承认，他们的犯罪行为受到了尼采哲学的启发与激励。在丹托看来，这两名罪犯显然受到了尼采作品中那些狂热话语与修辞的蛊惑。为了避免这种悲剧的再次发生，就有必要利用尼采本身的哲学论证来弱化他的某些颇具煽动性的狂热语言，从而让哲学"真正为拯救生命提供帮助"。丹托先生心怀对众生的悲悯，试图运用哲学的分析来清除狂热并拯救无辜的生命，只不过他对此的论述点到为止，并未专门加以展开。为了将丹托先生的这个悲愿贯彻到底，就还需要对此再多说几句。

对于那些仅仅根据道听途说或字面意思来理解尼采的人来说，陀思妥耶夫斯基的《罪与罚》似乎构成了对尼采超人哲学的有力反驳，然而，对于深入理解陀思妥耶夫斯基与尼采的读者来说，这种观点是站不住脚的。首先，陀思妥耶夫斯基的《罪与罚》是在 1866 年问世的，而尼采明确提出超人概念的代表作《查拉图斯特拉如是说》则是在 1883 年至 1885 年之间陆续出版的。根据这两部作品的出版时间就可以清楚地看到，陀思妥耶夫斯基在《罪与罚》中批判的超人思想显然并非导源于尼采。其次，拉斯科尔尼科夫坚定地以拿破仑这样的政治强人为榜样来理解"超人"，通过比照上文对尼采超人概念的剖析，人们就可以发现，拉斯科尔尼科夫对超人的理解与尼采的超人哲学有着根本的区别。陀思妥耶夫斯基这部作品的伟大之处不在于它成功地反驳了尼采的超人哲学，而在于它深刻地表明，仅仅根据狭隘而又偏激的政治视角来理解任何版本的"超人"，都有可能给这个世界带来巨大的悲剧与残酷的暴行。

无论是陀思妥耶夫斯基笔下的拉斯科尔尼科夫，还是科伦拜校园枪击案的两名凶手，他们都自视甚高，看不起被他们杀害的受害者。尼采的文字一贯就充溢着高傲的精神气质，因而导致前者相当容易从尼采的文字中找到共鸣。然而，恰如海德格尔对尼采读者的提醒，"高傲就是确信自己不再与任何他人混淆起来……但它又与自大或者傲慢有着根本的不同。自大或者傲慢需要与低等联系起来，是想与低等脱离以突出自己，因此仍旧依赖于低等，而且必然依赖于低等。因为自大或者傲慢本身不具有任何东西，足以让自己成为一种上等存在"。[1] 这些杀人凶手虽然无比傲慢，但是，他们仍然需要那些被他们视为弱者乃至"虱子"的人的鲜血来证明自身的优越价值与非凡力量，因此他们仍然依赖于在他们眼里的"弱者"。除去

---

① 海德格尔：《尼采》，孙周兴译，北京：商务印书馆，2015 年，第 314 页。

他们犯下的残酷罪行外，他们并没有任何积极的创造、强大的能力与过人的品质来证明他们的优越，在这个意义上，他们实现自身的价值依赖于被他们谋杀的"弱者"，归根结底，他们与被他们谋杀的这些所谓的"弱者"处于同样平庸的状态之中。

而在尼采的超人哲学中，真正的强者凭借自身强大的创造力与高贵的精神品质就足以进行自我肯定，他完全不需要弱者的鲜血与生命来证明自身。诚然，强者富于攻击性，但尼采强调，"进攻者的力量用在敌手身上要恰如其分；力量的增加要表现在所寻找的强大的敌手身上，或者表现在所探索的重大课题上"，"哲学家的使命不在于制服一般的反抗，而在于制服必须倾尽全力、随机应变和精通武艺的敌手……势均力敌——这是诚实的决斗的首要条件。当你轻视对手时，就不能开战"。而对待平庸者，尼采则倡导一种更为宽厚的态度。在尼采看来，每个人都根据其存在的方式而拥有他的特权，因此不应当低估平庸者的特权。"一种高级的文化是一个金字塔：它只能奠基在一个宽大的地基上，它首先必须以某种强有力、健全稳固的平庸为前提"，"为了使与众不同者存在，**首先**需要平庸：平庸是高级文化的条件"。尼采表示，对于一种更深刻的精神来说，"完全不值得对平庸本身表示抗议……与众不同的人对待平庸者，比对待自己和同类更温和，这不仅仅是心灵的礼貌——这直接是他的**义务**……"不难看出，在尼采看来，真正的强者为了让自身变强，只会去挑战比自己更强与更伟大的对手，而只有外强中干、色厉内荏的懦夫，才会热衷于欺凌与践踏比自己弱小的人！

当然，对于心怀大志，致力于自我克服与自我超越的人来说，他所面对的世界绝非温柔。没有人是天生的强者，再强大的人也会经历相对弱小的阶段。在这个相对弱小的阶段，他就应当懂得"潜龙勿用"的道理，不宜过早展露锋芒，而是要通过恰当运用捭阖之术，韬光养晦，在诸多权力冲突的夹缝中谨慎地发展壮大自己。尼采的超人绝非有勇无谋，而是善于根据对各方力量的权衡而采纳不同的生存策略。与众不同的杰出者往往容易招致平庸者的怨恨与嫉妒，在不够强大时过度表现自己的才华，往往会带来不必要的干扰与灾祸。因此尼采建议杰出者"戴上平庸的面具"，"平庸是杰出者所能戴的最成功的面具，因为它不让芸芸众生即平庸大众感到面具的存在——而他戴上面具恰恰是为了他们，为了不去刺激他们"。

在虚无主义的时代里，一个人不断进行自我超越与自我克服的努力，势必会引起终末之人的冷嘲热讽，他们或者质疑他所从事的这些事业本身的价值，或者根据某些小错无限上纲上线，诋毁与贬损努力者的各种能力，打击他积极进取的精神状态，以期将之拉到和颓废者与失败者相同的水平上。尼采通过讲述一则有关查拉图斯特拉的寓言，给出了应对此等局面的建议：一天，查拉图斯特拉在一棵无花果树下熟睡。这时有一条毒蛇爬过来咬了他的脖子。查拉图斯特拉疼醒后看到了这条意欲逃跑的毒蛇，他对毒蛇说："别走，你还没有接受我的谢意！把你自认为足以致命的毒汁收回去吧！巨龙何时会死于蛇毒？"毒蛇被查拉图斯特拉的力量与气势压倒，于是又爬上他的脖子，为他舔舐伤口。通过这则寓言，尼采想要表明的是，面对颓废者与平庸者的毁谤与蹩脚的阴谋诡计，真正的强者不应当与之针锋相对，睚眦必报，因为这只会拉低自己的档次，而是应当凭借自身的意志与智慧，将这些障碍变成激励自己进一步努力的动力，进而完成更加伟大的作品与功绩，以此作为对这些人阴暗心理的回报。尼采相信，这种回报效果要远胜过任何种类的人身攻击。

强者在自我超越的努力奋斗中，总是会遇到比自己更为强大的对手，这些更强大的对手会依仗自身的现有优势进行压制，不断寻求机会剥夺正在崛起者的资源与生存空间。面对这种残酷的局面，强者既不应当仅仅根据幼稚的道德理想来徒劳地怨天尤人，也不应当做出以卵击石的冒失举动。尼采认为，强者在面对这种不利的竞争环境时，更应该积极运用自己的智慧与谋略，借助那些比自身强大的势力向更高级的存在状态攀登，就像爪哇岛的常春藤，用自己的枝条如此长久而又频繁地缠住橡树，直到最终能够高过橡树，"在自由的阳光下展开它们的花冠，炫耀它们的幸福"。

由此可见，根据丹托解释尼采的哲学视角来重新审视尼采的文本，就可以形成一种并不鼓吹暴力，善于对各种境况与品质进行积极转化的生活艺术与生存智慧。以此方式，阿瑟·丹托与瓦尔特·考夫曼在英美世界中开创了一条研究尼采的进路，他们试图通过哲学吸收尼采的那些敏锐而又犀利的思想观念，同时又试图通过哲学消解尼采作品中的那些危险而又致命的狂热倾向。或许，这就像英国著名历史学家爱德华·吉本所言，只有哲学的温柔之手才能消除人类心灵中潜在而致命的狂热。

在我翻译这本书的近一年时间里，我重新阅读了尼采的大量原著。丹托的尼采研究所给出的视角就像阿里阿德涅的线团，让我在尼采文本构成的迷宫中更为清晰明确地找到崭新的哲学宝藏，而尼采的哲学文本又激发我进一步阅读了大量相关的哲学文本、历史文本与文学文本，在这些经典文本所负载的诸多思想的碰撞与激发下，我俨然发现了一个新的世界，形成了不少以往并未意识到的审视世界、生活与人性的新想法与新思路。可以说，这次翻译工作也令我本人受益匪浅。在翻译的过程中，我受到了许多人的帮助，想在此向他们表示诚挚的感谢。感谢纽约市立大学的大卫·塞佩尔（David Seiple）教授帮助联系丹托的女儿，解决了本书的版权问题。感谢李河老师与杜丽燕老师在不同场合下向我推荐丹托的这本尼采研究论著，他们的评价与推荐大大增加了我向汉语学界译介这部作品的兴趣与决心。感谢王齐老师热情地在翻译过程中对我给出的种种鼓励、启发与帮助。感谢塞佩尔教授在我对丹托某些语句的理解产生困惑时耐心细致地澄清了丹托的相关观点。感谢周建漳、余明峰和徐艳东等学界同人对我遇到的某些翻译疑难问题所提供的建议。感谢我的诸位好友在讨论尼采时坦率而又慷慨地与我分享他们关于尼采的各种见解。感谢我的妻子姜妍以各种方式对我的研究工作所给予的理解和支持。最后，我还要感谢张兴文先生、伏健强先生、宋松先生以及启真馆的相关工作人员为本书的出版所提供的种种帮助。当然，尽管做了诸多努力，译文仍难免有不当之处，敬请读者批评指正。

郝苑

中国社科院哲学所

2019 年 9 月